中国科协调研课题(2015DCYJ04)资助出版

我国海运业船舶技术人员状况调查报告

我国海运业船舶技术人员状况调查课题组　著

科学出版社
北　京

内 容 简 介

本书是中国科学技术协会发展战略课题调研成果，通过对全国12个省（自治区、直辖市）船舶技术人员的大样本调查，以专题的形式，对船舶技术人员工作、生活、思想观念、社会参与和心理状况进行深入阐述，在客观分析的基础上提出了主要结论和政策建议，可为政府部门制定相关政策和法律法规提供科学依据；为推进改善船舶技术人员发展的政策环境、法治环境、市场环境和社会环境，促进船舶技术人员队伍科学发展提供参考；同时，也可为我国航海学科领域的研究和发展，以及相关学科研究提供基础数据平台。

本书适合从事航运业船员管理的政府机构人员、航运企业船员管理部门工作人员、航运行业协会负责人员及海事院校航海学科领域的研究人员等参阅。

图书在版编目(CIP)数据

我国海运业船舶技术人员状况调查报告/我国海运业船舶技术人员状况调查课题组著.—北京：科学出版社，2018.12
ISBN 978-7-03-059771-7

Ⅰ.①我… Ⅱ.①我… Ⅲ.①海上运输—专业技术人员—调查报告—中国　Ⅳ.①F550.72

中国版本图书馆CIP数据核字(2018)第262342号

责任编辑：许　健／责任校对：谭宏宇
责任印制：黄晓鸣／封面设计：殷　靓

科学出版社 出版
北京东黄城根北街16号
邮政编码：100717
http://www.sciencep.com

南京展望文化发展有限公司排版
当纳利(上海)信息技术有限公司印刷
科学出版社发行　各地新华书店经销

*

2018年12月第　一　版　开本：787×1092　1/16
2018年12月第一次印刷　印张：24 1/4
字数：553 000
定价：120.00元
(如有印装质量问题，我社负责调换)

我国海运业船舶技术人员状况调查课题组

组　　长：戴家隽

副组长：王　群

成　　员（以姓氏笔画为序）：

王卫兵　王华容　王佳丽　邓宏宝　朱　俐　朱嫣红　李　军
李　静　杨连仁　杨荣华　张文静　张　晶　陈　坤　陈　艳
郑琳娜　孟春生　赵中野　赵庆浩　施利承　姜正林　莫　闲
贾广超　缪建红　缪绿青　潘发达　魏　薇

《我国海运业船舶技术人员状况调查报告》编写组

主　　编：戴家隽　王　群

执行主编：施利承

副 主 编：缪建红　王华容　王佳丽　魏　薇　李军

成　　员（以姓氏笔画为序）：

　　　　王卫兵　邓宏宝　朱　俐　朱嫣红　李　静　杨连仁　杨荣华

　　　　张文静　张　晶　陈　坤　陈　艳　郑琳娜　孟春生　赵中野

　　　　赵庆浩　姜正林　莫　闲　贾广超　缪绿青　潘发达

立项组长单位：南通大学

立项副组长单位：中国航海学会

主要合作单位：

南通市科学技术协会、中国海员建设工会、江苏省航海学会、中国心理卫生协会交通分会、广东省船员服务协会、中国远洋海运集团有限公司、中国外运长江有限公司、中国华洋海事中心、江苏海事职业技术学院、大连海事大学、南通航运职业技术学院、上海海事职业技术学院、青岛远洋船员职业学院、交通运输部海事局船员管理处以及山东海事局、浙江海事局、广东海事局、上海海事局、福建海事局、天津海事局、江苏海事局、辽宁海事局、长江海事局、河北海事局、广西海事局、海南海事局、深圳海事局

序

我国是一个海洋大国、海运大国,也是海员大国。海员,特别是船舶技术人员,在建设海洋强国、海运强国、实施"一带一路"战略、维护国家海洋权益、促进海运业发展等方面发挥着主力军作用,为我国国民经济和社会发展做出了突出贡献,是国家重要战略资源。

根据《2015年中国船员发展报告》,我国共有注册海员638 990人,其中船舶技术人员228 185人,居世界第一。海运船队运力规模达到1.42亿载重吨,约占世界海运船队总运力的8%,居世界第4位,承担着我国90%以上的外贸运输任务。海员强,则航海强。作为海员主体的海运业船舶技术人员是航运业可持续发展的重要保障,也是实现海洋强国梦的根本。

为了掌握我国海运业船舶技术人员基本状况,剖析船舶技术人员存在问题的深层原因,真实反映他们的需求、意见和愿景,并为政府部门科学决策、制定相关法律法规和政策提供精准数据,促进海运业船舶技术人员队伍建设,2015~2016年,中国科学技术协会(简称中国科协)会同南通大学课题组联合中国航海学会、南通市科学技术协会(简称南通科技)、中国海员建设工会、江苏航海学会、中国心理卫生协会交通分会、广东省船员服务协会、中国远洋运输集团总公司、中国海运集团总公司等二十多家社会团体、高校、航运企业,在交通运输部海事管理部门的支持和指导下,首次大范围对我国海运业船舶技术人员状况开展调查。调查采用自编问卷,内容涉及基本情况、工作状况、生活状况、观念态度、社会参与和心理健康状况等六个方面,调研对象涵盖所有在全国十二个省市(除黑龙江省)的十三个交通运输部属海事局注册的在职、在航、在海船技术岗位上任现职,具有船舶专业技术职务的专业技术人员,包括船长(含高级船长)、大副、二副、三副、轮机长(含高级轮机长)、大管轮、二管轮、三管轮。课题组共发放调查问卷10 000份,回收调查问卷9 118份,回收率91.2%。课题组还组织专家到8个省市的19家航运企业、航海类高校、工会组织、社会团体对船舶技术人员、管理人员进行访谈。根据课题调研结果,最终形成了《我国海运业船舶技术人员状况调查报告》(以下简称《调查报告》),包括1份主报告、5份分报告、13份专题报告和1份数据报告,还附录了相关资料。

《调查报告》力求客观反映我国海运业船舶技术人员的基本情况,并在深入分析的基础上提出相应的对策和建议,可为政府部门制定相关政策和法律法规提供科学依据;为推进改善船舶技术人员发展的政策环境、法治环境、市场环境和社会环境,促进船舶技术人员队伍科学发展,提供有价值的参考;同时,也为我国航海学科领域的研究和发展,以及相关学科研究提供基础数据平台。

本书根据"我国海运业船舶技术人员状况调查"(中国科协2015年创新战略研究课题,项目编号2015DCYJ04)的成果编写而成,是集体智慧的结晶。本书力求全面、客观地反映我国海运业船舶技术人员的基本状况,为政府部门科学决策、航运企业科学管理以及航海人才科学培养提供有价值的参考,同时也为航海领域以及相关学科的研究和发展提供基础数据平台。在这里,我代表课题组真诚地感谢在课题调研及调查报告形成过程中,中国科协自始至终给予的全面指导,感谢南通大学、中国航海学会、中国海员工会、南通市科协、中国心理卫生协会交通分会、江苏省航海学会给予的全力支持,感谢交通运输部海事局船员管理处及各海事局给予的热情支持和协调,感谢所有被抽样调查和访谈的单位及人员给予的积极配合,特别要感谢课题组所有合作单位及每个成员的和谐合作,感谢施利承、王华容、王佳丽等老师在抽样调查、数据整理、统计分析以及调研报告撰写过程中废寝忘食的艰苦付出,还要感谢众多研究生毫无怨言的辛苦劳动。

本书出版得到了南通市科协的立项资助,得到了南通大学的大力资助,科学出版社为本书出版给予了热情的指导和支持,在此一并表示衷心感谢!

由于本次调查样本人数多、涉及面广、数据量大、整理分析任务艰巨,加上我们水平有限,难免会出现思考不周、分析不当、文字欠妥等问题和不足,对此,我们欢迎批评指正,会虚心接受并改正。

课题组组长

2017年12月27日

目　录

第一章　绪言 ·· 1
　一、目的和意义 ·· 1
　二、研究述评 ·· 2
　三、研究内容 ·· 5
　四、调查内容 ·· 5
　五、合作单位 ·· 6
　六、调查对象 ·· 6
　七、调查方法 ·· 6
　八、调查工具 ·· 8
　九、质量控制 ·· 8
　十、数据处理 ·· 10
　十一、调研访谈 ·· 10
　十二、报告结构 ·· 10

主　报　告

第二章　我国海运业船舶技术人员状况调查主要结论和政策建议 ·················· 15
　一、我国海运业船舶技术人员结构特征和基本评价 ······································ 15
　二、船舶技术人员的工作评价和流动意愿 ·· 20
　三、船舶技术人员科技活动状况与评价 ··· 23
　四、船舶技术人员生活状况和健康 ··· 24
　五、船舶技术人员对国家发展战略目标的认知 ··· 27
　六、船舶技术人员社会参与和权益保障 ··· 28
　七、船舶技术人员心理健康状况与应对 ··· 31
　八、政策建议 ·· 33

分　报　告

第三章　我国海运业船舶技术人员的工作状况 ·· 43
　一、入职原因 ·· 43

二、工作适应 …………………………………………………………… 44
三、工作满意度 ………………………………………………………… 46
四、职业倦怠 …………………………………………………………… 48
五、流动意愿 …………………………………………………………… 49
六、继续教育 …………………………………………………………… 52
七、科技活动 …………………………………………………………… 53
八、职业发展信心 ……………………………………………………… 54

第四章 我国海运业船舶技术人员的生活状况 ……………………… 56
一、健康自评 …………………………………………………………… 56
二、健康投资 …………………………………………………………… 59
三、健康服务 …………………………………………………………… 61
四、经济收入 …………………………………………………………… 65
五、社会地位 …………………………………………………………… 66
六、社会福利 …………………………………………………………… 68
七、社会保障 …………………………………………………………… 69
八、家庭关系 …………………………………………………………… 76
九、生活水平与幸福感 ………………………………………………… 78

第五章 我国海运业船舶技术人员的思想观念状况 …………………… 80
一、对国家发展战略目标的认知和评价 ……………………………… 80
二、对船舶运输领域的认识与评价 …………………………………… 84
三、对自身队伍的认知与评价 ………………………………………… 86

第六章 我国海运业船舶技术人员的社会参与状况 …………………… 89
一、参与公共事务的意愿 ……………………………………………… 89
二、参与公共事务管理的情况 ………………………………………… 94
三、参与学术团体和社会团体组织的情况 …………………………… 98
四、对学术团体和社会组织的评价和期望 …………………………… 101
五、权益侵害与维护 …………………………………………………… 105

第七章 我国海运业船舶技术人员的心理健康状况 …………………… 109
一、心理健康自评 ……………………………………………………… 109
二、心理压力的来源 …………………………………………………… 110
三、社会支持 …………………………………………………………… 111
四、应对方式 …………………………………………………………… 114
五、心理服务 …………………………………………………………… 115

专题报告

专题报告一　我国海运业船舶技术人员工作状况及对策建议 …………………… 119
专题报告二　我国海运业船舶技术人员生活状况及对策建议 …………………… 126
专题报告三　我国海运业船舶技术人员观念态度及对策建议 …………………… 131
专题报告四　我国海运业船舶技术人员社会参与及对策建议 …………………… 135
专题报告五　我国海运业船舶技术人员心理状况及对策建议 …………………… 140
专题报告六　我国海运业不同航区船舶技术人员状况及对策建议 ……………… 144
专题报告七　我国海运业特殊类型船舶技术人员状况及对策建议 ……………… 150
专题报告八　我国海运业各企业性质船舶技术人员状况及对策建议 …………… 155
专题报告九　我国海运业外派船舶技术人员状况及对策建议 …………………… 161
专题报告十　我国海运业个体船舶技术人员状况及对策建议 …………………… 167
专题报告十一　重视海洋文化、航海文化、海员文化宣传提高对海员职业的社会认同感
　　　　　　　……………………………………………………………………… 174
专题报告十二　加快推进海员立法工作切实保障海员合法权益 ………………… 177
专题报告十三　加快制定海员个税优惠政策提升海员职业吸引力 ……………… 180

数据报告

一、入职原因 …………………………………………………………………………… 185
二、对自己的业务水平/能力的总体评价 …………………………………………… 187
三、对专业知识和技能达到个人期望水平的评价 …………………………………… 188
四、工作中的技术性难题 ……………………………………………………………… 189
五、影响工作积极性的主要因素 ……………………………………………………… 190
六、工作中的最大困扰 ………………………………………………………………… 192
七、学习进修的需求 …………………………………………………………………… 194
八、培训费用的支出 …………………………………………………………………… 195
九、参加培训后职业技能水平的提升 ………………………………………………… 196
十、对单位培训安排的总体满意程度 ………………………………………………… 197
十一、工作总体满意程度 ……………………………………………………………… 198
十二、工作各方面的满意程度 ………………………………………………………… 199
十三、工作各方面的满意率 …………………………………………………………… 200
十四、工作倦怠感 ……………………………………………………………………… 202
十五、职业或工作单位的更换意愿 …………………………………………………… 203
十六、船舶技术人员的职业流动 ……………………………………………………… 204
十七、职业流动的主要原因 …………………………………………………………… 205
十八、希望工作中得以改进的地方 …………………………………………………… 207

十九、让自己的孩子从事自身职业的意愿 …………………………………… 209
二十、家人是否支持从事船舶运输工作 …………………………………… 210
二十一、与5年前相比,自己目前事业发展和工作状况评价 ……………… 211
二十二、展望未来5年,对自己事业发展和工作状况的期望 ……………… 212
二十三、影响开展科研活动的主要原因 …………………………………… 213
二十四、健康状况自评 ……………………………………………………… 215
二十五、患病情况 …………………………………………………………… 216
二十六、身体健康状况对日常工作和生活的影响 ………………………… 218
二十七、每年花在健康上的主要费用 ……………………………………… 219
二十八、医疗费按实报销情况 ……………………………………………… 220
二十九、医疗费按时报销情况 ……………………………………………… 221
三十、在船期间体育锻炼情况 ……………………………………………… 222
三十一、在船期间服用营养保健品情况 …………………………………… 223
三十二、在船期间服用治疗慢性疾病药物的情况 ………………………… 224
三十三、定期健康体检情况 ………………………………………………… 225
三十四、健康体检安排 ……………………………………………………… 226
三十五、企业指定的医疗服务机构 ………………………………………… 227
三十六、所在企业的健康保障制度和应急措施 …………………………… 228
三十七、兼职收入 …………………………………………………………… 229
三十八、近三年的经济支出 ………………………………………………… 230
三十九、个体所处阶层自评 ………………………………………………… 232
四十、个体对所处社会阶层的满意度 ……………………………………… 233
四十一、家里重大事情的决策权 …………………………………………… 234
四十二、节日或慰问礼品的发放 …………………………………………… 235
四十三、为困难职工家庭提供的帮助 ……………………………………… 236
四十四、社会保险缴纳项目 ………………………………………………… 237
四十五、社会保险缴纳方式 ………………………………………………… 238
四十六、医疗保障形式 ……………………………………………………… 239
四十七、住房公积金 ………………………………………………………… 240
四十八、居住的住房产权 …………………………………………………… 241
四十九、居住条件满意度 …………………………………………………… 242
五十、企业对因工伤不能在船工作者的安排 ……………………………… 243
五十一、企业是否会按政策处理工伤 ……………………………………… 244
五十二、心事是否会向家人透露 …………………………………………… 245
五十三、休假期间与家人的关系 …………………………………………… 246
五十四、家庭氛围 …………………………………………………………… 247
五十五、做事考虑家人的意见和感受 ……………………………………… 248
五十六、家人对工作的关心度 ……………………………………………… 249

五十七、休假期间关注子女哪些方面 ······ 250
五十八、子女对于海员职业的态度 ······ 251
五十九、亲子关系 ······ 252
六十、对孩子的爱 ······ 253
六十一、孩子对船舶技术人员的爱 ······ 255
六十二、夫妻间愉快经历的分享 ······ 257
六十三、夫妻关系满意度 ······ 258
六十四、在船期间与家人的交流 ······ 259
六十五、船上信息受限带来的困扰 ······ 260
六十六、生活中存在的困难 ······ 261
六十七、目前生活水平与五年前的比较 ······ 263
六十八、对自己生活水平在未来五年的展望 ······ 264
六十九、生活幸福度 ······ 265
七十、对影响和谐社会建设主要因素的认识 ······ 266
七十一、对社会主导价值观念的认识 ······ 268
七十二、对全社会倡导"自由、平等、公正、法治"的价值导向的认识 ······ 269
七十三、对"把科学发展观贯彻到我国现代化建设全过程"的认识 ······ 270
七十四、对"实现中华民族伟大复兴的中国梦"的信心 ······ 271
七十五、对"在2020年全面建成小康社会"发展目标的信心 ······ 272
七十六、对"2049年建成富强民主文明和谐的社会主义现代化国家"的信心 ······ 273
七十七、对"到2020年进入创新型国家行列"战略目标的信心 ······ 274
七十八、对"在2049年时成为世界科技强国"战略目标的信心 ······ 275
七十九、对共建"21世纪海上丝绸之路"与"新丝绸之路经济带"(一带一路)战略构想的认识 ······ 276
八十、对"建设海运强国"战略目标的信心 ······ 277
八十一、对新时期中国特色社会主义事业提出各项要求的看法 ······ 278
八十二、对船舶技术人员"爱国,敬业,诚信,友善"的表现的评价 ······ 278
八十三、我国船舶技术人员整体水平与国外同行的比较 ······ 278
八十四、评价海员是否优秀的标准 ······ 279
八十五、船舶技术人员队伍存在的问题 ······ 281
八十六、对船舶运输领域总体情况的评价 ······ 281
八十七、对国家出台的政策方针的关注程度 ······ 282
八十八、参与单位的公共事务管理的态度 ······ 283
八十九、当选各级人大代表或政协代表的情况 ······ 284
九十、对参政议政或参与公共事务渠道通畅的评价 ······ 285
九十一、对媒体上错误航运信息或报道的处理 ······ 286
九十二、参与各类公共事务管理的情况 ······ 287
九十三、参与社会团体组织情况 ······ 287

九十四、参与学术团体情况 … 288
九十五、参加学术团体或基层学(协)会组织活动情况 … 289
九十六、对工会组织的了解程度 … 290
九十七、对行业学会的了解程度 … 291
九十八、对工会影响力的评价 … 292
九十九、对行业学会影响力的评价 … 293
一〇〇、对社会团体组织提供服务的期待 … 294
一〇一、海员当前遇到的困难 … 296
一〇二、遇到困难后的解决方式 … 297
一〇三、心理健康量表的阳性检出率(重点关注人群) … 299
一〇四、心理健康量表的阳性检出率(一般关注人群) … 301
一〇五、心理压力的主要来源 … 303
一〇六、可以得到支持和帮助的朋友数量 … 305
一〇七、近一年来的居住情况 … 306
一〇八、遇到问题的应对方式 … 307
一〇九、邻里关系 … 308
一一〇、同事关系 … 309
一一一、家庭成员给予的支持和照顾 … 309
一一二、遇到急难情况时的帮助来源 … 310
一一三、遇到烦恼时的倾诉方式 … 312
一一四、遇到烦恼时的求助方式 … 313
一一五、团体组织活动参与情况 … 314
一一六、曾经获得的心理帮助 … 315
一一七、希望获得的心理帮助 … 317

附　录

附录一　我国海运业船舶技术人员状况调查问卷 … 321
附录二　"我国海运业船舶技术人员状况调查问卷"指导手册 … 344
附录三　"我国海运业船舶技术人员状况调查"调研提纲 … 349
附录四　海运企业、海员服务公司、航海类高校船舶技术人员、管理人员访谈汇总 … 351
附录五　参考文献 … 367

第一章 绪　　言

一、目的和意义

（一）研究背景

（1）实施国家"海洋强国""海运强国"战略和"一带一路"战略构想,需要建设一支高素质、高技术、国际化的海运业船舶技术人员（以下简称船舶技术人员）队伍。

（2）船舶技术人员队伍承担着国家90%以上的外贸运输任务,是我国海运业发展的支撑,他们在维护国家海洋权益、促进社会经济发展中发挥着不可替代的主力军作用。

（3）船舶技术人员队伍是特殊的职业群体。他们常年工作和生活在船上,在工作、生活、思想、社会参与以及心理等方面面临着许多问题和困惑。船舶技术人员队伍不稳定、人才流失严重,需要给予更多的关心。

（二）研究目的

（1）反映现状。通过对船舶技术人员大面积抽样调查研究,全面客观地反映他们的基本现状。

（2）分析问题。深入剖析船舶技术人员所反映问题的深层原因,真实反映他们的需求、意见和愿景。

（3）提出对策。根据存在的问题、原因,提出有针对性的政策建议,为政府制定相关政策、法律法规提供参考依据。

（三）研究意义

（1）船舶技术人员是我国海运业可持续发展的关键因素,本课题选择这一群体为研究对象,用调查数据客观反映我国海运业船舶技术人员的基本情况,及其在工作、生活、观念态度、社会参与、心理健康等方面的状况、需求与建议,及时了解他们的呼声,深入剖析存在问题的影响因素,在科学分析的基础上提出相应的对策,为政府相关部门制定政策和采取措施提供可靠依据。同时,也为政府相关部门科学决策、维护船舶技术人员权益、改善职业发展环境,提供精准数据和有价值的参考。

（2）这一课题的研究有助于强化海运业的科技意识和人才意识,形成尊重劳动、尊重知识、尊重人才的良好氛围;有助于保障船舶技术人员的合法权益,提升其社会地位;有助于推动解决船舶技术人员队伍建设中存在的突出问题,发挥船舶技术人员的积极作用,更好地服务海运事业。

（3）开展对船舶技术人员状况的全面调查,对加强船舶技术人员队伍建设、实施"海洋强国""海运强国"和"一带一路"战略,以及对我国开发和利用海洋、巩固海防、维护国家海洋权益、促进社会经济发展,均具有重要的战略意义。

(4)现有文献中有关船舶技术人员的实证研究比较有限,有关这一选题的研究更是少见,尤其是如此大样本、多内容的全面调查几乎没有。本项目研究成果将成为我国航海学科领域的基础数据平台,有利于促进航海学科的发展和研究创新,也可为相关学科研究和发展提供基础数据。

二、研究述评

本课题所指的船舶技术人员,是指在海运船舶专业技术岗位上从事专门工作的科技人员,按照中华人民共和国专业技术职称分类,对在航运船舶从事专业技术工作的人员统称为"船舶技术人员",该专业技术职称主要分为:船舶甲板部,高级船长(高级)、船长、大副(中级)、二副、三副(初级);轮机部,高级轮机长(高级)、轮机长、大管轮(中级)、二管轮、三管轮(初级)。截至2014年12月31日,我国共有注册海运业船舶技术人员217 449人(数据来源:《2014年中国船员发展报告》),是世界海运业船舶技术人员数量最多的国家。船舶技术人员大多时间工作和生活在船舶上,海上恶劣的气候、船舶封闭的环境、工作紧张的节奏、信息接收的闭塞、人际交往的局限、社会支持的匮乏,以及因远离亲人、夫妻分离而产生的亲情缺失、情感寂寞和生理困扰,因船舶日夜航行而带来的作息时间不规律、人体生物钟紊乱,因海上交通的国际性、复杂性而可能面临的海盗袭击等,这些负面因素都有可能严重影响到船舶技术人员的身心健康、工作效能、职业认同度、工作满意度和工作稳定性等,进而对船舶的航行安全产生至关重要的影响。

改革开放以来,我国海运事业高速发展,但是船舶航运事故、船舶伤害事件也不断增多。《2013年交通运输行业发展统计公报》显示,全年全国共发生运输船舶水上交通事故262件,死亡失踪265人,沉船142艘,直接经济损失3.84亿元。大量对海上航运事故的研究表明,在影响航运安全的三大要素(人、船、环境)中,人的因素是最主要的方面,在航运事故的成因中人的因素占80%以上。人的因素主要是指人的不安全行为,如决策错误、指挥失当、操作失误、行为失范等。人的不安全行为的产生,除人机交互失谐、管理方法不当以外,很多研究发现主要原因之一是由于船舶技术人员个体状况不佳、负面情绪干扰所造成的认知能力下降。挪威船级社(DNV)总裁石万胜指出:海运业统计数据所显示的航运安全趋势的下降和由从业人员所引起的各类不确定风险的增加,引起了业界的高度关注。现在,平衡安全和环境风险两者关系正当其时,这就要求我们需要更多地关注船舶技术人员的"人"的因素及其能动性对航运安全的影响。鉴于海上工作的高风险性和海难事故的高危害性,近年来,船舶技术人员这一职业群体的工作、生活、心理状况已越来越受到社会关注。

通过中国知网(CNKI)中国期刊全文数据库和中国优秀硕博学位论文全文检索数据库,以"船舶技术人员"和"现状调查"为主题词,共检索到1985年至2016年的82篇期刊文章。自1995年起,以航海类院校为主体,由地方航运企业、有关医院和疗养院等单位科技人员通力协作,针对船舶技术人员这一群体的研究日渐增多。通过EBSCOhost、Elsevier数据库,以

Sailor、Mental Health 为主题词，检索 1985 年至 2016 年相关文献 38 篇，研究多集中在对船舶技术人员职业疾病、生活现状、工作态度、人格特质的描述性调查。具体分析归纳如下。

（一）职业意愿

王树江等（2011）的调查数据表明，船员对航海事业的认同度比较高，有 64% 的人认为海运业在社会发展中的意义比较重要，64.8% 的人相信船员的劳动很重要，66.1% 的人认为航海事业很有意义。但是他们对于船员社会地位的看法却比较悲观，认为船员社会地位比较低的占 64.6%，感到船员社会地位高的只有 2.6%，感到自身职业被社会尊重的只有 4.3%。同时大多数人（76.3%）认为船员工作很辛苦，从事这个职业并不容易。高级船员 30 岁以下离职情况最为严重，这一年龄段船员每年离职占离职总人数的比例均超过 54%；而 50 岁以上的离职人数很少，所占比例在 1.5% 以下。离职的高级船员中本科及以上学历的人数最多，中专学历的高级船员离职情况比较稳定，所占比例最小（李涛，2011）。目前我国船员市场流动性活跃，且流向清晰。作为市场中的"稀缺资源"，许多高级海员要么由国有航运企业向薪水更高的外资企业或民营企业流动，要么干脆"弃海从陆"，到岸上从事航运管理工作（王楠，2011）。关于船员是否愿意长期从事船员工作时，只有 28.8% 的人认为自己将长期从事船员工作，39.3% 的人回答说不清楚，31.5% 的人明确表示不会（王树江等，2011）。在对船员工作的未来前途看法上，有 40.8% 的说不准。调查还问了如果重新选择职业的话是否还会从事船员这个职业，有接近 44% 的人明确表示不会，而只有 16.7% 的表示会。调查结果显示了船员对于自身职业的消极意向，似乎大多数人是将船员工作当作一种养家糊口的谋生手段，有一种不得已而为之的意味。

（二）职业发展

随着竞争压力的不断增大，很多船员渐渐发现自身的知识体系和结构已经跟不上社会发展的需要，这种"跟不上"还直接影响了他们的经济收入，并间接影响了他们的社会地位。因此，他们对再次受教育产生了迫切的需求。对上海地区内河船员的调查发现，船员认为自己需要提高的能力依次为：专业技术、外语、沟通能力、法律法规知识，分别占被调查对象的 46.0%、22.2%、19.6% 和 12.2%。他们一方面努力提高自身素质，学外语、学电脑等正在成为新的时尚；另一方面，他们更加注重对下一代的教育，对教育的投资也越来越多。

（三）工作情感

已有研究显示，65.1% 的人认为对于船员工作的喜欢程度一般；只有 24.0% 的人比较喜欢这个职业；值得注意的是，还有 10.9% 的人表示讨厌船员这个职业，这部分人是值得关注的群体。幸福感是近年来受到广泛关注的指标。调查显示，只有 9.6% 的被调查者表示比较幸福，53.5% 的人表示幸福感一般，另有 36.1% 的人表示幸福感比较小。

（四）经济收入

随着社会的变迁，船员的收入不再像以前那样有优势，调查显示，有 60.7% 的人认为自己的物质收益一般,另有24.9%的人认为自己的物质收益很少,这反映了船员对于自己的经济收入并不是很满意;而且有51.6%的人认为自己的精神收益也很少,这反映了船员对自己付出的劳动获得的收益并不满意。52.9%的被调查者希望增加收入,78.6%的被调查者认为调动船员积极性的主要因素是提高船员待遇,70%的被调查者最担心自己的收入下降。其中35岁以下船员的希望增加收入的要求最为强烈,36~45岁的船员次之。由此可见,收入待遇是船员普遍最为关心的问题(童丹英,2009)。

(五)家庭生活

有74.1%的船员认为船员职业的特点对于家庭生活影响很大,而认为对船员的恋爱影响很大的占78.2%,这说明长期在海上与世隔绝的生活状态确实影响了船员的感情和家庭生活(王树江等,2011)。英国卡迪夫大学海员国际研究中心也曾开展过对包括中国船员在内的各国船员工作与家庭生活影响的调查,结果表明虽然携带家属同船或缩短在船工作合同期可以对这方面的影响起到很好的缓和作用,但是这种方式在包括我国在内的国际通行做法上难以取得一致,这种不利的影响还在持续。

(六)身体状况

海运业船舶技术人员的风湿病发病率约为20.20%(肖仙祥,2011)。高血压患病率约为28.10%(李磊,2011)。多发性胃病的发病率为65.4%,患不同程度神经衰弱的占71.8%,患不同程度心脑血管疾病的占30.2%,吸烟率达88.9%,酗酒率达92.2%(张松,2002)。船舶技术人员对艾滋病性传播途径的知晓率为100%,但仍有14.4%的人发生过商业性行为,且其中19.6%在最近一次商业性行为中没有使用安全套(严燚等,2012)。41.7%的船舶技术人员认为受性的困扰很大,有经常性性幻想的占93.7%、经常手淫的占89.6%、有同性恋倾向的占2.6%(刘贺,2012)。

(七)心理健康

多数研究者对海员心理健康现状的调查采用SCL-90,调查结果表明其心理健康水平总体上低于全国一般水平,心理症状阳性检出率远高于普通人群。乔文达等(1999)对79名远洋海员的调查结果显示,其心理健康水平较低,有较高的忧虑性。朱国锋等(2002)检测出8.9%的海员存在中等严重程度的心理问题,主要表现在强迫症状、人际敏感、抑郁和偏执。青岛远洋船员学院和中国远洋集团合作开展的"远洋船员心理评估与干预试验"课题,调查所得远洋船员的阳性总检出率为55.5%,在航时有某种心理不适症状的约占75.4%,各因子异常的检出率分别为躯体化31.1%、强迫41.1%、人际敏感33.8%、抑郁34.4%、焦虑27.2%、敌对28.4%、恐怖11.0%、偏执21.5%、精神病性24.6%(张晓,2005)。现职海员的心理问题要比普通人群更为突出,刘贺(2012)、邬远和等(2005)、郑荔峰等(2010)的研究都得到相似的调查结果。此外,刘文等(2011)发现海员的心理问题呈现"两头高"趋势,备航期和返航期的心理负荷较重,航行中期心理状况相对较平稳。从年龄和职务上看,初次上船的实习生较易产生抑郁和焦虑的情绪反应;40~49岁年龄组的中国海员的心理健康水平高于其他年龄组,年龄的积累并丰富的社会阅历,能更好地帮助海员应对各种生活与工作事件。但也有研究得出不同的结果,发现中年船员的压力最大,引发心理问题的比例相对较高,海龄与心理问题严重程度呈正相关,因此应注重对高海龄船员的心理护理(张燕,2010)。另外,高级海员的心理压力和工作负荷都比普通海员要大,甲板部海员的心理健康水平比轮机部海员要低(朱国锋等,2002)。

综上所述,近年来,海运业船舶技术人员状况和队伍建设等问题越来越受到社会关注和重视,但是,对海运业船舶技术人员总体状况的调查研究较少,大都是对船舶技术人员的某一方面做一些调查,范围比较有限,内容不全面,且样本量较小。因此,对海运业船舶技术人员状况进行全面、客观的调查研究很有必要。

三、研究内容

(1) 我国海运业船舶技术人员总体状况及政策建议
(2) 我国海运业船舶技术人员的工作状况及对策建议
(3) 我国海运业船舶技术人员的生活状况及对策建议
(4) 我国海运业船舶技术人员的观念态度及对策建议
(5) 我国海运业船舶技术人员的社会参与及对策建议
(6) 我国海运业船舶技术人员的心理状况及对策建议
(7) 我国海运业不同航区船舶技术人员状况及对策建议
(8) 我国海运业各企业类型船舶技术人员状况及对策建议
(9) 我国海运业特殊类型船舶技术人员状况及对策建议
(10) 我国海运业外派船舶技术人员状况及对策建议
(11) 我国海运业个体船舶技术人员状况及对策建议

四、调查内容

根据研究内容确定调查船舶技术人员状况的六大维度及其内容(表1-1)

表1-1 调查内容的维度构成

一级维度	二级维度	一级维度	二级维度	一级维度	二级维度
基本情况	年龄 职务职称 城乡来源 证书类型 宗教信仰 文化程度 婚姻情况 工作航区 船舶类型 企业性质 劳务性质	工作状况	入职情况 工作适应 工作满意度 科技活动 继续教育 职业目标 职业倦怠 职业忠诚 流动意愿	生活状况	健康自评 健康投资 健康服务 经济收入 社会地位 社会福利 社会保障 家庭关系 生活水平与幸福感

（续表）

一级维度	二级维度	一级维度	二级维度	一级维度	二级维度
观念态度	国家政策 发展目标 创新环境 行业群体 个体发展	社会参与	政策关注度 公共事务 社会活动 权益维护	心理健康状况	心理健康自评 心理压力源 应对方式 社会支持 心理服务需求 获得的心理服务

五、合作单位

"我国海运业船舶技术人员状况调查"课题由南通大学为组长单位，中国航海学会为副组长单位，联合南通市科学技术协会、江苏省航海学会、中国海员建设工会、中国心理卫生协会交通分会、广东省船员服务协会、中国远洋运输集团总公司、中国海运集团总公司、中国华洋海事中心、江苏海事职业技术学院、上海海事职业技术学院、南通航运职业技术学院、青岛远洋船员职业学院、大连海事大学及各省（市）部属海事局等20多家单位，在中国科学技术协会的领导和指导下，在交通运输部海事局的支持和协调下，组织开展本项目调研工作。

六、调查对象

本课题调查的对象是船舶技术人员，即在我国海事部门登记注册的，在职、在航、在海船技术岗位上任现职，具有专业技术职务的船舶技术人员。

本次调查对象如下。

按职称类型分：船长（包括高级船长）、大副、二副、三副、轮机长（包括高级轮机长）、大管轮、二管轮、三管轮。

按持证类型分：无限航区和沿海航区；普通船舶和特殊船舶的船舶技术人员。

按企业类型分：国有企业、合资企业、民营企业和外资企业船舶技术人员。

按劳务性质分：合同工、派遣工、个体。

按劳务外派分：劳务外派、非劳务外派。

七、调查方法

（一）样本总量的确定

假定采用置信度$(1-\alpha)$为99%，即对应$Z=2.58$；可允许的抽样误差 se 设为1.0%，p 取值为1/2，则根据简单随机抽样所需的最小样本量为 $n=Z^2 \cdot [p(1-p)]/se^2 = 3328$。由于本次调查采用的是多阶段抽样方法，需要根据设计效应因子调整样本量。根据经验，通常取设计效应因子 B 为1.8或2.0，在此取2.0；$n=3328\times2=6656$，界定为所需的最小样本量。本课题将样本量界定在5%，截至2014年底，我国共有注册海运业船舶技术人员217 449人，因此，本次调查样本量预计为10 872名，实际抽样确定为10 000名船舶技术人员，符合调查所需的精度要求，所得样本能够很好地代表全国船舶技术人员的总体情况。

（二）研究方法

（1）调查法。选择全国12个省（自治区、直辖市）的13个部属海事局作为调查单元（黑龙江省海事局因海运业船舶技术人员较少，此次不作调查），分别为：山东海事局、浙江海事局、广州海事局、深圳海事局、上海海事局、福建海事局、天津海事局、江苏海事局、辽宁海事局、湖北海事局、河北海事局、广西海事局、海南海事局。实际抽取10 000名海运业船舶技术人员作为总体的样本，成为本次调查的对象，接受问卷调查。根据本次调查所得资料，用于推论和说明全国海运业船舶技术人员的状况。

（2）访谈法。除问卷调查外，还分别根据不同区域选择不同性质、不同类型船舶的相关管理人员、船舶技术人员进行访谈和座谈。

（三）抽样方案

本次抽样调查工作在全国12个省（自治区、直辖市）进行，由表1-2中12个省（自治区、直辖市）的13个部属海事局负责组织（海员注册单位）。被查人数基本按辖区注册的海运业船舶技术人员总数5%抽样，抽样方案如下。

表1-2 抽样调查的样本数

地区	调查机构	船舶技术人员/人	抽样比例	预计样本数/个	实际样本数/个
山 东	山东海事局	32 454	5%	1 623	1 500
浙 江	浙江海事局	27 659	5%	1 383	1 100
广 东	广东海事局	27 541	5%	1 377	1 100
上 海	上海海事局	32 835	5%	1 642	1 550
福 建	福建海事局	21 786	5%	1 089	1 000
天 津	天津海事局	23 327	5%	1 166	1 100
江 苏	江苏海事局	16 887	5%	844	900
辽 宁	辽宁海事局	18 048	5%	902	900
湖 北	长江海事局	4 614	5%	231	200
河 北	河北海事局	1 865	5%	93	100
广 西	广西海事局	4 125	5%	206	200
海 南	海南海事局	1 643	5%	82	100
广 东	深圳海事局	4 562	5%	228	250
黑龙江	黑龙江海事局	103			
总 计		217 449	5%	10 872	10 000

数据来源：国家海事局2015年5月25日发布的《2014年中国船员发展报告》

（1）多阶段抽样：省海事局——企业——个人。

一是调查人员至13个海事局，核实至2014年底船舶技术人员注册人数，在各地区抽取的样本比例与注册人员的实际分布比例相一致。调查总样本为10 000人，具体抽样调查比例及样本人数见表1－2。

二是各省市海事局提供被抽样的航运单位名单,被抽样单位涵盖各企业类型。

三是调查人员至抽样单位,按要求对船舶技术人员进行问卷调查,问卷调查根据实际情况采取纸质填写与网络填写两种方式。

（2）便利抽样。鉴于船舶技术人员工作的特殊性,为方便开展调研工作,在各航运单位的调研采取便利抽样,利用船舶技术人员在企业参加培训时、在家休假时或在船期间方便网络填答时,借助纸笔、电脑、手机方式进行填答,达到既定样本量即结束调研。

八、调查工具

采用自编《我国海运业船舶技术人员状况调查问卷》（以下简称《调查问卷》）、《我国海运业船舶技术人员状况调查指导手册》。

九、质量控制

（一）组织保障

为保证调研课题的高质量完成,2015年9月17～18日,课题组在南通大学召开课题合作组负责人会议和《调查问卷》专家审定会。为了确保我国海运业船舶技术人员抽样问卷调查工作规范、科学、有序,保质保量,课题组成立了"总调研协调组";将13个海事局所在的省（自治区、直辖市）分为四个区域,成立了"区域调研指导组";以各海事局为责任单位,成立了13个"问卷调查组",加强了课题参与单位的合作,形成了《我国海运业船舶技术人员状况调查》课题调研的组织网络,建立了较为有效的工作协调和质量保障机制。

（1）成立"总调研协调组",负责协调整个课题调研期间的工作。

总调研协调组成员名单：

组　　长：戴家隽（南通大学航海医学研究所研究员、中国心理卫生协会交通分会理事长）

副组长：王　群（中国航海学会秘书长）

成　　员：魏　薇（中国海员建设工会副主席）

　　　　　缪建红（南通市科协副主席）

　　　　　李　军（江苏省航海学会副理事长、兼秘书长、研究员）

　　　　　姜正林（南通大学航海医学研究所所长、研究员）

　　　　　孟春生（中国心理卫生协会交通分会副理事长、广东省船员服务协会副理事长）

　　　　　陈　坤（中国海运集团总公司人力资源部高级经理、高级经济师）

　　　　　贾广超（中国远洋集团总公司人力资源部高级经理）

　　　　　王卫兵（江苏海事职业技术学院副院长、研究员）

　　　　　杨连仁（中国航海学会、船长）

秘　　书：施利承（南通大学航海医学研究所、博士、讲师）

　　　　　王华容（南通大学航海医学研究所、博士、副教授）

王佳丽(南通大学航海医学研究所、博士、讲师)

(2)成立区域"调研指导组",负责对片内各省(市)海事局"问卷调查组"抽样调查工作的协调和业务指导,确保抽查质量。

区域调研指导组名单:

第一组(辽宁、天津、河北)
    组　长:杨连仁(中国航海学会科技人才管理部负责人)
    成　员:杨荣华教授、王佳丽博士、石运研究生

第二组(江苏、山东、湖北)
    组　长:李　军(江苏航海学会副理事长、秘书长、研究员)
    成　员:潘发达副教授、王华容副教授、张文静讲师、钱媛媛研究生

第三组(上海、浙江、福建)
    组　长:姜正林(南通大学航海医学研究所所长、研究员)
    成　员:莫　闲副教授、陈艳讲师、缪绿青实验师、刘淑彬研究生

第四组(广东、广西、海南、深圳)
    组　长:朱嫣红(中国海员建设工会海员工作部部长)
    成　员:邓宏宝教授、施利承博士、王菁研究生

(3)成立问卷调查组,按计划和要求,负责本辖区注册船舶技术人员的问卷调查工作。

问卷调查组名单(表1-3):

表1-3　各海事局问卷调查组联系人

调查机构	联系人	调查机构	联系人
山东海事局	郭长光	辽宁海事局	印少周
浙江海事局	徐屯金	长江海事局	李武华
广东海事局	陈占敏	河北海事局	张含君
上海海事局	靳筱璐	广西海事局	唐彰佳
福建海事局	叶璇	海南海事局	叶倍鏊
天津海事局	刘奇	深圳海事局	覃建豪
江苏海事局	唐春辉		

(二)问卷编制

(1)2015年5月,成立《调查问卷》编制组。

(2)2015年6月,查阅文献和资料,结合海运业船舶技术人员职业特点,设计《调查问卷》的主要维度及其各维度下的题目,完成《调查问卷》初稿。

(3)2015年7月,组织课题组到广州、上海、青岛三地海事局、海运企业,与相关管理人员、船舶技术人员进行个别或集体访谈,并组织《调查问卷》预测。

(4)2015年8月,根据访谈、预测结果,组织讨论修改,形成《调查问卷》(试用版)。

(5)2015年9月18日,在南通大学召开《调查问卷》专家审定会。

(6)根据专家修改意见,编制完成《调查问卷》和《调查问卷指导手册》(正式版)。

（三）问卷的发放与回收

（1）本次调查问卷发放对象见本书第6面的"六、调查对象"。《调查问卷》发放由调研协调组商请国家海事局船员管理处与各海事局协调；区域调研指导组负责业务指导；各海事局根据要求，具体负责调查问卷的发放和回收，并统一寄至南通大学。

（2）问卷调查采用被试直接填写纸质调查问卷和网络在线填写问卷两种方式。

（3）本次问卷调查从2015年10月至2016年2月，共发放调查问卷10 000份，共回收问卷9 118份，回收率为91.18%。其中有效问卷7 296份，问卷有效率为80.02%。在样本采集过程中，一方面，由于海运企业分散，船舶技术人员流动性大，常年航运于沿海、国际航线，给样本统一采集、及时回收带来困难；另一方面，由于国家2015年下半年开始对央企航运体制进行了重大调整，给采样工作带了无法控制的实际困难，使调查问卷回收的数量与时间都受到了一定影响。通过国家海事局及其下属各省（市）海事局以及中国航海学会的多方协调，在课题组合作单位的共同努力之下，最终基本完成了问卷调查任务。为了确保调查问卷质量，区域调研指导组赴各省（市）海事局船员管理处进行对接，落实专人，并给予指导。课题组的研究人员以高度的责任心对各省（市）海事局回收的所有调查问卷进行了严格的筛选，淘汰不合格调查问卷1 822份，淘汰率19.98%，确保符合要求的调查问卷进入统计分析。

十、数据处理

南通大学负责对本次调查数据进行录入和处理分析。使用SPSS（20.0版）统计软件对调查数据进行处理，运用Excel数据处理软件作为制作统计图表的工具。

十一、调研访谈

本课题组自2015年6月至2016年4月，组成专家组分别走访了辽宁、天津、河北、江苏、山东、湖北、上海、浙江、福建、广东、广西、海南等省（自治区、直辖市）的13个部属海事局，对大连海事大学海达船务公司、大连苏瑞船务有限公司、宁波龙盛航运有限公司、宁波翔云海事服务有限公司、中远航运股份有限公司、广州中海国际广州公司、中国远洋集团总公司、中国海运集团总公司、中国远洋海运集团有限公司、中国华阳海事中心、深圳远洋运输股份有限公司、江苏华隆海运有限公司、中国航海学会、中国海员建设工会、大连海事大学、青岛远洋船员学院、上海海事职业技术学院、南通航运职业技术学院、南通海隆共19家航运企业、航海类高校、工会组织、学术团体的相关管理人员、船舶技术人员进行了访谈、座谈。

十二、报告结构

《我国海运业船舶技术人员状况调查报告》（以下简称《调查报告》）的主体结构由绪言、主报告、分报告、专题报告、数据报告和附录六个部分组成。

调查报告目录：

一、绪言

二、主报告

我国海运业船舶技术人员状况调查主要结论和政策建议

三、分报告

 1. 我国海运业船舶技术人员的工作状况

 2. 我国海运业船舶技术人员的生活状况

 3. 我国海运业船舶技术人员的思想观念状况

 4. 我国海运业船舶技术人员的社会参与状况

 5. 我国海运业船舶技术人员的心理健康状况

四、专题报告

 1. 我国海运业船舶技术人员的工作状况及对策建议

 2. 我国海运业船舶技术人员的生活状况及对策建议

 3. 我国海运业船舶技术人员的观念态度及对策建议

 4. 我国海运业船舶技术人员的社会参与及对策建议

 5. 我国海运业船舶技术人员的心理状况及对策建议

 6. 我国海运业不同航区船舶技术人员状况及对策建议

 7. 我国海运业特殊类型船舶技术人员状况及对策建议

 8. 我国海运业不同企业类型船舶技术人员状况及对策建议

 9. 我国海运业外派船舶技术人员状况及对策建议

 10. 我国海运业个体船舶技术人员状况及对策建议

 11. 重视"三海"文化宣传，提高对海员职业的社会认同感

 12. 加快推进海员立法工作 切实保障海员合法权益

 13. 加快制定海员个税优惠政策 提升海员职业吸引力

五、数据报告

六、附录

《调查报告》绪言部分主要概述了"我国海运业船舶技术人员状况调查"课题研究的目的意义，国内外研究动向，课题调研的主要内容、调查对象和方法，质量控制，数据处理，以及调查报告的结构与完成。

主报告是本次调查对海运业船舶技术人员总体状况的概括，集中反映了我国海运业船舶技术人员队伍的特征、存在问题和需求，同时提出了政策建议。

专题报告根据不同方面分为13个专题：第一至第五专题分别对海运业船舶技术人员工作基本情况、生活基本情况、思想观念、社会参与和心理健康状况进行分析，并提出对策建议。其中，第一专题从入职情况、工作适应、工作满意度、科技活动、继续教育、职业目标、职业倦怠、职业忠诚、流动意愿等方面分析了我国海运业船舶技术人员的工作经历、职业认同和科技活动现状；第二专题围绕基本生活，分析了船舶技术人员在健康状况、健康投资、健康服务、经济收入、社会福利、社会保障、亲子关系、家庭婚恋方面的情况；第三专题分析了船舶技术人员对国家发展战略、国家发展目标、价值观、创新环境、行业群体素质以及个人发展方

面的认知和评价；第四专题主要分析船舶技术人员对国家的重大方针政策的关注度、参与公共事务管理的意愿和现状、参与工会、学术团体和其他社会团体组织的情况，分析了社会团体的作用、船舶技术人员个人权益的保护；第五专题从船舶技术人员心理健康自评、心理压力源、社会支持、应付方式、心理服务需求5个方面描述了我国航运业船舶技术人员的心理健康状况。第六至第十专题则重点针对不同航区、不同企业性质、特殊类型船舶的船舶技术人员、劳务外派船舶技术人员和个体船舶技术人员，从工作情况、生活情况、思想观念、社会参与和心理健康状态5个方面进行比较分析，并提出对策建议。第十一至十三专题针对目前船舶技术人员在职业认同感、合法权益保障、职业吸引力等方面存在的问题，进行了分析，提出了重视海洋文化、航海文化、海员文化宣传，加快推进海员立法工作和制定海员个税优惠政策的建议。

数据报告呈现了本次海运业船舶技术人员状况调查主要指标的统计结果。为方便对照，《调查报告》附录了中华人民共和国国家海事局2015年6月25日和2016年6月25日发布的《2014年中国船员发展报告》和《2015年中国船员发展报告》，同时将本次调查问卷和指导手册，访谈提纲和访谈记录一并附后，供读者参考、比较和分析之用。

《调查报告》是在中国科学技术协会的全程支持和指导下，由"我国海运船舶技术人员状况调查"课题组各成员单位合作完成。南通大学、中国航海学会、南通市科协、中国海员建设工会、江苏省航海学会、中国心理卫生协会交通分会共同负责调查报告的框架设计、数据分析和撰写。调研课题在完成过程中得到了交通运输部海事局船员管理处的具体指导，得到了各海事局的全力支持，得到了课题组所有成员单位的通力合作和被抽样、调研单位的积极配合。本调查报告是集体智慧的结晶，共同合作的成果。在此，对所有为完成本调研课题付出辛勤劳的合作者表示真诚的感谢和崇高的敬意。同时，感谢南通大学、江苏省航海学会为本调研课题、调研报告的顺利完成提供了资金资助。

《调查报告》写作具体分工如下：绪言、主报告和专题报告十一、十二由戴家隽执笔；分报告第三章和第七章，专题报告一、五、九、十由施利承执笔；分报告第四章，专题报告二、六、十三部分由王佳丽执笔；分报告第五章和第六章，专题报告三、四、七、八部分由王华容执笔；数据报告主要由施利承、王华容、王佳丽编制。

《调查报告》完成过程中得到了各相关单位和人员的帮助和指点，为《调查报告》框架的构成、调查成果的提炼、政策建议和专题报告的形成提供了许多有益的建议，在此一并致谢。

《调查报告》涉及内容多，数据量大，再加上编写人员知识经验的局限性，难免会出现疏漏和分析不当之处，欢迎广大读者提出质疑，给予批评指正，以便我们进行修正和补充。

我国海运业船舶技术人员状况调查报告

主 报 告

第二章 我国海运业船舶技术人员状况调查主要结论和政策建议

"我国海运业船舶技术人员状况调查"课题是我国首次对海运业船舶技术人员进行的大面积抽样调查,目的是全面、客观地了解和掌握当前社会转型期船舶技术人员在工作、生活、思想、社会参与、心理等方面的基本状况和存在的主要问题,及时反映他们的意见和需求,并提出具有针对性的政策建议,为政府制定相关政策、法律法规提供参考。

一、我国海运业船舶技术人员结构特征和基本评价

"十二五"期间,我国海员队伍建设,尤其是船舶技术人员队伍建设,取得了可喜的成绩。船舶技术人员队伍作为我国海运业的主体,为我国海运事业和社会经济发展做出了突出的贡献;作为国家战略资源,他们在我国建设"海洋强国""海运强国",实施"一带一路"战略中发挥着主力军作用。

根据《2015年中国船员发展报告》,目前我国共有注册海员638 990人,其中船舶技术人员228 185人,居世界第一。海运船队运力规模达到1.42亿载重吨,约占世界海运船队总运力的8%,居世界第4位,承担着我国90%以上的外贸运输任务。

近年来,交通运输部以促进海员职业发展为导向,完善海员教育培训、改善管理服务、健全法制法规、加强文化建设、创新发展环境,不断推进与国际先进水平接轨,海员的整体素质不断提高,海员数量稳步增长,形成了一支规模适合、结构合理、能力适任,基本能满足国家战略发展需要和适应我国海运业发展的船舶技术人员队伍。

(一)我国船舶技术人员发展基本情况

1. 规模稳步发展,总数居世界第一

截至2015年12月31日,我国共有注册海员638 990人,其中无限航区海员470 512人,沿海航区海员168 478人。新增海员30 523人,比2014年增长了5.0%。

截至2015年12月31日,我国共有持证船舶技术人员228 185人,其中无限航区船舶技术人员131 366人,沿海航区船舶技术人员96 819人。新增船舶技术人员10 736人,比2014年增长了4.9%。注册海员、船舶技术人员总数居世界第一。

2. 技术职务结构基本合理

目前,海运业船舶技术人员中,船长33 671人(占14.8%),大副22 475人(占9.8%),二副27 498人(占12.1%),三副37 238人(占16.3%);轮机长31 444人(占13.8%),大管轮17 391人(占7.6%),二管轮23 850(占10.4%),三管轮34 618人(占15.2%)。

3. 队伍结构趋于年轻化

从海运业船舶技术人员年龄结构看,30 岁以下的占 31.0%,30~39 岁的占 28.5%,40~49 岁的占 22.9%,50 岁及以上的占 17.6%。

4. 国际竞争力不断增强

我国海员的国际竞争力不断增强,每年外派海员人次,包括船舶技术人员人次逐年增加。2015 年,我国外派海员 133 326 人次,同比增长 7.3%,其中,外派船舶技术人员 49 372 人次,分别比 2014 年的 46 374 人次和 2013 年的 43 692 人次,增长 6.5% 和 13.0%(上述数据均来自 2015 年中国船员发展报告)。

5. 总体素质得到提高

"十二五"期间,交通运输部海事部门十分重视海员、尤其是船舶技术人员队伍建设。通过建立健全海员教育培训管理质量体系,完善海员教育培训管理制度,规范海员考试评估和发证管理,引进国外先进的培训理念,开展《海员培训、发证和值班标准国际公约》(STCW 公约)与我国海员培训差异化研究,转化运用国际海事组织(IMO)示范课程,形成具有我国特色的海员教育培训示范课程体系,提高了我国船员教育培训的质量和水平。

目前,我国已有海员教育培训机构 269 家,主要海员培训机构 100 家。"十二五"期间,我国航海类专业共招收本科、专科、中专等不同层次学生 125 724 人(表 2-1)。

表 2-1　2011~2015 年航海类专业招生人数　　　　　　　　　　　　(单位:人)

专业	招生人数				
	2011 年	2012 年	2013 年	2014 年	2015 年
驾驶	24 251	15 654	11 912	9 321	8 193
轮机(含电子电气)	19 662	12 192	9 940	7 832	6 767
合计	43 913	27 846	21 852	17 153	14 960

2015 年,我国航海类专业招收本科、专科、中专等不同层次学生 14 960 人,其中驾驶专业 8 193 人,轮机专业 6 418 人,电子电气专业 349 人(表 2-1、表 2-2)。此外,还完成在职船舶技术人员适任培训 10 404 人(表 2-3),完成在职特殊类型船舶技术人员特殊培训 17 671 人(表 2-4)。

表 2-2　2015 年航海类专业招生人数　　　　　　　　　　　　(单位:人)

类型	招生人数			
	驾驶	轮机	电子电气	合计
本科	2 309	2 438	115	4 862
大专	4 650	3 327	234	8 211
中专	956	458	0	1 414
两年制	244	166	0	410
非航海类工科	34	29	0	63
合计	8 193	6 418	349	14 960

表 2-3　2015 年海运业船舶技术人员适任培训人数　　　　　　　　（单位：人）

职　务	船　长	大　副	三　副	轮机长	大管轮	三管轮	合　计
培训人数	1 914	3 487	76	1 830	3 017	80	10 404

表 2-4　2015 年海运业船舶技术人员特殊培训人数　　　　　　　　（单位：人）

培训项目	油船和化学品船货物操作基本培训	油船货物操作高级培训	化学品船货物操作高级培训	液化气船货物操作基本培训	液化气船货物操作高级培训	客船船员特殊培训	合计
培训人数	3 001	2 771	1 526	542	538	9 293	17 671

另外,2015 年共完成船舶技术人员适任考试、评估 69 858 人次,签发各类船舶技术人员适任证书 68 238 本(以上数据主要来源自 2014 年和 2015 年的中国船员发展报告)。

(二) 被调查船舶技术人员基本结构

本次调查依托海员注册机构,即 12 个省(自治区、直辖市)的 13 个交通运输部直属海事局作为调查站点进行。调查基本覆盖了全国 217 449 名持证船舶技术人员(以《2014 年中国船员发展报告》为据)。被调查船舶技术人员特指不同航区(无限航区、沿海航区)的在册、在职、在航、在海船技术岗位上任现职的持证船长、大副、二副、三副、轮机长、大管轮、二管轮、三管轮。本次调查样本按 5% 比例抽样,采取分层随机抽样的方法选取,共发放调查问卷 10 000 份,实际回收问卷 9 118 份,其中有效问卷 7 296 份。本节将从被调查船舶技术人员的地域分布、年龄结构、学历结构、职务类型、工作航区、船舶类型、企业类型、劳务性质等方面对船舶技术人员群体总体结构进行描述。

1. 地域分布

船舶技术人员的工作是流动的,但其人事关系所在的海运企业或船员公司的注册地是相对固定的。因此,本次调查的地域分布是指在各海事机构辖区内船舶技术人员的数量分布(表 2-5)。从船舶技术人员注册地域分布来看,主要集中于山东、浙江、广东、上海、福建、天津、江苏、辽宁等 12 个省(自治区、直辖市),这些地区经济发达,云集了国家的主要港口和航运企业。

表 2-5　我国海运业船舶技术人员地域分布

地　区	调查机构	船舶技术人员总数/人	实发样本数/个	回收样本数/个	有效样本数/个
山　东	山东海事局	32 454	1 500	1 371	929
浙　江	浙江海事局	27 659	1 100	965	837
广　东	广东海事局	27 541	1 100	820	689
上　海	上海海事局	32 835	1 550	1 536	1 324
福　建	福建海事局	21 786	1 000	974	605
天　津	天津海事局	23 327	1 100	1 050	1 002

(续表)

地区	调查机构	船舶技术人员总数/人	实发样本数/个	回收样本数/个	有效样本数/个
江苏	江苏海事局	16 887	900	900	722
辽宁	辽宁海事局	18 048	900	740	581
湖北	长江海事局	4 614	200	174	114
河北	河北海事局	1 865	100	100	90
广西	广西海事局	4 125	200	176	125
海南	海南海事局	1 643	100	92	76
广东	深圳海事局	4 562	250	220	202
黑龙江	黑龙江海事局	103			
总计		217 449	10 000	9 118	7 296

2. 年龄结构

在被调查的样本中,30岁以下的船舶技术人员占34.3%,30~39岁的占34.7%,40~49岁的占22.0%,50岁及以上的占9.0%。与2014年和2015年船员发展报告中有关船舶技术人员年龄结构数据基本一致。

数据显示,39岁以下的船舶技术人员达到69.0%,意味着船舶技术人员年龄结构年轻化趋势。从航区来看,无限航区船舶技术人员30岁以下的占43.3%,30~39岁的占29.8%,40~49岁占的18.8%,50岁以上的占8.1%;沿海航区船舶技术人员30岁以下的占9.1%,30~39岁的占22.2%,40~49岁的占33.1%,50岁以上的占35.6%。以上可见,无限航区船舶技术人员主要以青年骨干为主,39岁以下的占73.2%。沿海航区船舶技术人员则以中年以上骨干为主,40岁以上的占68.7%,其平均年龄明显高于无限航区船舶技术人员。从技术职务看,无限航区船长、轮机长年龄集中在40~49岁,分别占56.0%和57.0%;大副、大管轮年龄集中在30~39岁,分别占67.5%和63.9%;二副、二管轮年龄集中在25~39岁,分别占87.5%和84.5%;三副、三管轮年龄集中在20~29岁,分别占83.6%和85.3%。沿海航区船长、轮机长年龄集中在40~59岁,分别占70.6和79.5%;大副、大管轮年龄集中在30~49岁,分别占62.0%和67.8%,还有相当部分在50~60岁;二副、二管轮年龄集中在30~49岁,分别占60.5%和64.8%;三副、三管轮年龄集中在20~39岁,分别占77.8%和84.2%。船舶技术人员年龄结构符合不同航区对船舶技术人员知识文化、实践经验、身体状况的实际要求。

访谈中一些海运企业普遍表示,更倾向于使用40岁以下的船舶技术人员,尤其是大专院校毕业的专业人员,以适应现代海运业发展的需要。

3. 学历结构

在船舶技术人员的学历构成方面,具有本科及以上学历的占18.3%,大专学历的占50.3%,高中/中专/技校学历的占25.7%,初中及以下学历的占5.7%。被调查者中,具有大专、本科学历的船舶技术人员达到68.6%,成为海运业船舶技术人员的主体和骨干。随着海运经济的发展、海洋运输船舶现代化程度的不断提高,对船舶技术人员的学历层次、知识结构以及掌握船舶高技术的能力提出了更高的要求。在采访中,绝大多数海运企业和船员公司认为,现在船舶技术人员的受教育水平普遍高于以往,但是与现代航运发展的要求以及与海运业发达国家相比还存在一定的差距,尤其是外语水平亟待提高。另外,人才流失现象也比较严重。因此,一方面需要重视高层次航海人才培养,另一方面还要防止高层次航海人才流失。

4. 技术职务结构

本次调查的对象是具有国家专业技术职务的船舶技术人员,包括甲板部的船长(含高级船长)、大副、二副、三副,轮机部的轮机长(含高级轮机长)、大管轮、二管轮、三管轮。调查结果显示,船长(含高级船长)占12.6%,大副占12.1%,二副占16.7%,三副占17.2%;轮机长(含高级轮机长)占9.2%,大管轮占9.6%,二管轮占12.1%,三管轮占10.5%。

5. 政治面貌

本次调查显示,船舶技术人员中中共党员占18.4%(党员中,船长、轮机长占38.4%),共青团员占31.7%,民主党派占0.4%。数据反映84.7%的中共党员集中于国有企业。

6. 婚姻状况

本次调查的7 296份有效样本中,未婚者占27.3%,已婚者占71.1%,离异状态者占1.4%,丧偶单身者占0.2%。

7. 劳务性质

本次调查的船舶技人员中,57.6%为劳动合同工,16.5%为劳务派遣工,25.9%为个体船舶技术人员。

8. 服务于不同航区的人员分布

船舶技术人员各种技术职务的适任证书根据航区范围和船舶载重、动力的大小分为甲、乙、丙、丁四类。在本课题调查中,将甲、乙类归为无限航区,将丙、丁类归为沿海航区。本次调查的船舶技人员中,无限航区船舶技术人员占56.6%(4 130人),沿海航区船舶技术人员占43.4%(3 166人),与《2014年中国船员发展报告》中公布的无限航区和沿海航区船舶技术人员分别占船舶技术人员比例(60.03%和39.97%)基本一致。

9. 服务于不同船舶类型的人员分布

目前我国海运船舶种类主要包括杂货船、散货船、滚装船、集装箱船等普通船舶,以及客船、油船、化学品船、液化气船等特殊船舶。根据本次调查,在普通船舶上服务的船舶技术人员占总数的66.6%;在特殊类型船舶上服务的船舶技术人员占33.4%,其中服务于客船/客滚船的占7.7%,服务于油船、化学品船的占22.4%,服务于液化气船的占3.7%。与《2014年中国船员发展报告》中船舶技人员服务于普通船舶和特殊船舶的比例(分别为59.0%和41.0%)基本一致。

10. 服务于不同性质企业的人员分布

本次调查中所指不同性质的海运企业,包括国有企业、合资企业、民营企业和外资企业。合资企业主要是指海运公司与大货主之间建立的航货联盟,如原中远与中石化的强强合作。本次调查统计,供职于国有企业的船舶技术人员达50.5%,其次是民营企业占39.5%,再次是合资企业占5.6%,外资企业占4.4%。

（三）我国船舶技术人员队伍的基本评价

1. 基本评价

（1）我国已成为海员大国,海员(包括船舶技术人员)总数居世界第一;
（2）国际竞争力不断增强,外派海员(包括船舶技术人员)居世界第二;
（3）高学历、年轻化的船舶技术人员队伍成为海运业发展的支撑;
（4）规模适合、结构合理、能力适任的船舶技术人员队伍基本形成;
（5）船舶技术人员在实施国家战略、保障国家安全、维护国家海洋权益和促进社会经济发展中发挥着重要作用。

2. 存在问题

（1）船舶技术人员专业技术水平与海运发达国家相比仍存在一定的差距;
（2）劳务外派海员中船舶技术人员比例不高;
（3）外语水平亟待提高;
（4）人才流失现象比较严重。

二、船舶技术人员的工作评价和流动意愿

（一）对当前海洋运输行业总体状况给予肯定

调查数据显示,当前我国海洋运输行业在船舶先进设备支持(66.7%)、船舶技术人才培养(58.4%)、船舶行业技术创新的主体地位(55.7%)、船舶公司内部机构设置及人员安排(55.5%)等方面,船舶技术人员给予肯定。但也有相当比例的船舶技术人员认为社会对海员的支持和尊重不够(52.9%),海员从业政策(43.8%)、人才保护措施(41.9%)和人事激励机制(41.7%)还有待进一步完善。

（二）对船舶技术人员队伍的整体水平有较高评价

调查数据表明,61.8%的船舶技术人员对自己的岗位适任能力给予认可,具有很强或较强的业务能力,仅1.9%的船舶技术人员认为自己的适任能力"较弱"或"很弱"。调查发现,学历层次越高自我适任能力的评价越高。在被问及"现有的专业知识和技能是否达到个人期望"时,87.2%的船舶技术人员认为已经"达到"或"基本达到",只有7.7%表示"没有达到"。

调查结果显示,69.1%的船舶技术人员认为我国船舶技术人员队伍的专业技术水平与发达国家的船舶技术人员队伍总体水平差不多。在责任心方面,66.5%的船舶技术人员持肯定的评价;但在"英语水平"方面,有63.4%的船舶技术人员认为较低。

调查结果还显示,业务技术精湛(65.0%)、工作责任心强(62.9%)、有团队合作精神(59.4%)被认为是评估优秀船舶技术人员的三个主要标准;此外,思想品德高尚、较强的组织协调能力也被认为是重要因素。

由此可见,我国已建立了一支具有高度责任心和较高专业技术素质的船舶技术人员队伍。访谈中,海运企业普遍提出学校要重视提高航海类学生的培养质量,特别是英语水平;

企业要加强船舶技术人员的适任培训,加快海员强国建设。

(三) 对职业发展有一定信心,但仍显不足

调查反映,43.5%的船舶技术人员认为自己目前的职业发展和工作状况比五年前更好,外资企业(58.7%)和合资企业(50.6%)的船舶技术人员认为事业发展和工作状况"变好"的比例高于民营企业(42.7%)和国有企业(42.2%)。表示"差一些"和"差很多"的分别占 14.2%和 17.4%,"没变化"和"说不清"的分别占 16.4%和 8.5%。38.2%的个体船舶技术人员表示"差一些"或"差很多"。

对自己未来五年的职业发展预期,49.9%的船舶技术人员认为"会更好"。分别有 9.3%和 6.1%的人表示"差一些"和"差很多",12.3%和 22.3%的人表示"没变化"和"说不清"。无限航区(56.0%)、外资企业(64.7%)和合资企业(52.9%)的船舶技术人员,以及 30 岁以下的船舶技术人员(59.5%)对自身未来职业发展更为乐观;个体船舶技术人员对未来职业发展的预期最低,为 42.5%。从总体上看,船舶技术人员对自己近五年内的职业发展状况较为肯定。对今后五年的职业发展持积极态度。但是,相当部分船舶技术人员对未来职业发展的信心仍显不足。

(四) 职业困惑较大

调查和访谈结果均反映,"长期在外工作""与社会脱离""与家人沟通缺乏""工作压力大"是船舶技术人员的四大职业困惑,也是影响其工作积极性的重要原因,其中最主要的是"长期在外工作"。从年龄、职务来看,40 岁以下、职务低的船舶技术人员有六成认为"与社会脱离"是其次因素;40 岁以上、职务较高的船舶技术人员近五成认为"工作压力大"是其次因素。

对船舶技术人员队伍存在的问题调查结果显示,66%的船舶技术人员认为人才流失是当前比较严重的问题,64%的船舶技术人员认为"与社会脱离"这一问题比较严重。另外,英语水平低(52.9%)、缺乏归属感(50.4%)也被认为是当前船舶技术人员队伍存在的较为严重的问题。这些问题需要引起高度关注。

(五) 工作满意度不高

调查数据显示,42.9%的船舶技术人员对工作感到满意或比较满意,41.5%的人感到不太满意或不满意,15.6%的人感到无所谓。从年龄结构看,30~39 岁船舶技术人员的总体工作满意率较低,仅有 37.3%;船舶技术人员学历层次越高,对工作的满意度越低,本科以上学历者为 39.5%;大副(39.9%)、二副(35.9%)、大管轮(39.0%)、二管轮(34.7%)对工作满意度低于其他;国有企业(42.4%)和民营企业(40.8%)船舶技术人员的工作满意率低于外资企业(54.0%)和合资企业(52.8%);个体船舶技术人员的满意率最低(36.4%)。

本次对工作满意度调查的 12 个方面中,船舶技术人员对工作中的人际关系、企业管理水平、企业安全文化的满意率相对较高,满意率分别为 51.5%、41.7%、41.0%。对船舶技术人员的职业社会声望、职业被认可度、工资收入以及社会保障的满意率较低,分别为

13.1%、22.0%、24.2%和25.8%。对此,政府及有关方面应予高度重视,并采取相应的改善措施。

通过对船舶技术人员职业倦怠调查发现,虽然职业的特殊性使船舶技术人员存在各种困惑、压力,甚至还有诸多不满意之处,但是96.0%的船舶技术人员的工作状态良好,并未出现情绪低落和低职业效能状态。正如前数据中所述,有六成以上的船舶技术人员自评工作责任心强,充分表现了我国海运业船舶技术人员群体具有良好的素质。

(六) 绝大多数人员有流动意愿

调查数据显示,80.5%的船舶技术人员认为自身职业群体存在"留不住"的现状。本科及以上的船舶技术人员(84.8%)、国有企业的船舶技术人员(83.7%)更认同这样的现状。根据广东省政协人资环委的专题调研组考察报告反映,"十二五"以来,广东省注册海(船)员数量以平均每年15.0%的速度递减,与"十一五"对比,海(船)员人数从20万减少到11万。

本次调查数据表明,个人有流动意向的船舶技术人员占64.9%,其中想更换职业的占56.4%,船舶技术人员有流动意愿者高于全国科技工作者(26.2%),50岁以上(56.7%)和初中以下学历(50.6%)的船舶技术人员比较稳定。

访谈中发现,某海事职业技术学院应届毕业生通过船员证考试的寥寥无几,原因是毕业生不愿上船。

根据国内某著名海事大学对300名航海类应届毕业生的问卷调查,有64.0%的学生不愿从事航海事业,仅8.0%的学生愿意从事航海事业10年以上。

在职业认可度方面看,仅有两成船舶技术人员的家人支持其从事航海职业,"子承父业"的代际传承意愿较低,仅有4.4%的船舶技术人员表示愿意让子女将来从事航海职业,低于全国科技工作者(17.9%)(2012),82.0%的船舶技术人员明确表示不愿意。

调查数据显示,不方便照顾家庭(74.0%)、工作枯燥(62.7%)、承担风险和责任大(57.1%)、收入待遇差(54.4%)、从业环境差(47.8%)、劳动强度大(36.5%)、职业荣誉感低(26.9%)、缺乏成就感(16.6%)等,是影响船舶技术人员职业流动的主要原因。

调查数据表明,77.3%的船舶技术人员希望改善工资福利,57.5%的船舶技术人员希望完善社会保障,52.5%的船舶技术人员希望健全休假制度。其他在船舶通信、网络设施的有限使用(43.8%)、工作条件(37.7%)、税收政策(29.7%)也有较大的呼声。访谈过程中,船舶技术人员反映的内容与调查结果一致。

(七) 继续教育的愿望较高

50.1%的船舶技术人员认为自身需要进修学习,高于全国科技工作者(41.0%);20.9%的认为不需要;另有29.0%的认为无所谓。年龄越低,学历越低,越认为自己需要进修学习。

对于单位的培训安排,54.9%的船舶技术人员表示满意,感觉一般的占36.2%,不太满意或不满意的占8.9%。年龄越小、学历越低,对单位的培训安排越感到满意。91.9%船舶技术人员认为通过职业培训能提升自身专业技能水平。

访谈中,大多数船舶技术人员认为继续教育培训是船舶技术人员知识更新、不断胜任现代船舶技术发展需要的重要途径,很有必要。

关于继续教育费用支出问题,完全由单位支付的占 32.6%,单位和个人共同支付的占 25.1%,由个人自付的占 42.3%。国有企业船舶技术人员主要由单位支付(52.3%),合资、民营和外资企业完全由单位支付的分别为 16.2%、11.2% 和 20.4%,80.1% 的个体船舶技术人员培训费用完全由自己支付。

三、船舶技术人员科技活动状况与评价

(一)参与科研活动者仅 4.9%

调查结果表明,仅有 4.9% 的船舶技术人员参加过科研活动,有 95.1% 的船舶技术人员没有参与过任何科研活动。近三年来船舶技术人员发表学术论文、主持承担科研课题、获得过科技奖励情况的调查数据显示,只有 253 名船舶技术人员(3.5%)在学术期刊上发表过论文。其中发表 1 篇论文的有 111 人,占比 1.5%;发表 2 篇论文的有 65 人,占比 0.9%;发表 3 篇论文的有 29 人,占比 0.4%。平均发表论文数量 0.09 篇,而全国科技工作者三年中发表过学术论文的比例为 43.7%,平均数量 4.48 篇,远高于船舶技术人员。2.1% 的船舶技术人员在各种学术会议上宣读过论文,1.8% 的船舶技术人员的文章被会议收录,有 2.3% 的船舶技术人员提交过内部研究报告,1.9% 的船舶技术人员在媒体报刊等发表过科普文章。

近三年来,仅有 1.8% 的船舶技术人员主持过科研课题,1.9% 的船舶技术人员参与过科研课题,远低于全国科技工作者主持科研项目(66.8%)、参与科研项目(33.2%)的比例。只有 3.1% 的船舶技术人员参加过各类学术会议。

(二)特殊职业环境影响科研活动

船舶技术人员常年工作、生活在海洋运输船舶上,特殊的职业特点使他们缺少必要的科研条件、科技信息、科研资金和科研实践。相比其他科技工作者,难有机会参加各类学术会议和参与科研课题研究。调查发现,40.7% 的船舶技术人员认为,"工作环境特殊"是影响科研活动开展的最主要原因;另外,船舶技术人员的学历相对较低和研究水平有限(37.6%),也是制约船舶技术人员开展科研活动的主要原因;还有 33.6% 的船舶技术人员认为船上工作任务重、责任大,根本没时间搞科研。

(三)驾船航行是特殊的科研活动

海洋运输船舶既是高科技产品又是高科技活动场所,需要船舶技术人员不断适应海洋运输船舶大型化、标准化、专业化、高科技化的发展,及时更新知识,掌握和运用高科技技术,熟练应对驾船航运过程中可能出现的复杂变化环境,保障安全航运。2016 年"世界海员日",交通运输部部长杨传堂在致全国海员的一封信中,将海员称为在离家千里之外"浮动国土"上的大国航海工匠,意指驾驶现代船舶,完成海洋运输任务的活动,是船舶技术人员从事科研活动的一种形式,也是对船舶技术人员的肯定。

四、船舶技术人员生活状况和健康

（一）收入水平相对较低，"船岸差"缩小

本次调查数据显示，不同航区、不同企业、不同船舶类型船舶技术人员的收入差异较大，平均不到 10 万元/年（9.66 万元/年），从不同技术职务船舶技术人员收入状况看，船长 16.52 万元/年，大副 12 万元/年，二副 8 万元/年，三副 6 万元/年，轮机长 14.10 万元/年，大管轮 12.26 万元/年，二管轮 7.95 万元/年，三管轮 6.19 万元/年（按年工作 8 个月的基本收入计算），全国科技工作者平均年收入 74 173 元。

访谈中不少船舶技术人员反映现在海员地位下降，工资收入不高，船岸收入差缩小，休假期只有生活费，甚至没有收入，再加上缺少税收优惠政策，与航运发达国家相比存在一定差异，致使海员职业优越感下降。建议政府、企业进一步完善船舶技术人员薪酬结构和标准，制定海员个人所得税优惠政策。

（二）社会保障尚待完善

我国目前船舶技术人员社会保障与普适性的社会保障相同，除家庭津贴外，与《2006 年海事劳工公约》标准规定的社会保险项目基本对应。

1. 社会保险缴纳不平衡

根据本次调查结果看，绝大部分船舶技术人员不同程度地缴纳了社会保险，但是仍有 12.8% 的船舶技术人员未缴纳任何社会保险，高于全国科技工作者（3.6%）（2012）。其中民营企业船舶技术人员（21.2%）和个体船舶技术人员（28.5%）未缴纳任何社会保险的比例较高。访谈中了解到个体船舶技术人员一般都无明确单位，各类保险由自己缴纳，其中相当部分个体船舶技术人员认为自己"年纪轻、身体好"，另外"需要花钱的地方较多"，所以暂时不考虑缴纳社会保险。

船舶技术人员缴纳各类社会保险的覆盖率不高，分别为，养老保险（74.1%）、医疗保险（78.2%）、工伤保险（57.0%）、失业保险（45.7%）、生育保险（29.2%）、大病保险（23.7%）。船舶技术人员养老保险缴纳的比例高于全国科技工作者（57.0%），医疗保险缴纳比例与其（75.5%）基本一致。

调查数据反映，国有企业船舶技术人员缴纳的各种保险比例均高于合资、民营和外资企业，无限航区船舶技术人员缴纳社会保险的比例高于沿海航区，合同制船舶技术人员缴纳的社会保险比例高于劳务派遣船舶技术人员和个体船舶技术人员。

进一步调查显示，船舶技术人员社会保险由单位足额缴纳的占 17.5%，由单位部分缴纳的占 49.7%，由自己缴纳的占 25.1%。国有企业足额缴纳（24.5%）和部分缴纳（61.4%）的比例均高于其他性质企业，合同制海员单位足额缴纳（22.8%）和单位部分缴纳（63.1%）的比例均高于劳务派遣船员和个体船舶技术人员。调查数据还显示，船舶技术人员的医疗保险形式主要为社会城镇医疗保险（51.0%）和新农村合作医疗保险（31.5%）。此外，22.1% 的船舶技术人员享有企业补充医疗保险，12.2% 的船舶技术人员购置了商业保险。

当船舶技术人员家庭遇到困难时，单位能提供的帮助主要包括：情感关怀（50.6%）、发放生活补贴(33.8%)、发放生活用品(17.2%)、减免医疗费(15.6%)、为子女提供教育服务(9.1%)。相当部分个体船舶技术人员没有固定单位,所以得到的帮助较少,应予关注。

2. 享受住房公积金比例较低

根据调查数据,37.9%的船舶技术人员享受住房公积金。国有企业船舶技术人员享有住房公积金的比例超过60%,高于合资企业(21.7%)、外资企业(17.3%)和民营企业(12.2%);合同制船舶技术人员享受住房公积金比例为57.1%,远高于劳务派遣(18.3%)和个体船舶技术人员(8.0%)。

(三) 健康服务、医疗保障需要重视

本次对船舶技术人员健康状况调查结果显示如下特点。

1. 健康状况不容忽视

在健康自评调查数据反映,58.4%的船舶技术人员认为自己身体健康或基本健康,30.4%的人认为身体健康状况一般,11.2%的人认为自己身体不太健康,甚至不健康,和全国科技工作者调查结果(分别为50.2%、38.1%、11.7%)基本一致。数据表明,学历层次、技术职务越高,年龄在30~49岁的船舶技术人员对身体健康状况自评差于其他船舶技术人员。

船舶技术人员疾病谱调查结果显示,67.7%的船舶技术人员自评在身体健康方面存在一定的问题,无任何疾病的占32.3%。健康自评比例相对较高的疾病是听力下降(22.6%)、视力下降(25.4%)、身体疲劳(20.4%)、腰背酸疼(13.5%),且该比例随船舶技术人员年龄增长而提高。进一步数据分析表明,40岁及以上年龄段的船舶技术人员中高血压、糖尿病、高血脂、肾结石、视力和听力下降、关节炎、腰椎间盘突出和颈椎病的发病率要高于以下年龄段。尤其是上述两年龄组患脂肪肝的比例较高,分别为17.2%和20.7%。虽然船舶技术人员自评健康状况良好,但是船舶技术人员常年工作在海上,任务艰巨、风险高、压力大,船上作息时间特殊、正常生物节律受扰,新鲜蔬菜缺少、饮食与生活习惯变化,加上船上锻炼受限等因素都会给船舶技术人员身体健康带来影响。因此,船舶技术人员身体健康不容忽视,应予更多的关心。

2. 健康、医疗服务需要完善

78.5%的船舶技术人员报告船上有健身设施,但是有47.5%的人感到不满意。根据统计,船舶技术人员在船每天锻炼的占12.3%,每周锻炼3次的占11.3%,每周锻炼2次的占20.5%,每月锻炼2次的占4.6%。还有34.0%的人很少参加锻炼,17.3%的人几乎不参加锻炼。

除上船换证体检外,船舶技术人员定期健康体检情况调查表明,从没参加体检的占33.0%,半年一次体检的占7.7%,1年一次体检的占33.6%,2年一次体检的占8.2%,不定期检查的占17.5%。健康体检由企业安排的占48.8%,自己自费安排的占44.0%。民营企业(67.1%)和个体船舶技术人员(78.6%)体检安排和费用主要靠自己。

36.4%的船舶技术人员反映所在企业有专门健康保障制度和应急措施,27.1%的人反映"没有",反映"不清楚"的占36.5%。沿海航区(34.1%)、民营企业(40.8%)、个体船舶技术人员(46.4%)反映"没有"的比例较高。

关于医疗费报销问题调查数据显示,6.8%的船舶技术人员医疗费用能全额报销,48.4%的部分报销,28.3%的不能报销。超过六成的国有企业、合同制船舶技术人员医疗费用能够全额报销和部分报销,民营企业的船舶技术人员、个体船舶技术人员不能报销的比例最高,分别是43.2%和53.3%;另外,有16.9%的人不清楚是否能按实报销。有21.4%的船舶技术人员反映医疗费用报销存在拖欠现象,甚至经常拖欠。合资企业(23.4%)、外资企业(31.2%)船舶技术人员和劳务派遣工(28.6%)的医疗费用报销拖欠比例较高。

(四)普遍认为社会地位较低

67.4%的船舶技术人员认为自己社会地位处于中下层或下层水平,这个比例高于对全国科技工作者的调查结果(54.4%)。认为处于中层的占21.2%,仅7.3%的船舶技术人员认为自己处于社会上层或中上层水平,合资企业(16.2%)、外资企业(16.0%)的船舶技术人员,以及船长(13.1%)认为自己社会地位较高。国有企业和合同制船舶技术人员中认为海员社会地位处于中下层和下层的比例分别达到71.1%和69.3%。调查数据显示,只有22.5%的船舶技术人员子女对海员职业感到骄傲。

从所处社会阶层的满意度调查看,51.0%的船舶技术人员感到"不太满意"和"很不满意",仅4.9%的感到"很满意",13.4%的感到"比较满意"。满意度随学历层次增高而下降,本科学历的船舶技术人员满意度仅为14.3%。国有企业(18.8%)和民营企业(15.5%)船舶技术人员的满意度低于合资企业(30.6%)和外资企业(25.1%)。

(五)家庭关系比较融洽

调查数据显示,90.0%的船舶技术人员夫妻关系满意,79.8%的家庭氛围和谐一致,80.0%的船舶技术人员做事会考虑家人的意见和感受,超过90%的家庭夫妻之间对愉快的经历会相互分享,36.9%的船舶技术人员有心事时会经常向家人透露,40.0%的人有时会向家人透露。65.9%的家人会经常关心船舶技术人员工作中遇到的困难,23.5%的家人有时关心。在家庭问题的决策上,近六成的家庭是夫妻共同决策,妻子为主决策的占10.9%,自己为主决策的占19.2%,父母决策的占10.4%,说明绝大多数家庭管理比较民主。

船舶技术人员与子女关系融洽和较融洽的比例达到99.1%。身心健康(77%)、兴趣爱好(66.0%)、学习成绩(65.6%)是船舶技术人员对子女关注的重点,另外,子女的人际交往(45.7%)、弱点和缺点(44.8%)也受到重视。

但是调查数据反映,船舶技术人员中有7.9%的家庭不融合,甚至关系很不好,经常吵架。有10.0%的船舶技术人员对夫妻关系不满意。虽然,亲子关系评分较高,但仍有15.2%的船舶技术人员对"对子女的爱"的打分不高,27.8%的人对"子女对自己的爱"评分较低,尤其是30岁以下船舶技术人员以及二副、三副、二管轮、三管轮。上述数据显示虽然比例不高,但涉及被调查船舶技术人员群体中的一千多个家庭。正如前所述的,"长期在外工作""与家人沟通缺乏""与社会脱离"是船舶技术人员的主要困惑,也是带来家庭矛盾的主要因素。特别是年轻的船舶技术人员需要给予更多的关心。

（六）生活幸福感不高,对未来比较乐观

1. 对目前生活幸福感评价不高

船舶技术人员中39.4%的人认为目前生活比较幸福或很幸福,48.9%感到一般,11.6%的人认为不太幸福或不幸福,与全国科技工作者调查基本一致。进一步数据分析显示,学历层次越低、职务越高、无限航区、特殊船舶、国有企业、合资企业、外资企业的船舶技术人员相对幸福感较高,50.4%的合同制船舶技术人员感到很幸福和比较幸福,其次是个体船舶技术人员(48.9%)。访谈中了解到合同制海员大多在国有航运企业,工作稳定,待遇相对较好,且各方面有保障。个体船舶技术人员幸福感较高则是因为比其他人收入更高,且个人自由度大。民营企业船舶技术人员的幸福感最低(33.0%)。

从调查结果看,不能照顾家庭(67.0%)、不能照顾老人(49.2%)、收入低(46.4%)、夫妻两地分居(44.9%)是目前船舶技术人员生活中的主要困惑。另外,还不同程度地反映了子女教育和入学、住房、户口、就医、找对象难等问题。

2. 船上信息受限带来诸多困扰

由于远洋航运期间信息受限,卫星通信、网络不能随时使用,所以造成信息闭塞,调查数据和访谈显示,73.6%的船舶技术人员反映船上信息受限带来孤独感,41.2%的反映航运期间不了解时事新闻,32.0%的反映上岸后人际融入差,16.0%的反映与亲人沟通难。

3. 大部分有住房,但满意度不高

82.3%的船舶技术人员所住房屋产权属于自己、配偶或家人所有,3.3%的房产属于单位或政府所有,7.5%的房产属于其他个人。对船舶技术人员居住条件满意度的调查显示,对居住条件很满意和比较满意的占38.1%,不太满意、很不满意的占23.5%,感到一般的占42.8%。年龄越大、技术职务越高、无限航区、特殊船队、合资和外资企业的船舶技术人员对居住条件的满意度高于其他。

4. 生活水平有提高,对未来比较乐观

调查显示,61.9%的船舶技术人员认为,目前生活水平比五年前好,17.0%的人认为没有变化,8.3%的人认为差一些,还有9.1%的人说不清楚。觉得比五年前生活水平有提高的比例随着船舶技术人员的年龄增长而下降;个体船舶技术人员认为生活水平好一点和好很多的比例最高,达到73.8%。

从船舶技术人员对未来五年生活水平状况调查看,51.2%的人认为会比现在好,32.0%的人认为没有变化,16.8%的人认为差一点或说不清。

五、船舶技术人员对国家发展战略目标的认知

（一）普遍认同国家发展战略目标

调查显示,85%以上的船舶技术人员充分认同党的十八大对新的历史条件下夺取中国特色社会主义新胜利提出的"八个必须坚持";85%以上的船舶技术人员充分认识到社会主义核心价值观的重要性;77.3%的船舶技术人员对我国"实现中华民族伟大复兴的中国梦"充满信心;68.6%的船舶技术人员对我国实现"到2020年进入创新型国家行列"的战略目标

有信心;71.7%的船舶技术人员对我国实现"在2049年时成为世界科技强国"的战略目标有信心;84.8%船舶技术人员赞同"把科学发展观贯彻到我国现代化建设过程";83.6%的船舶技术人员对我国倡导共建"21世纪海上丝绸之路"与"新丝绸之路经济带"(一带一路)的战略构想表示赞同;68.0%的船舶技术人员对国家提出的推进"海运强国"建设战略目标表示有信心。上述数据反映,船舶技术人员普遍认同党的方针政策和发展战略目标。

(二)对国家实现"两个百年"目标充满信心

数据调查显示,对于"在2020年全面建成小康社会"的发展目标,65.9%的船舶技术人员表示很有信心或比较有信心。对于"在2049年建成富强、民主、文明、和谐的社会主义现代化国家"的发展目标,70.6%的船舶技术人员表示很有信心或比较有信心。对于"两个百年"的发展目标,分别有7.0%和8.4%的船舶技术人员表示"不知道",与对全国科技工作者的调查结果基本一致。

(三)对群体自身践行社会主义核心价值观有较高评价

调查显示,80.6%的船舶技术人员认为在"爱国"方面表现"非常好"或"比较好";80.1%的船舶技术人员认为在"敬业"方面表现"非常好"或"比较好";80.2%的船舶技术人员认为在"诚信"方面表现"非常好"或"比较好";84.5%的船舶技术人员认为在"友善"方面表现"非常好"或"比较好"。以上结果表明,船舶技术人员对群体队伍践行社会主义核心价值观个人行为准则上的表现较为肯定。

六、船舶技术人员社会参与和权益保障

(一)对党和国家方针政策的关注度较高

调查数据显示,船舶技术人员对党和国家方针政策的关注度较高,66.3%的船舶技术人员对近年来国家出台的政策方针表示非常关注或比较关注,其中14.1%表示非常关注。船舶技术人员中对党和国家方针政策表示不太关注或完全不关注的分别占27.8%和2.2%。从分类看,船舶技术人员对近年来国家出台的方针政策非常关注或比较关注的比例,50岁以上人群占74.8%,中共党员占73.5%,船长占74.5%,轮机长占75.0%,国有企业占69.4%。民营企业(61.9%)和个体船舶技术人员(60.2%)的关注度相对较低。

(二)多数人愿意参与单位的公共事务管理

数据结果显示,67.6%的船舶技术人员愿意参与单位的公共事务管理,另有22.6%表示不太愿意或完全不愿意参与公共事务管理。30岁以下的船舶技术人员(71.2%)和本科学历的船舶技术人员(70.8%)表示愿意参与单位的公共事务管理的比例较高。国有企业船舶技术人员愿意参与单位公共事务管理的比例(70.7%)高于其他类型企业。从政治面貌来看,中共党员的船舶技术人员愿意参与公共事务管理的比例最高(74.2%),其次是共青团员(71.0%)。从文化程度来看,初中及以下学历的船舶技术人员愿意参与的比例最低(55.7%)。

(三) 具有较强民主参与意识

本次调查通过六个方面来了解船舶技术人员参与公共事务活动的情况,发现船舶技术人员具有较强的民主参与意识。参与比例最高的活动和形式是"向周围人或在朋友圈发表意见"(60.8%),此后是向单位领导(部门)提建议/意见(43.5%)、就单位的管理问题公开发表意见(33.4%)、参加过上访/请愿(15.1%)、向新闻媒体提建议/意见(13.2%)、向政府提建议/意见(12.5%)。

从年龄结构来看,50岁及以上的船舶技术人员在向领导提意见(51.3%)和就单位管理问题公开发表意见(41.8%)的比例较高;40~49岁的船舶技术人员向周围人或在朋友圈发表意见(62.9%)的比例较高;30岁以下的船舶技术人员在参加上访表达意愿(18.9%)、向政府提建议(16.0%)或向新闻媒体提建议(17.5%)等方面的比例明显高于其他年龄组。这反映出不同年龄组船舶技术人员参与单位公共事务的形式存在差别。

另外,民主党派船舶技术人员民主参与意识和积极性明显高于其他船舶技术人员,主要表现在向单位领导(50.0%)、向政府(20.8%)、向新闻媒体(20.8%)提建议或意见以及参与上访(25.0%)等方面。作为共青团员的船舶作技术人员在向周围人群或朋友圈发表意见(63.9%)的比例高于其他人员。

(四) 参政议政或参与公共事务的渠道不通畅

数据结果显示,对于参政议政或参与公共事务管理的渠道问题,超过五成(53.6%)的船舶技术人员认为不太通畅,甚至感到渠道很缺乏;仅有19.1%的船舶技术人员认为当前参政议政或参与公共事务管理的渠道非常通畅或比较通畅。另外,还有27.4%的人表示不清楚。说明船舶技术人员有较强的社会参与意愿,但认为社会给船舶技术人员提供的参与渠道不够通畅。这与2013年对全国科技工作者的调查结果基本一致。

(五) 参加基层工会组织和学术团体的比例较低

调查数据显示,船舶技术人员自我报告参加基层工会组织的比例仅19.5%。从年龄阶段来看,30岁以下船舶技术人员参加基层工会的比例最小,为14.6%;30~39岁的比例为15.8%;40~49岁的比例为28.4%;50岁及以上参加人数比例最高,为31.9%。从技术职务职称来看,船长、轮机长是基层工会组织成员的比例较高,分别为32.4%、27.8%。从企业性质来看,国有企业船舶技术人员是基层工会组织成员的比例最高(30.5%),民营企业船舶技术人员群体的比例最低(7.6%)。

调查数据显示,11.4%的船舶技术人员参加了至少一个学术团体。从学术团体的级别来看,船舶技术人员参加国际或海外学术团体的比例为1.2%,参加全国性学术团体的比例为1.3%,参加省级学术团体的比例为1.4%,参加地市级学术团体的比例为1.4%,参加区县级学术团体的比例为1.8%,参加其他学术团体的比例为4.3%。

从船舶技术人员参加与船舶运输行业对口的学术团体组织来看,成为行业学会会员的比例为 5.8%，参加行业学会下属各专业委员会的比例为 6.8%。

（六）较少人参加学术团体活动

调查结果显示，在参加各种学术团体会员中，72.6%的船舶技术人员表示几乎不参加学术团体组织开展的活动。会员中有 23.4%的人表示"偶尔参加"，4.0%的人表示"经常参加"。船长参与学术活动的比例较高，经常或偶尔参加活动的比例达到 35.6%。访谈中船舶技术人员反映，由于船舶技术人员职业的特殊性，难以正常参加学术团体组织的各种活动。

（七）对基层工会组织和行业学会评价不高

1. 对基层工会组织和行业学会了解较少

对基层工会组织了解程度的调查结果显示，83.1%的船舶技术人员表示不太了解或完全不了解，表示了解或比较了解的仅占 16.9%。进一步分析表明，初中以下学历的船舶技术人员表示不了解的比例最高（89.8%），其次是个体船舶技术人员（88.8%）。

对行业学会了解程度调查结果显示，88.2%的船舶技术人员表示完全不了解或不太了解，仅 11.8%的船舶技术人员表示非常了解或比较了解。

从年龄来看，随着年龄增大，船舶技术人员对行业学会了解的比例逐渐增加。从职务职称来看，船长、轮机长对行业学会的了解度普遍较高，分别为 23.8%和 16.5%。

2. 基层工会组织和行业学会缺乏影响力

调查结果显示，只有 11.7%的船舶技术人员对基层工会影响力的评价较高。27.6%的认为影响力一般，50.1%的认为影响较小和没有影响。

对行业学会影响力的评价，只有 13.5%的船舶技术人员认为较高，27.4%的认为影响力一般，46.4%的认为行业学会影响力较小和没有影响力。

调查结果显示，对基层工会了解程度越高的船舶技术人员，对基层工会影响力的评价越好。特别是年龄 50 岁以上的国有企业以及合同制的船舶技术人员。但是，对基层工会非常了解的船舶技术人员（1.3%）中，认为基层工会影响力大或较大的占 43.2%。对行业学会影响力的评价结果发现，在非常了解的船舶技术人员群体中（1.2%），只有 31.4%的认为影响力大或较大，且有 48.6%的认为影响力较小或没影响。以上结果提示，当前基层工会组织和行业学会的服务水平和服务质量需要进一步地提高。

（八）期待社会组织提供有针对性的多样性服务

从本次调查结果显示，49.9%的船舶技术人员认为社会团体组织最主要的服务是为船舶技术人员提供权益保障服务，其后依次是信息、技术服务（49.8%），就业服务（48.6%），提供政策咨询服务（34.0%），解决生活困难（28.9%），进修培训服务（26.7%），提供与社会各界交流的机会（26.1%），提供船舶技术交流的机会（25.0%），向政府反映意见（19.1%），职称评称（14.4%），资助研究（10.7%）。

进一步分析发现，不同年龄段、不同技术职务、不同企业性质的船舶技术人员的需求存在差异。30 岁以下船舶技术人员的主要需求是就业服务和解决生活困难；30 岁以上的船舶技术人员对"权益保障"的需求较为强烈，尤以 40~49 岁年龄段的比例最高（53.4%），其次是提供船舶技术交流机会;50岁以上年龄段更希望能提供"信息、技术服务"(56.1%)。

从不同技术职务的船舶技术人员来看,船长和轮机长更希望社会团体组织在"信息、技术服务""船舶技术交流的机会"方面提供帮助,需求比例分别为61.0%、62.3%和30%、35.4%;中、低职称的船舶技术人员更希望在权益保障、解决生活困难、就业服务等方面提供帮助。

另外,民营企业的船舶技术人员在就业服务(56.5%)、权益保障(51.3%)、进修培训服务(28.8%)等方面的需求比例明显高于其他类型企业的船舶技术人员。国有企业船舶技术人员更希望在信息、技术服务方面得到帮助。

(九)权益保障需要进一步加强

1. 反映工资按时发放、看病报销、社保缴费等方面困难较多

在涉及船舶技术人员权益保障问题的调查中,42.4%的船舶技术人员反映曾遇到"工资按时发放"的困难,38.5%曾遇到"看病报销"困难,34.9%提出"社保缴费"存在困难。另外,在个税缴纳(26.3%)、养老问题(23.7%)、工伤救助(14.7%)、工伤索赔(13.2%)等方面,船舶技术人员也反映存在困难。民营企业的船舶技术人员、个体船舶技术人员反映的困难最多,尤其对工资按时发放问题呼声较高,分别为58.8%和67.5%;沿海航区、特殊船舶分别有54.5%和47.6%的船舶技术人员同样存在工资按时发放问题。另外,合资企业、外资企业的船舶技术人员在社保缴费、养老问题、工伤救助等方面提出困难,46.7%的外资企业船舶技术人员遇到看病报销的困难。在税收缴纳问题上,本科以上船舶技术人员(33.6%)、国有企业(35.75%)以及合同制(34.3%)船舶技术人员有较高比例的反映。

2. 遇到困难时求助方式多渠道

调查结果显示,当遇到困难时,近八成的船舶技术人员会根据自身实际采取多种方式求助,有12.5%船舶技术人员选择不予理睬。最主要的求助方式是向自己单位反映(48.7%),其次是向同事、朋友反映(35.3%)和向亲人反映(21.7%)。也有船舶技术人员选择诉诸法律(17.9%)、与侵害者交涉(15.2%),向基层工会反映的仅8.5%。

七、船舶技术人员心理健康状况与应对

(一)心理健康状况不容忽视,压力来源与职业特点相关

本次调查采用自编的《中国海员心理健康量表》,对船舶技术人员进行心理测评。测评结果显示,需要重点关注和一般关注的船舶技术人员占15.0%,其中需要重点关注的人员占4.6%,需要一般关注的人员占10.4%。群体内比较发现,30岁以下的船舶技术人员心理阳性症状检出率最高,需要重点关注和一般关注的人员达到19.4%,船舶技术人员年龄越大心理相对越稳定。大专以上学历、船长、大副、二副、三副的心理阳性症状检出率高于总体水平。无限航区船舶技术人员的心理阳性症状检出率(16.0%)高于沿海航区船舶技术人员(13.9%)。从企业性质看,合资企业、外资企业、民营企业船舶技术人员心理阳性检出率高于国有企业,也高于总体水平,需要重点关注和一般关注的人员比例分别为25.9%、24.0%和15.9%。通过症状自评量表(SCL-90)对船舶技术人员进行测评结果发现,船舶技术人员

心理症状阳性检出率明显高于其他人群,心理健康水平明显低于普通人群。

影响船舶技术人员心理健康的原因主要心理压力。船舶技术人员心理压力来源是多方面的,主要与海员职业有关。调查中大部分船舶技术人员认为与亲人长期分离(86.0%)、与社会分离(78.7%)、工作环境封闭(77.1%)、航海职业危险(70.5%)、生活不规律(70.2%)、人际关系不协调(68.3%)、工作缺乏归属感(67.4%)、身体健康受影响(66.6%)、缺少文化环境(66.0%)、性生活不满意(64.6%)、职业无发展前景(62.0%)、应有权益得不到保障(62.1%)、饮食结构不合理(58.7%)是心理压力的主要来源,其中最主要的因素是长期与亲人分离。

海员心理问题的产生与其职业特点有关,船舶技术人员心理健康状况不容忽视。航海类学校要加强准船舶技术人员心理健康教育,培养他们良好的心理素质;航运企业要重视船舶技术人员的心理健康维护,提高他们的心理健康水平;同时,创造良好的企业心理文化环境,使船舶技术人员能更好地适应海员职业。

(二)社会支持主要依靠非正式社会支持,来自正式社会支持较少

调查数据显示船舶技术人员遇到困难时,亲戚(73.5%)、朋友(57.6%)、配偶(50.3%)和同事(32.8%)是船舶技术人员得到社会支持的主要来源,而较少得到来自工作单位(11.3%),党、团、工会组织(3.3%),社会团体(2.7%)的支持。进一步调查发现,船舶技术人员从家庭得到的支持主要来自父母(66.3%)和配偶(恋人)(59.2%),94.5%的船舶技术人员能够得到朋友的支持和帮助,97.0%的船舶技术人员在平时或遇到困难时能够得到同事不同程度的关心,74.8%的船舶技术人员在平时或遇到困难时能够得到邻居不同程度的关心。由上可见,船舶技术人员在遇到困难时得到的社会支持主要是来自非正式社会支持系统,也即来自非正式组织系统的支持,包括亲属、配偶、朋友、同事等;得到工作单位,党、团、工会组织,社会团体等正式社会支持系统,即正式组织系统的支持较少,而且船舶技术人员对正式社会支持系统的利用也较少,值得引起注意。

(三)遇到困难时消极应对较多,社会支持利用单一

船舶技术人员在遇到困难时能以积极的心态应对者占45.1%,大多数人的态度趋于消极(54.9%)。调查反映,遇到烦恼时,船舶技术人员中只有30.4%的人会经常向家人、亲友、组织求助,28.2%的人有时会请求别人帮助,41.4%的船舶技术人员遇到困难时很少或不接受别人帮助。船舶技术人员中通过主动倾诉方式获取支持的只有18.9%,63.6%的人只向关系极为密切的人倾诉。

调查数据显示,83.9%的船舶技术人员平时偶尔或从不参加党组织、团组织、工会、社会团体组织的活动。民营企业和个体船舶技术人员平时偶尔或从不参加活动的比例更高(分别为87.3%和88.8%)。

(四)心理求助和心理服务需求呈现多样性形式

对船舶技术人员心理求助形式调查显示,呈现心理求助形式的多样性。网络咨询(34.8%)是船舶技术人员获取心理帮助的主要形式。此外,求助形式还有电话咨询(20.6%)、个别咨询(18.5%)、社区咨询(10.7%)、单位心理健康服务(10.6%)、医疗机构心

理咨询(7.9%)、参加心理辅导(6.3%)和团体心理活动(4.8%)。

调查问及希望得到的心理服务形式时,船舶技术人员期望服务的形式仍然呈现需求的多样性,如网络咨询(28.0%)、医疗机构心理咨询(24.9%)、电话咨询(23.7%)、单位心理健康服务(23.3%)、参加心理辅导(20.8%)、个别咨询(20.2%)、社区咨询(14.6%)和团体心理活动(12.1%)。

八、政策建议

我国目前法律法规、政策文件中对"航运业在船人员,包括船舶技术人员"的称谓,均使用"船员""海船船员"或"海员"名称,为便于统一,在本节中,对海运业船舶技术人员主要以"海员"名称表述。

(一)重视海洋文化、航海文化、海员文化宣传,提高对海员职业的认同感

"海洋强国""海运强国""一带一路"战略的实施离不开一支"数量充足、素质优良、结构合理"的海员队伍,离不开国民强烈的海洋意识和对海员职业的高度认同。目前,我国注册海员(包括船舶技术人员)数量居世界第一。但是,调研反映,目前海员职业吸引力下降,船舶技术人员流失严重,招募困难,船舶技术人员中愿以海员为终身职业者甚少。调查数据显示,80.5%的船舶技术人员认为自身职业群体存在"留不住"的现状。64.9%的被调查人员表明个人有流动意向。职业认同度调查反映,只有22.5%船舶技术人员子女对海员职业感到骄傲,仅有两成船舶技术人员的家人支持其从事海员职业,仅有4.1%的船舶技术人员表示愿意让子女将来从事海员职业,绝大部分船舶技术人员认为海员地位处于社会中下层和下层。由此可见,海员职业越来越远离社会的认可。

近年来,尽管交通运输部在宣传海员、尊重海员、服务海员方面做了大量工作,如组织编写《中国海员史》,展现海员在不同历史时期的突出贡献和精神风貌;举办"世界海员日"系列活动,让全社会关注海员、关心海员、关爱海员;开展慰问海员系列活动,激励广大海员发扬"爱国、进取、敬业、奉献"的精神,为建设海洋强国、实施"一带一路"战略做出新的贡献;交通运输部海事局与中国海员建设工会联合表彰100名优秀船员和100名优秀船员家属;评选最美海员;开展"第三届全国海员技能大比武";出版《海员的故事》;组织记者随船走丝绸之路;开展船员讲故事、船员摄影展等形式多样、丰富多彩的活动,宣传海员事迹,肯定海员价值,提高其社会关注度。但是,这些宣传教育活动仅局限于行业内部,并没有产生巨大的社会影响和引起积极的社会呼应。因此,需要从更高的国家层面,从全社会视角来开展这项宣传工作。

一是在全社会大力宣传海洋文化、航海文化。我国辉煌的航海历史所形成的丰富的海洋文化和航海文化是国家实施"海洋强国""航海强国"和"一带一路"战略非常重要的非物质文化遗产。通过宣传增强全民海洋意识,增强对"海洋强国""海运强国""海员强国"的认同感、自豪感和使命感。

二是国家通过报刊、广播电视等各种媒体,通过主题展览和创作文艺作品、文娱作品、影视作品等多种方式,除宣传海洋文化、航海文化外,还要大力宣传海员崇高职业,宣传海员时

代风貌,积极报道海员奉献海洋、奉献航海事业的优秀事迹,形成尊重海员、关心海员、支持海员的良好社会氛围。

三是重视开展对优秀海员的表彰奖励活动,特别是国家层面的重要表彰活动。通过表彰,宣传海员价值、弘扬奉献精神,树立我国优秀航海人才的典范;通过表彰,增强全社会对海员职业的认同感和光荣感,鼓励更多的青年立志加入海员职业,激励更多的海员奉献航海事业。

四是在全国中小学教材中增加海洋知识和我国航海历史的内容,在有条件的地方建立航海博物馆,教育青少年学生热爱海洋、热爱航海、热爱海员,增强"海洋强国""海运强国"的意识。

(二)加快推进海员立法,切实保障海员合法权益

我国是一个海员大国,海员是海运业的支撑,承担着我国90%以上的国际贸易运输任务。因此,保障海员合法权益,改善其职业发展环境,建设具有国际竞争力、高素质的海员队伍,对实施国家战略、保障国家安全、维护海洋权益,促进社会进步和经济发展具有重要的战略意义。

本项目对船舶技术人员调查数据和访谈结果表明,目前,海员的权益保障在社会保险、福利待遇、薪酬标准、培训考证、劳动就业、劳动纠纷处理等方面存在较多矛盾和不平衡,缺乏法律上的强制性规范。另外,海员市场缺少法律约束,海员服务中介机构众多,服务常受利益驱使,加上监管失控,违规操作时有发生,海员利益难以得到法律保护。本次调查显示,52.9%的船舶技术人员认为当前社会对海员的支持和尊重不足;67.4%的认为海员社会地位处在中下层或下层;51.0%的对所处阶层感到"不满意"或"很不满意",30.7%的感到一般;海员职业社会声望满意率仅13.1%,海员职业被认可度的满意率仅为22.0%。绝大多数船舶技术人员认为海员社会地位不高、社会认同度较低、职业发展环境不佳。目前报考航海类专业的人数、毕业后愿意上船的人数明显减少;有80.5%的船舶技术人员认为自身职业群体存在"留不住"的现状。有64.9%的船舶技术人员表示个人有流动意向。针对上述海员队伍不稳定状况,海运界曾多次呼吁国家加快海员立法,以改善海员职业发展环境,维护海员合法权益,促进海员队伍健康持续发展。

长期以来,我国海员权益保护的立法工作滞后,缺乏专门的海员权利和职业保障的法律,直至2007年由国务院正式颁布了《中华人民共和国船员条例》(以下简称《船员条例》)。该条例借鉴了我国劳动和社会保障方面的有关法律法规,结合了我国海员职业现状和海员权益保障实际,总结了我国海员管理工作的经验,对船员定义、船员注册、任职资格、船员职责、职业保障、船员培训、船员服务、监督检查等方面做出了详细规定。《船员条例》的颁布,在一定程度上弥补了我国在海员立法上的薄弱环节。但是,从严格意义上来讲《船员条例》还不是一部国家层面的基本法律,它只是国务院制定的行政法规,从法理学上讲行政法规的效力要低于法律,因此,有必要尽快制定国家海员法,提高保护海员权益的法律层次。

从目前世界各国海员立法来看,尤其是一些航海业发达的国家在海员单独立法方面已经比较完善,如美国、日本、德国、丹麦、法国等国家。还有一些国家在其海商法中专列海员立法内容,如意大利、英国、加拿大、荷兰、巴拿马等。保护海员基本人权,使权利与义务相统

一已成为各国海员立法的趋势。相比之下，我国目前的海员立法工作与国际要求还存在差距，作为一个注册海员人数居世界第一的海员大国，外派海员居世界第二的海员输出大国，到目前为止尚未建立独立的海员法律体系，对海员权益保障、海员劳动服务仅依靠一些行政性法规和管理规章加以调整，这与我国海员大国的地位是极不相符的。

第十二届全国人大常委会十六次会议于2015年8月29日通过了《全国人民代表大会常务委员会关于批准〈2006年海事劳工公约〉的决定》。同年11月12日，我国政府向国际劳工组织（ILO）递交了批准文书，完成了我国批准《2006年海事劳工公约》（MLC2006）的登记，该公约于2016年11月12日对我国正式生效。交通运输部与人力资源和社会保障部将共同推动履行MLC2006工作，全面推进国内化进程。要以此为契机，参照《2006年海事劳工公约》，借鉴世界各国立法经验，从本国实际出发，在我国已有的行政法规《中华人民共和国船员条例》以及相关法律法规的基础上，加快进行海员权益保障立法研究，尽早提出我国独立、完整的维护海员权益的法律规定，为海员"体面工作"提供法律保证，与世界接轨，以适应国际海运发展的新要求。另外，加快推进我国海员立法工作也是《2006年海事劳工公约》在我国有效履约的保障。

（三）完善海员社会保障机制，制定海员税收优惠政策

我国是海运大国，海员是海运事业可持续发展的基柱，他们在建设海洋强国、海运强国中发挥着越来越重要的作用。但是，作为世界第一海员大国，我国正面临着海员流失的挑战。调查数据显示航海类专业毕业生愿意上船的比例只占46.9%，5年后在船工作的本科生不超过20%，愿将海员作为终生职业的更是少之又少。本次调查显示，80.5%的船舶技术人员认为自身职业群体存在"留不住"的现状，个人有流动意向的船舶技术人员占64.9%。目前海运企业人力资源状况，一方面是高级专业人才缺乏，另一方面是"招募难，留人也难"。调查和访谈中，海运公司、海员管理公司以及船舶技术人员都认为上述问题原因除海员特殊职业环境带来的问题外，主要是社会地位不高，社会保障不完善，工资"船岸差"缩小，个人所得税政策缺少优惠和激励，海员得到的各种政策支持与我国海员大国地位不符，与国外相比差异较大。呼吁国家有关部门深入调查研究、尽快制定相关政策，完善社会保障、提高薪酬待遇、调整税收政策，为海员职业发展创造良好的政策保障环境，激发海员的职业认同感和归属感。

1. 建立对企业具有指导性的海员薪酬结构体系和基本标准

近年来，随着我国社会经济的快速发展，我国海员薪酬待遇与陆岸职业收入已相差无几，过去海员薪酬待遇高于陆岸人员的几倍，同时还享受国家购物免税政策的职业优越感已经不再存在。海员较大的职业风险与相对较低的薪酬待遇，促使许多海员选择"弃海登陆"。从本次调查数据显示，我国不同技术职务的海员基本工资，平均不到10万元/年（9.66万元/年）。虽然，2014年《中国船员集体协议（A类）》规定了海员最低工资标准（不包括加班报酬、奖金、津贴带薪休假或任何其他额外报酬），即基薪，但是目前海员市场竞争激烈，海员薪酬待遇差距较大，缺乏统一的海员薪酬结构体系和基本标准。调查中，船舶技术人员反映政府或企业对海员薪酬尚未充分考虑根据陆岸人员工资的平均增长幅度相应地提高海员的工资水平，并保持一定的"船岸差"。因此，有必要进一步完善包括基薪在内的海员薪酬结构体

系,通过政府有关方面协商,建立对企业具有指导意义的海员薪酬结构体系和基本标准。同时,政府给予符合一定条件的海员享有购大件商品免税的优惠政策,充分体现对海员劳动价值的肯定,满足他们在船服务期间相对陆岸工作人员薪酬待遇的"优越感"。

2. 完善和落实海员社会保障

我国目前海员社会保障与《2006年海事劳工公约》标准规定的社会保险项目(除家庭津贴外)基本对应。根据本次调查结果看,虽然绝大部分船舶技术人员不同程度地缴纳了社会保险,但是社会保险缴纳不平衡。本次调查数据显示,船舶技术人员缴纳各类社会保险的覆盖率不高,分别为养老保险(74.1%)、医疗保险(78.2%)、工伤保险(57.0%)、失业保险(45.7%)、生育保险(29.2%)、大病保险(23.7%)。尚有12.8%的船舶技术人员未缴纳任何社会保险,民营企业船舶技术人员(21.2%)和个体船舶技术人员(28.5%)未缴纳任何社会保险的比例较高。另外,在单位为个人或个人自行所缴纳的社会保险险种、缴纳的基数、缴纳的方式以及单位与个人承担缴纳社会保险费用的比例各不相同。调查发现,62.1%的船舶技术人员反映应有权益得不到保障,船舶技术人员在社保缴纳(34.9%)、看病报销(38.5%)、工资按时发放(42.4%)等方面存在困难;67.9%的个体船舶技术人员和58.8%民营企业船舶技术人员反映工资不能按时发放,53.3%个体船舶技术人员和43.2%民营企业船舶技术人员反映看病不能报销。国有企业对海员社会保障执行较好,民营企业、个体船舶技术人员在社会保障方面存在问题较多。需要相关部门共同研究制定落实海员社会保障的措施和要求,同时,进一步完善和落实政府、海员工会、船东协会三方协调机制,加强联合监管,确保海员社会保障落实到位。

3. 加快制定海员个税优惠政策

我国海员个人所得税是一个老生常谈的问题。调研访谈中,无论是海运企业,还是船舶技术人员都有比较强烈的呼声。目前,海员收入相对减少,个税缴纳相对增加,一方面造成大量海员思想不稳定,促使不少人想"弃海转陆"和"弃船转行";另一方面,一些国外海运企业和国内公司利用悬挂"方便旗",在海外发放海员工资,规避税收,不承担或少承担社保、福利和培训成本,用所谓低成本的"高工资"吸引海员,给国内运作规范的海运企业造成不公平竞争,这些都影响到我国海员队伍的稳定和海运业的健康持续发展。

目前,国外对海员收入均有不同程度的税收减免政策。如有的国家规定海员在船工作百分之百的免税;有的国家则规定一年中只要满6个月或8个月在船工作就可享受免税或减税等政策。我国海员税收优惠政策与国外存在较大差距。当前,我国对海员税收的优惠政策主要是允许海员享受税法规定的附加减除费用标准,例如:海员的伙食费补贴不计入海员个人的应纳税工资、薪金;远洋运输海员的工资、薪金所得采取按年计算、分月预缴的方式计征个人所得税等。访谈中船舶技术人员认为目前国家对海员个税优惠政策并未解决根本问题,如个税起征点,自2006年至2011年国家分别三次调整普通公民个税起征点,分别为1 600元、2 000元、3 500元,而船舶技术人员的个税起征点一直是4 800元未变。并且随着累进税率由九级变为七级后,海员个人税后收入不升反降。根据最新的个人所得税法,海员工资即使是国际劳工组织规定的全球最低工资标准,仍达到我国10%~25%的纳税级距。如果再涨工资,海员纳税税率将进一步提高,结果是企业增加成本,海员得不到实惠。

建议国家根据海员职业特点,建立起与国际接轨的税收优惠政策。在海员享受税法规定的附加减除费用标准的基础上,提高个税起征点;根据海员年度在船工作时间或船上实际工作年限可以享受部分免征或全部免征船上个人收入所得税。这也是大部分海运国家的做法。

同时,国家应加快研究给予海运企业税收优惠政策,避免更多的海运企业船舶到海外注册挂"方便旗",规避国家对企业和海员个人的高税收。

(四)严格海员服务市场的监管,建设规范有序的市场环境

"十二五"期间,我国海运业快速发展。随着海员服务市场的开放,船员服务机构应运而生,海员服务市场竞争激烈。截至2014年12月31日,我国已拥有各类海员服务机构823家,其中海员外派机构207家。为了规范海员服务市场,近年来,国家先后出台了《船员条例》《船员服务管理规定》和《海员外派服务管理规定》等行政法规,规范了海员服务管理,归口了海员外派管理。海事部门对海员服务市场加大了管理力度,强化了日常监督,通过引导市场规范,促进行业自律,市场秩序得到一定改观。

目前,海员服务机构众多,海员服务质量参差不齐,加上受世界经济萧条的影响,我国海运业持续低迷、运力过剩,使海员就业困难,而海运企业又存在着"招募难、留人难"的状况。因此,服务行业恶性竞争,非法派遣现象时有发生;违规收费、非正规培训、乱发假证的行为屡禁不止;侵犯海员利益,损害海员合法权益的问题比较突出。海员劳动纠纷增多,申诉处理困难,特别是个体海员缺乏组织保障,更是处于弱势地位。少数海员服务机构为追求经济效益,采取不正当竞争手段,尤其是大量"黑中介"的违法经营,扰乱了海员市场秩序,损害了海员合法利益,影响了海员就业质量,还严重损害了政府的社会形象。究其原因主要是政策配套不全、相关立法滞后、服务信息不畅、市场监管缺失。

我国现有将近64万名注册海员,其中约23万名船舶技术人员。每年有几十万名海员受派遣在国内外船舶上就业,因此,需要在相关法律法规保障下、通过国家积极引导,多方协作、齐抓共管,建立一个公平竞争,规范有序海员服务市场。

(1)完善海员市场法律法规。从国家社会经济发展的战略地位来重视海员服务,以《2006年海事劳工公约》为参照,完善海员服务的法律法规,加快制定促进海员市场健康发展的法律规定。

(2)建设规范有序的海员服务市场。建立严格统一的海员服务机构市场准入、管理、监督和退出机制;强化对海员培训和认证资格形成的监控;构建诚信自律、竞争公平、规范有序的海员市场服务体系;营造公平合理的海员服务环境。

(3)建立有效的海员市场监管机制。完善法律法规,落实监管责任,建立政府主导下,企业、工会、船员服务协会、海员协同配合的联合监管体系,实施对海员市场运行全面监管和对海员服务全过程监管,发挥其在引导市场规范、推进行业自律、改善市场环境、维护海员权益、提升海员地位、促进海运业发展中的积极作用。

(4)建立信息公开、服务公平的海员市场。建立海员市场信息公开发布机制,加快成立或委托社会团体成立公益性的海员服务中心,定期发布海员供求状况、海员队伍状况、社会保障状况、行业服务状况等信息,改变海员市场服务缺位和信息不对称状况,更好地发挥市场自我调节功能。

(5) 建立有国际竞争力的海员外派服务市场。规范海员劳务外派服务,在积极扩大海员市场对外开放的同时,不断提高海员综合素质、提升我国海员的国际竞争力,提升我国作为海运大国的国际地位。

(五) 加强海员权益保障建设,改善海员职业发展环境

海员工会组织、行业学会是海员权益保障、海员职业发展的重要社会支持,在服务海员、宣传海员、维护海员合法权益、提高海员素质、促进海员队伍建设和航海事业发展中有着重要作用。虽然,海员工会组织、行业学会在海员服务方面做了大量的工作,但是尚存在不少需要重视和加强的方面。本次调研,船舶技术人员普遍反映,基层海员工会组织尚不健全,发挥作用不大。有83.1%的船舶技术人员对基层工会组织表示不太了解或完全不了解,只有19.5%的船舶技术人员自认参加工会组织,尤其是个体船舶技术人员参加工会组织的只有6.0%。船舶技术人员对行业学会了解程度更低,只有11.8%。船舶技术人员中参加行业学会及其所属各专业学术团体的人员比例分别为5.8%和6.8%,只有4%的人经常参加学会组织的活动。调查中发现,只有11.7%和13.5%的船舶技术人员对基层工会和行业学会影响力的评价较好。

虽然船舶技术人员有较大的服务需求,但是当遇到困难或有需要时很少有人选择向工会或行业学会求助。调研中船舶技术人员对发挥基层工会组织和行业学会的作用,使其更好地服务海员有较高的期待,据此,提出如下建议。

(1) 发挥基层工会在海员服务、海员维权中的促进作用。指导和推进地方及海运企业海员基层工会建设,在宣传教育、政策咨询、社会保障、就业服务、困难援助、解决劳动纠纷和维护海员合法权益中的起积极作用。切实做到深入海员、关心海员、服务海员。

(2) 发挥行业学会的组织协调和科技服务作用。指导各专业委员会、各省市航海学会,根据海员的职业特点,以各种方式为船舶技术人员提供科技信息服务、技术咨询服务、科普宣传服务、学术交流服务、技术培训服务、科技开发与合作服务,通过科技服务促进海员职业发展。

(3) 加快成立船员服务协会,健全省市船员服务协会组织。充分发挥船员服务协会在宣传国家政策和法律法规、提供咨询服务、开展业务培训、发布海员信息、引导市场规范、组织评优活动、开展公益服务、调解劳动纠纷、维护海员权益中的积极作用。

(4) 建立国家统一的海员健康体检要求和健康证书。本次调研中船舶技术人员集中反映我国海员必须持有两张健康证书,即国家海事局办理的《海船船员健康证书》(有效期两年)和国家出入境检验检疫局办理的《海船船员健康证书》(有效期一年)。"两证"健康检查内容有重复也有侧重,海员需要进行两次体检,两次交费和在两个行政管理部门办理手续,而国外海员只需一张健康证书。建议国家有关部门进行协商,使"两证"合一,将检查内容归并,建立国家统一的海员健康体检要求和海员健康证书,以简化手续、方便海员,并减少重复收费。

(5) 重视国际海员俱乐部建设和发展,促进对外宣传和友好服务。访谈中船舶技术人员呼吁国家重视重要港口城市的国际海员俱乐部建设、管理和发展。在开放口岸建设国际海员俱乐部是国际惯例,国际海员俱乐部是为中外海员服务的福利设施,它对各国海员开

放,不论国籍,一律平等对待,实行优先、优惠、优质服务。国际海员俱乐部的职能,一是对外宣传,二是友好服务。我国国际海员俱乐部原有80多个,它对增进各国海员沟通和文化交流起到了积极作用。国际海员俱乐部受中国海员工会和省市总工会双重管理,以省市管理为主,机构属事业编制。但是,在市场经济情况下,国际海员俱乐部发展举步维艰,仅有少数几家海员俱乐部仍然坚持着部分服务各国海员的功能。相比之下,国外海员俱乐部服务情况相对较好。访谈中,船舶技术人员呼吁国家重视国际海员俱乐部建设,建议有关部门对国际海员俱乐部的存在和发展进行研究,明确其机构性质,如将其重新定位为"公益服务一类",明确其管理体制,确定责任主体等,以利于国际海员俱乐部的良好发展和更好地为国内外海员提供服务。

(六)优先发展航海教育,加快高素质海员队伍建设

我国实现由海员大国向海员强国转变,关键是建设一支能够满足国家社会经济和海运发展需要的高素质、有国际竞争力的海员队伍。航海教育承担着培养航海专门人才的重要使命,在航运业的发展过程中发挥着基础性、全局性和先导性的重要作用,航海教育优先发展,对落实科教兴国战略、建设航运强国、促进经济发展、巩固海防和维护国家海洋权益具有重要的战略意义。

"十二五"期间我国航海教育管理体制基本形成,海员教育培训体系不断完善,考试发证管理不断规范,海员培养的制度保障基本健全。目前,我国已有海员教育培训机构269家,主要海员培训机构100家。"十二五"期间,我国航海类专业共招收本科、专科、中专等不同层次学生125 724人。

本次调查数据显示,我国海运业船舶技术人员中具有大专以上学历的占68.6%。已基本形成了一支数量适应、结构合理、素质较高的船舶技术人员队伍。

虽然"十二五"期间我国的航海教育事业得到了较快的发展,但是调查中海运企业普遍反映高层次、高素质、有国际竞争力、真正适用性的船舶技术人员仍然缺乏,认为目前培养的航海类大学生在职业素质、专业素质、人文素质、心理素质、技能水平和外语能力等方面跟不上现代航海科技发展的要求,整体素质达不到上船要求,航海类人才培养质量与国际化要求相比存在差距。其主要原因:一是海员地位不高、职业优势下降、发展环境受限,航海类学生专业思想不稳定,学习积极性不高;二是航海教育优先的地位尚未确立,航海类专业的特殊性和航海人才培养的特殊性尚未体现,缺少相关法律的保障;三是不同层次航海类院校本、专科人才培养目标定位不明确,人才培养计划、培养模式和培养方式的层次性、针对性不强,与现代航海科技水平发展要求和航运业对不同层次人才的需求脱节;四是教学经费投入不足,航海类院校办学条件良莠不齐,具有实践经验的师资缺乏,难以适应航海类人才的高要求培养;五是尚未建立社会对航海类专业人才培养质量的监督和评价机制。

另外,从海员适任培训看,航运企业反映海员培训机构太多,许多培训机构条件较差、师资缺乏、培训质量较低。国家对海员培训机构准入、培训、考试和发证虽有管理规定,但监管不力,培训质量难以控制,低质量培训,甚至假培训、发假证的现象屡有发生。另外,海运企业普遍反映国家对海员适任培训口子放得太大,考证太松,影响海员上船质量,认为现在海员数量越来越多,但质量越来越差;海员中有证的人越来越多,但符合要求的人越来越少,给

航运安全带来越来越大的隐患。

2012年,教育部、交通运输部联合下发了《关于进一步提高航海教育质量的若干意见》,对全面提高航海教育质量,培养适应航运业和社会经济发展需要的、具有国际竞争力的高素质航海类专门人才具有重要的指导意义。在此基础上,结合调研,提出以下意见。

(1) 加快航海教育立法。根据航海教育具有岗位针对性、国际通用性、法律规定性和国防军事性的特性,以及在开发和利用海洋、巩固海防、维护国家海洋权益、促进对外贸易中的重要战略作用,有必要加快航海教育立法,为航海教育优先发展提供法律保障。同时,以《2006年海事劳工公约》为参照,在我国现有《船员条例》行政法规的基础上,加快海员立法进程,为维护海员权益、提升海员地位、改善职业发展环境、提高职业吸引力提供法律支撑。

(2) 按照国际公约要求改革航海类专业人才培养模式。教育行政部门、交通运输部门共同协商,组织有关部门参照STCW国际公约要求,结合航海科学技术发展水平、我国航运业发展需求和不同类型船舶的岗位要求,研究制订不同层次航海类专业人才培养目标和教学质量标准,改变航海类学生入学有层次(本科或专科)、培养没差异、就业没区别的航海类专业人才培养模式。建立国际化、高水平、管理型高级航海人才培养和国际化、技能型、应用型航海人才培养相结合的航海人才培养模式,建立航海教育和海员职业资格评价相衔接的机制,确保不同层次航海类专业专门人才的培养质量,以满足航运业发展对人才的需求。

(3) 设立国家航海教育专项经费,促进"校地""校企"以及国际合作办学。按照国际标准,加快改善航海教育教学条件,完善实验实习设施。积极鼓励国际合作办学,大力促进"校地合作"和"校企合作",共建校内外航海教学实验实训基地,并为学校提供更多的办学资金和先进的实践设备,改变目前航海类专业教学条件落后,实验实践设备陈旧、配套不全,实船实践困难,专业实践教学与航海科技发展水平脱节的状况。

(4) 重视和加强航海类专业人才的人文素质教育。加强社会主义核心价值观教育、职业道德教育、法律法规教育、心理健康教育、安全教育,培养高素质、高技术的航海专门人才。

(5) 建立航海教育质量监督和保障机制。建立教育部门、海事部门、学校、企业各司其职、有序联系的航海教育专业论证,质量控制、入职认证、用人选拔、信息反馈的质量监督和保障机制。

(6) 进一步完善海员继续教育培训体制机制。有关方面要采取措施规范海员培训市场,加强监督管理,杜绝低质量培训,甚至假培训、发假证等违法违规现象,确保海员培训服务规范有序。有关方面对海员培训机构设置应实行区域规划,按区域重点建设海员教育培训中心,同时加强对海员培训机构市场准入的审核,建立培训质量考核评价机制、建立激励和退出机制,在对海员培训机构扶优扶强的同时,减并、淘汰条件不符、质量不合格的培训机构。

我国海运业船舶技术人员状况调查报告

分 报 告

第三章 我国海运业船舶技术人员的工作状况

本章从入职原因、工作适应、工作满意度、职业倦怠、流动意愿、继续教育、科技活动、职业发展信心八个方面描述我国航运业船舶技术人员整体的工作环境和职业发展情况。

一、入职原因

（一）高收入是吸引船舶技术人员入职的主要原因

在问及"您主要出于什么原因选择这份工作"时，39.2%的船舶技术人员将收入高作为首选原因，23.6%的是因为符合个人兴趣，21.4%的认为能发挥专业技能，而21.1%的是出于盲目选择（图3-1）。

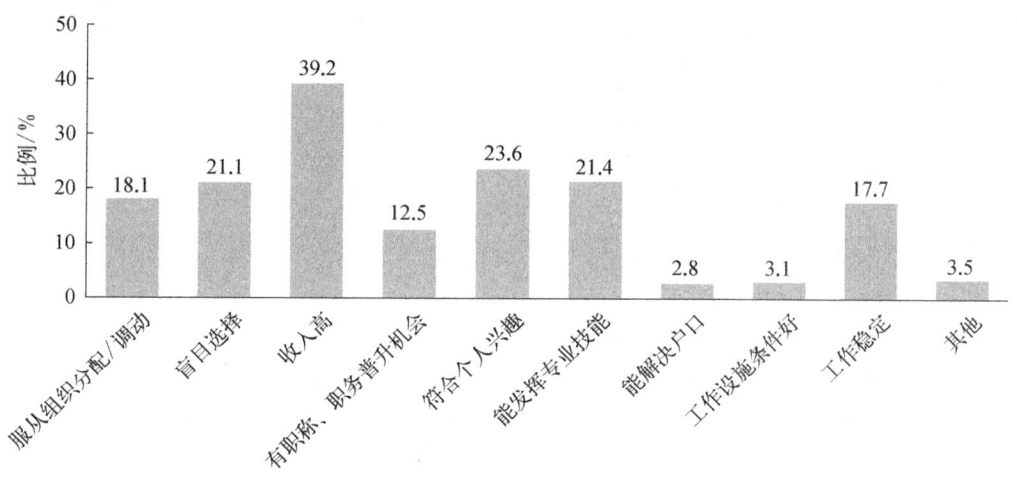

图3-1 船舶技术人员的入职原因

（二）船舶技术人员入职原因的差异分析

进一步分析数据得知，不同年龄阶段的船舶技术人员，其职业选择的原因也不尽相同。对于年轻的船舶技术人员，近五成的30岁以下、30~39岁的船舶技术人员进入本行业的主要原因是收入高，分别占比49.7%、41.5%；40~49岁的船舶技术人员除了考虑职业收入（29.0%），服从组织分配与调动也是主要原因（28.0%）；50岁以上的船舶技术人员进入本行业则是源于服从组织分配与调动（37.4%）、符合个人兴趣（23.2%）。

从城乡来源看,来自城市(35.6%)、乡镇(39.2%)和农村(41.0%)的船舶技术人员的职业动机都源于"收入高"。但来自城市和乡镇的船舶技术人员在入职前都对职业有所了解,"符合个人兴趣"是次要原因,分别占比为28.3%、24.5%。相对而言,来自乡村的船舶技术人员则较多出于"盲目选择",占比23.1%。

从不同企业性质来看,外资企业、民营企业、合资企业以及国有企业的船舶技术人员都将"收入高"作为首选原因,但是所占比例差异较大,依次为56.5%、43.0%、41.1%、36.4%。

二、工作适应

(一)六成船舶技术人员对自我的业务能力评价较高

调查数据显示,61.8%的船舶技术人员认可自己的业务能力,其中8.2%的表示自己的业务能力"很强",53.6%的表示自己的业务能力"较强",35.8%的认为"一般",也有1.1%的船舶技术人员认为自己的业务能力"较弱",另有0.8%认为"很弱"。

进一步数据分析发现,学历越高,对自我业务能力的评价越高。70.5%的本科生认可自我的业务能力,认为自己有着"很强"或"较强"的业务能力,其次分别是大专/高职(63.3%)、高中/中专/技校(58.9%)和初中及以下(32.8%)。从企业性质看,70.5%的外资企业船舶技术人员认可自身具备"很强"或"较强"的业务能力,其次是国有企业(66.9%)、合资企业(58.1%)和民营企业(56.7%)。从劳务合同看,对自我业务能力评价最高的是国有企业的合同工(65.7%),其次是劳务派遣工(62.3%)、个体船舶技术人员(53.0%)。

在问及"现有的专业知识和技能是否达到个人期望"时,仅有2.5%的船舶技术人员认为自己的专业知识和技能"超过"个人预期,26.7%的认为"完全达到",58.4%的认为"基本达到",另有7.7%的表示"没有达到",有4.6%的表示"说不准"。进一步数据分析表明,年龄越小、职称越低的船舶技术人员,认为现有专业知识和技能没有达到个人期望水平的比率越高。

在问及"工作中是否遇到技术性难题"时,8.1%的船舶技术人员表示"经常遇到",72.4%的表示"有时遇到",17.5%的表示"极少遇到",2.0%的表示"没有遇到"。进一步数据分析发现,年龄越大、职称越高,经常遇到的技术性难题越多,这是由其工作经历、岗位性质所决定的。

(二)六成以上船舶技术人员认为长期在外工作是影响工作积极性的主要因素

调查显示,"长期在外工作"(64.8%)、"与社会脱离"(53.4%)、"与家人沟通缺乏"(38.8%)、"工作压力大"(37.0%)成为影响船舶技术人员工作积极性的四个主要原因(图3-2)。

除了上述提及的因素,在开放性回答中,船舶技术人员认为影响工作积极性的因素还有:语言、婚恋问题、父母赡养、工资待遇降低、工资拖欠、社会地位降低、职业优越感缺乏、通信不便、岸基支持不足等。

在上述提及的影响因素中,影响不同年龄、职务、企业性质、劳务合同的船舶技术人员工

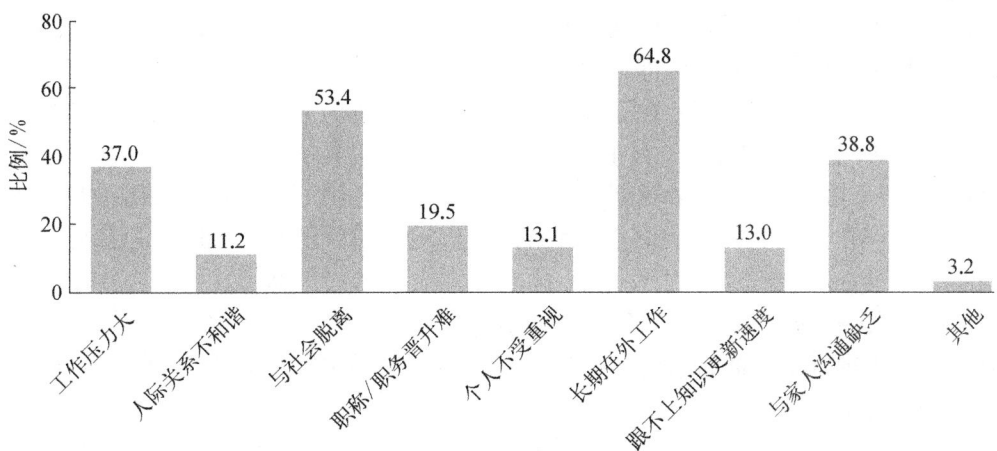

图 3-2　影响船舶技术人员工作积极性的主要因素

作积极性的最主要因素都是"长期在外工作"。

从年龄来看,40 岁以下的青年船舶技术人员,近六成认为"与社会脱离"是其次影响工作积极性的重要因素;40 岁以上的船舶技术人员,近五成认为"工作压力大"是其次影响工作积极性的重要因素。

从职务来看,船长、轮机长、大副、二副要比其他职务感受到更多的"工作压力",从高到低依次为:船长(52.8%)、轮机长(48.1%)、大副(46.9%)、大管轮(39.7%)、二管轮(36.3%)、二副(35.7%)、三副(30.2%)、三管轮(28.7%)。

(三) 长期在外工作是船舶技术人员面临的最大困扰

在回答"面临的主要困扰"时,如图 3-3 所示,"长期在外工作"同样排在第一位(34.1%),其次是"与社会脱离"(19.2%)、"与家人沟通缺乏"(17.8%)、"工作压力大"(10.8%)。

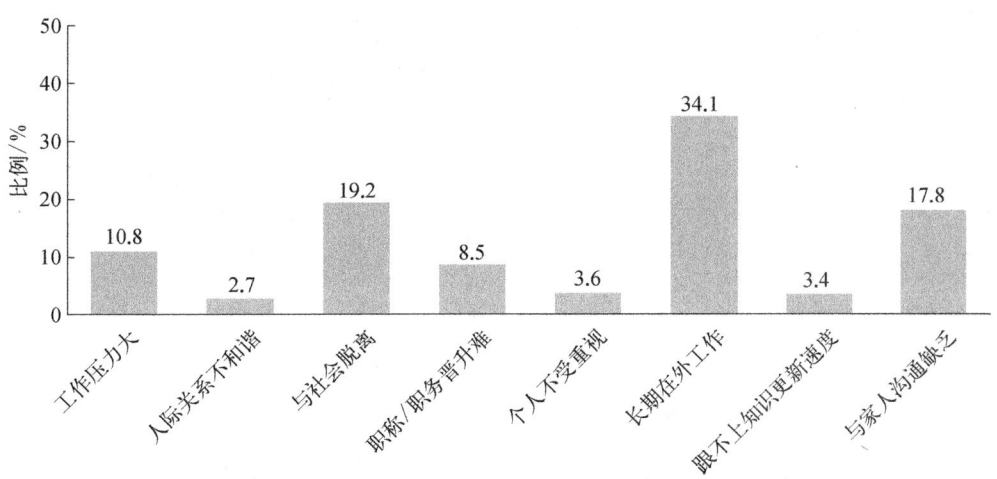

图 3-3　船舶技术人员在工作中的最大困扰

与工作相关的困扰在不同群体间存在一定共性,也有差异。在上述困扰中,不同年龄、职务的船舶技术人员的最大困扰都是"长期在外工作"。

从年龄来看,40 岁以下的青年船舶技术人员的次要困扰是"与社会脱离"和"与家人沟通缺乏";40 岁以上的船舶技术人员的次要困扰则是"工作压力"。

在职称/职务晋升方面,年龄越低,受此困扰的比率越多。30 岁以下、30~39 岁、40~49 岁、50 岁及以上四个年龄段的占比分别为 12.5%、7.5%、5.8%、3.5%。职称越低,受此困扰的比例越多,分别是:三管轮(15.2%)、三副(15.1%)、二副(9.3%)、二管轮(6.3%)、大管轮(4.9%)、大副(4.5%)、船长(2.7%)、轮机长(2.7%)。

在个人受重视程度方面,自评受重视程度随年龄增长而降低、随学历增长而降低,劳务派遣工的自评受重视程度最低。

在知识更新方面,年龄越大、学历越低者表示"跟不上知识更新速度"的困扰比例越高。

三、工作满意度

(一)船舶技术人员对工作的总体满意率一般

本调查了解船舶技术人员对工作的总体满意度如图 3-4 所示。调查数据显示,42.9%的船舶技术人员对工作感到满意或比较满意,其中感到很满意的有 4.4%,感到比较满意的有 38.5%。值得注意的是,41.6%的船舶技术人员对工作感到不满意或不太满意,其中很不满意的有 6.4%,不太满意的有 35.2%。此外,有 15.6%的船舶技术人员感到无所谓,做出了中性评价。

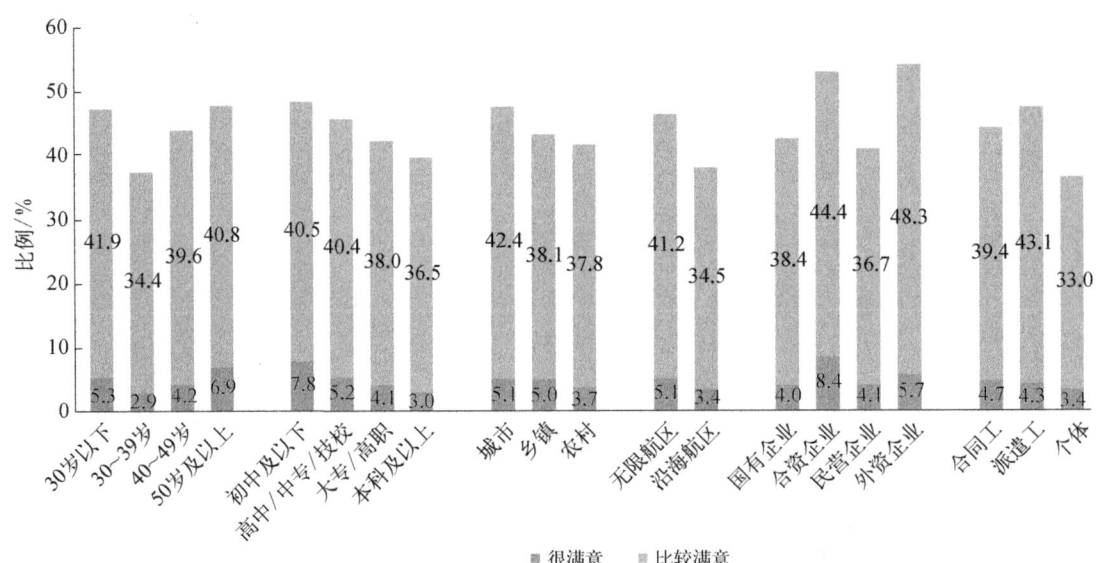

图 3-4　不同类型船舶技术人员对当前工作的总体满意率比较

从分类群体的总体满意率看,30~39 岁船舶技术人员的总体工作满意率较低,仅有 37.3%;学历越高,对工作的满意度越低,由低到高依次为本科及以上(39.5%)、大专/高职(42.1%)、高中/中专/技校(45.6%)、初中及以下(48.3%);来自城市的船舶技术人员比来自农村的船舶技术人员的工作满意率更高;无限航区船舶技术人员的满意率(46.3%)高于沿海航区(37.9%);外资企业(56.0%)和合资企业(52.8%)的满意率高于国有企业(42.4%)和民营企业(40.8%);个体船舶技术人员的满意率(36.4%)低于劳务合同工(44.1%)、劳务派遣工(47.4%)。

(二) 船舶技术人员对工作中人际关系的满意度最高,对职业社会声望的满意度最低

本次调查进一步围绕工作本身,从职业社会声望、职称/职务晋升、个人发展空间、被认可度、工作设施条件、工作中的人际关系、工作节律、工资收入、工作稳定性、社会保障、企业安全文化、企业管理水平共12个方面对工作本身展开满意率评价。调查结果显示,船舶技术人员对工作中的人际关系、企业管理水平、企业安全文化的满意率比较高,分别为51.5%、41.7%、41.0%。对职业社会声望、被认可度、工资收入以及社会保障的满意率较低,满意率分别为13.1%、22.0%、24.2%、25.8%(图3-5)。

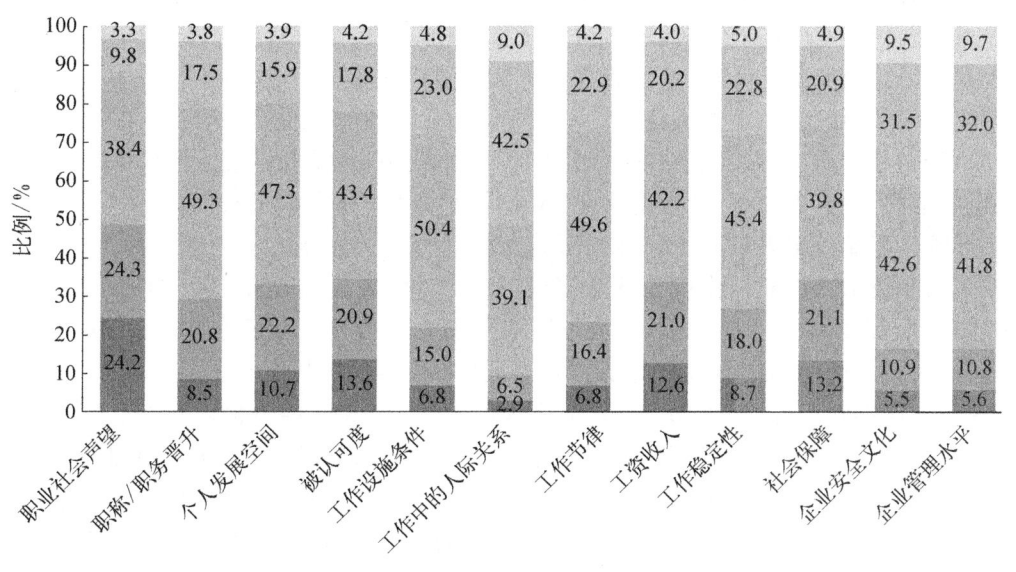

图3-5 船舶技术人员在工作相关方面的满意率

将工作基本情况分为四个方面,具体分析工作满意率如下。

(1) 在工作设施条件、工作节律、工作中人际关系方面。调查数据可知,在工作设施条件方面,50.4%的船舶技术人员表示条件一般,27.8%的船舶技术人员感到满意,另有21.8%的表示不满意。在工作节律方面,同样近五成(49.6%)船舶技术人员感到一般,感到满意或不满意的比例相当。在工作中人际关系的评价方面,有超五成(51.5%)感到满意,感到不满意的比率相对较低(9.4%)。

(2) 在职业社会声望、被认可度、职称/职务晋升、个人发展空间方面。船舶技术人员对职业社会声望的评价低,仅有13.1%的船舶技术人员表示满意自身职业的社会评

价;22.0%的船舶技术人员感到自己被认可。21.3%的船舶技术人员对职称/职务晋升感到满意,29.3%的感到不满意。19.8%的船舶技术人员对自身的发展空间感到满意,32.9%的感到不满意。

(3)在工资收入、工作稳定性、社会保障方面。在工资收入方面,24.2%的船舶技术人员感到满意,33.6%的感到不满意。在工作稳定性方面,感到满意(27.8%)和不满意(26.7%)的比例相当。在社会保障方面,25.8%的船舶技术人员感到满意,34.3%的感到不满意。

(4)在企业安全文化、企业管理水平方面。41.0%的船舶技术人员对企业安全文化感到满意,41.7%的船舶技术人员对企业管理水平感到满意,不满意的比例相对较低。

(三)船舶技术人员工作满意度的人口学差异分析

本次调查进一步围绕工作满意率做出评价,数据分析发现,工作各方面满意率在不同群体间存在差异,具体如下。

在各个年龄群体中,30~39岁的船舶技术人员对工作中诸多方面的满意率最低,如职业社会声望、职务晋升、个人发展空间、职业被认可度、工作设施、工作人际关系、工作稳定性和社会保障方面;40~49岁的船舶技术人员对工作节律、工资收入的满意度最低;50岁以上的船舶技术人员对企业安全文化、企业管理水平的满意度最低。

比较不同学历群体的工作满意率发现,学历越高,对工作设施条件、工作节律、职业社会声望、职称/职务晋升、个人发展空间、职业被认可度方面的满意度越低;学历越高,对工资收入、工作稳定性、社会保障、企业安全文化、企业管理水平方面的满意度越高。

无限航区船舶技术人员对工作各方面的满意率均高于沿海航区。

特殊船舶技术人员对工作设施条件、企业安全文化、企业管理水平等方面的满意度低于普通船舶技术人员,但在工资收入、个人发展空间等方面满意度高于普通船舶技术人员。

合资、外资企业船舶技术人员对工作各方面的满意度高,其次是国有企业,民营企业最低,表现在工作设施条件、工作节律、工作被认可度、工作稳定性方面。在个人发展空间方面,合资企业、外资企业船舶技术人员的满意度为35.6%、31.1%,而国有企业船舶技术人员的满意率最低,只有20.6%;在工资收入方面亦如此。在社会保障方面,国有企业船舶技术人员的满意度相对较高,为36.1%,而民营企业船舶技术人员的满意率只有20.4%;在企业管理水平方面,外资企业船舶技术人员的满意度相对较高(54.2%),而民营企业船舶技术人员的满意率只有37.8%。

国有企业的合同工在职称/职务晋升、工作中人际关系、工作稳定性、社会保障、企业安全文化方面的满意度高;劳务派遣工在工作设施条件、工作节律、职业社会声望、个人发展空间、被认可度、工资收入、企业管理水平方面的满意度高;个体船舶技术人员在工作各方面的满意度最低,尤其在社会保障方面。

四、职业倦怠

本次调查从情绪衰竭、玩世不恭和低职业效能三方面评价船舶技术人员的职业倦怠程度。情绪衰竭指个人认为自己所有的情绪资源都已耗尽,对工作缺乏冲动,有挫折感、紧张感,甚至害怕工作。玩世不恭指刻意与工作以及其他与工作相关的人员保持一定距离,对工作不热心、不投入,对自己工作的意义表示怀疑。低职业效能指个体对自身持有负面的评价,认为自己不能有效地胜任工作。得分在 50 分以下,工作状态良好;得分在 50~75 分,存在一定程度的职业倦怠,需进行自我心理调节;得分在 75~100 分,建议休假,离开工作岗位一段时间进行调整;得分在 100 分以上,建议咨询心理医生。

调查结果发现,96.0% 的船舶技术人员的职业倦怠总分在 50 分,表明工作状态良好。327 人(4.5%)的船舶技术人员职业倦怠总分超过 50 分,存在一定程度的职业倦怠,需进行自我心理调节。虽然这一比率并不高,但也值得引起重视。

五、流动意愿

(一)近八成的船舶技术人员认为自身职业群体存在"留不住"的现状

调查显示,80.5% 的船舶技术人员认为自身职业群体存在"留不住"的现状。进一步数据分析发现,本科及以上的船舶技术人员更认同这样的现状(84.8%),国有企业的船舶技术人员也更认同这样的现状(83.7%)。

(二)超过六成的船舶技术人员有流动意愿

如图 3-6 所示,64.9% 的船舶技术人员考虑更换职业或工作单位,其中 8.5% 的船舶技术人员想换单位,36.5% 的船舶技术人员想更换职业,19.9% 的船舶技术人员职业和单位都想更换,船舶技术人员的流动意愿较高。只有 35.1% 的船舶技术人员满意工作现状,不考虑更换职业或工作单位。

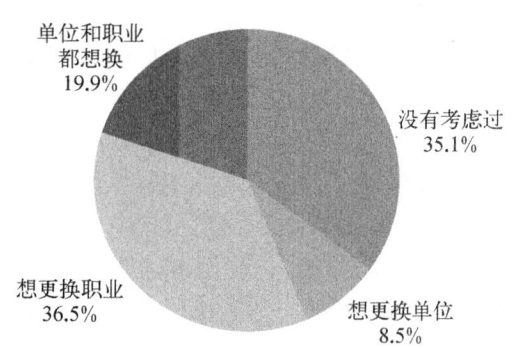

图 3-6 船舶技术人员考虑更换工作或职业的比例

从不同年龄来看,30~39 岁的船舶技术人员的流动意愿最强,74.5% 的考虑更换职业或单位,其中 41.9% 的想换职业,8.4% 的想换单位,24.2% 的职业和单位都想换。30 岁以下船舶技术人员中有 62.8% 的存在流动意愿,40~49 岁人员中有 61.6% 的存在流动意愿,流动意愿都非常高。50 岁以上船舶技术人员的流动意愿相对较低,比例为 43.3%。

从不同受教育程度看,船舶技术人员的学历越高,流动意愿越强。初中及以下、高中/中专/技校、大专/高职、本科及以上流动意愿的相应比例分别为 49.4%、60.6%、67.1%、69.7%。

从职务类型看,二副和二管轮的流动意愿最高,分别为 73.8%、75.8%;其次是大管轮、大副,分别 72.0%、66.9%;船长和轮机长的流动意愿相对低一些,分别 58.5%、62.0%。

从企业类型看,民营企业、国有企业的船舶技术人员的流动意愿最高,分别为 66.0%、65.7%,其实是合资企业(61.3%)、外资企业(58.2%)。

从劳务合同性质看,个体船舶技术人员的流动意愿最高,比例为 69.2%;其次是劳务派遣工,比例为 65.2%;最低是劳务合同工,比例为 63.4%。

(三）不方便照顾家庭是影响船舶技术人员流动的主要原因

调查数据显示,对于有流动意愿的船舶技术人员来说,产生流动的主要原因是不方便照顾家庭（74.0%）,工作枯燥（62.7%）,承担风险高、责任大（57.1%）,从业环境差（47.8%）。见图3-7。

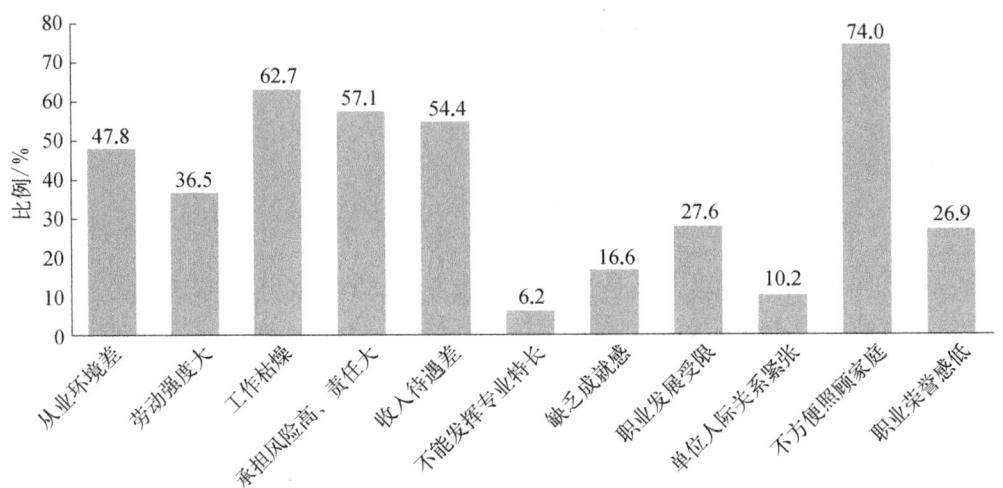

图3-7 影响船舶技术人员职业流动的主要原因

从年龄来看,如图3-8所示,50岁以下的船舶技术人员选择职业流动的主要原因在于家庭,占七成以上;尤其是30~39岁的船舶技术人员,占比77.3%。其次是工作枯燥,对工作缺乏兴趣,尤其是40以下的青年船舶技术人员。而50岁以上的船舶技术人员除了家庭因素（65.0%）外,工作因素如工作风险（62.0%）、从业环境差（59.9%）、收入待遇差（59.9%）是影响职业流动的重要原因。

从劳务合同性质看,影响个体船舶技术人员职业流动的主要因素是工作枯燥（65.2%）、收入待遇差（58.6%）、工作风险高和责任大（57.5%）,工作自身因素为主要因素,家庭因素并

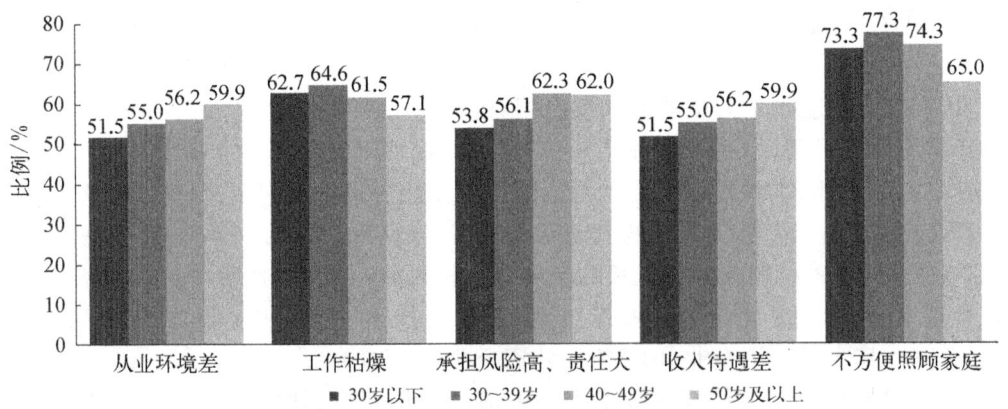

图3-8 不同年龄段船舶技术人员职业流动的主要原因

不是主要因素。个体船舶技术人员从事职业更多处于经济因素考虑,因此工作环境、工作待遇等成为他们固定在此职业的主要原因。见图3-9。

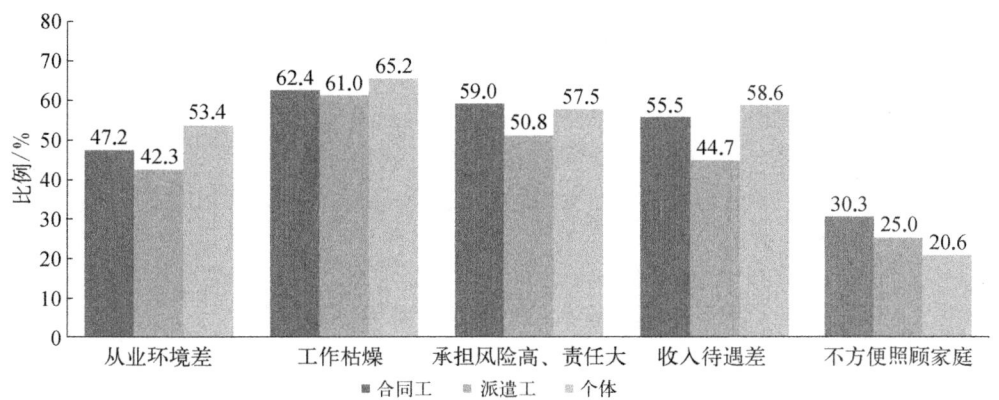

图3-9 不同劳务合同的船舶技术人员职业流动的主要原因

(四)仅有两成的家人支持船舶技术人员从事船舶运输工作,近八成船舶技术人员不愿意子女将来从事自己的职业

问及"家人是否支持自己的工作"时,仅有20.9%的明确表示支持,40.1%的表示不支持,另有39.0%的表示没有意见(图3-10)。

在"是否考虑让自己的子女从事自己现在的职业"这个问题上,仅有4.4%的船舶技术人员表示愿意,而82.0%的表示不愿意(图3-11)。

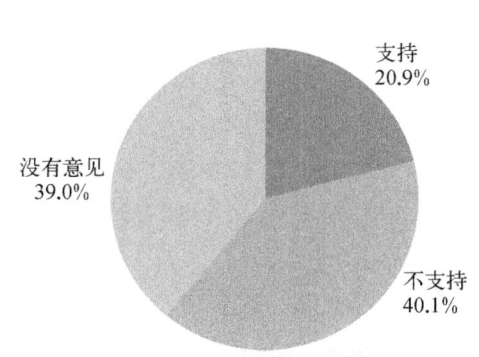

图3-10 家人对船舶技术人员工作的支持

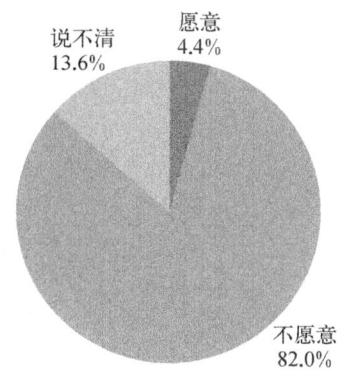

图3-11 愿意子女继承父业的意愿

(五)工资福利、社会保障、休假制度是船舶技术人员最希望改善的三个方面

调查数据表明,77.3%的船舶技术人员希望改善工资福利,这是提高船舶技术人员工作满意度的最主要因素。57.5%的船舶技术人员希望完善社会保障,52.5%的船舶技术人员希望完善休假制度。这三项占比均超过五成(图3-12)。

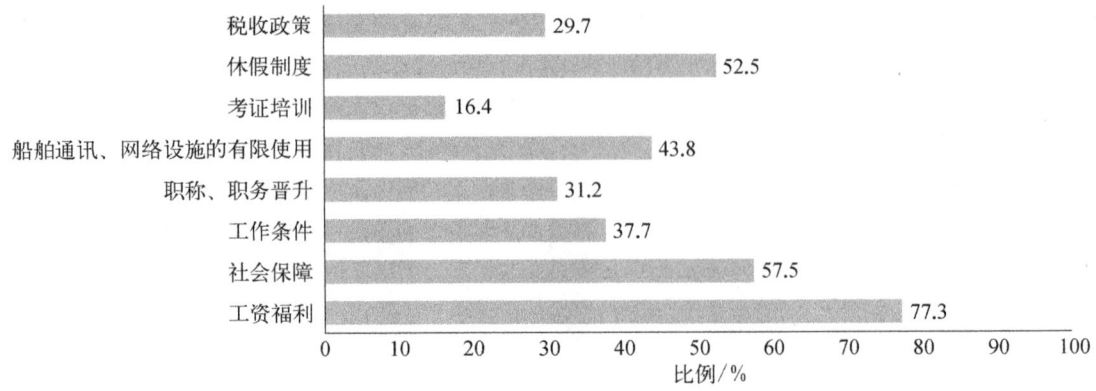

图 3-12 船舶技术人员希望工作改善的主要方面

六、继续教育

继续教育是船舶技术人员提升自身能力的重要途径,海员培训是船舶在职专业技术人员知识更新和继续教育的一个重要方式。

(一) 五成船舶技术人员认为自身需要参加继续教育

50.1%的船舶技术人员认为自身需要进修学习,20.9%的认为不需要,另有29.0%的认为无所谓。进一步数据分析发现,年龄越低,越认为目前自己需要进修学习;学历越低,越认为目前自己需要进修学习;国有企业员工,更能认识到培训的重要性,更认为目前自己需要进修学习。

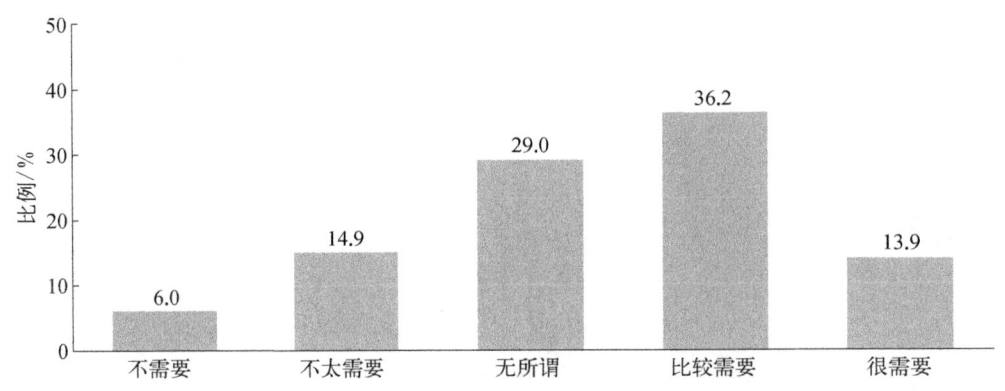

图 3-13 船舶技术人员认为自身需要继续教育的比例

(二) 超过五成船舶技术人员对单位的培训安排表示满意

对单位的培训安排,54.9%的船舶技术人员表示满意(其中12.0%的感到很满意,42.9%的感到比较满意),感觉一般的占36.2%,不太满意的占6.6%,很不满意的占2.3%。年龄越小、学历越低,对单位的培训安排越感到满意,这与其自身职业技能尚缺乏,更能从培训中收益经验,并认识到培训重要性有着相互联系。不同企业类型、劳务合同形式等并没有表现出差异。

（三）超过九成船舶技术人员认为职业培训能提升自身技能水平

91.9%的船舶技术人员认为职业培训能提升自身技能水平，其中13.9%的认为提升很大，77.2%的认为有一定提升。不同年龄、学历、职务船舶技术人员的观点无甚差异。

（四）不同类型船舶技术人员的培训经费支出各异

在培训经费方面，不同劳务合同形式的培训经费支出并不相同。劳务合同工的培训经费47.8%由单位支出，24.4%由自己支出，27.8%由单位和自己共同支出；个体船舶技术人员的培训经费80.1%由自己支出，5.0%由单位支出，14.9%由单位和自己共同支出；劳务派遣工的培训经费42.2%由自己支出，24.5%由单位支出，33.3%由单位和自己共同支出。船舶技术人员所在的企业类型也会决定培训经费的支出差别，52.3%国有企业的船舶技术人员的培训经费完全由单位承担，66.8%民营企业的船舶技术人员的培训经费完全由自己承担。

七、科技活动

（一）仅有4.9%的船舶技术人员参与过科研活动

船舶技术人员作为科技工作者，参加科研活动、发表科研成果也是工作的一项重要内容。但是调查结果表明，仅有4.9%的船舶技术人员从事过科研活动，95.1%的船舶技术人员没有参与过任何科研活动。

近三年来，有253人在学术期刊上发表论文，占比3.5%。其中，发表1篇论文的有111人，占比1.5%；发表2篇论文的有65人，占比0.9%；发表3篇论文的有29人，占比0.4%。参与调查的船舶技术人员在学术期刊上平均发表论文0.09篇。

近三年来，有208人在学术期刊上以第一作者或通讯作者发表论文，占比2.9%。其中，发表1篇论文的有129人，占比1.8%；发表2篇论文的有47人，占比0.6%；发表3篇论文的有15人，占比0.2%。参与调查的船舶技术人员在学术期刊上平均发表论文0.05篇。

近三年来，有2.1%的船舶技术人员在各种学术会议上宣读论文，有1.8%的船舶技术人员文章被会议收录，有2.3%的船舶技术人员提交内部研究报告（没公开发表），有1.9%的船舶技术人员在媒体报刊等发表科普文章。

近三年来，有1.8%的船舶技术人员主持过科研课题，有1.9%的船舶技术人员参与过科研课题，有3.1%的船舶技术人员参加过各类学术会议。

（二）工作环境特殊、研究水平有限、工作忙是影响船舶技术人员开展科研活动的主要原因

数据分析发现，47.9%的船舶技术人员认为，"工作环境特殊"是影响科研活动开展的最主要原因，职业特殊性决定船舶技术人员长期在外，相比其他科技工作者，缺少机会参加各类学术会议、参与课题研究。"研究水平有限"也是制约船舶技术人员开展科研活动的主要原因，占比39.6%，船舶技术人员的学历相对较低，继续教育培训也更重视业务能力的培训，理论研究相对缺乏。另外，35.4%的船舶技术人员将未从事科研工作归因于"工作忙没时间"。详见图3-14。

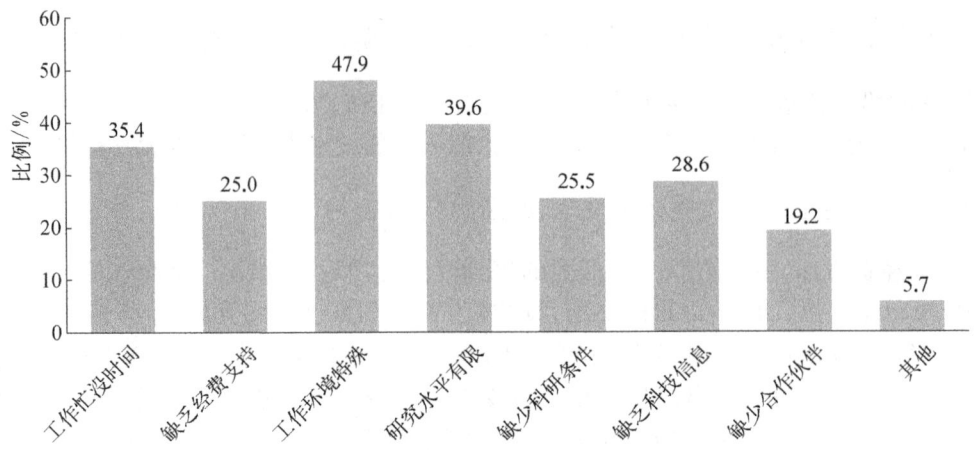

图 3-14 影响船舶技术人员开展科研活动的原因

八、职业发展信心

(一) 四成以上船舶技术人员认为自己过去五年的职业发展状况良好

回望过去五年,43.5%的船舶技术人员认为自己目前的事业发展和工作状况比五年前更好,其中 9.4%认为"好很多",34.1%认为"好一些";另有 16.4%表示"没有变化",8.6%表示"说不清",14.2%和 17.4%表示"差一些"和"差很多"。总体而言,多数船舶技术人员对近五年内的职业发展状况较为肯定,详见图 3-15。

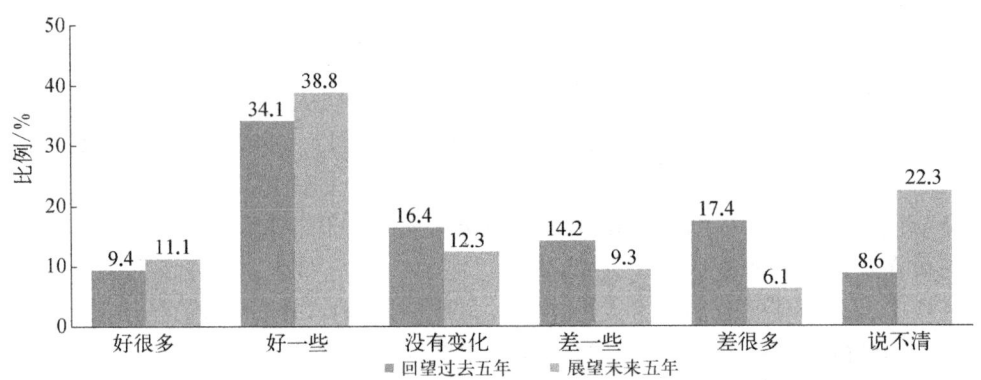

图 3-15 船舶技术人员对过去五年事业和工作发展状况的总体评价及对未来五年的预期

不同年龄、船舶技术人员对这个问题的回答略有差异。如图 3-16 所示,年轻者表示事业发展和工作状况变好的比率(45.7%)高于年长者(37.0%);学历低者表示事业发展和工作状况变好的比率高于学历高者;无限航区船舶技术人员表示事业发展和工作状况变好的比率(48.0%)高于沿海航区(37.7%);外资企业船舶技术人员表示事业发展和工作状况变好的比率(58.7%)高于合资企业(50.6%)、民营企业(42.7%)、国有企业(42.2%)。劳务派遣工、合同工表示事业发展和工作状况变好的比率(46.5%、44.5%)高于个体船舶技术人员(38.4%)。

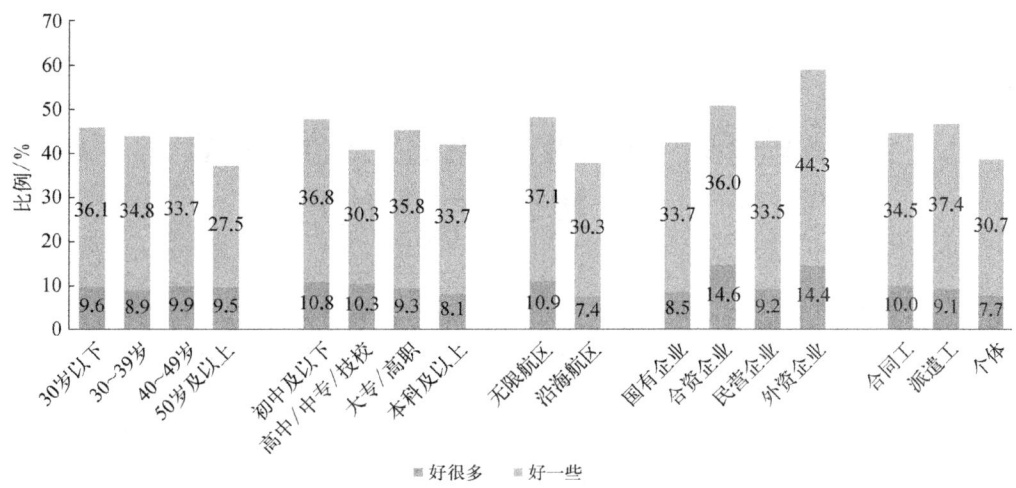

图 3-16 不同类型船舶技术人员对过去五年事业和工作发展状况的评价

(二)五成船舶技术人员对未来职业发展持乐观态度

展望未来五年的事业发展,49.9%的船舶技术人员认为自己未来五年的职业发展会更好。其中,11.1%的船舶技术人员认为会比现在"好很多",38.8%的认为会"好一些";另有12.3%的表示"没有变化",9.3%和6.1%的表示"差一些"和"差很多"(图3-15),说明船舶技术人员对职业发展持一定积极肯定态度。22.3%的表示"说不清",说明部分船舶技术人员对未来职业发展仍有不确定性。

从不同类型来看,青年船舶技术人员尤其是30岁以下船舶技术人员对未来五年事业发展的预期更乐观,认为事业发展和工作状况会更好的比例为59.5%。无限航区比沿海航区的船舶技术人员对未来职业发展有信心的比例更多,分别为56.0%、41.6%。外资企业船舶技术人员对未来职业发展有信心的比例最高,为64.7%;国有企业和民营企业的船舶技术人员对未来职业发展的预期相对要低,分别为49.4%、49.0%;个体船舶技术人员对未来职业发展的预期最低,为42.5%(图3-17)。

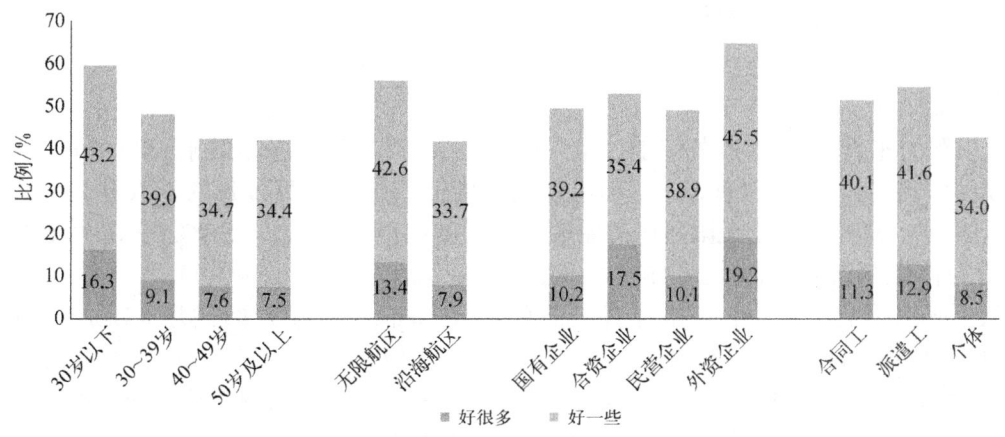

图 3-17 不同类型船舶技术人员对未来五年职业的预期

第四章 我国海运业船舶技术人员的生活状况

本章从海员健康自评、健康投资、健康服务、经济收入、社会地位、社会福利、社会保障、亲子关系及夫妻关系九个方面,描述分析我国海运业船舶技术人员群体的生活状况。

一、健康自评

海运业船舶技术人员长期在特殊的环境中工作生活,容易出现群体特征的常患病症,应引起重视。

1. 五成船舶技术人员认为自己的身体健康,三分之一船舶技术人员认为自己身体健康状况一般

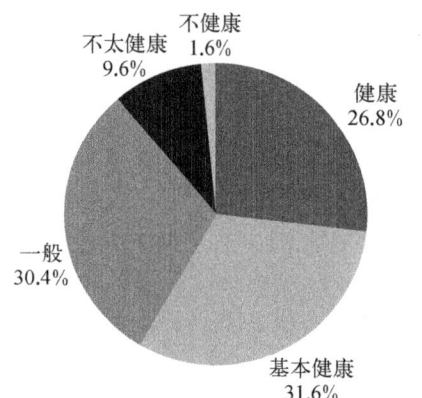

图4-1 船舶技术人员自评健康状况

根据我国海运业船舶技术人员健康自评的调查显示(图4-1),26.8%的认为自己身体"健康",31.6%的认为自己身体"基本健康",9.6%的认为自己身体"不太健康",1.6%的认为自己身体"不健康"。可以看出,超过五成的船舶技术人员自我感觉身体健康,而30.4%的船舶技术人员自我感觉身体健康状况一般,还有超过10%的认为自己身体不太健康。

从年龄上看,30岁以下年龄组船舶技术人员报告的健康比例最高(33.5%),30~39岁年龄组最低(21.9%);30~39岁年龄组报告的健康状况一般和不太健康的比例最高(分别为34.0%和11.7%)。说明小于30岁的船舶技术人员身体健康状况最好,30~39岁的船舶技术人员健康自评状况最差(图4-2)。

从航区上来看,无限航区的船舶技术人员的健康(27.8%)和基本健康(32.6%)比例高于沿海航区(分别为25.1%和30.5%),而沿海航区的船舶技术人员报告的不太健康(28.6%)和不健康(9.4%)比例高于无限航区的船舶技术人员(分别为32.6%、9.9%)。说明无限航区的船舶技术人员比沿海航区的船舶技术人员自评健康水平要高(图4-3)。

从企业性质上来看,外资和合资企业的船舶技术人员报告的健康(分别为36.0%和34.1%)和基本健康(35.3%和30.4%)比例比国有和民营企业的船舶技术人员报告的健康(分别为24.3%和29.1%)和基本健康比例(32.1%和30.5%)高,说明外资和合资企业的船舶技术人员健康自评状况要好于国有企业和民营企业的船舶技术人员(图4-4)。

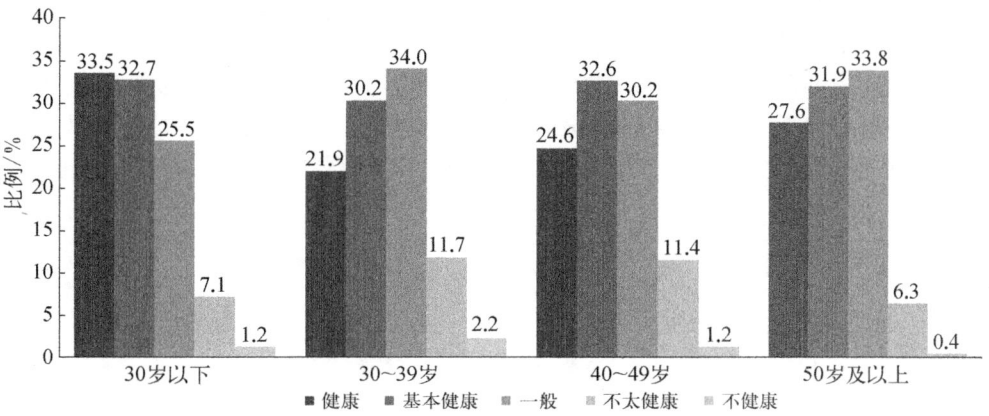

图4-2 不同年龄组船舶技术人员自评健康状况

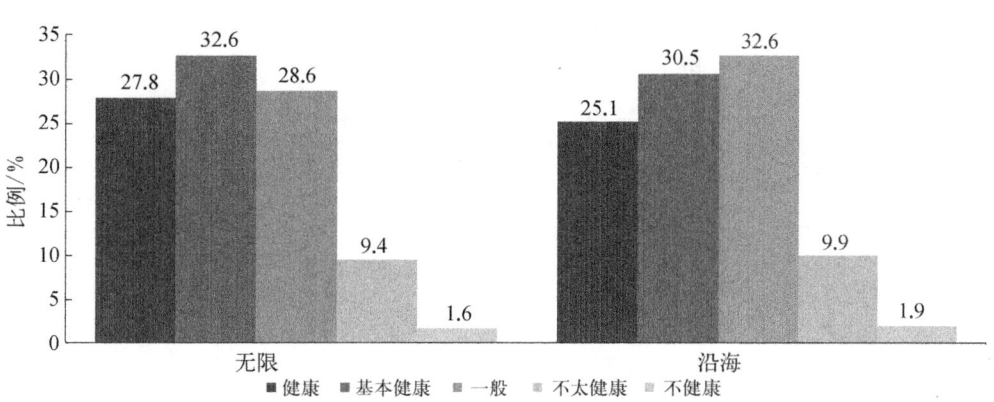

图4-3 不同航区船舶技术人员自评健康状况

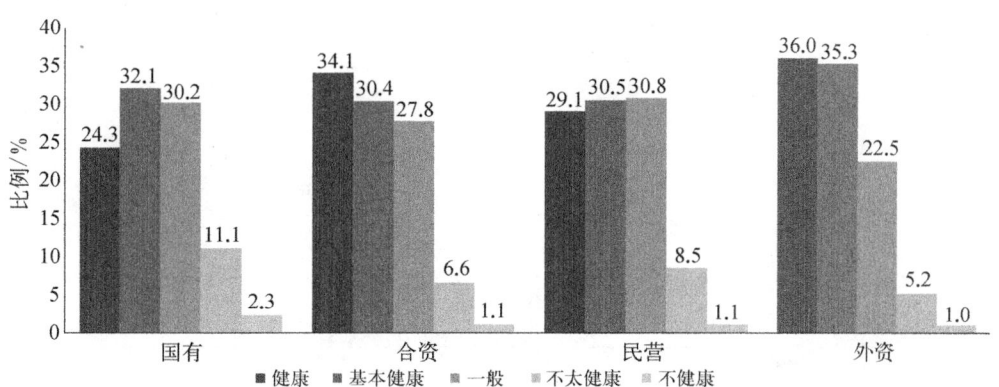

图4-4 不同企业性质船舶技术人员自评健康状况

2. 超过三分之一的船舶技术人员认为自己的身体无任何职业疾病,报告的职业疾病主要表现为视力、听力下降和长期腰痛酸痛

从图 4-5 可以看出,32.3%的船舶技术人员报告无任何职业疾病,25.4%的船舶技术人员报告视力下降,22.6%的船舶技术人员报告听力下降,20.4%的船舶技术人员报告身体疲劳,而心血管及其他疾病的报告率低。年龄在 40~49 岁、50 岁及以上的船舶技术人员脂肪肝的比例分别为 17.2%和 20.7%,明显高于我国城市居民脂肪肝发病率(15.0%)。

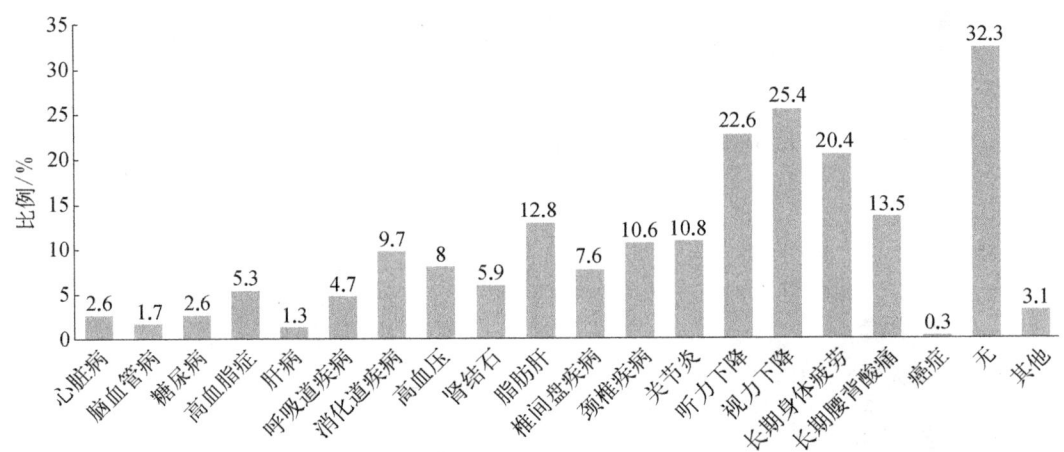

图 4-5 船舶技术人员患职业病情况

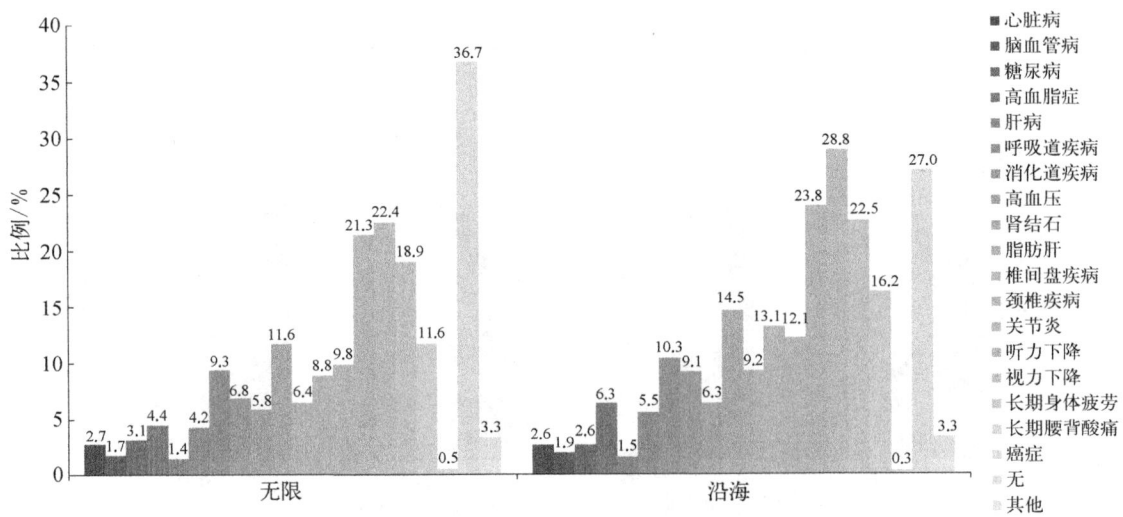

图 4-6 不同航区船舶技术人员患病情况

从航区上来看,无限航区船舶技术人员无症状(36.7%)的比例更高,也说明无限航区的船舶技术人员身体状况好于沿海航区的船舶技术人员(27.0%),见图4-6。

3. 超过六成船舶技术人员认为健康状况不影响生活和工作

身体健康状况直接影响到日常的工作和生活。调查显示,1.7%的船舶技术人员总是因为身体健康影响到工作和生活,4.9%的人员经常受到影响,36.3%的人很少影响日常工作和生活,27.5%的人从未影响过生活和工作(图4-7)。这种情况不存在年龄、航区、船舶类型的差异。

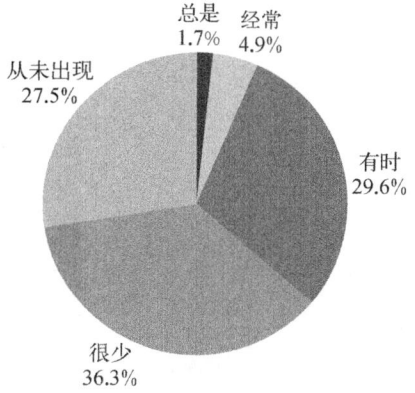

图4-7 身体状况不佳时,影响生活和工作情况

二、健康投资

1. 主要健康花费用在检查身体、看病买药、购买绿色食品

通过对船舶技术人员每年在健康上的花费调查显示,船舶技术人员检查身体的费用占52.6%,看病、买药的费用占36.3%,购买绿色食品占35.3%,健身占27.3%,购买保健食品占19.5%,购买健康器材占11.1%(图4-8)。平均花费1 457.62元/年,其中自费984.94元。

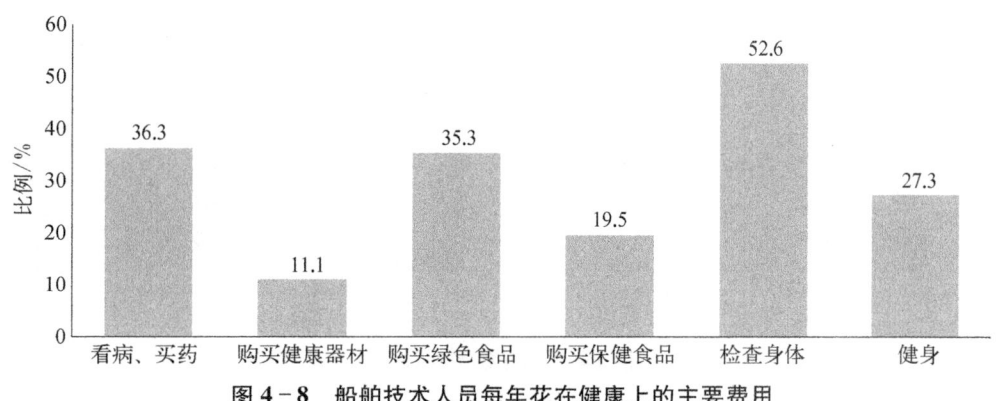

图4-8 船舶技术人员每年花在健康上的主要费用

2. 健康投资表现出一定的年龄、学历和航区特征

从年龄上来看,用于身体检查的花费比例随着年龄的增长而增加,30岁以下年龄组的船舶技术人员用于检查身体的花费比例为49.5%,30~39岁年龄组的船舶技术人员用于检查身体的花费比例为53.3%,40~49岁年龄组的船舶技术人员用于检查身体的花费比例为54.9%,而50岁及以上年龄组为58.7%。用于健身的花费比例随着年龄增长有减少趋势,30岁以下年龄组船舶技术人员有30.9%花费用于健身,50岁及以上年龄组船舶技术人员有22.9%花费用于健身。30岁以下组比其他三组更加看重绿色食品(39.0%)。30~39岁

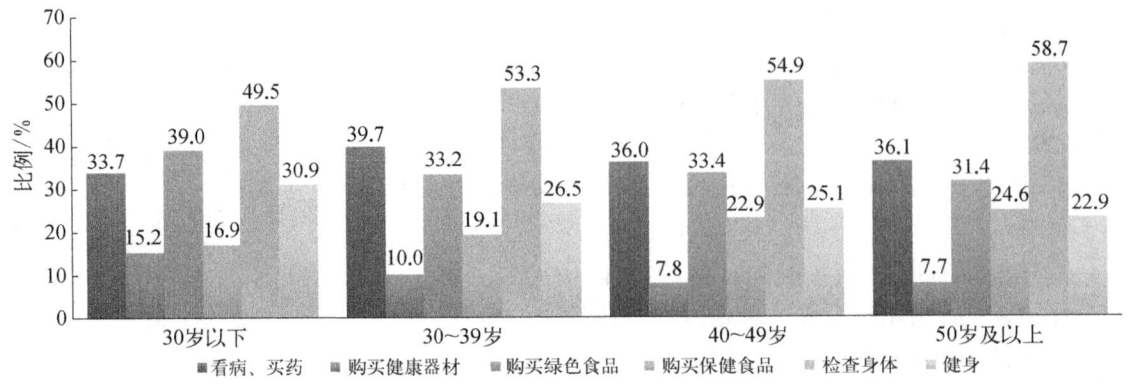

图4-9 不同年龄组船舶技术人员每年花在健康上的主要费用

年龄组船舶技术人员用于看病买药的花费比例较其他三组略高,为39.7%(图4-9)。

不同学历组的船舶技术人员花费在不同项目上的比例也有不同。初中以下组用于看病买药的花费最少,为23.8%;健身随着学历增长有趋势,初中及以下组有18.9%报告花费用于健身,本科及以上组有28.2%;身体检查随着学历的增长而减少,初中及以下组的船舶技术人员用于检查身体的花费比例为59.5%,高中/中专/技校组为54.1%,大专/高职组为53.2%,本科及以上组为46.6%(图4-10)。

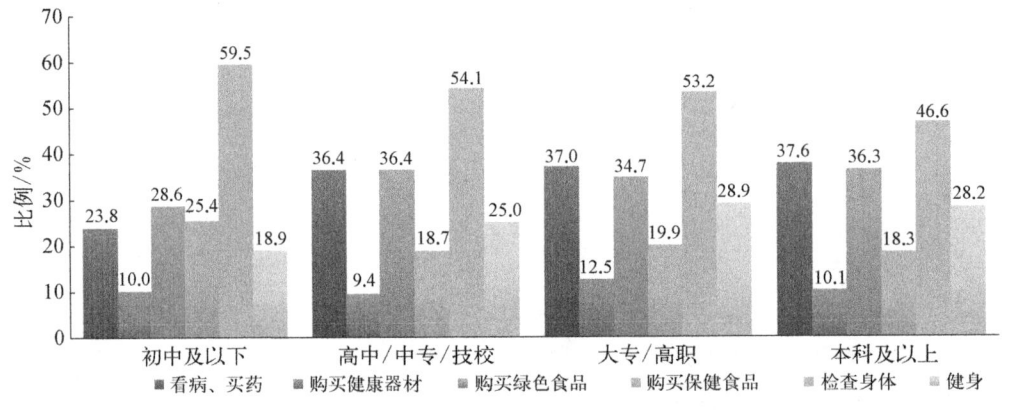

图4-10 不同学历船舶技术人员主要健康花费

从航区上来看(图4-11),沿海航区的船舶技术人员用于检查身体的费用比例(57.3%)高于无限航区的船舶技术人员(48.9%);无限航区的船舶技术人员用于健身的花费比例(30.5%)高于沿海航区(23.4%)。

从图4-12来看,国有企业的船舶技术人员用于看病、买药花费的比例最高,为38.7%;外资企业的船舶技术人员最低,为29.4%。合资企业的船舶技术人员用于购买健身器材的花费比例最高,为24.3%;民营企业最低,为10.0%。外资企业船舶技术人员用于购买绿色保健品的比例(41.1%)高于国有、合资和民营企业的船舶技术人员。民营企业的船舶技术人员用于检查身体的花费比例最高,为56.9%;合资企业的船舶技术人员比例最低(45.3%)。

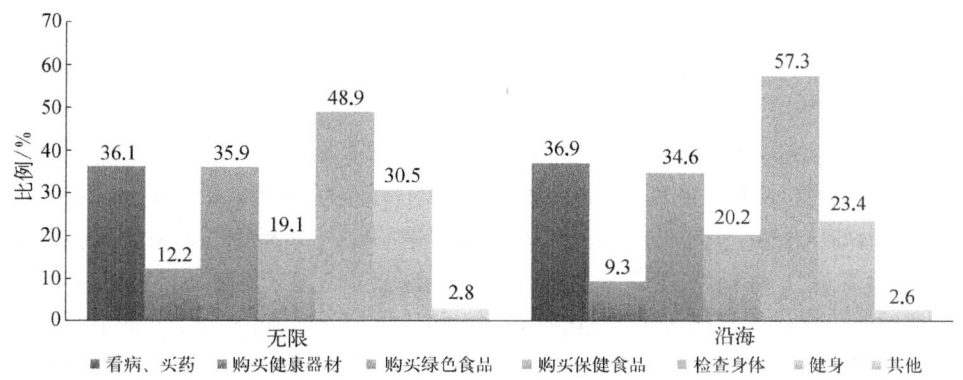

图 4-11 不同航区船舶技术人员主要健康花费

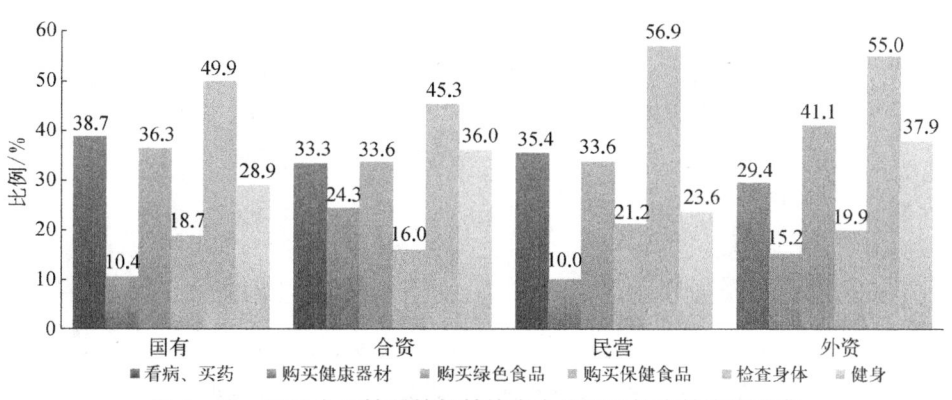

图 4-12 不同企业性质的船舶技术人员用于健康的主要花费

三、健康服务

1. 近五成医疗费用部分报销,21.4%不能按时报销,28.3%不能报销

从图 4-13 可以看出,总体来讲,医疗费用全额报销比例仅为 6.8%,部分报销比例为 48.4%,不能报销比例为 28.3%,另外有 16.5%不清楚是否能报销。

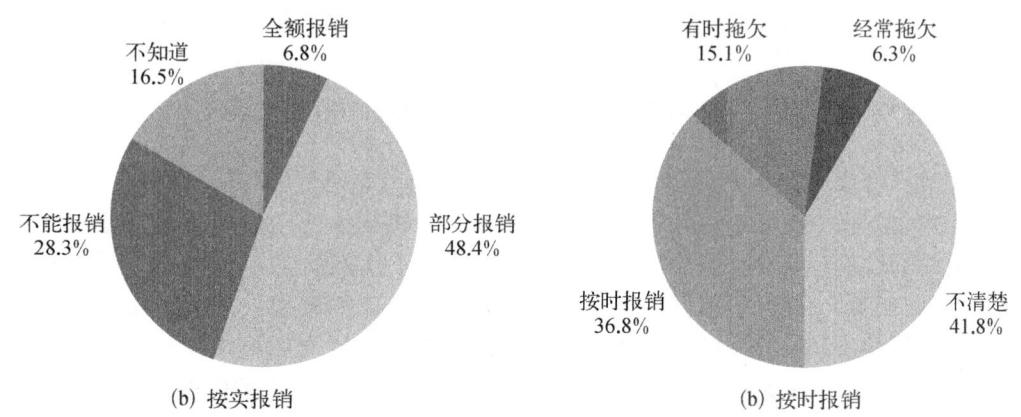

图 4-13 船舶技术人员医疗费用按实报销与按时报销情况

36.8%的船舶技术人员报告医疗费能按时报销,医疗费有时拖欠或经常拖欠的比例为21.4%。合资企业(23.4%)、外资企业(31.2%)船舶技术人员和劳务派遣工(28.6%)医疗费用报销拖欠比例较高。

2. 医疗费用报销存在航区、企业性质和劳务合同性质差异

无限航区船舶技术人员的医疗费用部分报销的比例为51.6%,沿海航区的为44.6%(图4-14)。而沿海航区船舶技术人员的医疗费用不能报销的比例为36.5%,无限航区船舶技术人员为21.7%。从企业性质上来看,民营企业医疗费用全部报销比例和部分报销比例都最低,分别为4.9%和40.3%。国有企业和合资企业医疗费用报销比例高于民营,民营企业的不能报销比例高于国有企业、合资企业和外资企业(图4-15),说明不同企业性质的医疗费用报销存在差异。合同工的报销比例(55.7%)高于派遣工(48.5%),派遣工的报销比例高于个体(33.0%)(图4-16)。

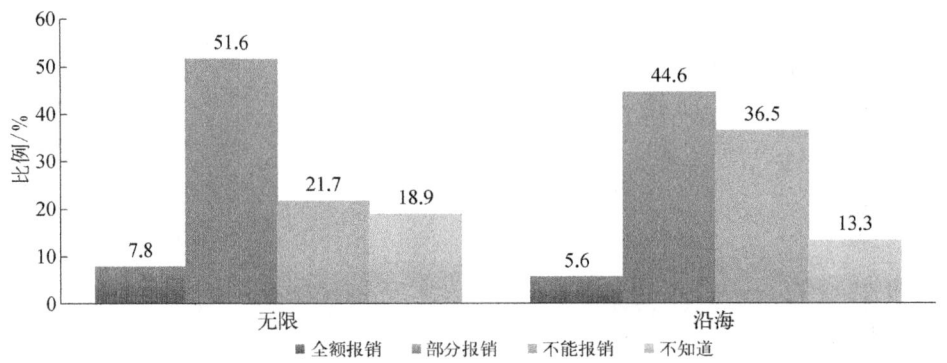

图4-14 不同航区船舶技术人员医疗费用报销情况

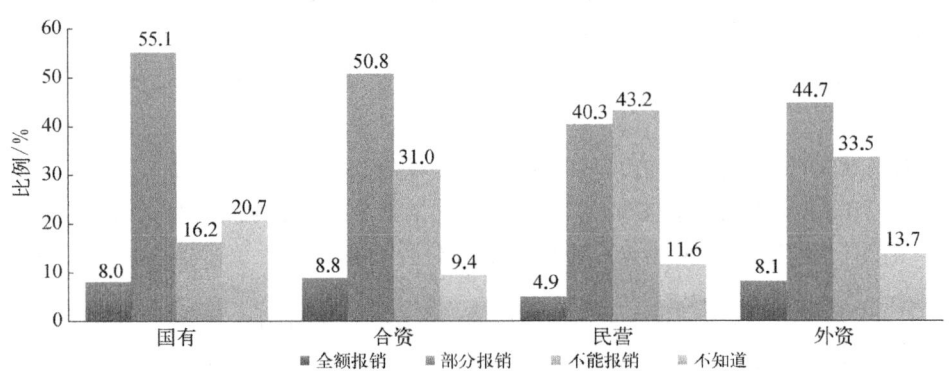

图4-15 不同企业性质船舶技术人员医疗费用报销情况

3. 超过三分之一的船舶技术人员报告单位设有医疗机构,超过三分之一报告没有

25.4%的船舶技术人员不清楚单位是否设有医疗机构。无限航区的船舶技术人员报告有医疗机构的比例(44.2%)高于沿海航区(28.0%)。沿海航区的船舶技术人员报告无医疗机构的比例(47.8%)比无限航区(29.5%)更高。普通船舶的船舶技术人员报告单位设有医疗机构的比例(40.0%)高于特殊船舶(30.4%)。特殊船舶的船舶技术人员报告单位没有医疗机构的比例(45.9%)高于普通船舶(33.8%)。国有企业超过一半的船舶技术人员报告有医疗机构(55.0%),民营企业超过一半的人报告没有医疗机构(57.1%)(图4-17至图4-20)。

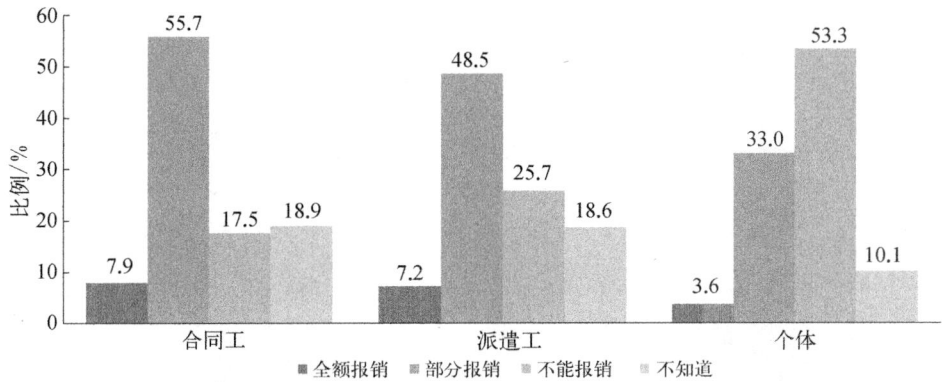

图 4-16 不同劳务性质船舶技术人员医疗费用报销情况

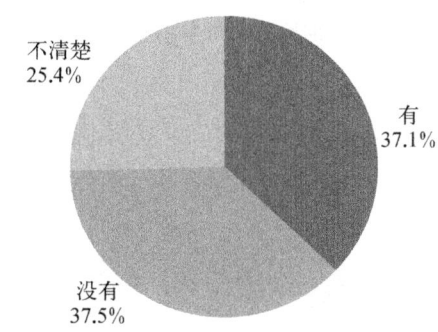

图 4-17 有无单位指定医疗机构

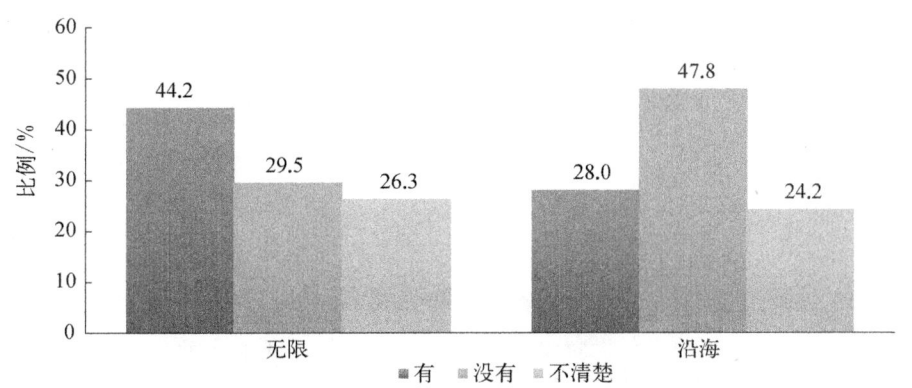

图 4-18 不同航区单位有无医疗机构

4. 近八成船舶技术人员报告船上设有健身设施,但近五成船舶技术人员对船上的健身设施不满意

78.5%的船舶技术人员报告船上有健身设施,52.5%的人感到满意,47.5%的人感到不满意(图 4-21)。34.0%的人报告很少参加在船锻炼,20.5%的人一周健身两次,17.3%的人报告从不参加(图 4-22)。

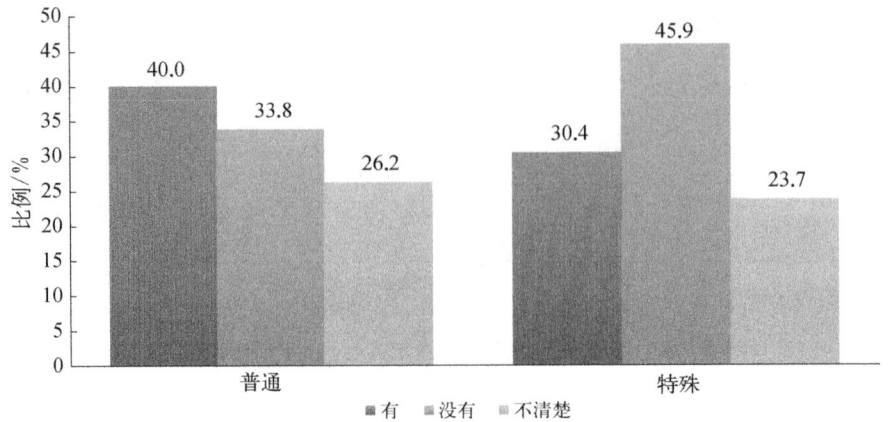

图4-19 不同船舶类型单位有无医疗机构

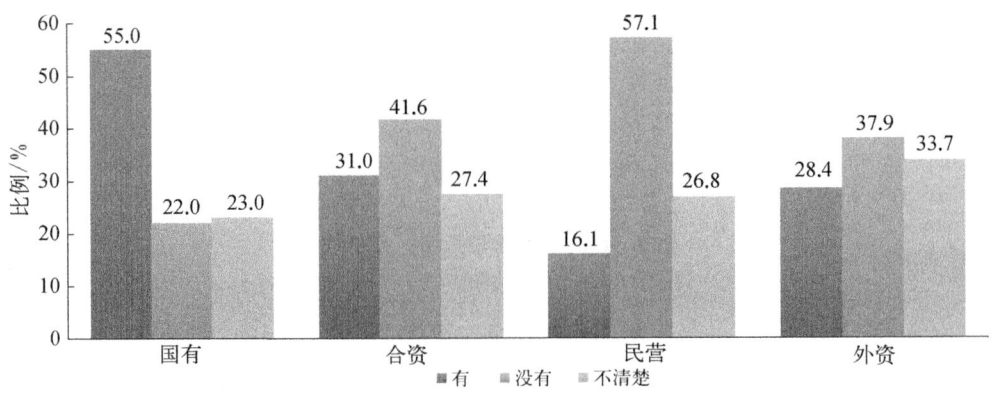

图4-20 不同企业性质企业有无医疗机构

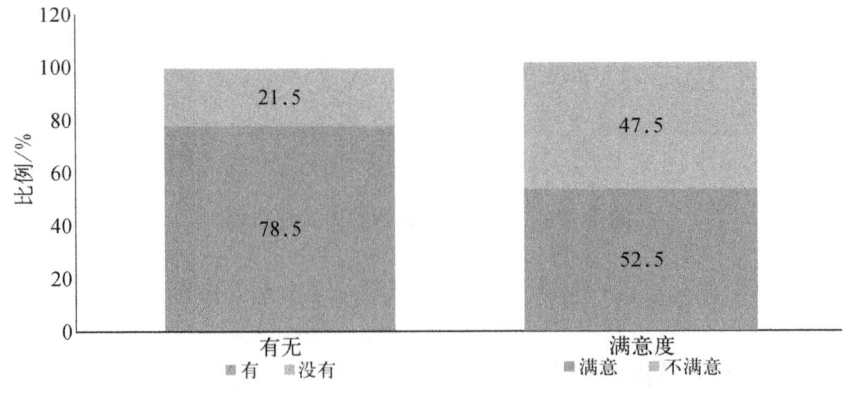

图4-21 船舶技术人员健身设施及满意度

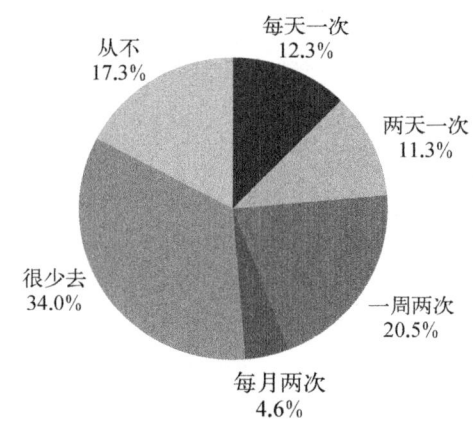

图 4-22 船舶技术人员在船期间参与体育锻炼情况

四、经济收入

收入是重要的生活指标,收入水平不仅直接影响工作积极性,也日益成为船舶技术人员流动的主要影响因素。航运业人员普遍反映丧失其收入优势。

1. 收入水平相对较低,收入差异大

调查显示,船舶技术人员的收入差异较大,平均不到10万元/年[(9.66±8.12)万元/年],且不同群体收入差异较大。从年龄分布上来看,30岁以下平均年收入(6.95±6.32)万元/年,30~39岁平均年收入(10.01±7.79)万元/年,40~49岁平均收入(12.07±9.23)万元/年,50岁以上平均年收入(12.62±9.42)万元/年。初中以下、高中及大专收入在9.6万元/年,本科以上收入在10.04万元/年,船长16.52万元/年,大副12万元/年,二副8万元/年,三副6万元/年,轮机长14.10万元/年,大管轮12.26万元/年,二管轮7.95万元/年,三管轮6.19万元/年。船舶技术人员收入相对较低,收入"船岸差"缩小,与海运业发达国家船舶技术人员相比存在一定差异。

2. 收入构成相对单一,住房是主要经济支出

除了在船收入外,90%以上船舶技术人员无其他收入(图4-23),92.0%的经济支出为

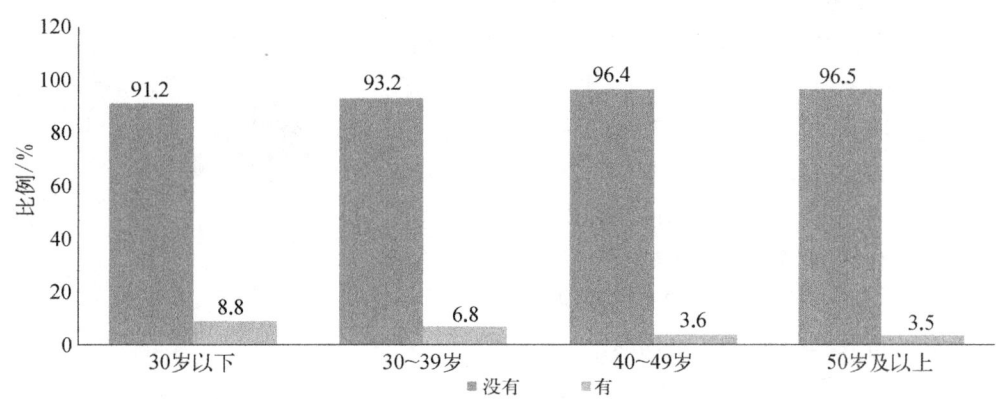

图 4-23 不同年龄船舶技术人员其他收入

住房,其余为交通(21.4%)和饮食(17.7%)。

8.8%的30岁以下船舶技术人员报告稍高的其他收入,包括做生意、自己开店、种农田、维修、网店、投资、送快递、股票交易等。

3. 主要支出包括住房、交通、饮食和衣着

对船舶技术人员近三年的经济支出调查显示,92.0%的支出为住房,21.4%的支出为交通费用,17.7%的支出为饮食,衣着为12.0%(图4-24)。

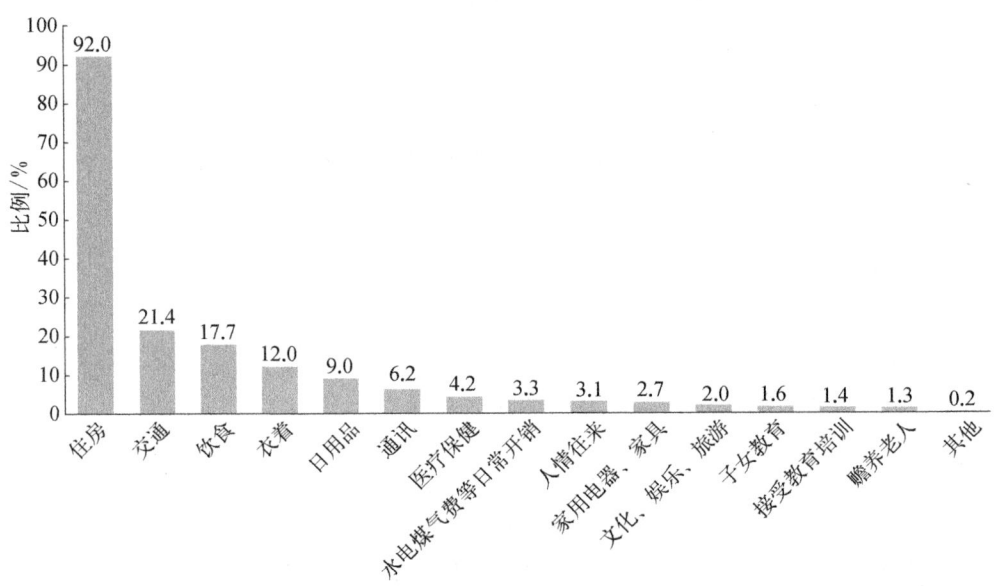

图4-24 船舶技术人员近三年的经济支出

五、社会地位

1. 普遍认为船舶技术人员社会地位低

大部分船舶技术人员认为自己处于中下层(39.6%)和下层社会(27.8%)阶层,不足10%的人员认为自己处于中上层,表现出年龄一致性(图4-25)。国有企业(42.0%)和民营企业(37.9%)认为自己属于中下层和下层的比例高于合资企业(33.2%)和外资企业(33.7%);国有企业和民营企业船舶技术人员认为自己处于下层的比例(分别为29.1%和27.8%)高于合资企业(18.9%)和外资企业(21.2%)(图4-26)。

2. 五成对所处社会阶层不太满意

从对社会阶层满意度的调查看,不太满意和很不满意的比例超过50.0%,仅4.9%很满意,13.4%比较满

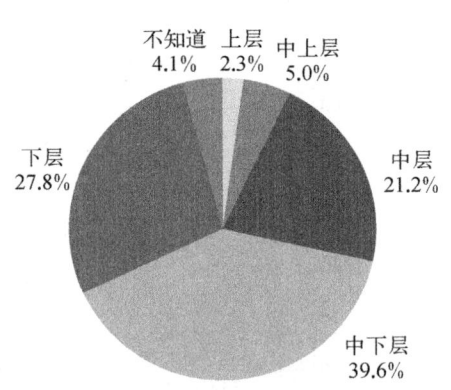

图4-25 船舶技术人员认为自己所处的社会阶层

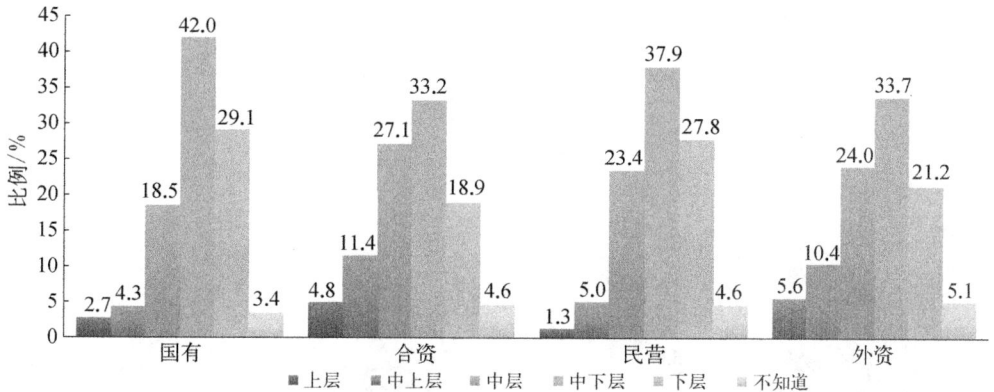

图 4-26 不同企业性质船舶技术人员社会阶层自评

意(图 4-27)。30~39 岁年龄组船舶技术人员对社会阶层满意度最低,仅 4.3%,比较满意仅 11.8%(图 4-28)。从学历上看,本科及以上学历的满意度最低,很满意和比较满意的比例仅为 14.3%,很不满意的比例为 21.7%;初中及以下的满意度最高,很满意和比较满意的比例为 25.1%,很不满意的比例为 8.6%(图 4-29)。国有企业和民营企业的满意度最低,合资企业的满意度最高(图 4-30)。

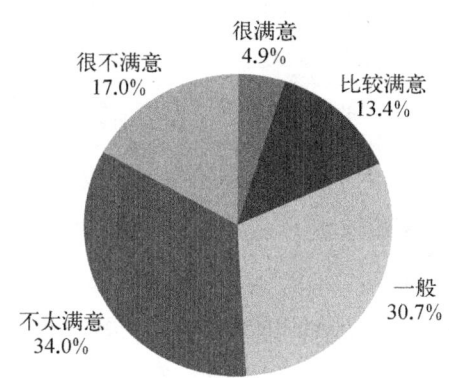

图 4-27 船舶技术人员对所处社会阶层满意度

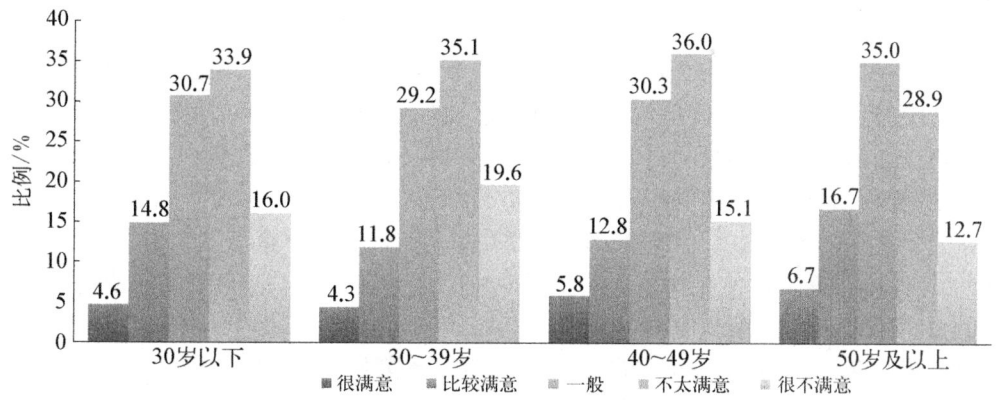

图 4-28 不同年龄船舶技术人员对所处社会阶层满意度

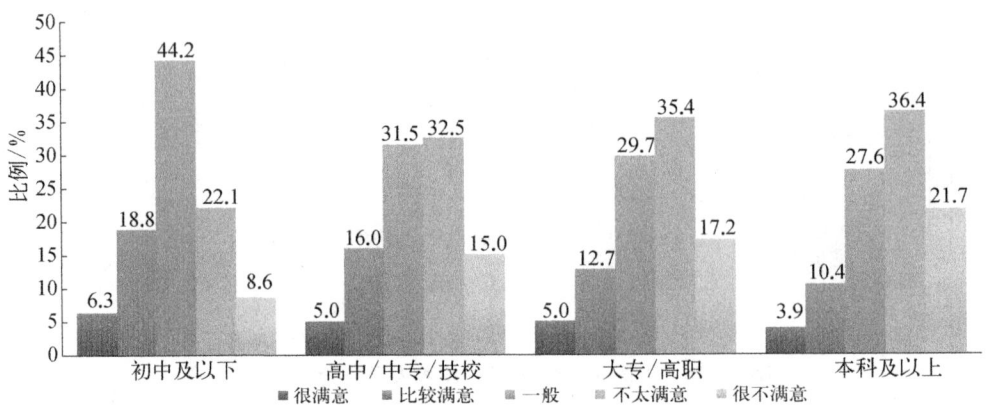

图 4-29 不同学历船舶技术人员社会阶层满意度

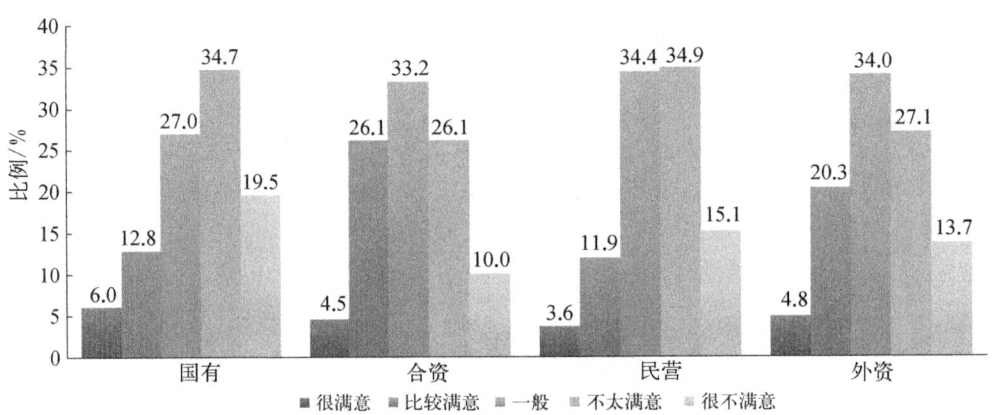

图 4-30 不同企业性质的船舶技术人员社会阶层满意度

六、社会福利

当船舶技术人员遇到困难时,单位主要从情感关怀和生活补助两方面给予帮助。有50.6%的船舶技术人员报告单位通过情感关怀进行帮助,33.8%的人员报告单位通过发放生活补助的方式进行帮助,另外还有发放生活用品(17.2%)、减免医疗费用(15.6%)、为子女提供教育(9.1%)和其他(27.4%)等方式提供帮助(图4-31)。国有企业和民营企业的情感关怀(分别为52.3%和50.2%)略高于合资和外资企业(分别为44.2%和46.7%),国有和外资企业的生活补助(分别为40.7%和39.3%)比例略高于合资和民营企业(分别为31.2%和25.4%)(图4-32)。

对于工伤,47.5%的船舶技术人员报告单位会按政策处理,并给予赔偿,41.0%的人不清楚是否会按政策处理,11.5%的人报告不会(图4-33)。

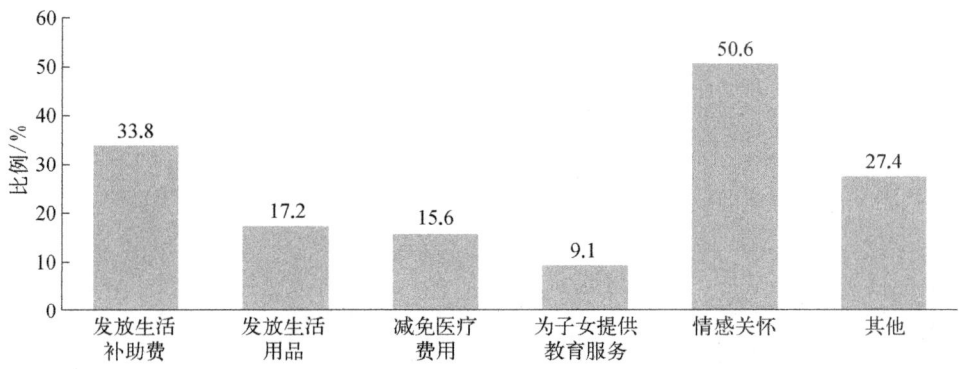

图4-31 当遇到困难时单位提供帮助的方式

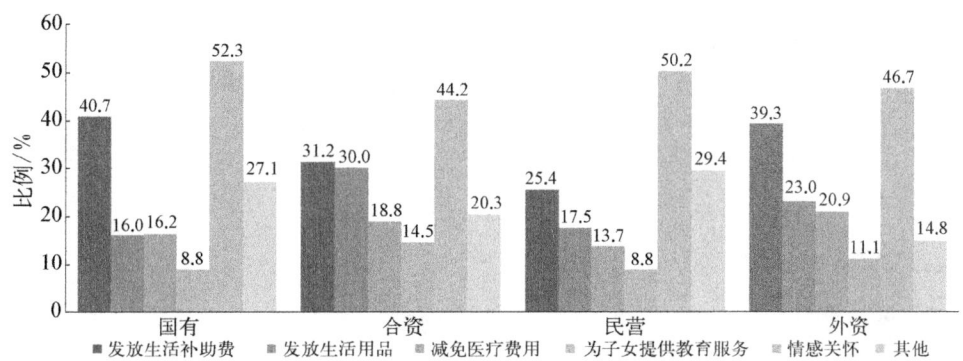

图4-32 不同企业性质企业关怀

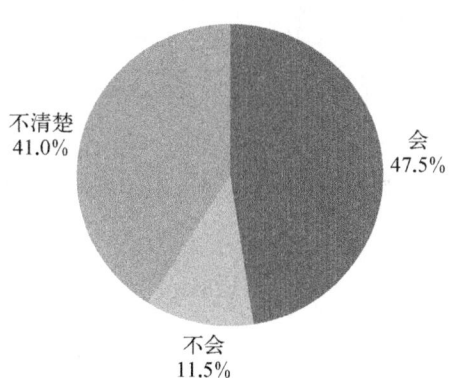

图4-33 工伤是否按规定处理

七、社会保障

1. 超过七成船舶技术人员缴纳基本保险，12.8%的船舶技术人员未缴纳任何保险

超过70.0%的船舶技术人员报告缴纳养老保险、医疗保险，57.0%报告有工伤保险，但有12.8%的船舶技术人员报告没有任何保险（图4-34）。

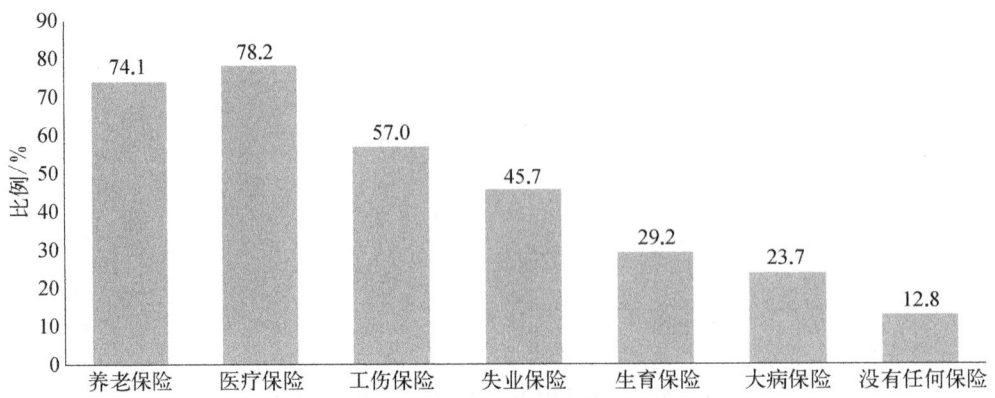

图 4-34 船舶技术人员缴纳社会保险

从不同企业性质、航区及劳务性质的船舶技术人员的调查结果来看,国有企业缴纳的各种保险比例均高于合资、民营和外资企业;无限航区的社会保险缴纳比例高于沿海航区;合同工的社会保险缴纳比例高于派遣工和个体(图 4-35 至图 4-37)。

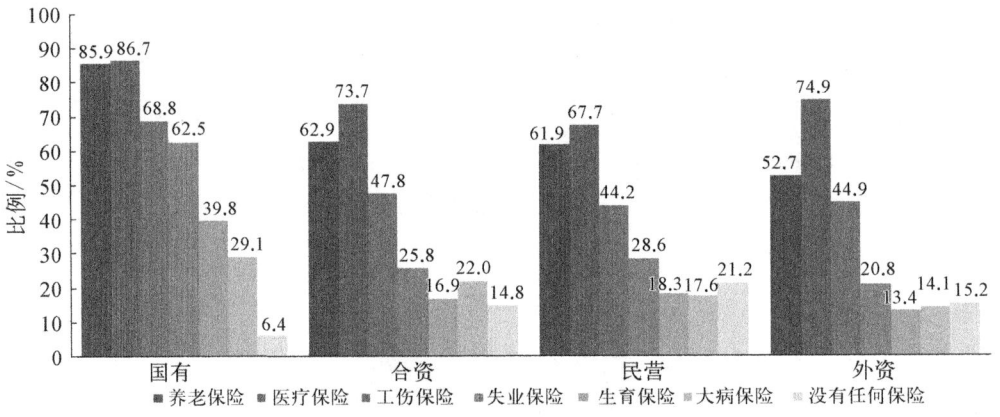

图 4-35 不同企业性质船舶技术人员缴纳社会保险缴纳

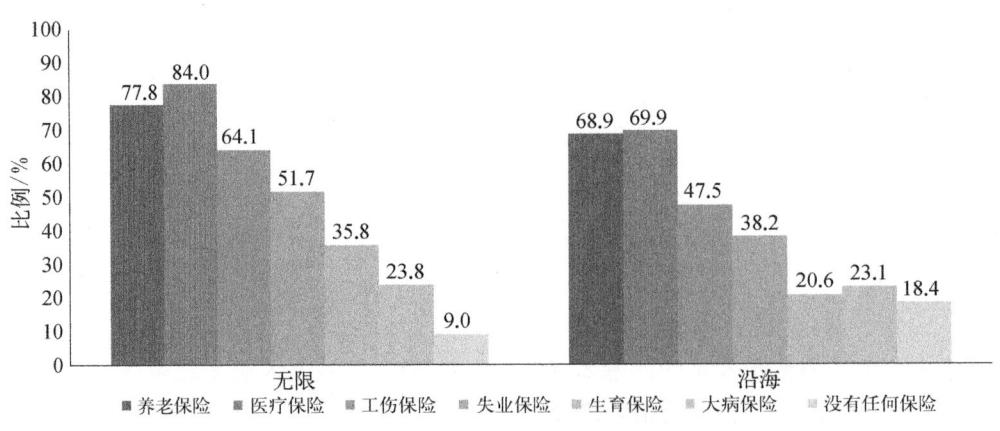

图 4-36 不同航区船舶技术人员社会保险缴纳

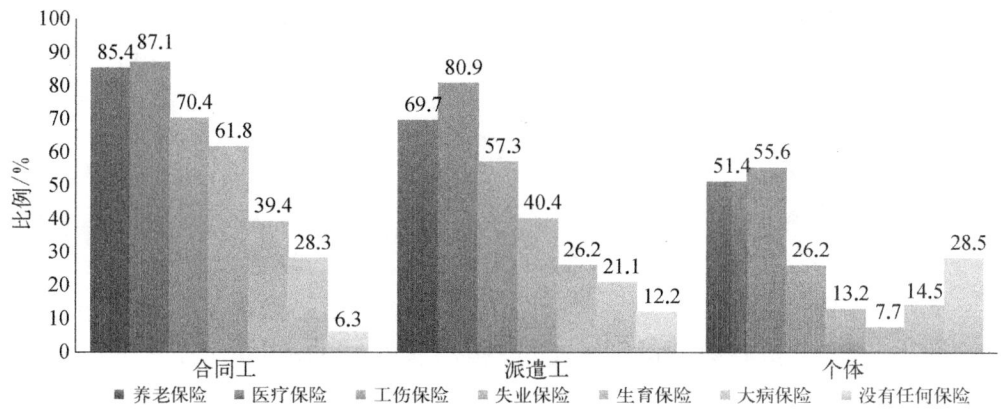

图 4-37 不同劳务性质社会保险缴纳情况

2. 超五成船舶技术人员报告由单位足额或部分缴纳各种保险,四分之一的船舶技术人员报告由自己缴纳,少部分没有缴纳

17.5%的船舶技术人员报告各种保险由单位足额缴纳,49.7%的船舶技术人员报告保险由单位部分缴纳,25.1%报告自己缴纳,还有7.7%的船舶技术人员报告没有缴纳各种保险(图4-38)。国有企业的足额缴纳(24.5%)和部分缴纳比例(61.4%)均高于合资、民营和外资企业(图4-39)。合同工的足额缴纳(22.8%)和单位部分缴纳(63.1%)比例均高于派遣工和个体,个体船舶技术人员自缴纳比例(54.9%)远高于派遣工(25.1%)和合同工(11.7%);合同工中有少部分(2.4%)未缴纳保险,派遣工中有4.7%未缴纳保险,21.2%的个体船舶技术人员未缴纳保险(图4-40)。

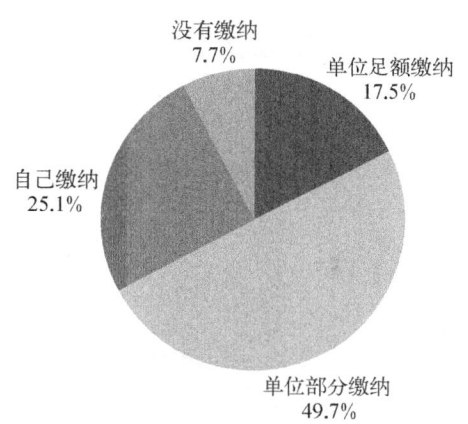

图 4-38 船舶技术人员社会保险缴纳方式

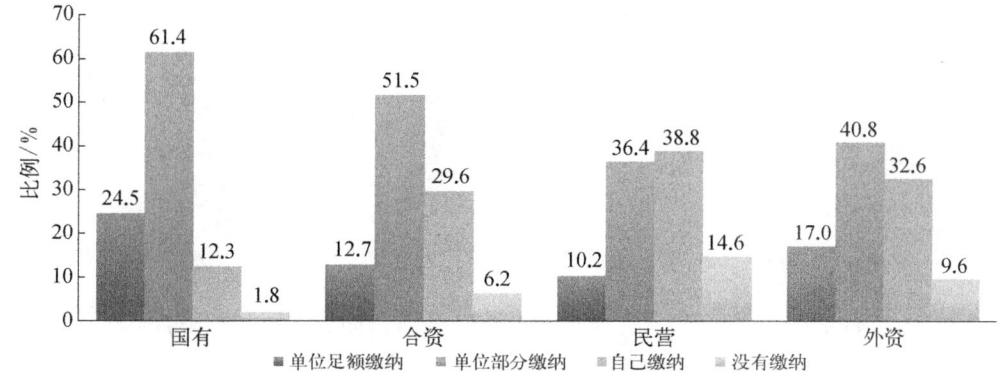

图 4-39 不同企业性质船舶技术人员保险缴纳比例

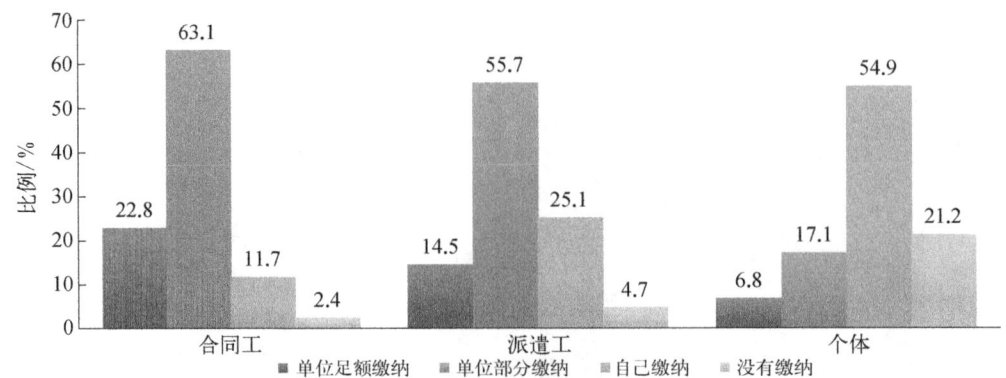

图 4-40 不同劳务性质船舶技术人员保险缴纳比例

3. 医疗保险形式主要为社会城镇医疗保险和新农村合作医疗保险

51.0%的船舶技术人员缴纳的医疗保险为社会城镇医疗保险,31.5%的船舶技术人员缴纳新农村合作医疗保险,22.1%的船舶技术人员缴纳企业补充医疗保险和12.2%的缴纳商业保险(图4-41)。社会城镇医疗保险的缴纳比例随着年龄的增长有所增长,50岁以上的船舶技术人员超过60.0%缴纳社会城镇医疗保险;而30岁以下的船舶技术人员只有40.2%缴纳城镇医疗保险,其主要缴纳新农村合作医疗保险,占45.3%(图4-42)。

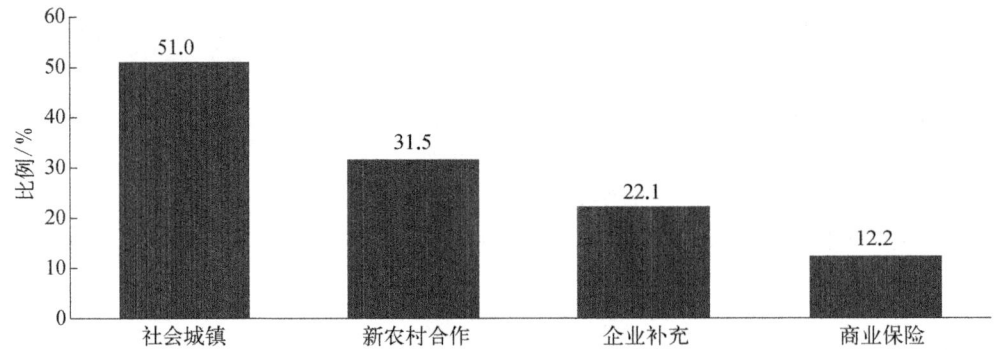

图 4-41 船舶技术人员医疗保险缴纳形式

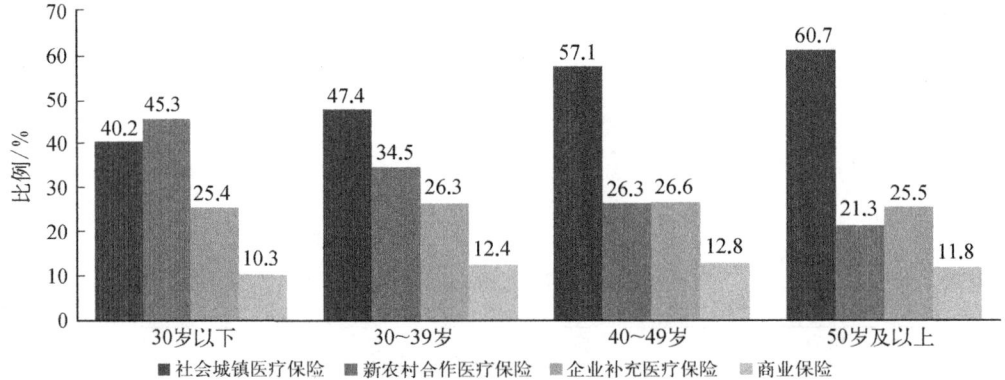

图 4-42 不同年龄船舶技术人员医疗保险缴纳形式

4. 超过五成船舶技术人员不能享受住房公积金

据调查,仅有37.9%的船舶技术人员享受住房公积金,55.0%的人不享受住房公积金。从学历上来讲,初中以下学历的住房公积金缴纳比例最低,仅为10.2%,该比例随着学历的增高而增加,本科以上为58.5%;初中以下的不缴纳比例为81.0%,该比例随着学历增加而降低,本科以上仅为35.3%;无限航区的缴纳比例(41.3%)略高于沿海(33.8%);国有企业的缴纳比例超过60.0%,远高于合资、民营和外资企业,合资企业仅为21.7%,民营企业仅为12.2%,外资企业为17.3%;合同工缴纳比例为57.1%,而派遣工为18.3%,个体为8.0%(图4-43至图4-47)。

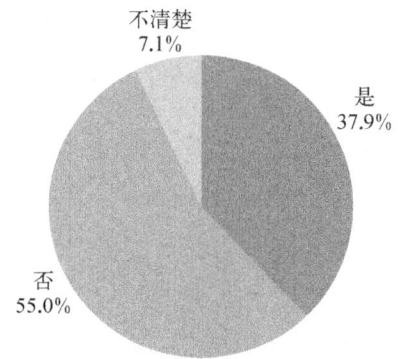

图4-43 船舶技术人员住房公积金缴纳情况

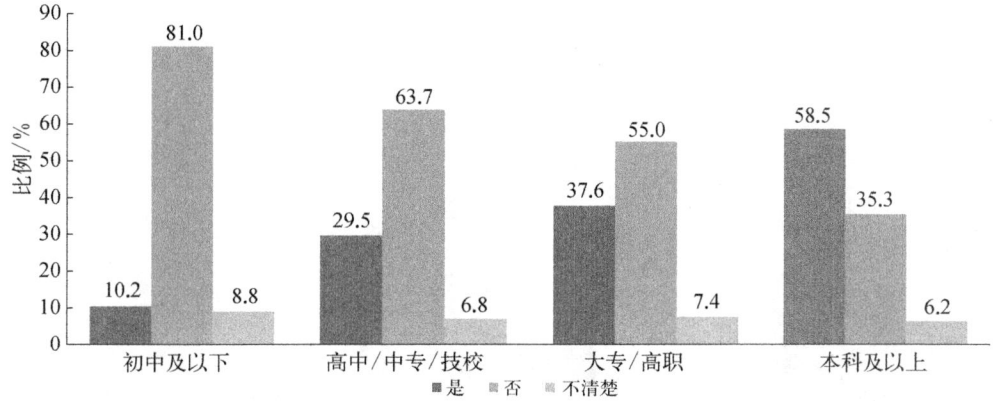

图4-44 不同学历船舶技术人员住房公积金缴纳情况

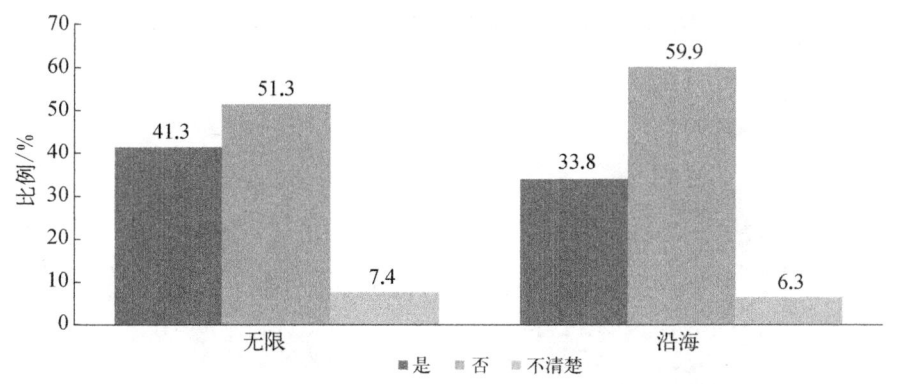

图4-45 不同航区船舶技术人员住房公积金缴纳情况

5. 超八成船舶技术人员的房产属于个人所有

82.3%的船舶技术人员报告所有的住房产权属于自己、配偶或家人所有,3.3%的房产属于单位或政府所有,7.5%的房产属于其他个人,还有6.9%属于其他形式(图4-48)。8.2%的对住房很满意,25.9%的比较满意,8.2%的很不满意,15.3%的不太满意,42.4%的一般满意(图4-49)。随

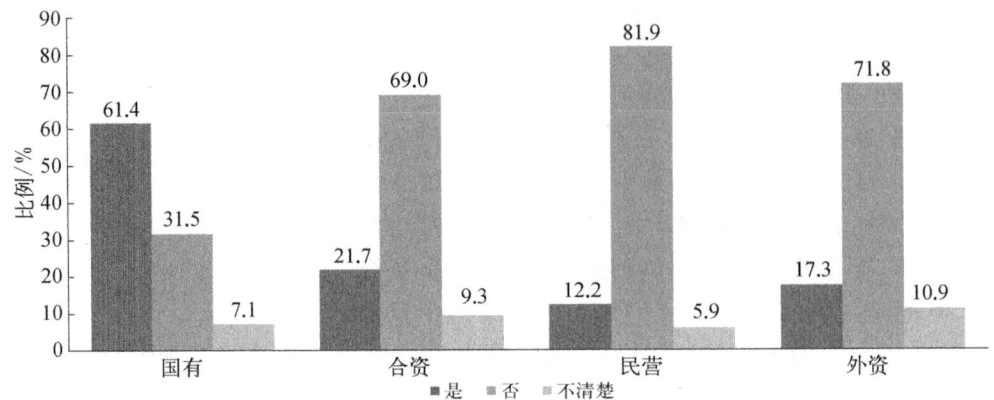

图4-46 不同企业性质船舶技术人员住房公积金缴纳情况

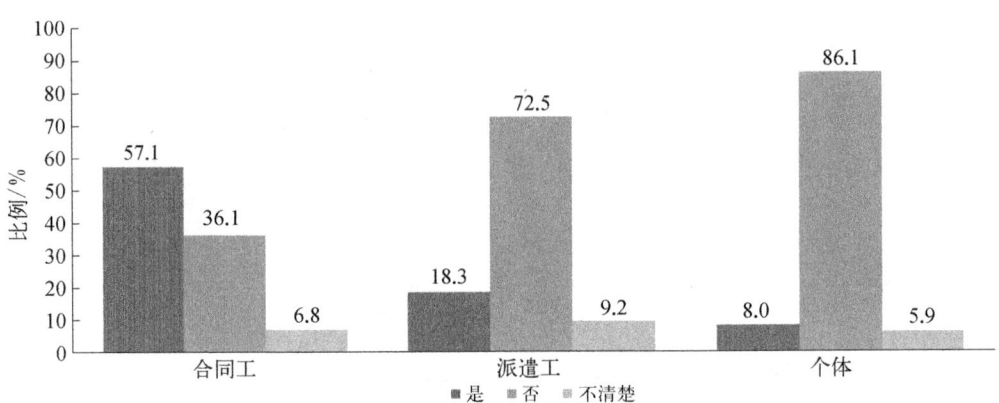

图4-47 不同劳务合同船舶技术人员住房公积金缴纳情况

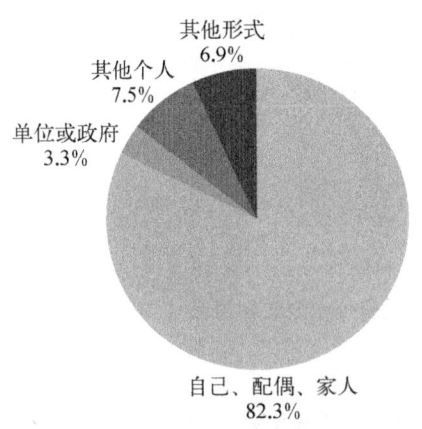

图4-48 船舶技术人员住房产权情况

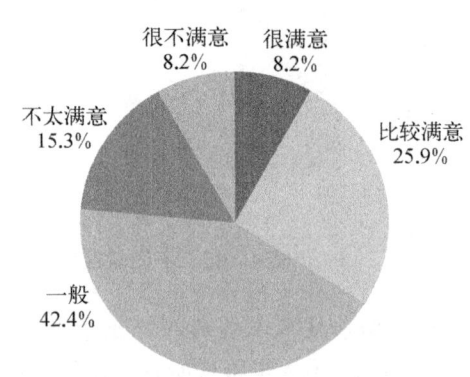

图4-49 船舶技术人员住房满意度

着年龄的增长,住房比较满意的比例有所提高,从 27.3% 增加到 33.5%,不太满意的比例有所下降,很满意和很不满意的比例变化不大(图 4-50)。从企业性质上来看,合资与外资企业的船舶技术人员对住房非常满意的比例(分别为 15.0% 和 14.3%)高于国有和民营企业(分别为 7.5% 和 8.2%),合资和外资企业船舶技术人员的比较满意的比例(分别为 36.9% 和 32.5%)高于国有和民营企业(分别为 29.7% 和 29.1%)。但总体来讲,所有企业类型船舶技术人员的比较满意比例均低于 50.0%,说明多半船舶技术人员对住房满意度不高(图 4-51)。

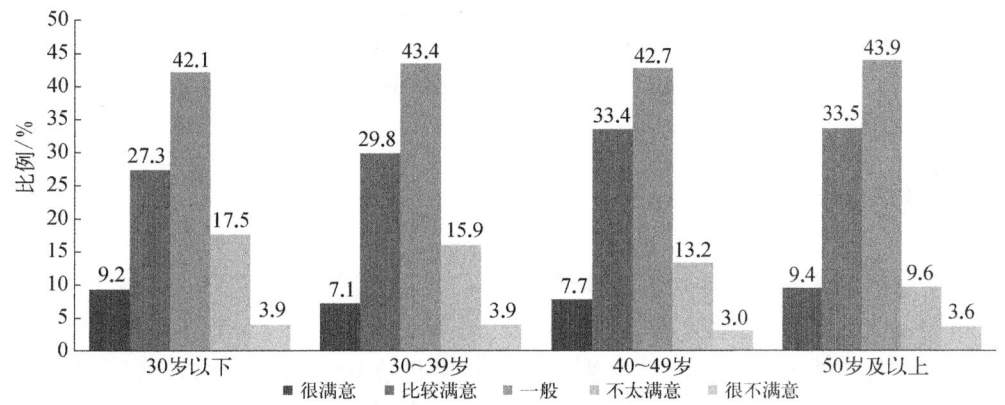

图 4-50 不同年龄船舶技术人员住房满意度

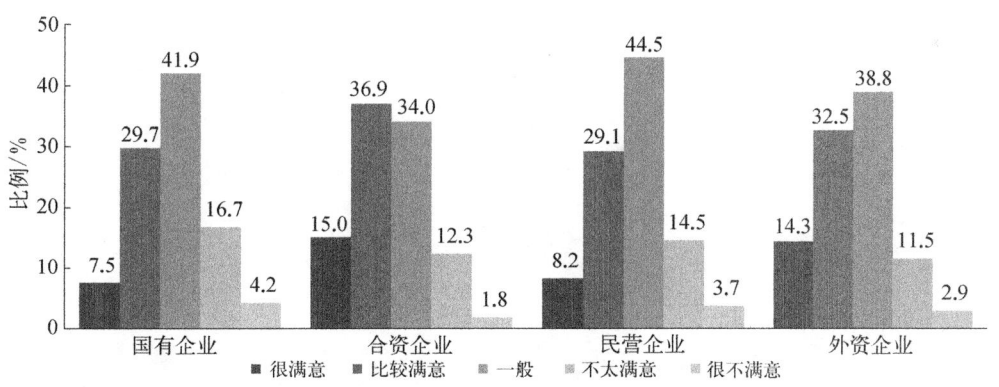

图 4-51 不同企业性质船舶技术人员住房满意度

船长、大副、二副、三副的住房比较满意比例依次降低,从 36.5% 降至 27.6%;不太满意比例依次增高,从 11.2% 到 18.3%。轮机长、大管轮、二管轮、三管轮的住房比较满意比例依次降低,从 35.6% 降至 26.6%;不太满意比例依次增高,从 12.0% 到 18.2%。船长与轮机长、大副与大管轮、二副与二管轮、三副与三管轮比较满意比例接近,说明不同职称船舶技术人员的住房满意度有差异,随着职称的升高,住房满意度有所提升。

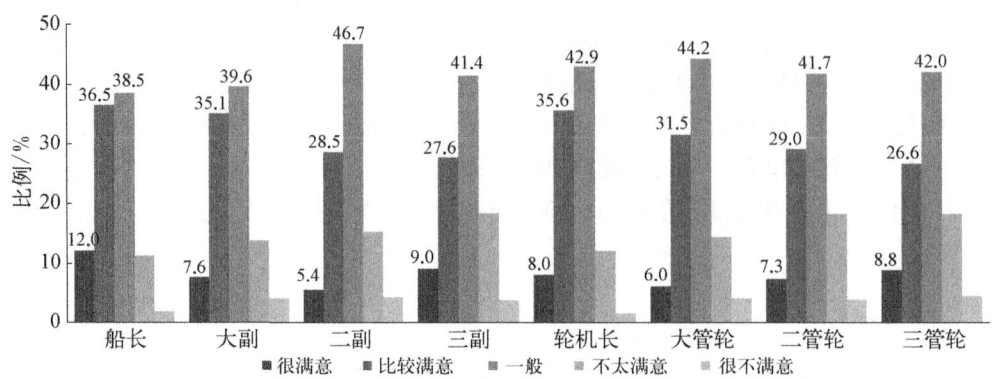

图 4-52 不同职称船舶技术人员住房满意度

八、家庭关系

1. 子女对船舶技术人员的职业总体评价不高

船舶技术人员的子女对航运职业的态度中,有38.0%为很不屑,有22.5%感到骄傲(图4-53)。船长和轮机长的子女对其所从事职业的不屑态度比例较高,分别为45.2%和41.7%;三副和三管轮的子女对其职业的态度感到骄傲的比例较高,分别为28.2%和28.9%(图4-54)。外资企业的船舶技术人员子女对其职业的态度骄傲比例最高,为31.9%;国有企业的船舶技术人员子女不屑态度比例最高,为41.6%(图4-55)。

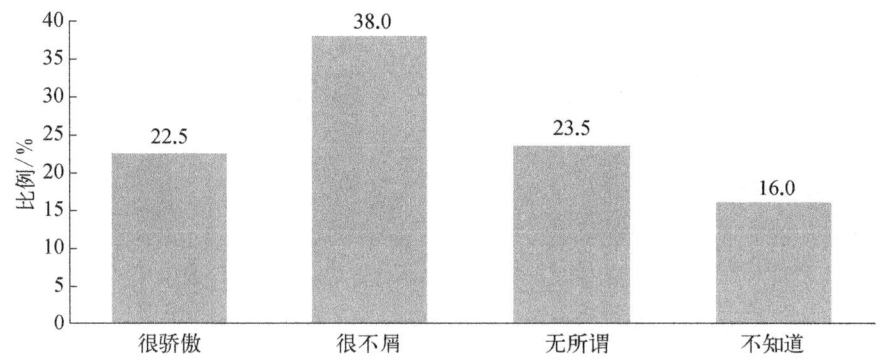

图 4-53 子女对船舶技术人员的职业态度

2. 绝大部分亲子关系融洽,夫妻关系满意

从调查来看,亲子关系融洽和较融洽的比例达到99.1%,仅有0.9%的船舶技术人员报告亲子关系不融洽(图4-56)。90.0%的夫妻关系满意,10.0%不满意(图4-57)。从年龄上来看,40~49岁组夫妻关系不满意比例高,占60.0%;其他年龄组夫妻关系满意度尚可(图4-58)。

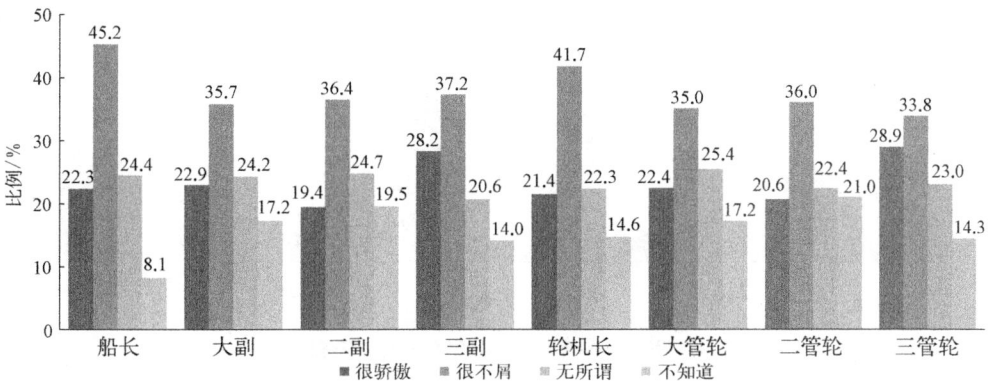

图 4-54 不同职务职称船舶技术人员子女对其职业态度

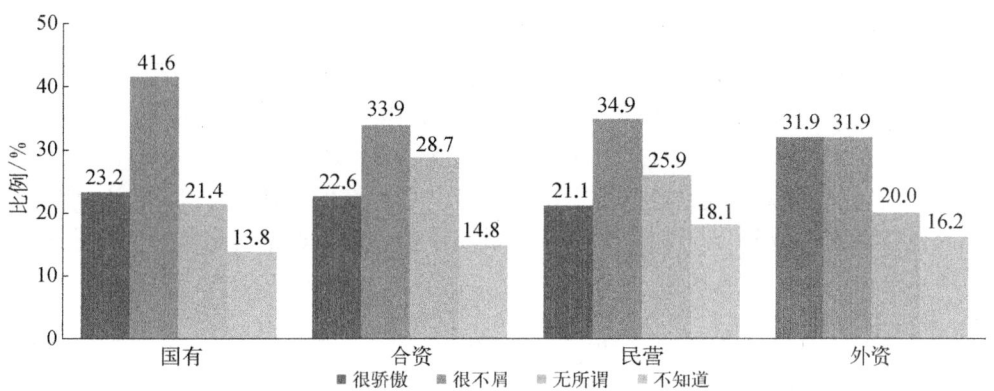

图 4-55 不同企业性质船舶技术人员子女对其职业态度

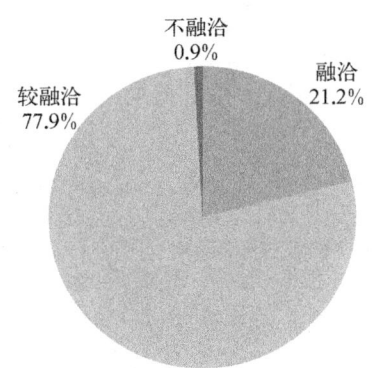

图 4-56 船舶技术人员与子女关系

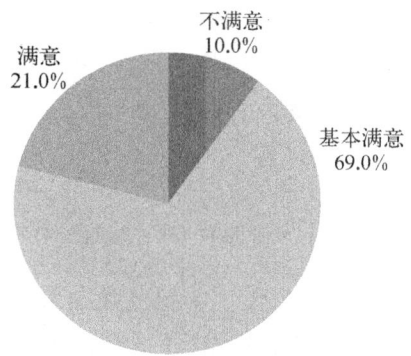

图 4-57 船舶技术人员夫妻关系

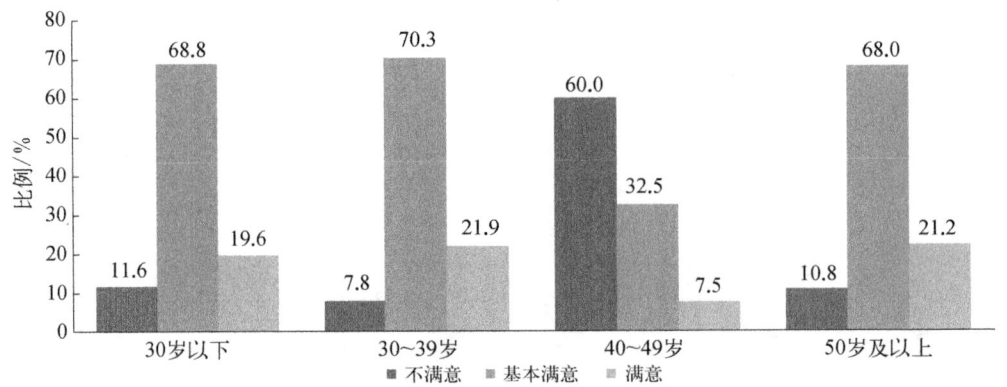

图 4-58 不同年龄组船舶技术人员夫妻关系

九、生活水平与幸福感

1. 面临的困难主要为不能照顾家庭、收入低及夫妻两地分居

从调查结果看,不能照顾家庭是最主要的困难。67.0%的船舶技术人员报告目前的主要困难为不能照顾家庭,49.2%的主要困难为不能照顾老人,46.4%的主要困难为收入低,44.9%的主要困难为夫妻两地分居,31.4%的主要困难为子女教育问题,还有部分船舶技术人员反映存在住房、户口问题、找对象困难和其他问题(图4-59)。且存在的困难在年龄、学历、职称、航区、船舶类型、企业性质及劳务合同性质间存在一致性,说明这些困难是航运职业的普遍困难。

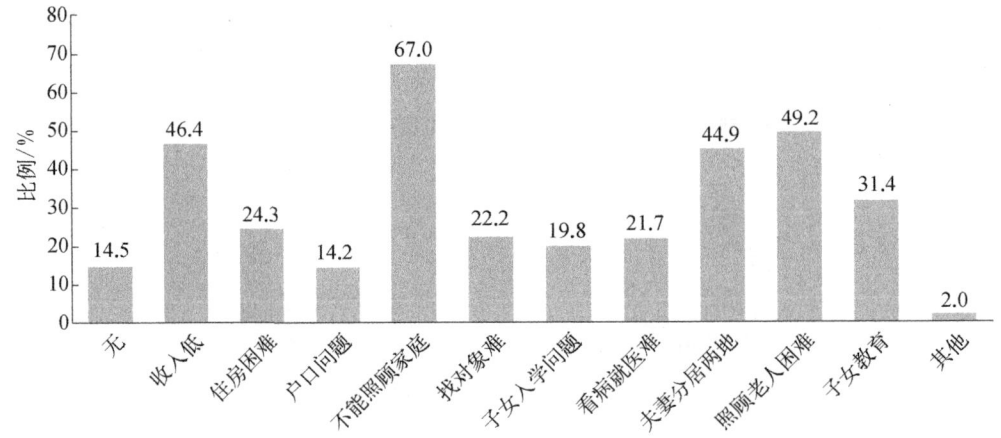

图 4-59 船舶技术人员目前生活中面临主要困难

2. 与五年前相比,有五成以上的船舶技术人员觉得目前的生活水平好一些

调查显示,与五年前相比,有51.1%的船舶技术人员觉得目前的生活水平好一些,有10.8%的认为好很多,有17.0%的认为没有变化,8.3%的认为差一些,还有9.2%的说不清楚。觉得比五年前生活水平有提高的比例随着年龄的增长而下降,觉得比五年前差一些的比例随着年龄增长而增高(图4-60、图4-61)。

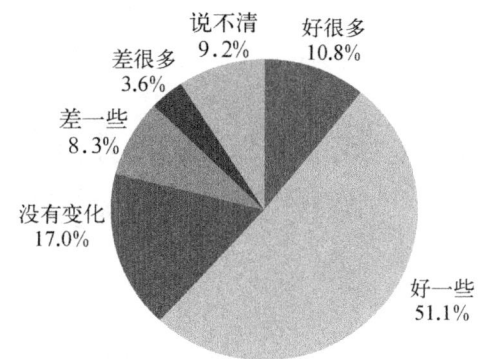

图4-60 与五年前相比,目前生活水平总体自评

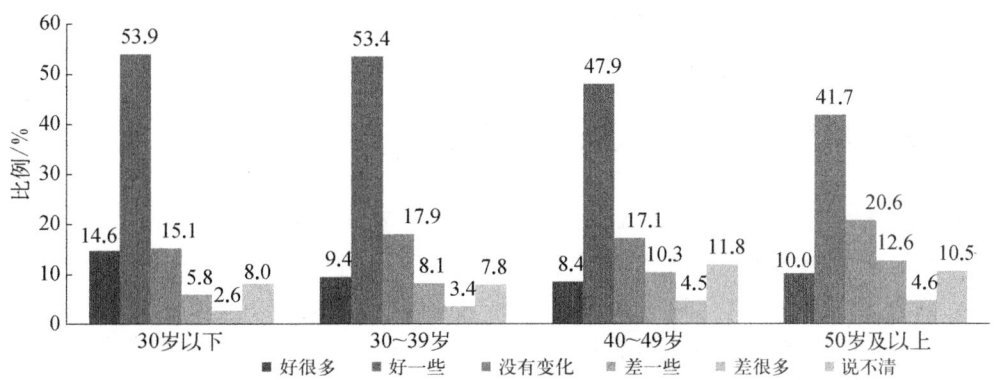

图4-61 与五年前相比,不同年龄组目前生活水平自评

3. 对未来生活不太乐观

展望未来五年,认为生活水平会比现在好的人数有五成,有41.8%的船舶技术人员认为自己生活水平会比现在好一些,9.4%的认为会好很多,32.0%的认为没有变化(图4-62)。

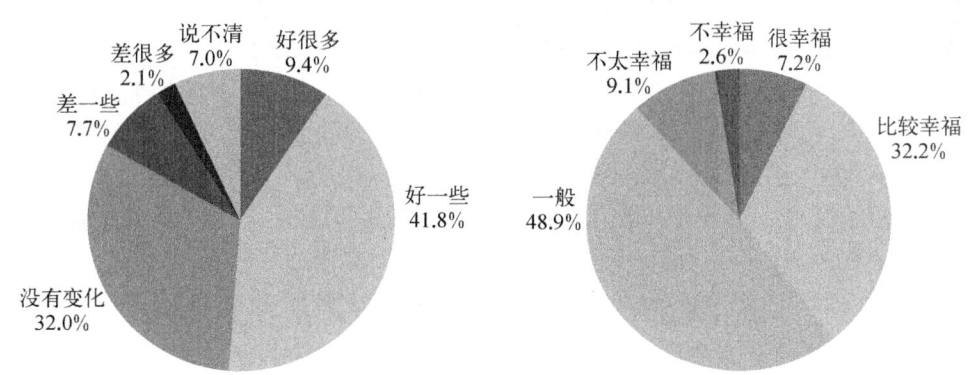

图4-62 展望未来五年生活水平　　　图4-63 目前生活幸福度评价

4. 生活幸福度一般

32.2%的船舶技术人员认为生活比较幸福,7.2%的认为很幸福,48.9%的认为一般,9.1%的认为不太幸福,2.6%的认为不幸福(图4-63)。

第五章　我国海运业船舶技术人员的思想观念状况

海运业船舶技术人员的思想状况是船舶技术人员群体对国家发展目标、船舶技术人员队伍及船舶运输领域的认知、评价和态度，反映了船舶技术人员群体的所思所想，也体现了这一队伍的精神风貌。本章将主要分析船舶技术人员群体对国家发展战略、船舶技术人员队伍、船舶运输行业及所处环境的认知和评价。

一、对国家发展战略目标的认知和评价

1. 船舶技术人员充分认识到"八个必须坚持"的重要性

十八大对新的历史条件下夺取中国特色社会主义新胜利提出了"八个必须坚持"的基本要求。调查结果显示，八成以上的船舶技术人员认同在新的历史条件下"八个必须坚持"的重要性。对于各项要求，船舶技术人员认为"非常重要""比较重要"的比例均高达86%以上。不同年龄、学历、职称职务、企业性质的船舶技术人员在上述问题的认识上基本一致，表明整个船舶技术人员队伍对中国特色社会主义事业信念坚定，在政治上与党中央保持高度一致。

2. 近七成船舶技术人员对国家实现"两个百年"目标充满信心

十八大提出的"两个百年"，即在中国共产党成立100年时（2021年）全面建成小康社会，在新中国成立100年时（2049年）建成富强、民主、文明、和谐的社会主义现代化国家，这是中央对国家经济社会发展的宏伟目标。数据调查显示，对于"在2020年全面建成小康社会"的发展目标，25.8%的船舶技术人员表示"很有信心"，40.1%的船舶技术人员表示"比较有信心"，两项比例合起来为65.9%，另有21.9%的船舶技术人员表示"不太有信心"。对于"在2049年建成富强、民主、文明、和谐的社会主义现代化国家"的发展目标，28.3%的船舶技术人员表示"很有信心"，42.3%的船舶技术人员表示"比较有信心"，两项比例合起来为70.6%，另有17.0%的船舶技术人员表示"不太有信心"。另外，对于"两个百年"的发展目标，分别有7.0%和8.4%的船舶技术人员表示"不知道"（图5-1）。

从年龄来看，对"在2021年全面建成小康社会"和"在2049年建成富强、民主、文明、和谐的社会主义现代化国家"这"两个百年"目标有信心的比例由高到低依次是50岁及以上（72.5%、75.5%）、30岁以下（69.2%、74.4%）、40～49岁（66.9%、71.1%）、30～39岁（60.5%、65.4%）。从政治面貌看，中共党员对实现"两个百年"目标的信心最足，比例分别为71.2%和76.8%；其次是共青团员（66.4%、71.9%）、普通群众（63.7%、67.6%）和

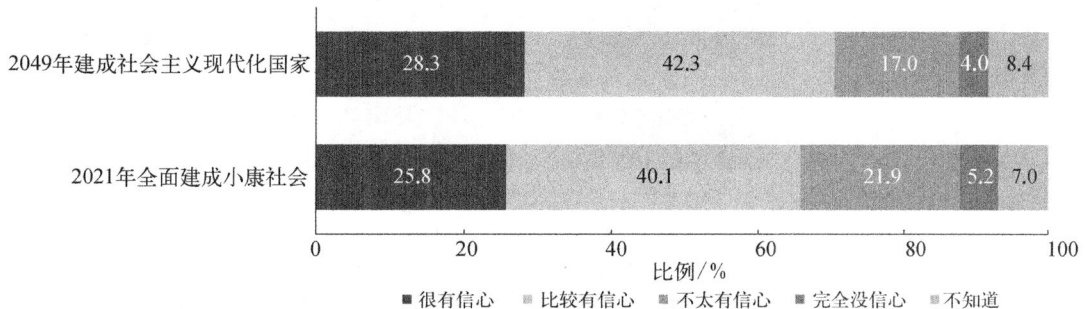

图 5-1　船舶技术人员对实现"两个百年"目标的信心

民主党派(50.0%、62.5%)(图 5-2)。从企业性质来看,来自国有船舶运输企业的船舶技术人员对实现"两个百年"的信心比例最高,分别为 68.2%和 73.9%;其次分别为合资企业(67.2%、69.6%)、外资企业(66.2%、66.9%)和民营企业(61.7%、66.0%)。不同学历、职务职称、合同类型的船舶技术人员对实现"两个百年"目标的信心比例不存在明显差异。

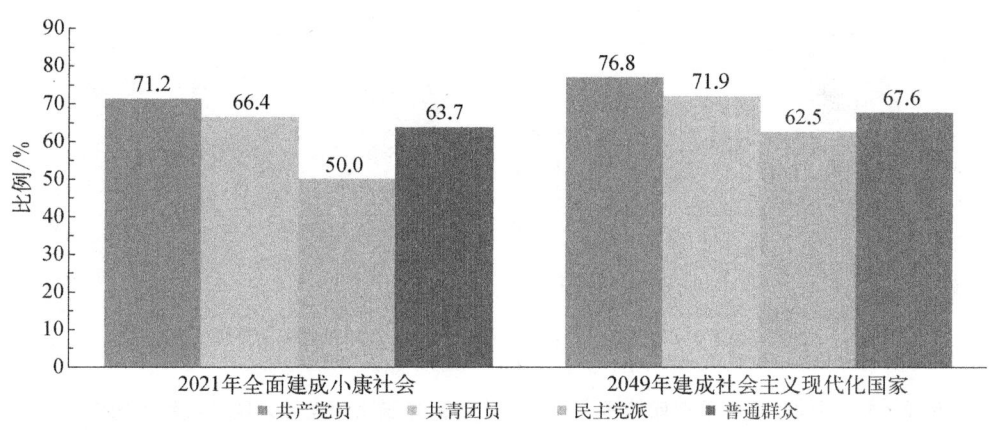

图 5-2　不同政治面貌船舶技术人员对实现"两个百年"目标的信心

3. 近七成船舶技术人员对实现创新型国家和世界科技创新强国目标有信心

中央明确提出了到 2020 年进入创新型国家行列、2030 年跻身创新型国家前列、到 2050 年建成世界科技创新强国的科技发展总目标。调查数据显示,68.6%的船舶技术人员对实现"到 2020 年进入创新型国家行列"的战略目标有信心,其中 26.6%表示"很有信心",42.0%表示"比较有信心";另外 18.9%表示"不太有信心",4.3%表示"完全没信心",也有 8.2%的船舶技术人员表示"不知道"。对于"在 2050 年建成世界科技创新强国"这一战略目标,71.7%的船舶技术人员表示有信心,19.5%表示"不太有信心"或"完全没信心",另有 8.8%表示"不知道"(图 5-3)。

进一步分析数据发现,从政治面貌来看,对实现创新型国家和世界科技创新强国的目标,党员的信心最足(分别为 73.4%、76.4%);其次是共青团员(69.90%、72.5%)、民主党

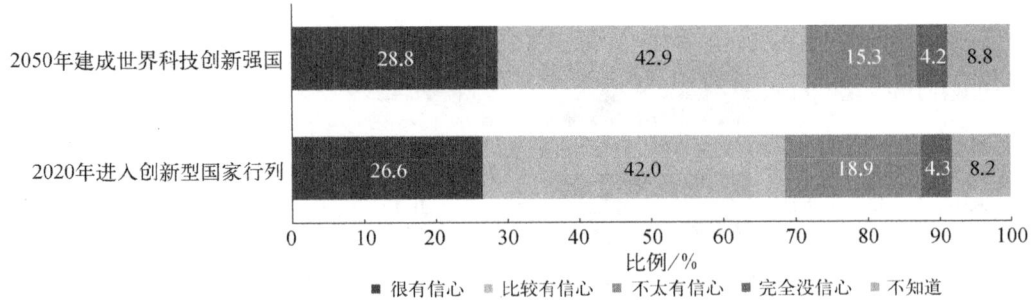

图 5-3 船舶技术人员对实现创新型国家和世界科技强国目标的信心

派(70.8%、58.3%)、普通群众(66.1%、69.4%)(图5-4)。从年龄来看,50岁及以上组的船舶技术人员对实现创新型国家和世界科技创新强国目标的信心最高(比例分别是74.1%、74.8%);其次是30岁以下组(71.2%、72.6%)、40~49岁组(69.5%、72.7%)及30~39岁组(63.8%、67.2%)。不同学历船舶技术人员的信心程度也存在些微差别,总体呈现出随着学历升高信心逐渐降低的趋势(图5-5)。

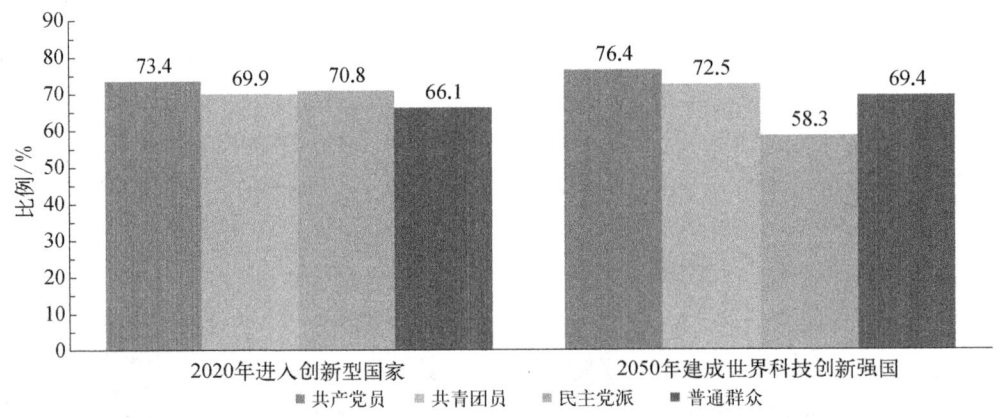

图 5-4 不同政治面貌船舶技术人员对实现创新型国家和世界科技强国目标的信心

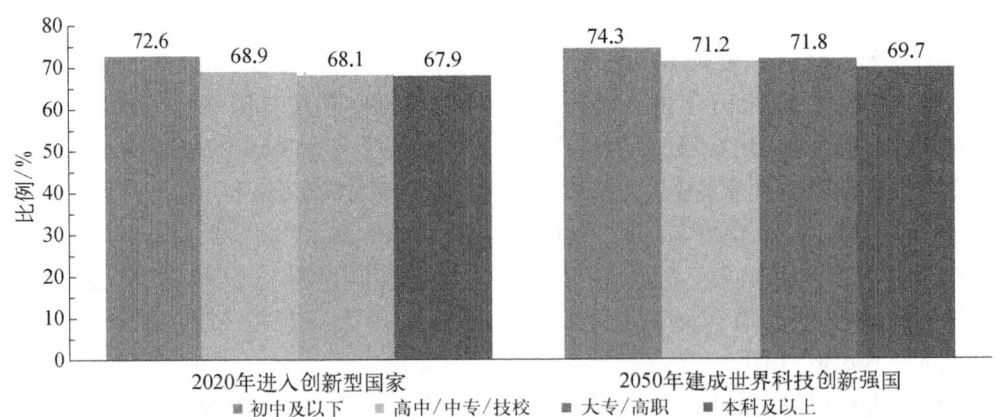

图 5-5 不同学历船舶技术人员对实现创新型国家和世界科技创新强国目标的信心

4. 八成以上船舶技术人员认识到科学发展观的重要地位

对中央提出"把科学发展观贯彻到我国现代化建设全过程"的要求,数据分析显示,84.8%的船舶技术人员表示赞同,其中41.3%的表示"非常赞同",43.5%表示"比较赞同"(图5-6)。从年龄来看,30~39岁组船舶技术人员的赞同比例最低(82.2%),其他年龄组的赞同比例分别为30岁以下组(86.2%)、40~49岁组(86.1%)、50岁以上组(85.2%)。从学历来看,船舶技术人员对科学发展观的赞同程度随着学历升高而不断提高,表现为初中及以下赞同比例为74.9%,本科及以上学历赞同比例为85.9%。

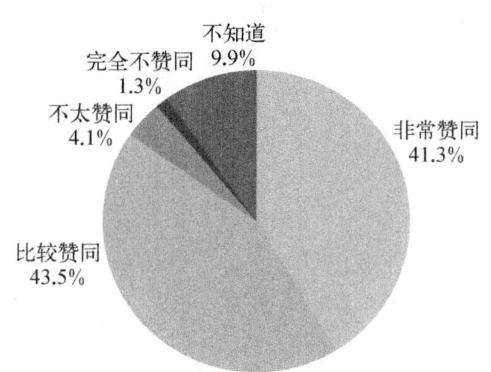

图5-6 船舶技术人员对"把科学发展观贯彻到我国现代化建设全过程"的评价

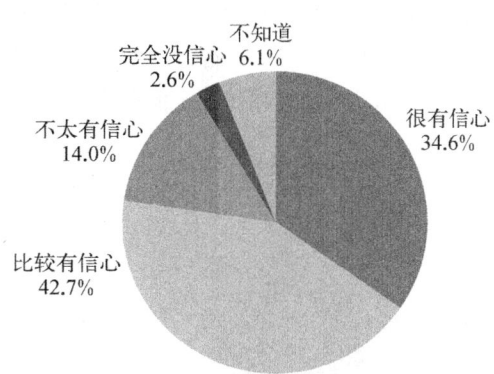

图5-7 船舶技术人员对实现"中国梦"的信心

5. 近八成船舶技术人员对实现"中国梦"有信心

对中央提出的"实现中华民族伟大复兴的中国梦",77.3%的船舶技术人员表示有信心,其中34.6%表示"很有信心",42.7%表示"比较有信心"(图5-7)。从年龄来看,50岁及以上组对实现"中国梦"的信心最足,为81.8%;其次分别为30岁以下组(79.4%)、40~49岁组(78.6%)、30~39岁组(73.4%)。从职务职称来看,三管轮船舶技术人员对实现"中国梦"信心最足(82.9%);其次为船长(79.9%)、三副(78.0%)、大管轮(77.3%)、轮机长(76.3%)、二副(75.8%)、大副(73.5%)、二管轮(71.6%)。从企业性质来看,国有企业的船舶技术人员的信心最足(79.8%);其次依次分别为外资企业(74.1%)、民营企业(74.1%)、合资企业(73.0%)。

6. 八成以上船舶技术人员认识到"一带一路"战略构想的重要地位

对于中央倡导共建"21世纪海上丝绸之路"与"新丝绸之路经济带"(一带一路)的战略构想,调查结果显示,83.6%的船舶技术人员表示赞同,其中40.1%表示"非常赞同",43.5%表示"比较赞同"(图5-8)。从年龄来看,30~39岁组船舶技术人员的赞同比例最低(80.8%);其次为50岁及以上组(84.2%)、40~49岁组(85.2%)、30岁以下

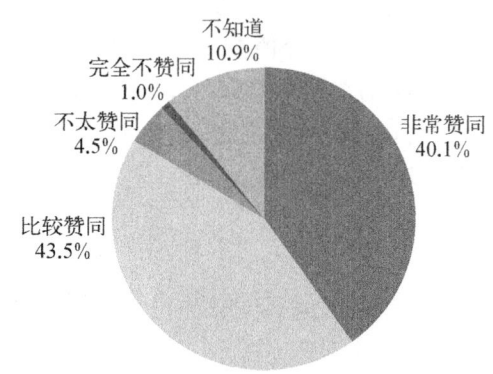

图5-8 船舶技术人员对"一带一路"战略目标的评价

组(85.3%)。从学历来看,船舶技术人员对"一带一路"构想的赞同程度随着学历升高而不断提高,其中初中及以下的赞同比例为75.1%,本科及以上为86.3%。

7. 近七成船舶技术人员对建设"海运强国"有信心

对于中央提出的推进"海运强国"建设战略目标,68%的船舶技术人员表示"有信心",其中26.9%表示"很有信心",41.1%表示"比较有信心"(图5-9)。从年龄来看,30岁以下组船舶技术人员对建设"海运强国"的信心最足(为71.7%);其次分别为50岁及上组(70.8%)、40~49岁组(67.4%)、30~39岁组(68%)。从政治面貌来看,共青团员对建设"海运强国"的信心最足,为69.2%;其次为中共党员(69%)、普通群众(66.3%)、民主党派(62.5%)。从职务职称来看,三副和三管轮对建设"海运强国"的信心比例最高,分别为72.5%和76.3%,大副比例最低(63.7%)。

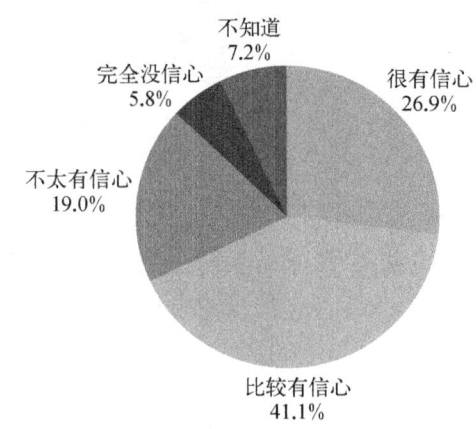

图5-9 船舶技术人员对建设"海运强国"的信心

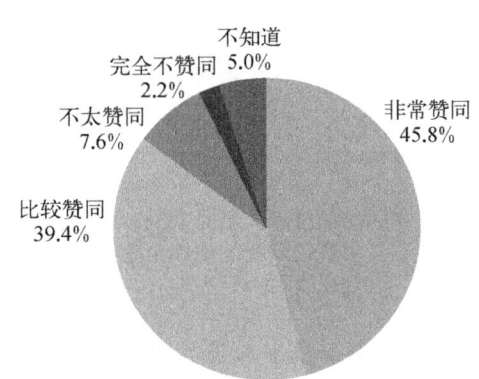

图5-10 船舶技术人员对"自由、平等、公正、法治"社会主义核心价值观的评价

8. 八成以上船舶技术人员认识到"自由、平等、公正、法治"社会主义核心价值观的重要性

党的十八大报告提出社会主义核心价值观,其中自由、平等、公正、法治是社会层面的价值取向。85.2%的船舶技术人员赞同这一社会主义核心价值观,其中45.8%表示"非常赞同",39.4%表示"比较赞同"(图5-10)。从政治面貌来看,党员对"自由、平等、公正、法治"社会主义核心价值观的赞同度最高,为89.4%;其次分别是共青团员(86.2%)、普通群众(83.4%)、民主党派(78.3%)。从学历来看,随着学历的升高,船舶技术人员对这一核心价值观的赞同程度随之提高,其中初中及以下为73.1%,高中为84.4%,大专/高职为85.7%,本科及以上为86.3%。从企业性质来看,国有企业船舶技术人员对这一核心价值观的赞同程度最高(88.5%),合资企业最低(76.2%)。

二、对船舶运输领域的认识与评价

1. 过半的船舶技术人员对当前船舶运输领域总体状况给予肯定

数据调查显示,在船舶上拥有先进设备支持(66.7%)、船舶技术人才培养(58.4%)、船舶行业技术创新的主体地位(55.7%)、船舶公司内部机构设置及人员安排(55.5%)等方面(图5-11),船舶技术人员给予较高的评价。但是,也有不少比例的船舶技术人员认为当前社会对海员的支持和尊重不足(52.9%),在鼓励海员从业的政策方面力度不够(43.8%),对船舶技术人才的保护方面力度不够(41.9%),在用工薪酬人事激励约束机制方面还有待完善(41.7%)。

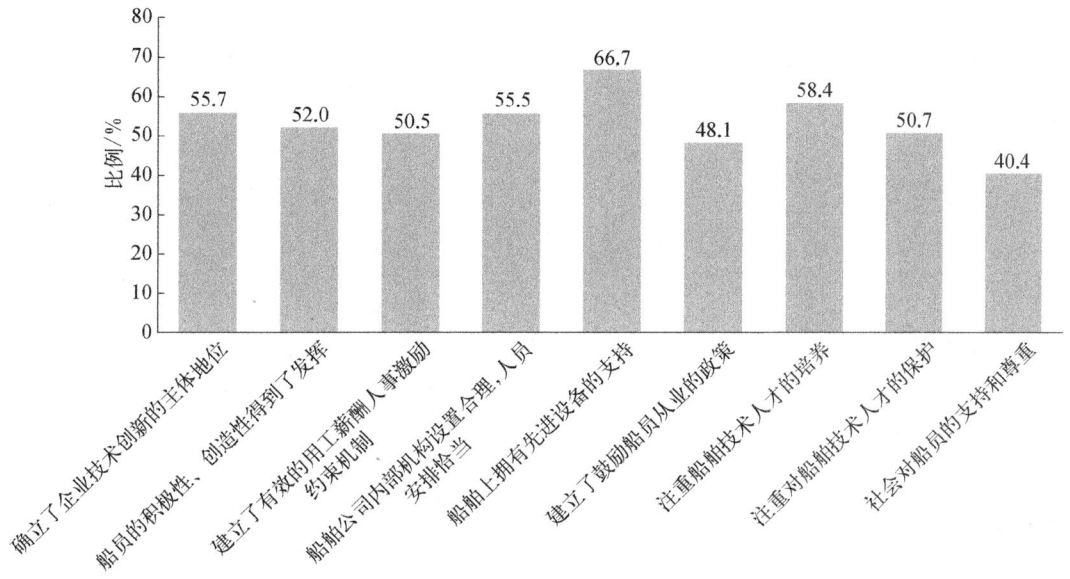

图5-11 船舶技术人员对当前船舶运输领域总体状况的认识

2. 年轻船舶技术人员对当前我国船舶运输领域总体状况的认识更为乐观

数据调查结果显示,对我国船舶运输领域总体状况的认识,不同年龄组船舶技术人员存在差别。总体来看,30岁以下的船舶技术人员表现得更为乐观,具体表现在对如下方面的认识:海员积极性发挥、建立有效的薪酬人事制度、鼓励海员的政策、人才培养和人才保护等(图5-12)。这一结果表明对于初入航海领域的年轻船舶技术人员来说,他们对于这一行业的认识总体是积极的、乐观的。

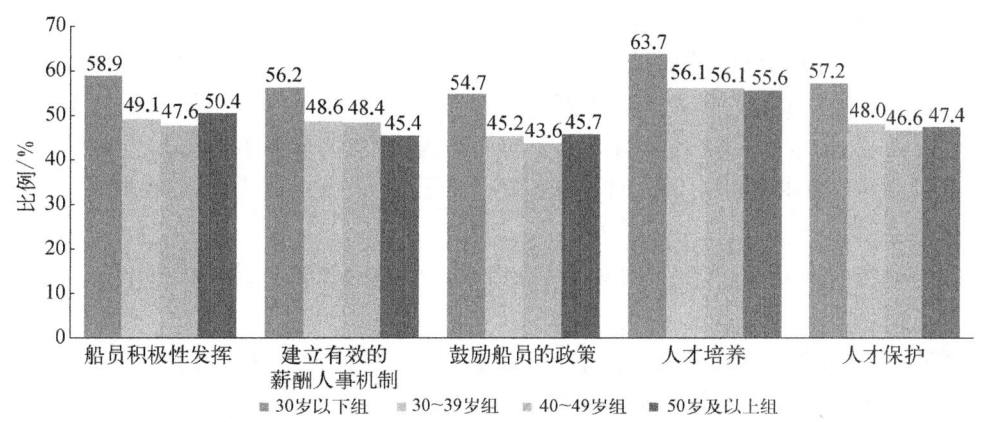

图5-12 不同年龄船舶技术人员对当前船舶运输领域总体状况的认识

3. 无限航区船舶技术人员较沿海航区对当前船舶运输领域总体状况的评价更为积极

较沿海航区而言,无限航区的船舶技术人员对当前船舶运输领域总体状况的评价更为乐观。具体表现在无限航区与沿海航区的船舶技术人员对船舶设备(70.7%,61.6%)、公司内部机构设置(59.9%,49.9%)、企业创新主体地位(58.9%,51.8%)、海员积极性的发挥(55.8%,47.2%)、薪酬人事机制(54.4%,45.1%)等方面的评价(图5-13)。

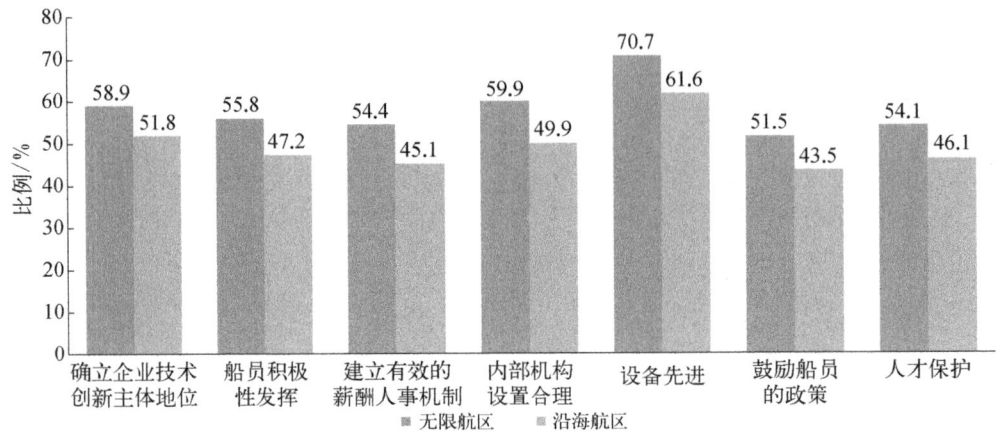

图5-13 不同工作航区船舶技术人员对当前船舶运输领域总体状况的认识

三、对自身队伍的认知与评价

1. 超八成船舶技术人员高度评价自身队伍践行社会主义核心价值观的表现

调查显示,80.6%的船舶技术人员认为所在群体在"爱国"方面表现得"非常好"或"比较好",80.1%的船舶技术人员认为自身队伍在"敬业"方面表现得"非常好"或"比较好",80.2%的船舶技术人员认为自身队伍在"诚信"方面表现得"非常好"或"比较好",84.5%的船舶技术人员认为自身队伍在"友善"方面表现得"非常好"或"比较好"。以上结果表明,船舶技术人员对自身队伍践行社会主义核心价值观个人行为准则上的表现给予充分肯定。

2. 近七成船舶技术人员对自身队伍的整体水平持肯定评价

调查结果显示,69.1%的船舶技术人员认为自身队伍的"专业技术水平"与发达国家的船舶技术人员队伍"总体差不多"或"更好"。在"责任心"方面,66.5%的船舶技术人员持相同评价。但在"英语水平"方面,只有31.5%的人认为跟发达国家的船舶技术人员队伍"总体差不多"或"更好",63.4%的人认为自身队伍的"英语水平"比发达国家船舶技术人员"落后很多"或"有点落后"。

3. 船舶业务技术精湛、工作责任心强、有团队合作精神被认为是优秀船舶技术人员的重要标准

调查结果显示,在评估优秀船舶技术人员的标准中,船舶业务技术精湛(65.0%)、工作责任心强(62.9%)、有团队合作精神(59.4%)被认为是最重要的三个标准。另外,组织协调能力(41.4%)、获得同行认可(40.8%)、思想品德高尚(38.2%)也被认为是较为重要的要素(图5-14)。

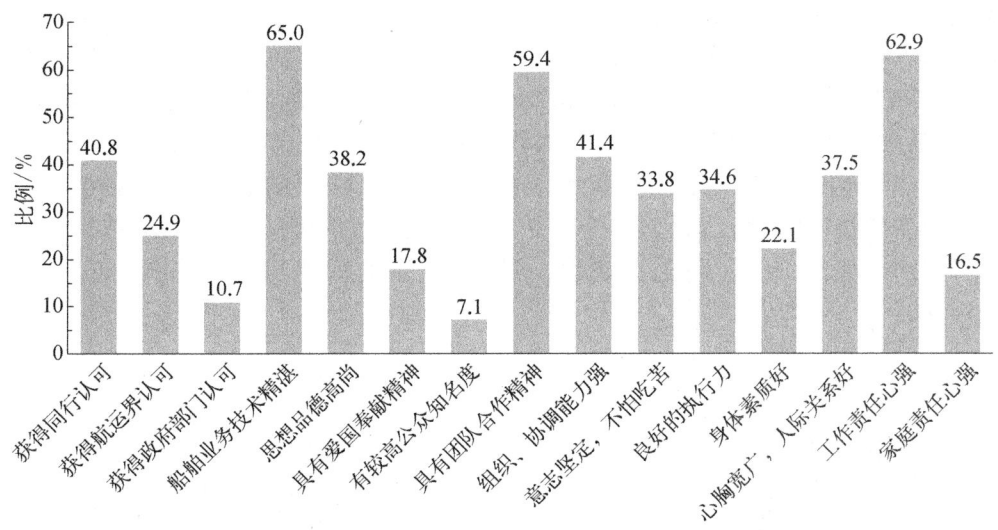

图 5-14 船舶技术人员对优秀船舶技术人员标准的评价

4. 近七成船舶技术人员认为人才流失、与社会脱离是当前船舶技术人员存在的主要问题

调查数据显示,66.0%的船舶技术人员认为人才流失(如转行、转业)是当前比较严重的问题,64.0%的船舶技术人员认为所在群体与社会脱离这一问题比较严重;另外,英语水平低(52.9%)、女性船舶技术人员不受重视(51.2%)、缺乏归属感(50.4%)也被认为是当前船舶技术人员队伍存在的较为严重的问题(图5-15)。这些问题需要引起关注。

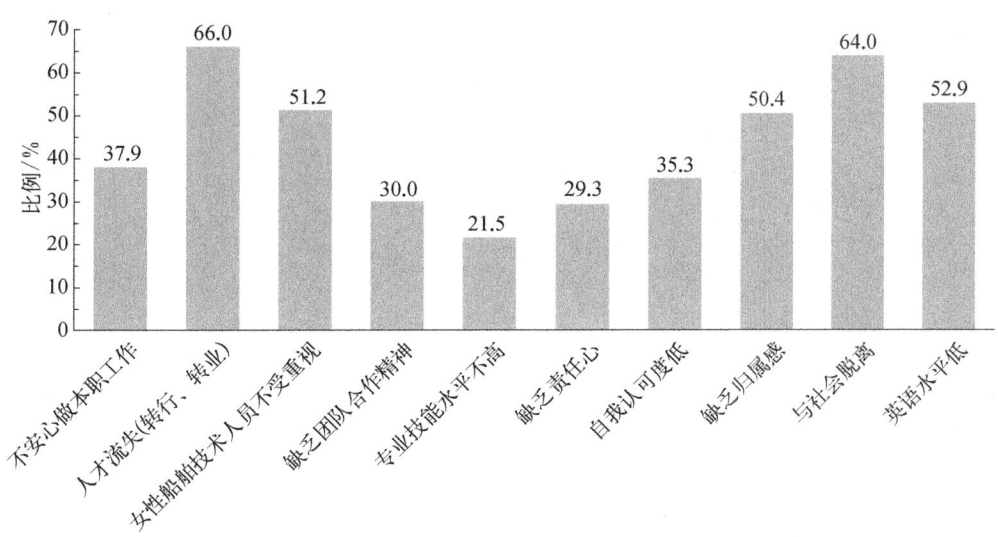

图 5-15 船舶技术人员对当前船舶技术人员队伍存在问题的认识

进一步分析发现,来自不同性质企业的船舶技术人员对该问题的认识存在差异。55.6%的国有企业船舶技术人员认为缺乏归属感,而对这一问题的认识,只有35.7%的合资企业船舶技术人员表示认同。"与社会脱离"这一问题得到船舶技术人员的广泛认同,其中国有企业船舶技术人员的认同比例最高(68.2%);其次是民营企业(61.9%)、外资企业(56.0%)、合资企业(46.4%)。对"人才流失"的认识,63.4%的民营企业船舶技术人员表示问题很严重或比较严重;其次是外资企业船舶技术人员(55.5%),国有企业和合资企业的比例均为50.5%。在"女性海员不受重视"这一问题上,52.5%的民营企业船舶技术人员认为问题严重,51.2%的国有企业船舶技术人员表示认同,外资企业及合资企业船舶技术人员的认同比例分别为46.6%和46.1%。在其他问题上认识,不同性质企业的船舶技术人员不存在明显差别(图5-16)。

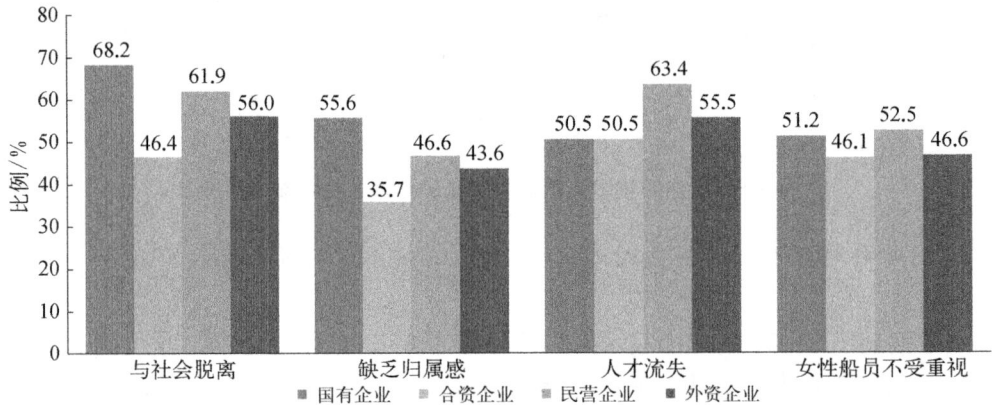

图5-16 不同性质企业船舶技术人员对当前船舶技术人员队伍存在问题的认识

第六章 我国海运业船舶技术人员的社会参与状况

海运业船舶技术人员群体是一支职业要求高、工作环境相对特殊的队伍。他们常年工作、生活在船上,在参与国家、地方或单位公共事务管理方面存在实际困难。本章将分析海运业船舶技术人员参与公共事务管理的意愿和现状。基层工会、行业学会等社会团体组织是船舶技术人员之家,同时也是船舶技术人员参与社会的重要组成部分,因此本章也将分析这一群体参与工会、学会和其他社会团体组织的情况。另外,本章还关注船舶技术人员遇到权益侵害时的维权意识和行动。

一、参与公共事务的意愿

1. 近七成船舶技术人员关注国家重大方针政策

关注和了解党和国家的重大方针政策是政治参与的重要前提。调查数据显示,船舶技术人员对党和国家方针政策的关注度较高,66.3%的船舶技术人员表示"非常关注"或"比较关注"近年来国家出台的政策方针,其中14.1%表示"非常关注"。另外,27.8%表示"不太关注",2.2%表示"完全不关注"(图6-1)。这一结果与2013年对科技工作者的调查结果相比,船舶技术人员的关注程度略低于科技工作者(70.0%),但船舶技术人员"非常关注"的比例高于科技工作者(11.4%)。

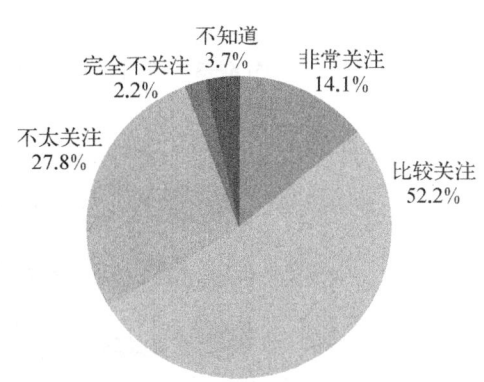

图6-1 船舶技术人员对国家方针政策的关注度

从年龄段来看,年龄越大,对国家出台的方针政策的关注度越高。数据结果显示,74.8%的50岁及以上船舶技术人员"非常关注"或"比较关注"近年来国家出台的方针政策,这一问题40~49岁组的关注度为73.2%,30~39岁组为63.3%,30岁以下为62.8%(图6-2)。

从政治面貌来看,中共党员的关注度最高(73.5%),其次是民主党派(66.7%)、共青团(65.8%),普通群众的关注度最低(63.5%)(图6-3)。

从企业性质来看,国有企业船舶技术人员对国家方针政策的关注度最高(69.4%),其次依次为外资企业(65.7%)、民营企业(61.9%)和合资企业(60.5%)(图6-4)。

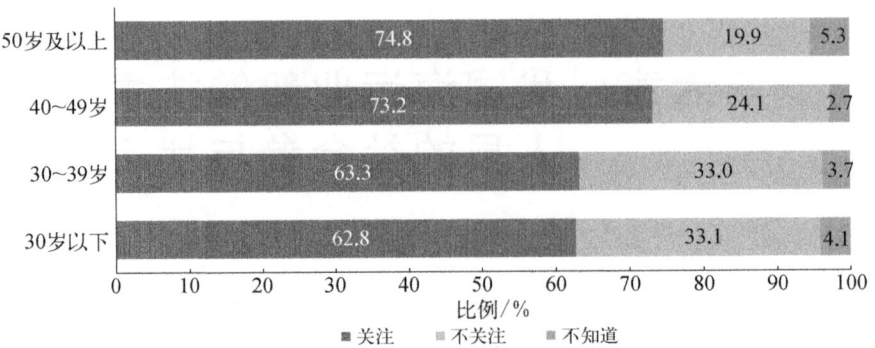

图6-2 不同年龄组船舶技术人员对国家方针政策的关注度

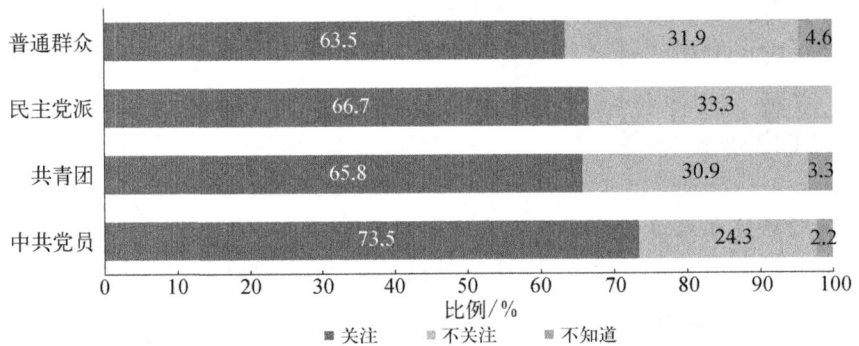

图6-3 不同政治面貌的船舶技术人员对国家方针政策的关注度

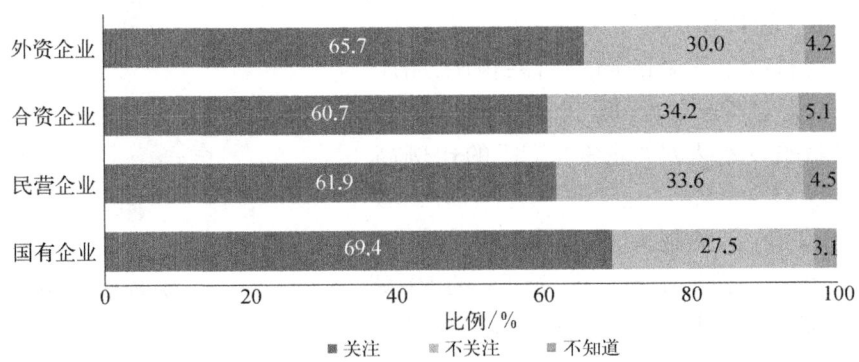

图6-4 不同企业性质船舶技术人员对国家方针政策的关注度

2. 近七成船舶技术人员愿意参与单位的公共事务管理

数据结果显示,67.6%的船舶技术人员愿意参与单位的公共事务管理,其中14.2%的表示"非常愿意",另有22.6%的表示"不太愿意"或"完全不愿意"参与公共事务管理(图6-5)。

从年龄来看,年龄越轻的船舶技术人员参与单位公共事务管理的意愿更强烈,其中 30 岁以下的船舶技术人员有 71.2%表示"非常愿意"或"比较愿意"参与公共事务管理,40~49 岁组有 66.5%的比例表示愿意参与公共事务管理,50 岁及以上组为 65.8%,30~39 岁组为65.2%(图 6-6)。

从学历来看,随着学历的升高,船舶技术人员参与公共事务管理的意愿更强烈。其中本科学历的船舶技术人员表示愿意参与单位的公共事务管理的比例最高(70.8%),初中及以下学历的比例最低(55.7%)(图 6-7)。

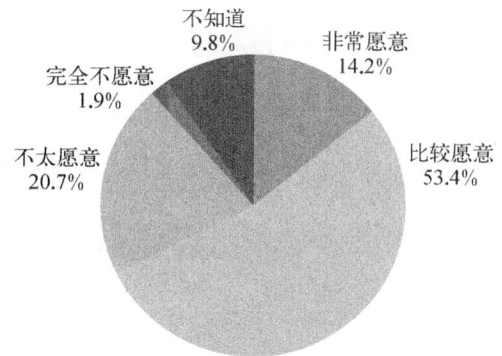

图 6-5 不同企业性质船舶技术人员对国家方针政策的关注度

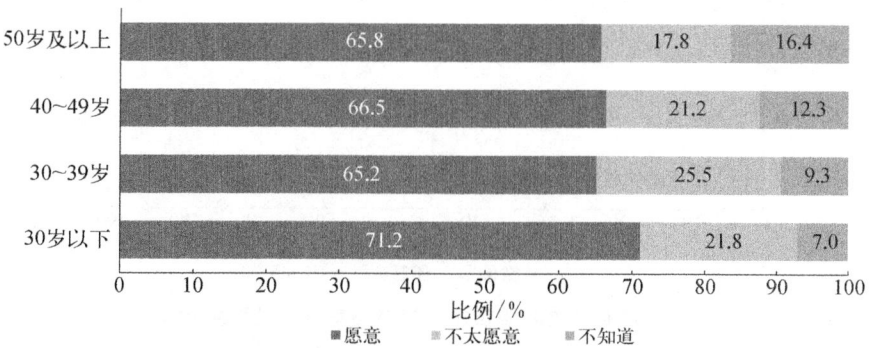

图 6-6 不同年龄组船舶技术人员参与单位公共事务管理的意愿

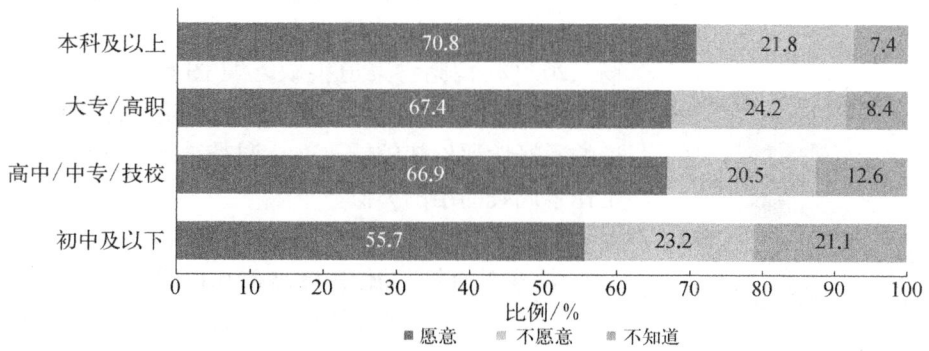

图 6-7 不同学历船舶技术人员参与单位公共事务管理的意愿

从政治面貌来看,是中共党员的船舶技术人员愿意参与公共事务管理的比例最高(74.2%),其次是共青团员(71.0%)、普通群众(62.3%),民主党派的船舶技术人员参与意愿最低(60.9%)(图 6-8)。

从企业性质来看,国有企业船舶技术人员愿意参与单位公共事务管理的比例最高(70.7%),其次是外资企业(69.3%),民营企业船舶技术人员的参与意愿最低(63.5%)(图 6-9)。

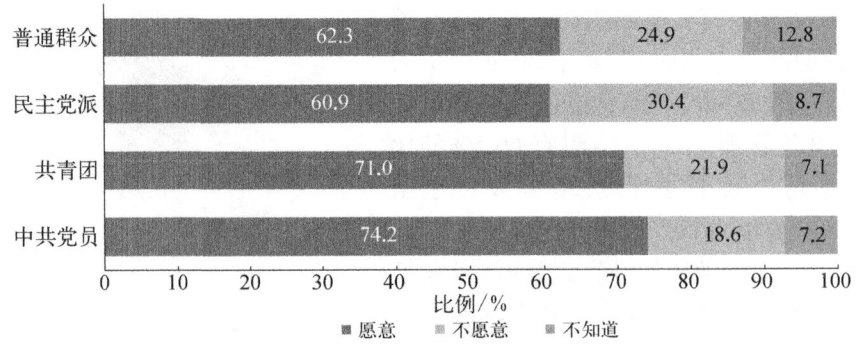

图6-8 不同政治面貌船舶技术人员参与单位公共事务管理的意愿

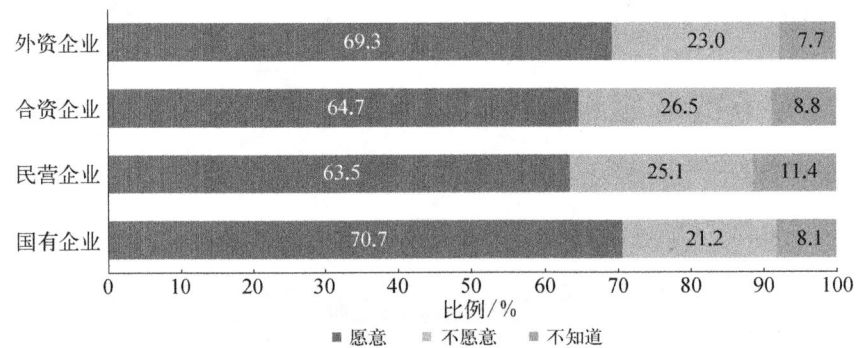

图6-9 不同企业性质船舶技术人员参与单位公共事务管理的意愿

3. 超五成船舶技术人员认为当前参政议政或参与公共事务的渠道不通畅

数据结果显示,仅有19.1%的船舶技术人员认为当前参政议政或参与公共事务管理的渠道"非常通畅"或"比较通畅"。另外,32.9%的表示"不太通畅",20.7%的表示"渠道很缺乏"(图6-10)。这一结果说明,虽然船舶技术人员社会参与意愿较高,但对社会参与渠道的通畅性评价却较低。这一调查结果与2013年全国科技工作者调查的结论类似。

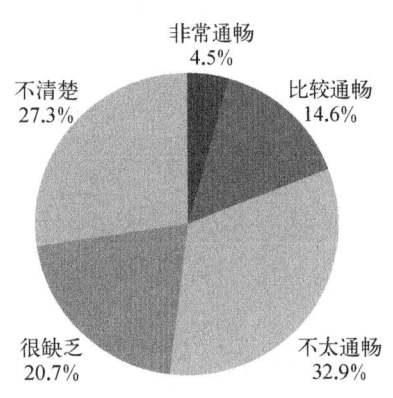

图6-10 船舶技术人员对参政议政或参与公共事务管理渠道通畅性的评价

从年龄来看,30~39岁组的船舶技术人员认为社会参与渠道不通畅的比例最高(56.6%),50岁及以上组认为"不通畅"的比例最低(44.3%),30岁以下组和40~49岁组认为"不通畅"的比例均为53.0%(图6-11)。

从职务职称来看,总体来说,从事船舶驾驶的船舶技术人员认为社会参与渠道通畅的比例明显高于从事船舶轮机工作的人员,两组认为通畅的比例分别为20.7%和16.9%。另外,调查结果还显示,职称最低的船舶驾驶人员对社会参与渠道通畅性的评价较好,其中三副认为通畅性的比例为25.8%,三管轮为20.3%。中级职称(如二副、二管轮)的评价最低,分别为17.6%和15.4%(图6-12)。

从企业性质来看,来自合资企业和外资企业的船舶技术人员认为社会参与渠道通畅的

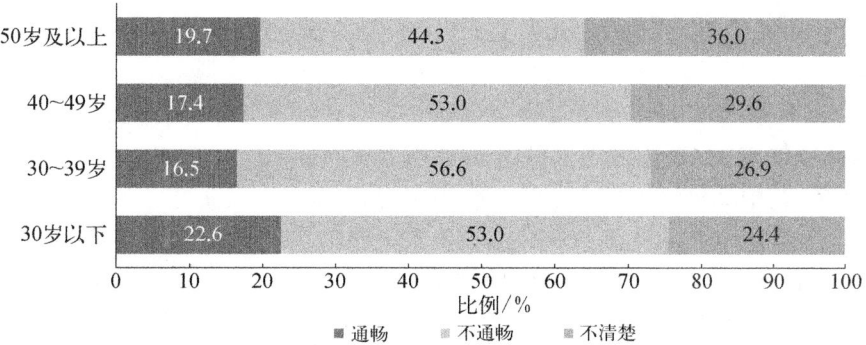

图 6-11 不同年龄组船舶技术人员对参政议政或参与公共事务管理渠道的评价

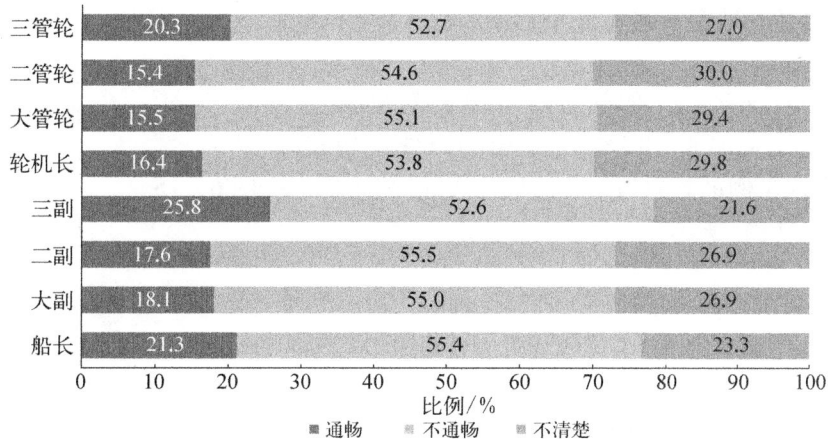

图 6-12 不同职务职称船舶技术人员对参政议政或参与公共事务管理渠道的评价

比例较高,分别为 30.0% 和 26.8%;其次为国有企业船舶技术人员,比例为 19.5%;民营企业船舶技术人员认为社会参与渠道通畅的比例最低(16.0%)(图 6-13)。

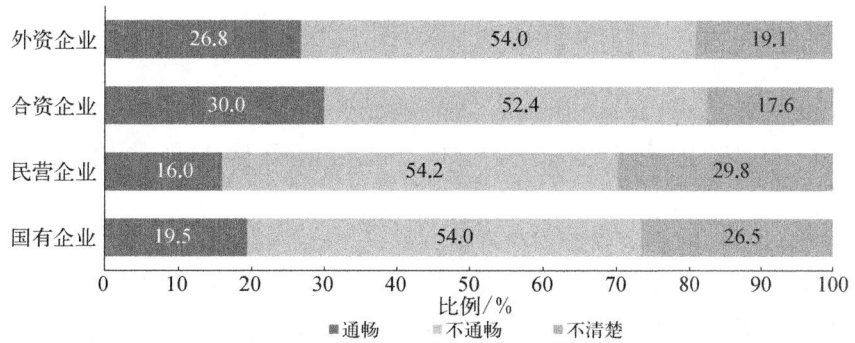

图 6-13 不同企业性质船舶技术人员对参政议政或参与公共事务管理渠道的评价

二、参与公共事务管理的情况

1. 约6%的船舶技术人员当选过两会代表

在本次调查样本中,当选过两会代表的船舶技术人员比例为6.0%,其中2.9%的船舶技术人员当选过人大代表,1.8%的当选过政协委员,1.3%的船舶技术人员表示两者都当选过(图6-14)。这一比例与2013年科技工作者的调查结果相似。

从政治面貌来看,民主党派的船舶技术人员当选过两会代表的比例最高(21.7%),其次为作为共青团员的船舶技术人员(8.3%),中共党员的船舶技术人员当选两会代表的比例为5.5%,普通群众当选比例最低(4.3%)(图6-15)。

从职务职称来看,三副当选两会代表的比例最高(9.8%),其次是船长(8.0%)、大副(6.6%)、轮机长(5.4%),当选比例最低的为大管轮和二管轮,均为4.2%(图6-15)。

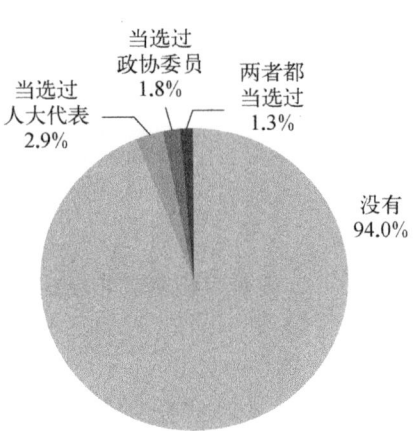

图6-14 船舶技术人员当选人大代表或政协委员的比例

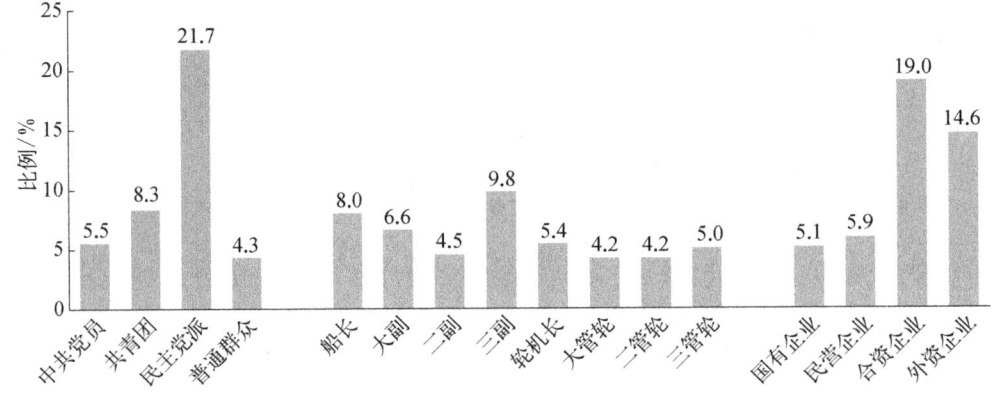

图6-15 不同类型船舶技术人员当选人大代表或政协委员的比例

从企业性质来看,合资企业与外资企业的船舶技术人员当选两会代表的比例较高,分别为19.0%和14.6%,国有企业船舶技术人员的两会代表当选比例最低(5.1%)(图6-15)。

2. 船舶技术人员比较关心各类公共事务

除了了解船舶技术人员当选两会代表的情况,调查还列举了六种活动来了解船舶技术人员参与各类公共事务管理的情况。调查发现,船舶技术人员在单位公共事务上的表现比较积极。参与比例最高的活动是"向周围人或在朋友圈发表意见"(60.8%);其次是向单位领导(部门)提建议/意见(43.5%),这一比例低于2013年全国科技工作者的调查结果

(52.7%);33.4%的船舶技术人员就单位的管理问题公开发表意见。此外,15.1%的船舶技术人员参加过上访/请愿,13.2%的船舶技术人员向新闻媒体提过建议/意见,向政府提建议/意见的参与比例有12.5%(图6-16)。这一结果与2013年全国科技工作者调查结果基本一致。

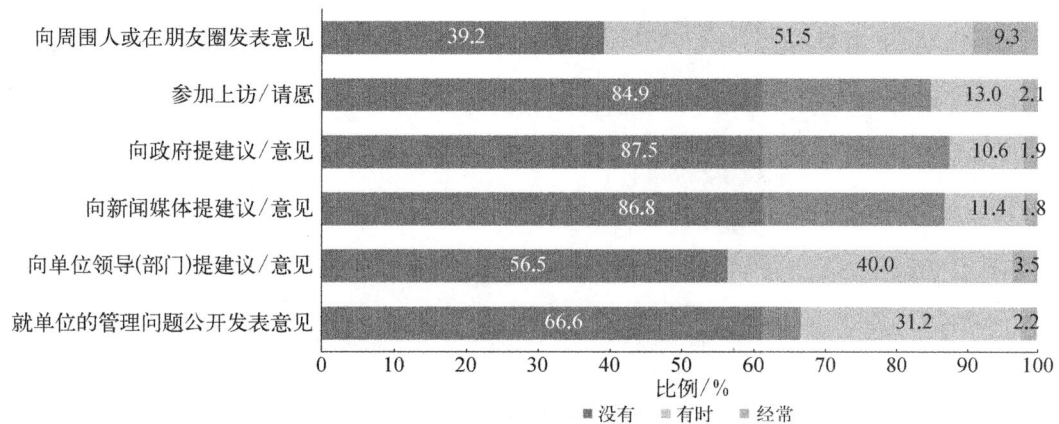

图6-16 船舶技术人员关心单位公共事务的比例

从年龄来看,30岁以下的船舶技术人员在参加上访表达意愿、向政府提建议或向新闻媒体提建议等方面的比例明显高于其他年龄组。另外,50岁及以上年龄组的船舶技术人员向领导提意见和就单位管理问题公开发表意见的比例明显高于其他年龄组,40~49岁年龄组向周围人或在朋友圈发表意见的比例明显较高(图6-17)。这体现出不同年龄组船舶技术人员参与单位公共事务的形式存在些微差别。

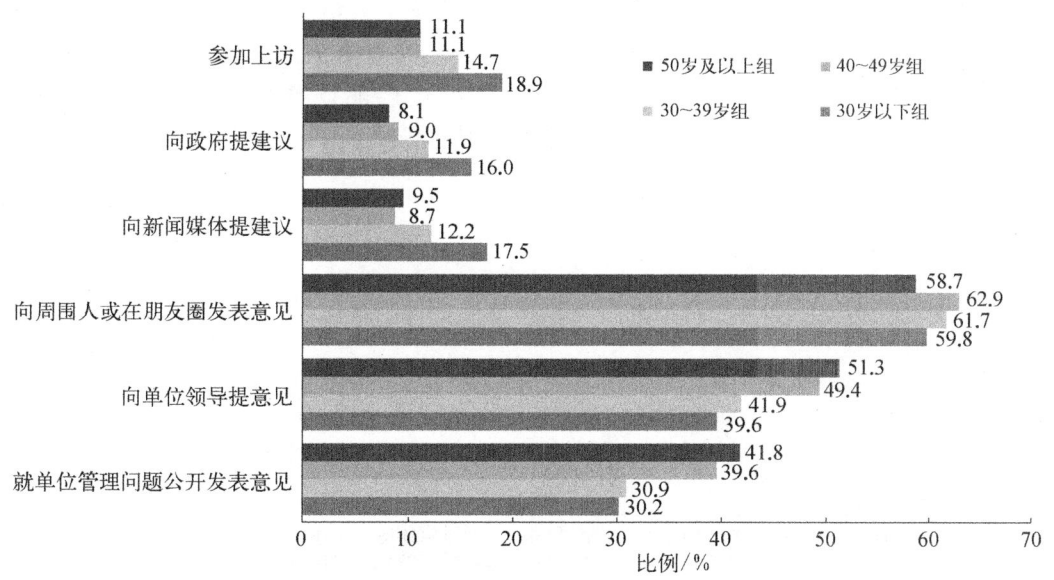

图6-17 不同年龄组船舶技术人员参与单位公共事务的比例

从政治面貌来看,民主党派的船舶技术人员参与单位公共事务的积极性明显高于其他人员,具体表现在向单位领导提建议、向政府和新闻媒体提建议/意见、参加上访等方面。作为共青团员的船舶技术人员在向周围人或在朋友圈发表意见的比例明显高于其他人员(图6-18)。

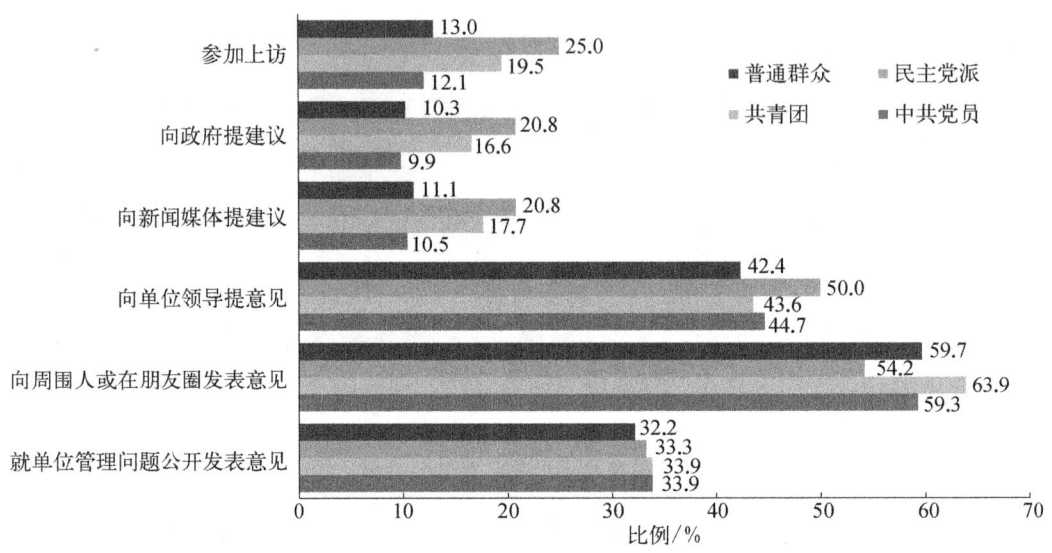

图6-18 不同政治面貌船舶技术人员参与单位公共事务的比例

3. 遇到错误航运相关信息时,近五成的船舶技术人员会采取行动

相对一般公众,船舶技术人员群体更加了解与航运相关的知识,当问及"如果在媒体上看到了您认为明显错误的与航运有关的信息或报道,您一般会怎么办"时,虽然有50.2%的船舶技术人员表示"不予理睬",但仍有49.8%的船舶技术人员会通过多种方式做出回应。其中,30.8%的船舶技术人员会"运用QQ或微信向朋友圈澄清错误",21.8%的"向相关管理部分反映",10.9%的"与该媒体联系,指出错误",4.9%的船舶技术人员会"通过媒体向公众澄清错误",另有2.8%的船舶技术人员表示会采取其他方式(图6-19)。

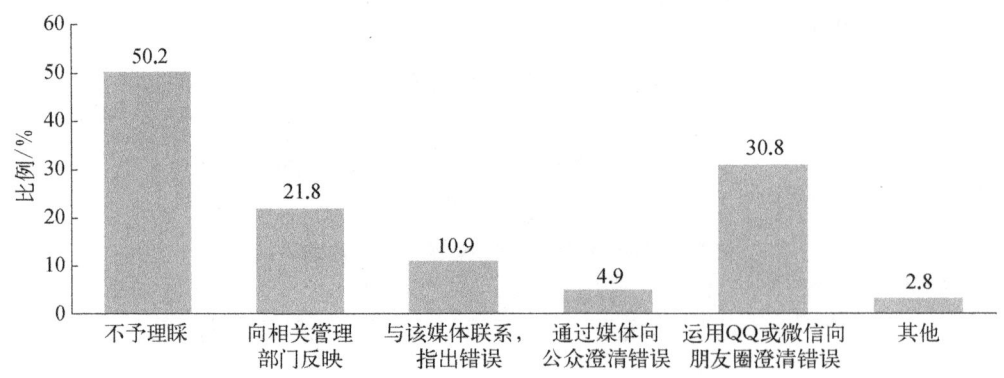

图6-19 船舶技术人员遇到错误航运信息时做出各种反应的比例

从年龄来看,30岁以下的船舶技术人员遇到明显错误的航运信息报道时,较其他年龄组更少选择"不予理睬"的方式,而是选择做出回应。另外,这一年龄组船舶技术人员更多地选择"运用QQ或微信向朋友圈澄清错误"(34.3%)、"向有关管理部门反映"(24.4%)、"与该媒体联系,指出错误"(14.3%)或"通过媒体向公众澄清错误"(6.2%),体现出年轻船舶技术人员对所从事行业的责任感和归属感(图6-20)。同时,数据结果还显示,50岁及以上组船舶技术人员较其他年龄组而言,更倾向于通过正式渠道来做出回应,如"向相关管理部门反映"(28.7%)。

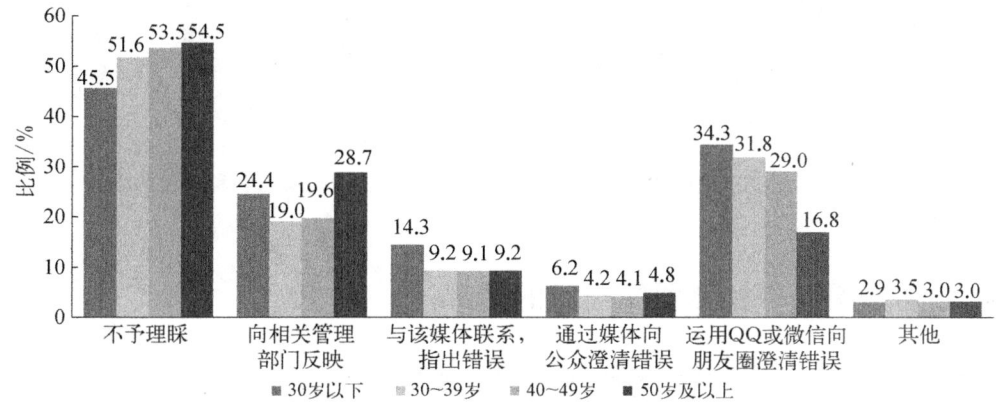

图 6-20　不同年龄组船舶技术人员遇到错误航运信息时做出各种反应的比例

从船舶技术人员的政治面貌来看,共产党员更多选择"不予理睬"(55.2%),而这一处理方式在民主党派里更少采用(26.1%),他们更多选择"运用QQ或微信向朋友圈澄清错误"(39.1%)这一方式做出回应。与其他群体相比,共青团员选择"通过媒体向公众澄清错误""与该媒体联系,指出错误"及"向相关管理部门反映"(图6-21)。

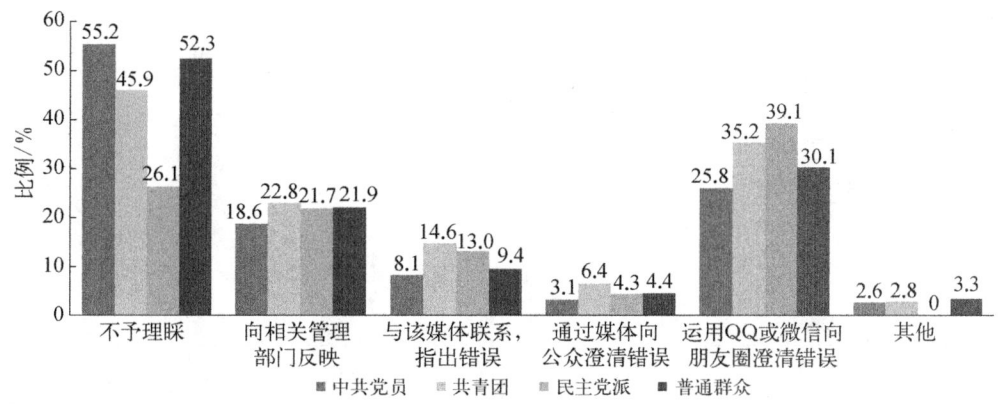

图 6-21　不同政治面貌船舶技术人员遇到错误航运信息时做出各种反应的比例

从企业性质来看,国有企业的船舶技术人员在遇到错误的航运信息报道时,更多选择"不予理睬"(53.8%),而合资企业船舶技术人员较少选择这一方式(35.7%)。相反,合资企业船舶技术人员更倾向于选择"向有关管理部门反映""与该媒体联系,指出错误"等方式做出回应(39.5%,22.3%)(图6-22)。

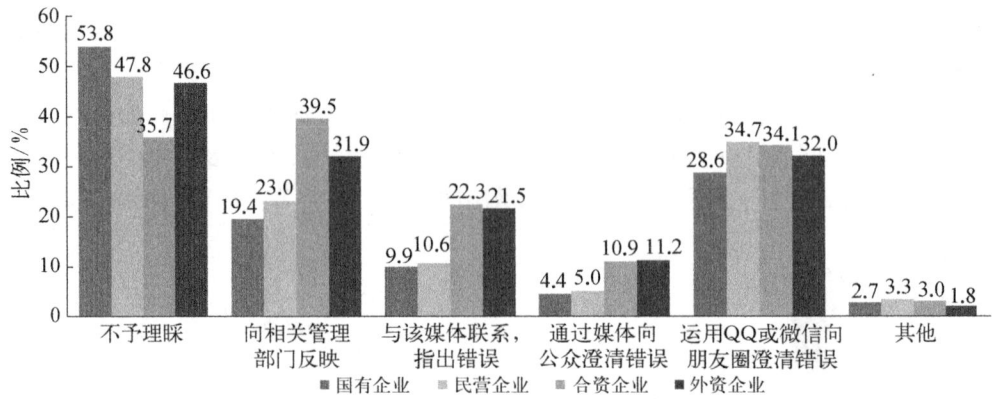

图 6-22 不同企业性质船舶技术人员遇到错误航运信息时做出各种反应的比例

三、参与学术团体和社会团体组织的情况

1. 船舶技术人员参与基层工会组织的比例不到两成

调查显示,19.5%的船舶技术人员是基层工会组织的成员。从年龄阶段来看,随着年龄的增加,加入基层工会组织的比例逐渐升高,其中50岁及以上组船舶技术人员是基层工会成员的比例最高(31.9%)。从职务职称来看,船长、轮机长是基层工会组织成员的比例较高,分别为32.4%、27.8%。从企业性质来看,国有企业船舶技术人员是基层工会组织成员的比例最高(30.5%),民营企业船舶技术人员群体的比例最低(7.6%)(图6-23)。

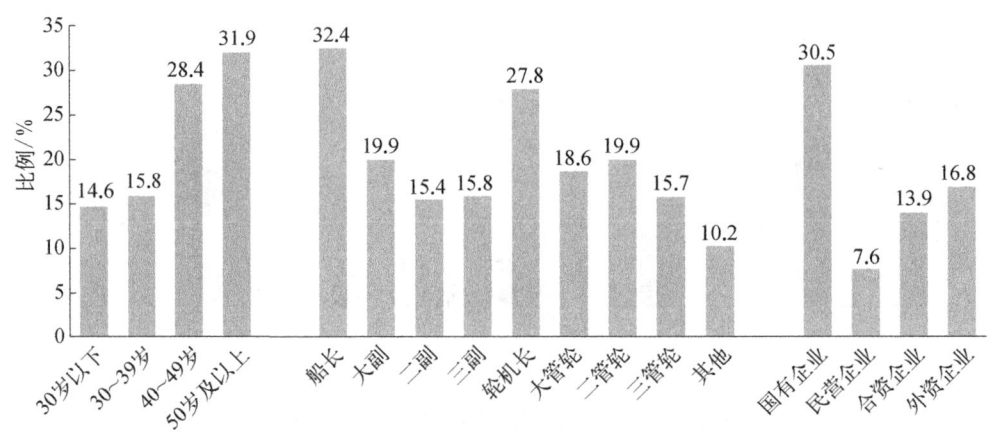

图 6-23 船舶技术人员是基层工会组织成员的比例

2. 船舶技术人员参加各级学术团体的比例不到两成

数据调查结果显示,11.4%的船舶技术人员参加了至少一个学术团体。从学术团体的级别来看,参加国际或海外学术团体的比例为1.2%,参加全国性学术团体的比例为1.3%,参

加省级学术团体的比例为1.4%,参加地市级学术团体的比例为1.4%,参加区县级学术团体的比例为1.8%,参加其他学术团体的比例为4.3%。与船舶运输行业对口的学术团体组织,即行业学会及各分支委员会,船舶技术人员的参加比例也不高(分别为5.8%和6.8%)(图6-24)。

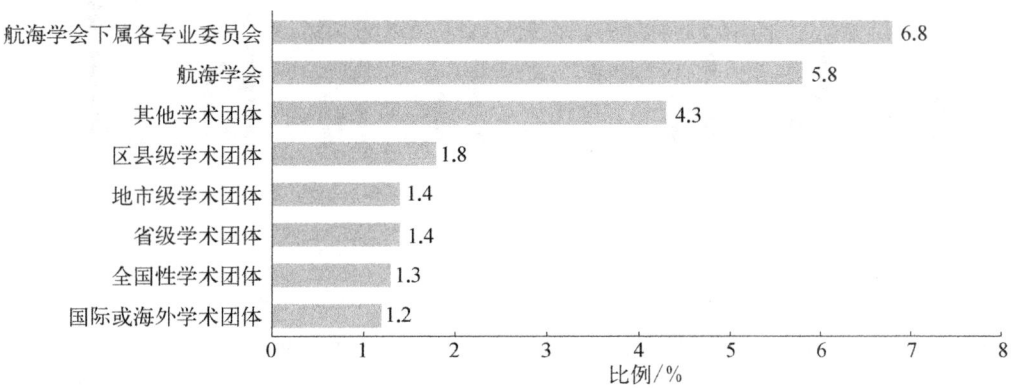

图6-24 船舶技术人员参加各级学术团体的比例

从年龄来看,30岁以下船舶技术人员参加学术团体的比例明显较高,其中参加行业学会及其下属各分支委员会的比例明显高于其他年龄组(8.1%和9.1%)。50岁及以上船舶技术人员参加学术团体的比例较小(图6-25)。

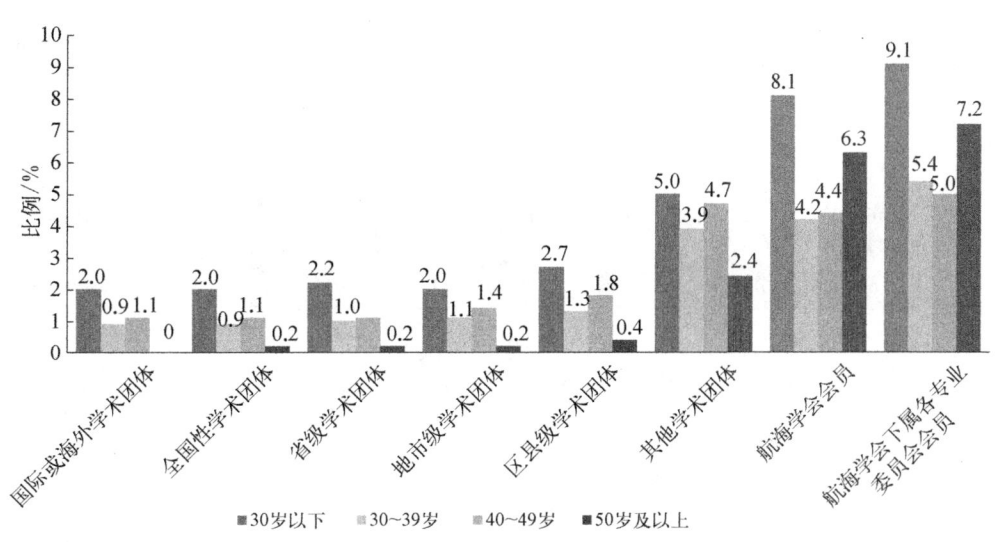

图6-25 不同年龄组船舶技术人员参加各级学术团体的比例

从职务职称来看,总体来说,船长参加各级学术团体的比例明显高于其他船舶技术人员,其中作为行业学会及下属各分支委员会会员的比例为10.4%和10.1%。同时,数据结果还显示,与从事轮机工程的船舶技术人员相比,从事船舶驾驶的船舶技术人员参与各级学术

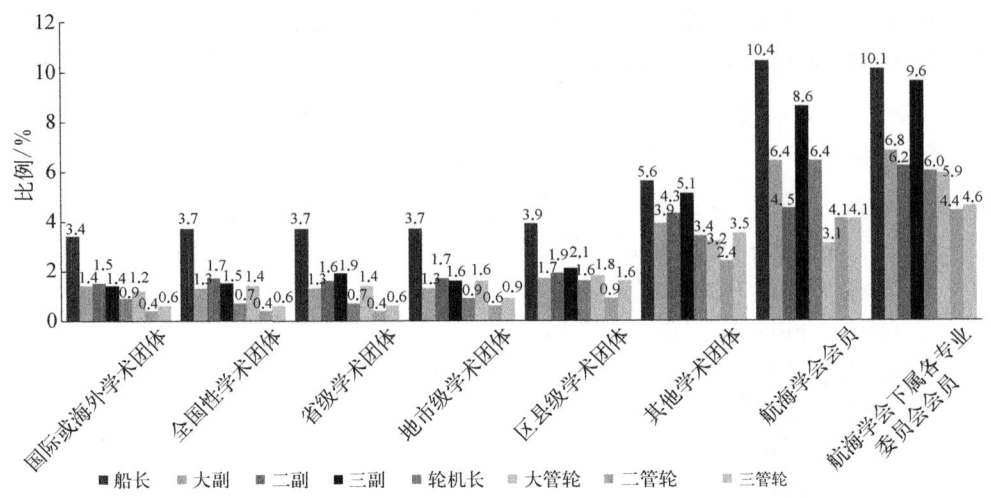

图 6-26 不同职务职称船舶技术人员参加各级学术团体的比例

团体的比例明显较高(图 6-26)。

从企业性质来看,调查结果发现,外资企业的船舶技术人员参加各级学术团体的比例较高,其中作为行业学会及其下属各分支专业委员会会员的比例分别为 18.3% 和 19.9%。其次是合资企业船舶技术人员,民营企业船舶技术人员参加各学术团体的比例最低(图 6-27)。

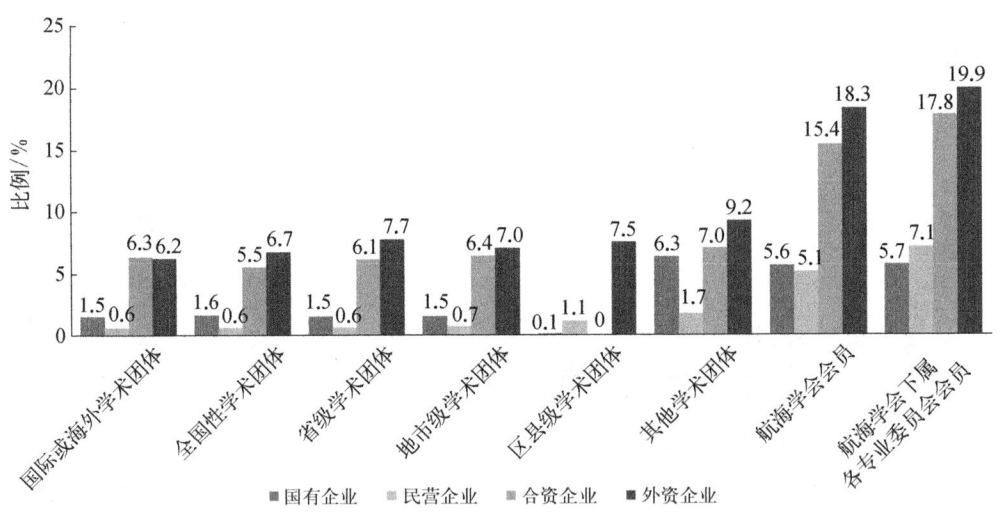

图 6-27 不同企业性质船舶技术人员参加各级学术团体的比例

3. 近八成船舶技术人员几乎不参加学术团体组织的活动

调查结果显示,在学术团体和社会组织团体的会员中,72.6% 的船舶技术人员表示几乎不参加学术团体或社会组织开展的活动。23.4% 的表示"偶尔参加",仅有 4.0% 的表示"经常参加"(图 6-28)。这一结果与 2013 年全国科技工作者调查结果存在较大差别。2013 年全国科技者调查结果显示,82.2%的参加所在团体或组织开展的活动。

进一步分析发现,在参加活动的频率上,船长参加活动的比例最高(35.5%),明显高于其他船舶技术人员;其次是三副,31.4%。大管轮参加学术团体或社会组织活动的频率最低,为21.3%。表现出高职称和初级职称船舶技术人员参加活动的热情相对较高,中级职称最低。

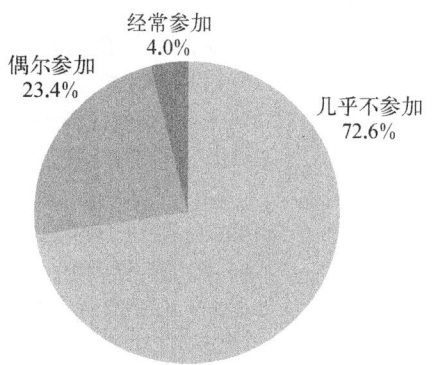

图6-28 船舶技术人员参加学术团体和社会组织活动的比例

四、对学术团体和社会组织的评价和期望

1. 船舶技术人员对学术团体和社会组织的了解程度较低

针对船舶技术人员这一群体的特点,我们选择与其关系较为密切的工会组织及行业学会两个社会团体组织,调查船舶技术人员对这两个组织的评价和期待。

调查结果显示,83.1%的船舶技术人员表示不了解基层工会组织,其中33.6%表示"完全不了解",49.5%表示"不太了解"。船舶技术人员对行业学会的了解程度更低,88.1%表示"完全不了解"或"不太了解"(图6-29)。

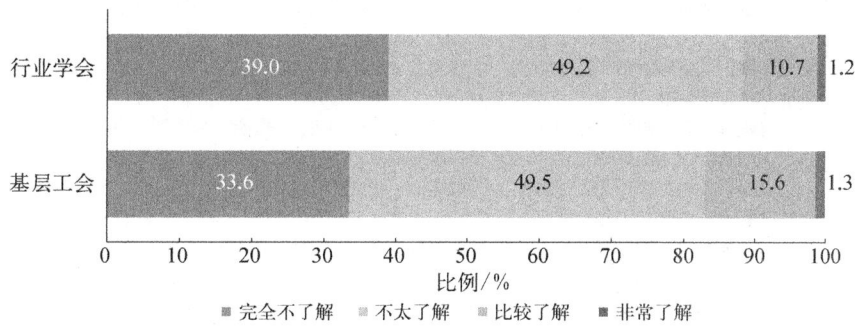

图6-29 船舶技术人员对基层工会及行业学会的了解程度

从年龄来看,随着年龄的增长,船舶技术人员对基层工会、行业学会的了解程度逐渐提高。其中28.6%的50岁及以上船舶技术人员了解行业学会,这一群体了解基层工会的比例为20.6%(图6-30)。

从职务职称来看,船长、轮机长对行业学会、基层工会的了解程度较中、低职务职称的船舶技术人员普遍要高。其中,23.8%的船长、16.5%的轮机长表示了解行业学会,28.7%的船长和26.5%的轮机长表示了解基层工会(图6-31)。

2. 船舶技术人员对基层工会和行业学会的影响力评价一般

调查显示,11.7%的船舶技术人员对基层工会影响力的评价较好,其中9.1%的认为"比较有影响",2.6%的认为"非常有影响"。认为影响力"一般"的占27.6%,认为"影响较小"和"没有影响"的分别为23.7%和26.4%(图6-32)。对行业学会影响力的评价,只有13.5%的

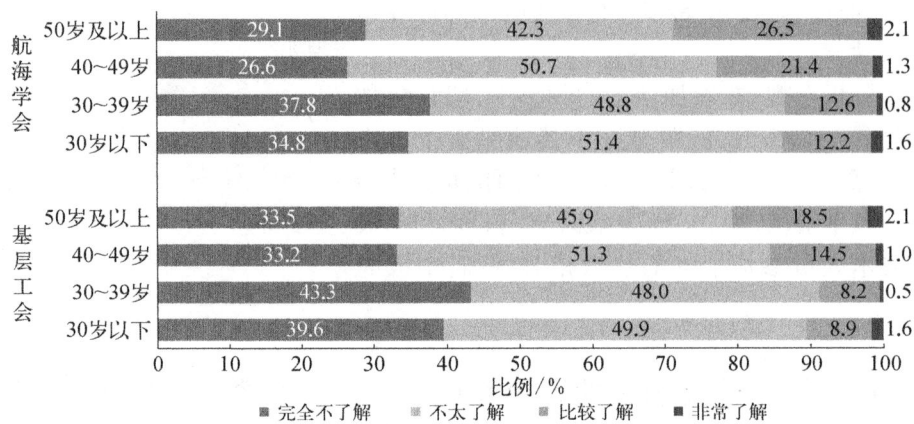

图6-30 不同年龄组船舶技术人员对基层工会、行业学会的了解程度

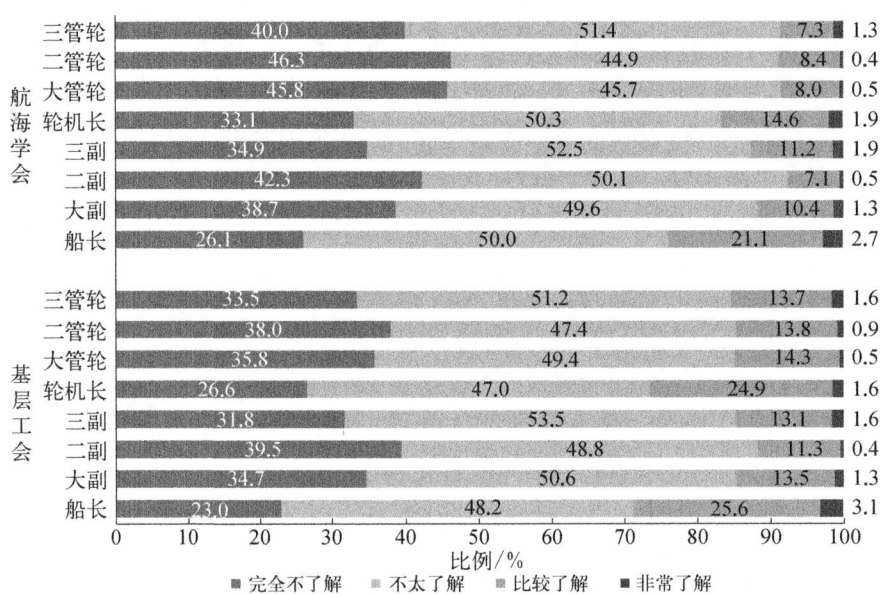

图6-31 不同职务职称船舶技术人员对基层工会、行业学会的了解程度

船舶技术人员评价较好,27.4%认为影响力"一般",46.4%认为行业学会"没有影响"或"影响较弱"(图6-33)。

进一步分析结果显示,对工会、行业学会的了解程度影响船舶技术人员对工会、行业学会影响力的评价。总体来说,对工会了解程度越高的船舶技术人员,对工会影响力的评价越好。对基层工会"非常了解"的船舶技术人员中,43.2%认为基层工会的影响大,而在"不太了解"这一群体中,只有37.5%的认为"影响大"(图6-34)。对行业学会影响力的评价,趋势不完全相同。结果发现,对行业学会"比较了解"的船舶技术人员群体中,40.0%认为"影响大",而在"非常了解"的船舶技术人员群体中,只有31.4%认为"影响大",且有48.6%认为"影响弱"。这一结果提示当前行业学会的工作还有待进一步提高。

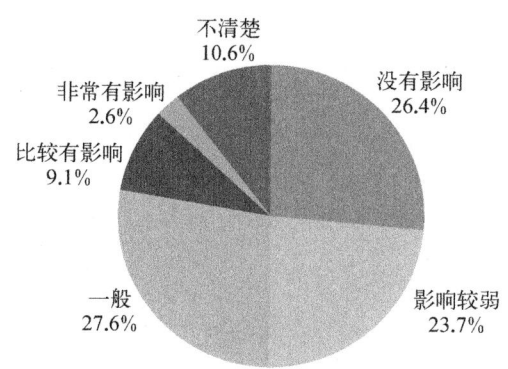
图 6-32　船舶技术人员对基层工会影响力的评价

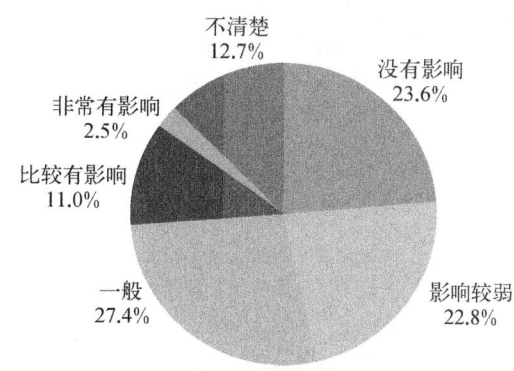
图 6-33　船舶技术人员对行业学会影响力的评价

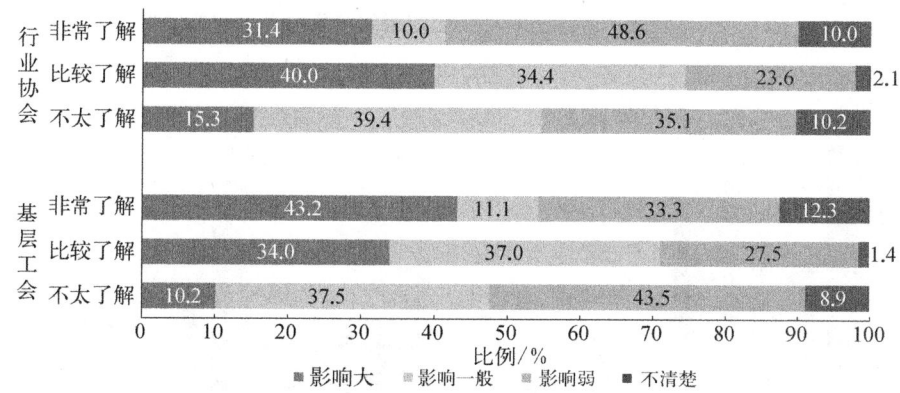
图 6-34　对基层工会、行业学会了解程度不同的船舶技术
人员对基层工会、行业学会影响力的评价

3. 船舶技术人员希望社会团体组织能提供信息技术服务、权益保障、就业等多种服务

调查显示,船舶技术人员最希望社会团体组织能提供保障权益服务(49.9%),其次是信息、技术服务(49.8%),48.6%的船舶技术人员希望社会团体组织能提供就业服务,34%的船舶技术人员希望社会团体组织能提供政策咨询服务,28.9%的希望能解决生活困难(图 6-35)。

进一步分析发现,不同年龄段船舶技术人员的需求存在差别。30 岁以下船舶技术人员在就业服务(50.5%)、解决生活困难(34.5%)、职称评审(16.5%)、资助研究(15.2%)等方面的需求略高于其他年龄组船舶技术人员(图 6-36)。30 岁以上的船舶技术人员"权益保障"的需求较为强烈,其中 40~49 岁组的比例最高(53.4%)。其次,在"提供船舶技术交流机会"这一需求中,40~49 岁组船舶技术人员的需求比例略高于其他年龄组。50 岁及以上年龄组船舶技术人员更希望社会团体组织能提供"信息、技术服务"(56.1%)。

不同职务职称的船舶技术人员在具体需求方面也存在不同。总体来看,船长、轮机长等高级职称的船舶技术人员更希望社会团体组织在"信息、技术服务""船舶技术交流的机会"方面提供帮助,需求比例分别为 61.0%、62.2%和 30%、35.4%。中、低职称的船舶技术人员

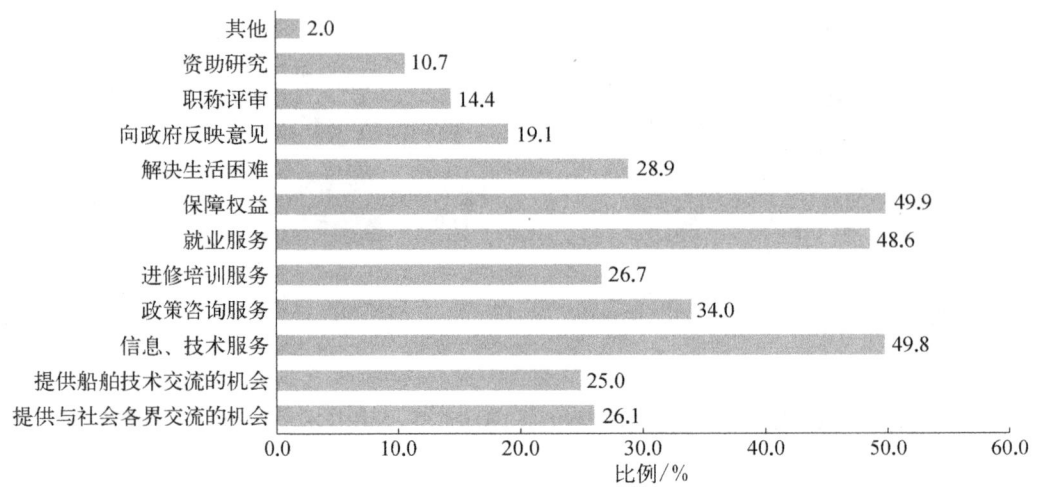

图6-35 船舶技术人员对社会团体组织各类服务的需求情况

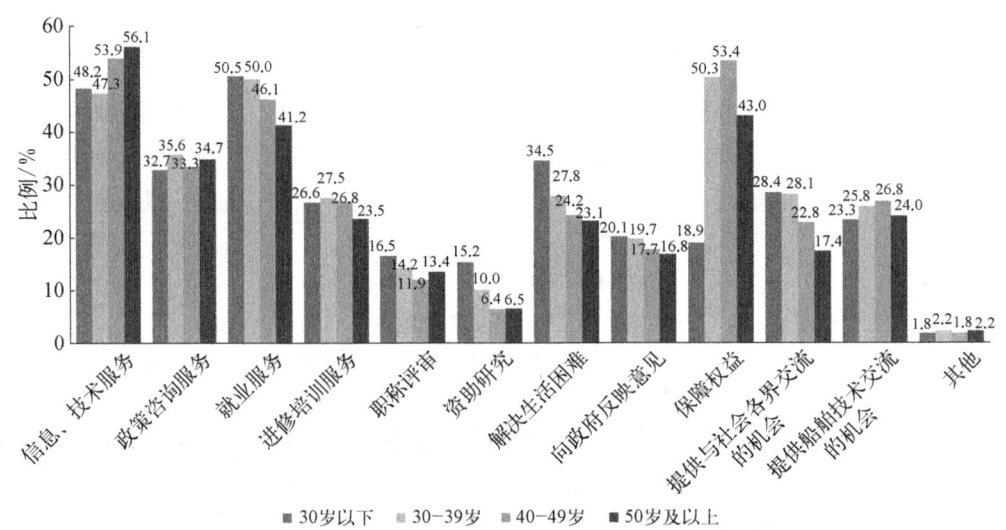

图6-36 不同年龄组船舶技术人员对社会团体组织各类服务的需求情况

更希望社会团体组织在权益保障、解决生活困难、就业服务等方面提供帮助。其中二管轮在权益保障的需求比例为56.7%,高出船长、轮机长的需求比例7.5%和9.4%。在解决生活困难这一需求上,三副、三管轮的需求比例分别为35.4%和34.3%,高出船长的需求比例11.1%和12%,比轮机长的需求比例高出15.1%和14.0%(图6-37)。

来自不同性质企业的船舶技术人员需求差异也比较明显。民营企业的船舶技术人员在就业服务(56.5%)、权益保障(51.3%)、进修培训服务(28.8%)等方面的需求比例明显高于其他单位船舶技术人员(图6-38)。同时,调查结果还显示,合资企业船舶技术人员更希望社会团体组织在解决生活困难(38.1%)、政策咨询服务(38.6%)等方面提供帮助。国有企业船舶技术人员更希望在信息、技术服务方面得到帮助(53.0%)。

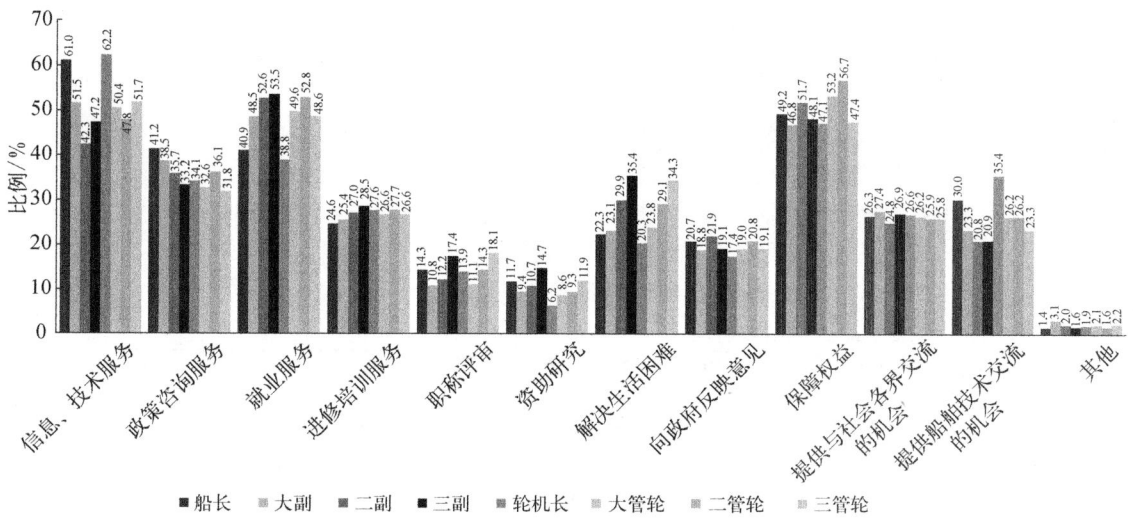

图6-37 不同职务职称船舶技术人员对社会团体组织各类服务的需求情况

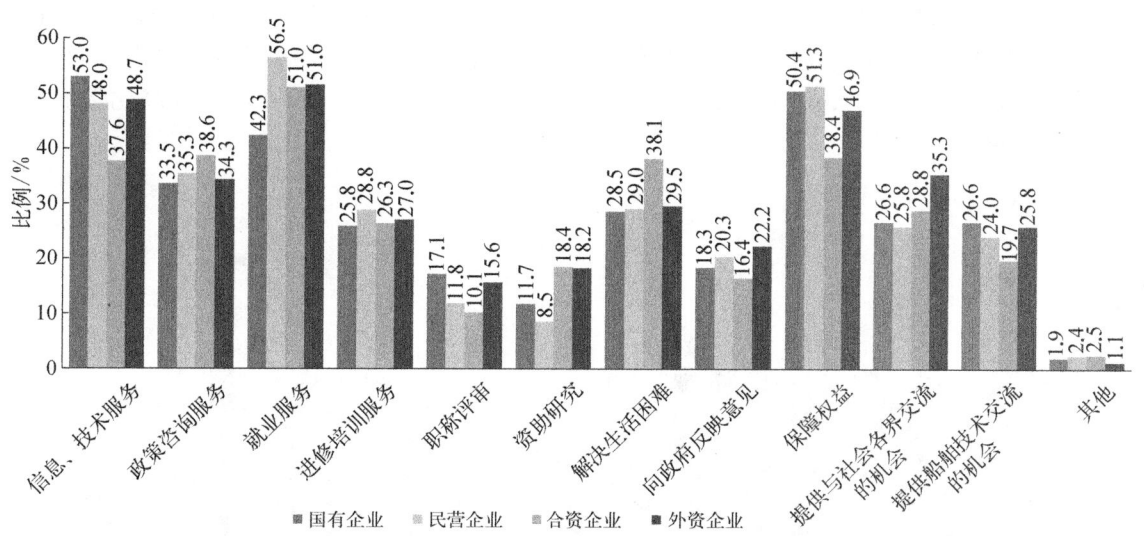

图6-38 不同企业性质船舶技术人员对社会团体组织各类服务的需求情况

五、权益侵害与维护

1. 船舶技术人员遇到工资按时发放、看病报销、社保缴费等方面的困难

当问及权益侵害等方面的问题时,42.4%的船舶技术人员反映曾遇到"工资按时发放"的困难,38.5%曾遇到"看病报销"的困难,34.9%提出"社保缴费"存在困难。另外,在个税缴纳(26.3%)、养老问题(23.7%)、工伤救助(14.7%)、工伤索赔(13.2%)等方面,船舶技术人员也反映曾经遇到困难(图6-39)。

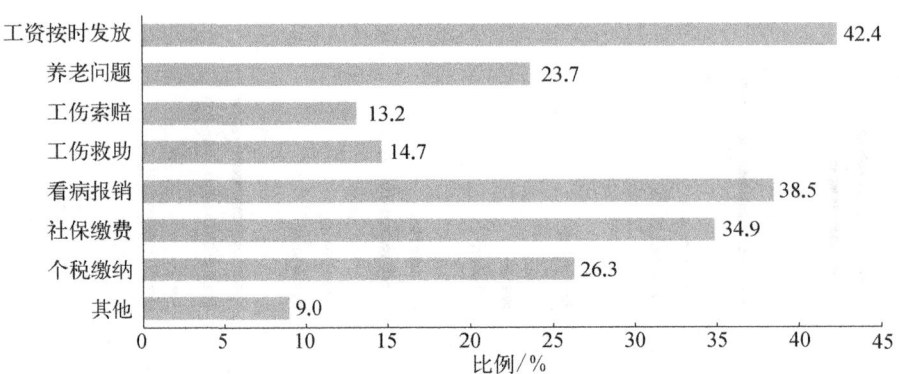

图 6-39 船舶技术人员遇到各类困难情况

从年龄来看,不同年龄段船舶技术人员曾遇到的困难不完全相同。就工资按时发放这一问题,尽管所有年龄组船舶技术人员反映这一困难发生的比例比较高,但50岁及以上组船舶技术人员碰到这一问题的比例最高(48.4%),其次是40~49岁组(46.6%),30~39岁组(42.3%)及30岁以下组(38.2%)。30岁以下组反映在看病报销(42.2%)、社保缴费(38.0%)、工伤救助(14.0%)等方面的遇到的困难比例较其他年龄组更多。同时,在个税缴纳这一问题上,30岁以下组(27.6%)及40~49岁组(27.7%)均有较高比例的反映(图6-40)。

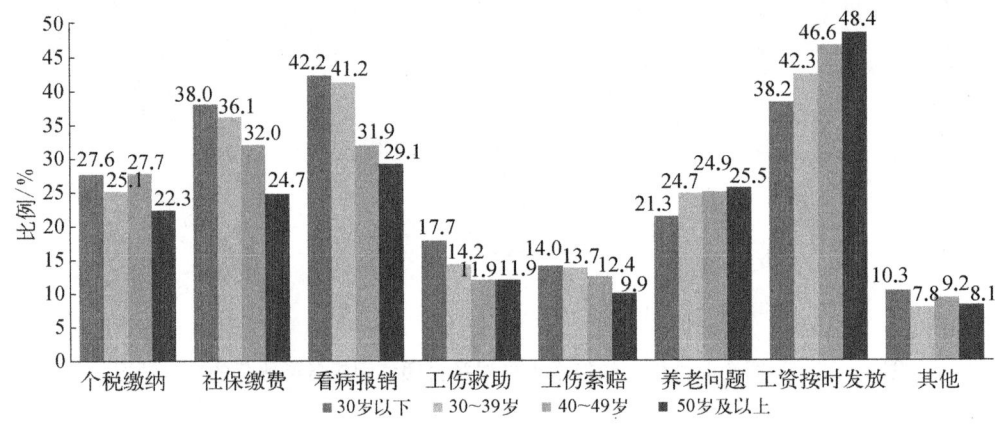

图 6-40 不同年龄组船舶技术人员遇到的各类困难情况

从企业性质来看,来自不同性质企业的船舶技术人员遇到的权益侵害状况存在差别。其中,在工资按时发放这一问题上,民营企业的船舶技术人员受侵害的情况最多(58.8%),其次是合资企业(45.3%),国有企业船舶技术人员发生这一问题的比例最小(28.6%)。外资企业船舶技术人员在看病报销(46.7%)、养老问题(34.1%)、工伤救助(21.1%)等方面遇到的困难比例明显高于其他性质企业的船舶技术人员。国有企业船舶技术人员在个税缴纳这一问题上反映的比例较高(35.7%)(图6-41)。

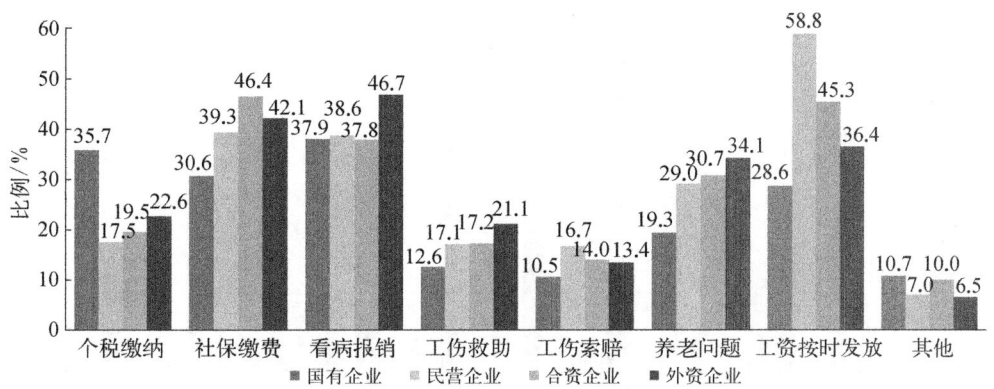

图 6-41 不同性质企业船舶技术人员遇到的各类困难情况

2. 近八成船舶技术人员在遇到困难时选择多渠道求助

调查显示,当碰到困难时,只有 12.5% 的船舶技术人员选择不予理睬,其余船舶技术人员会选择多种方式求助。其中向自己单位反映是最常用的求助方式(48.7%),其次是向同事、朋友反映(35.3%),向亲人反映(21.7%)。也有船舶技术人员选择诉诸法律(17.9%)、与侵害者交涉(15.2%)、向地方海事法院反映(14.5%)。另有 14.2% 的船舶技术人员选择向社会组织团体,如工会(8.5%)、学会(5.7%)反映(图 6-42)。

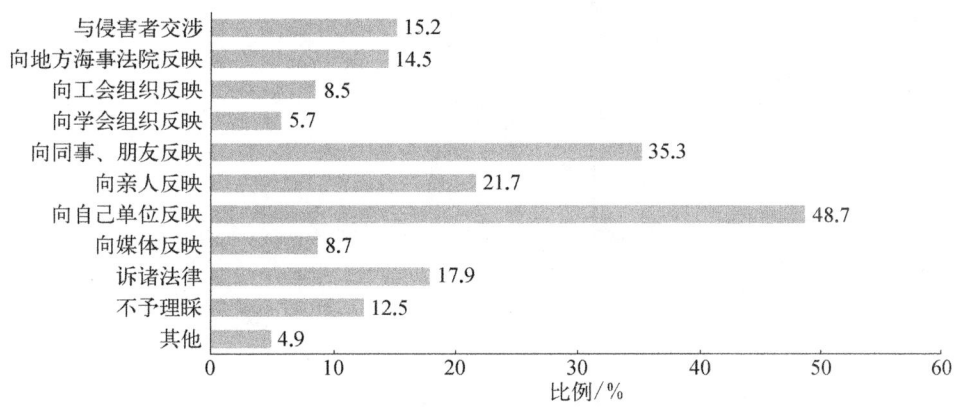

图 6-42 船舶技术人员遇到困难时的求助方式

进一步分析发现,不同年龄组船舶技术人员在遇到困难时的应对方式有所差别。总体来说,30 岁以下组船舶技术人员表现得更为积极,多通过向自己单位反映(49.8%)、向同事、朋友反映(38.0%)、诉诸法律(22.1%)、向地方海事法院反映(17.6%)等方式寻求帮助(图 6-43)。同时,40~49 岁组船舶技术人员较其他年龄组更多选择与侵害者交涉。

从企业性质来看,合资企业船舶技术人员遇到困难时的求助更为积极,他们通过向自己单位反映(48.6%)向同事、朋友反映(42.8%),诉诸法律(30.8%),向地方海事法院反映(22.8%),向亲人反映(24.6%),向媒体反映(19.0%),向学会组织反映(13.6%)等多种方式寻求帮助(图 6-44)。外资企业船舶技术人员更多选择向自己单位反映(53.0%)。

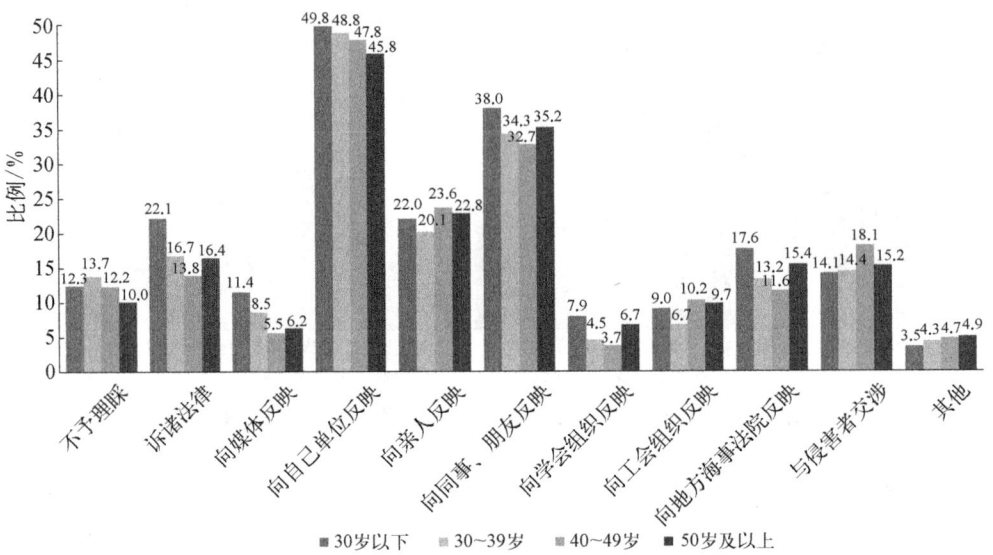

图 6-43 不同年龄组船舶技术人员遇到困难时的求助方式

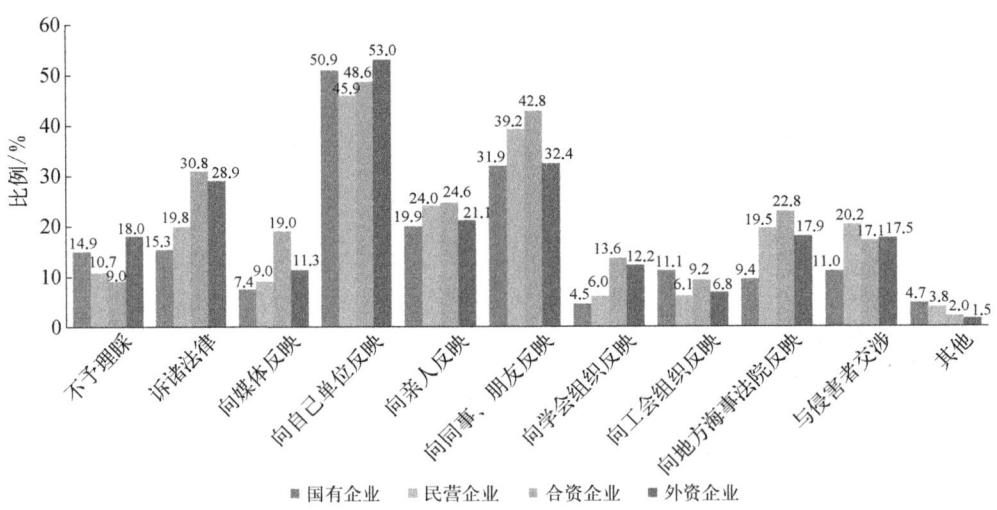

图 6-44 不同性质企业船舶技术人员遇到困难时的求助方式

第七章 我国海运业船舶技术人员的心理健康状况

本章从心理健康自评、心理压力源、社会支持、应付方式、心理服务需求共五方面描述我国航运业船舶技术人员的心理健康状况。

一、心理健康自评

课题组采用自编的《中国海员心理健康量表》，对船舶技术人员进行心理测评。《中国海员心理健康量表》是符合中国社会文化背景和海员职业特点需求的海员心理健康评价模式，可以可靠、稳定和有效地评价船舶技术人员的心理健康水平。量表分11个维度：躯体化、焦虑、抑郁、强迫、恐怖、冲动、社交困惑、自卑、性心理障碍、空虚、精神病倾向。量表维度的操作性定义如表7-1。

表7-1 《中国海员心理健康量表》的维度、操作性定义

维度	操作性定义
躯体化	主要反映身体不适感，包括心血管、胃肠道、呼吸和其他系统的不适，头痛、背痛、肌肉酸痛，以及焦虑等躯体不适表现
焦虑	指那些烦躁、坐立不安、神经过敏、紧张以及由此产生的躯体征象，如震颤等
抑郁	以苦闷的情感和心境为代表性症状，以生活兴趣的减退、动力缺乏、活力丧失等为特征。并表现出失望、悲观以及与抑郁相联系的认知和躯体方面的感受，包括有关死亡的思想和自杀观念
强迫	是那些明知没有必要，但又无法摆脱的无意义的思想、冲动和行为，包括强迫行为和强迫观念，与过分追求完美、犹豫不决、谨小慎微、固执等不良个性特征有关
恐怖	是对某些特定的对象产生强烈和不必要的恐惧，明知其反应不合理，却难以控制而反复出现，并伴有回避行为，包括广场恐怖、社交恐怖等
冲动	是由外界刺激引起，爆发突然、缺乏理智而带有盲目性、对后果缺乏清醒认识的行为，对冲动的人来说理性控制很薄弱，做事多鲁莽，不考虑后果，感情特别强烈，既可以包括冲动行为，也可以包括冲动思想
社交困惑	在与他人的交往中所出现的各种不适应的状态，引起社交困惑的原因有很多，例如不善于交往、对他人的认识有误等，这些原因最终导致个体与他人的交往出现问题
自卑	反映在低估自己的能力，是自感无能而失去正常自信的一种表现。同时伴有一些特殊的情绪体现，诸如害羞、不安、内疚、忧郁、失望等
性心理障碍	是性差别、性身份、性别角色和性冲动在心理觉察层次上的反映
空虚	对生活失去兴趣，百无聊赖、闲散寂寞的消极心态，是心理上的"没劲"
精神病倾向	包括幻听、思维播散、被洞悉感等反映精神分裂症状项目。反映各式各样的急性症状和行为，即限定不严的精神病性过程的症状表现

实际收回纸质量表及网络测试量表共计7 296份，对收回的量表进行筛选，筛选原则

是：① 整份量表漏答题目大于或等于两题；② 测谎题显示前后回答严重不符；③ 其他情况提示未认真回答者。经筛选后共得到有效量表4 991份。

结果显示,船舶技术人员的阳性检出率为4.6%,各因子的阳性检出率分别为：躯体化4.6%、焦虑4.5%、抑郁4.3%、性心理障碍4.6%、自卑4.1%、冲动4.5%、社交困惑4.7%、空虚5.2%、精神病倾向6.3%、恐怖5.1%、强迫4.8%。总分和因子分呈现阳性,说明受测者已产生"症状",需要重点关注。

在4 991名船舶技术人员中,需要一般关注的比例是10.4%,该群体在某些方面存在自我感觉不佳的问题,可以通过自我调适或他人帮助得到缓解,但若长期累积未有缓解,就会有阳性症状产生。

群体内比较可以发现,30岁以下的船舶技术人员心理阳性症状检出率最高,需要重点关注和一般关注的人数达到19.4%。随着年龄升高,比率相对降低。因此对青年船舶技术人员的心理健康教育不可缺少,心理状态的监控非常必要。从企业性质看,合资企业、外资企业、私营企业船舶技术人员心理阳性检出率高于国有企业,需要重点关注和一般关注的人员比例分别为25.9%、24.0%、15.9%和13.2%。

二、心理压力的来源

1. 跟亲人在一起时间少是心理压力的主要来源

船舶技术人员的心理压力较大,86.0%的船舶技术人员认为自身的心理压力源于跟亲人在一起时间少,其次是与社会分离(78.7%)、工作环境封闭(77.1%)。此外,职业特殊因素,如航海职业危险(70.5%)、生活不规律(70.2%)、工作缺乏归属感(67.4%)、职业无发展前景(62.0%)、应有权益得不到保障(62.1%)、饮食结构不合理(58.7%);自身与社会因素,如身体健康受影响(66.6%)、性生活不满意(64.6%)、人际关系不协调(68.3%)、缺少文化环境(66.0%)也是心理压力的主要来源,如图7-1所示。

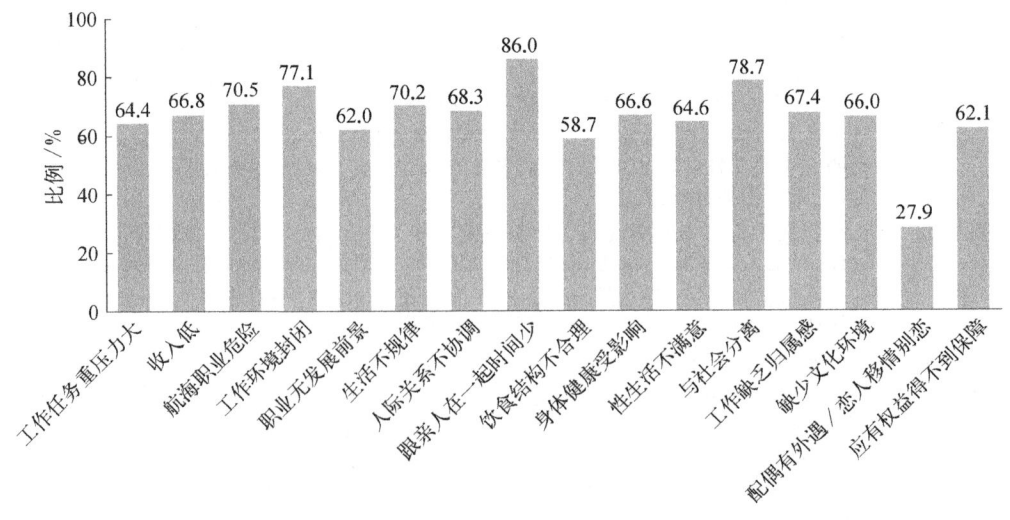

图7-1 船舶技术人员心理压力的主要来源

不同年龄、学历、职务的船舶技术人员在心理压力的主要来源方面差异不大。

2. 压力来源与职业特点相关

船舶技术人员的压力来源,与其职业特点有很大关系,包括职业特殊环境、生物节律、饮食结构等,受之影响的与亲人分离、与社会分离、性生活不满意、身体健康受影响等,以及工作中缺乏归属感、人际关系不协调、缺少文化环境、缺乏权益保障,另有对职业发展前景的担忧。船舶技术人员的心理压力较多来自工作本身,所以在职业培训过程中融入心理健康教育、帮助船舶技术人员做好心理调适尤为重要。

三、社会支持

1. 非正式社会支持是船舶技术人员的主要支持来源

在问及"遇到急难情况时,曾经得到的经济支持、解决实际问题的帮助来源"时,73.5%的船舶技术人员选择来自于亲戚,57.6%选择来自于朋友,50.3%选择来自于配偶,这是船舶技术人员三大主要支持来源,这些支持皆来自非正式社会支持。其次,32.8%选择来自于同事,11.3%选择来自于工作单位,3.3%选择来自于党、团、工会组织,2.7%选择来自于社会团体,1.3%来自于宗教组织等正式社会支持。不可忽略的是,有8.8%的船舶技术人员没有感受到任何社会支持。如图7-2所示。

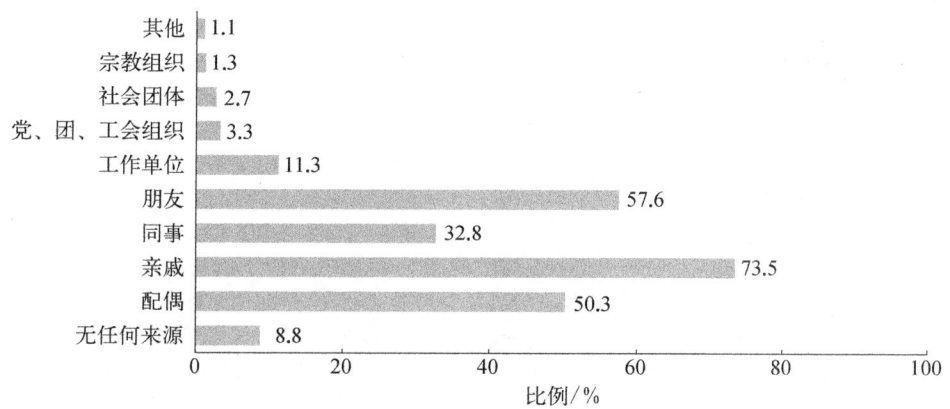

图7-2 船舶技术人员的主要社会支持来源

社会支持是指个体通过正式或非正式的途径与他人或群体接触,并获得信息、安慰和保障。社会支持能够缓解个体压力,也能够提高个体应对压力的能力。从数据可以看出,船舶技术人员获得的支持更多依赖非正式社会支持,社会支持网络不够健全,在群体、组织之间的纽带关系较少,在社会群体中获取的信息和其他资源较少,社会关系较弱。

2. 家庭中的父母、配偶(恋人)是船舶技术人员的主要支持来源

九成以上的船舶技术人员能从父母处得到支持和照顾,八成以上的船舶技术人员能从配偶(恋人)处得到支持和照顾,其次是兄弟姐妹、儿女、家庭中其他成员。如图7-3所示。

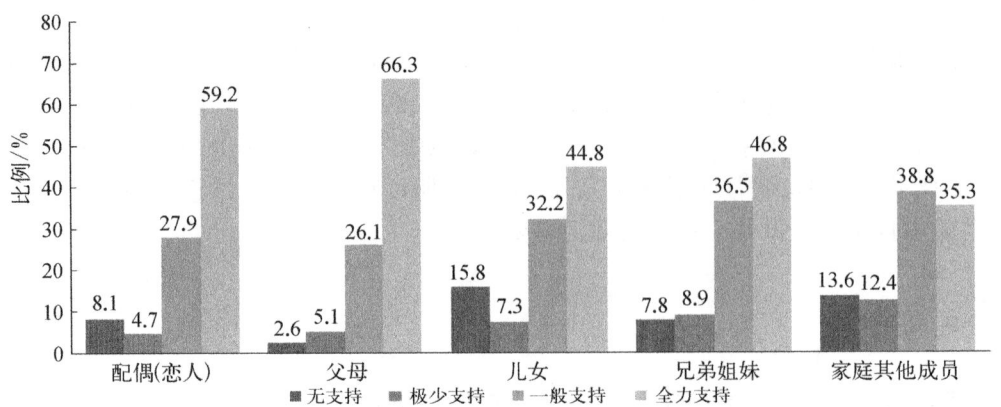

图7-3 船舶技术人员来自家庭的社会支持

3. 九成以上的船舶技术人员能够得到朋友的支持和帮助

朋友是船舶技术人员的重要支持源之一,数据分析可知,5.4%的船舶技术人员感受不到任何一个朋友的支持,但94.6%的船舶技术人员能够得到朋友的支持和帮助,其中18.3%的船舶技术人员拥有6个及以上朋友,40.0%的船舶技术人员拥有3~5个朋友,36.3%的船舶技术人员拥有1~2个好友。如图7-4所示。

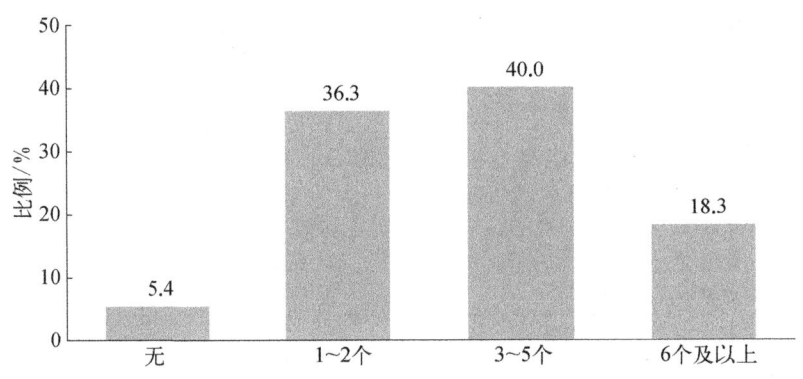

图7-4 船舶技术人员来自朋友的社会支持

4. 四成船舶技术人员能够得到同事的支持和帮助

40.2%的船舶技术人员表示能得到大多数同事的关心,27.2%表示"有些同事很关心我",25.6%表示"遇到困难可能稍微关心",也有7.0%船舶技术人员认为同事之间"只是点头之交,相互之间从不关心"。如图7-5所示。

5. 船舶技术人员与邻居的关系一般

26.7%的船舶技术人员表示"大多数邻居很关心我",19.1%表示"有些邻居很关心我",28.9%表示"遇到困难可能稍微关心",也有25.2%船舶技术人员认为邻居之间"只是点头之交,相互之间从不关心"。如图7-6所示。

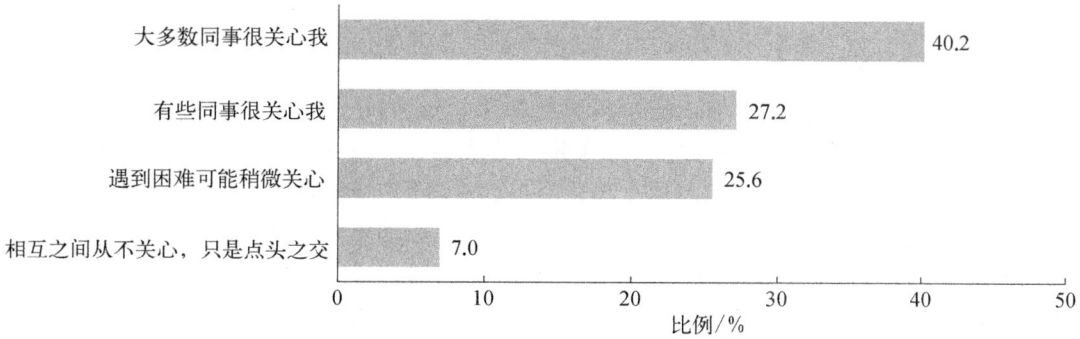

图7-5 船舶技术人员来自同事的社会支持

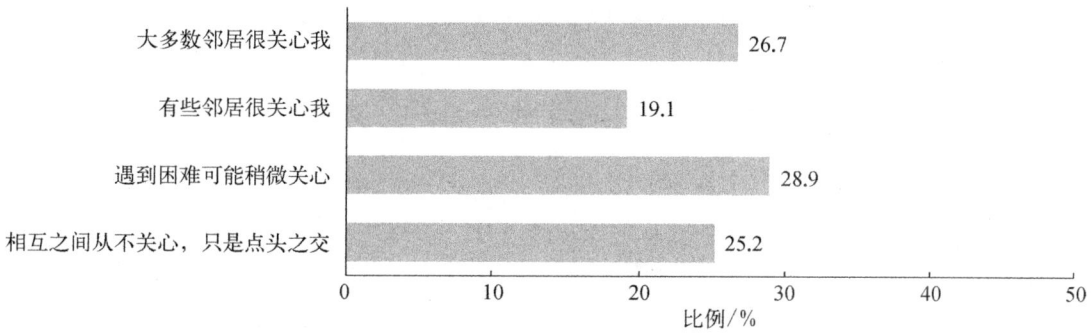

图7-6 船舶技术人员来自邻居的社会支持

6. 六成以上船舶技术人员会参加团体活动

数据分析发现,35.3%的船舶技术人员从不参加诸如党组织、团组织、工会、社会团体、宗教组织等团体组织活动,48.6%的船舶技术人员会偶尔参加,10.7%的船舶技术人员会经常参加,5.3%的船舶技术人员会主动参加并积极活动(图7-7)。

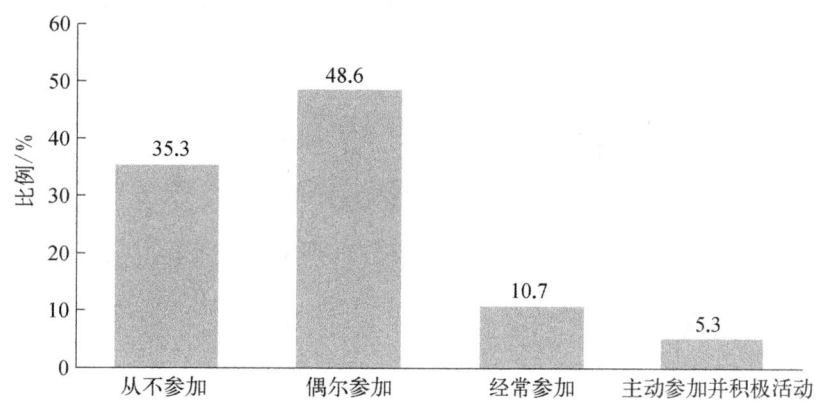

图7-7 船舶技术人员的团体组织参与情况

四、应对方式

1. 船舶技术人员遇到问题时采取消极应对的比例较高

课题组采取《简易应对方式问卷》,了解船舶技术人员在遇到问题时的应对方式,45.1%的船舶技术人员会采取积极应对,比如"与人交谈,倾诉内心烦恼""尽量看到事物好的一面""借鉴他人处理类似困难情景的办法";54.9%的船舶技术人员会采取消极应对,比如"通过吸烟、喝酒、服药和吃东西来解除烦恼""幻想可能会发生某种奇迹改变现状"或"试图忘记整个事情"。船长和轮机长能够更多地采取积极应对,国有企业的船舶技术人员能够更多地采取积极措施来应对。

2. 六成以上船舶技术人员遇到烦恼时选择向关系极为密切的人倾诉

在遇到烦恼时,10.1%的船舶技术人员从不向任何人倾诉,63.6%的船舶技术人员只向关系极为密切的人倾诉,7.4%的船舶技术人员表示在朋友主动询问时才将烦恼说出来,只有18.9%的船舶技术人员会主动诉说自己的烦恼以获得支持和理解(图7-8)。

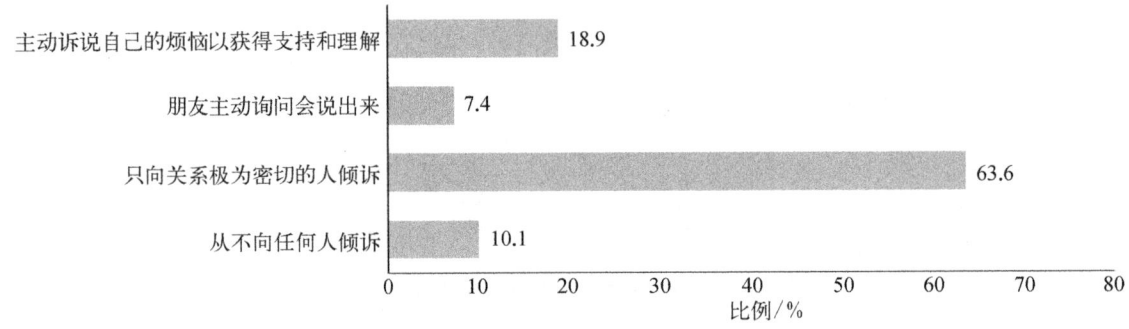

图7-8 船舶技术人员遇到烦恼时的求助方式

3. 近六成船舶技术人员会在遇到困难时有求助行为,四成船舶技术人员没有或很少求助他者

30.4%的船舶技术人员在有困难时经常向家人、亲友、组织求援,28.2%的船舶技术人员有时请求别人帮助,30.4%的船舶技术人员很少请求别人帮助,11.0%的船舶技术人员遇到困难不接受别人帮助、只靠自己(图7-9)。

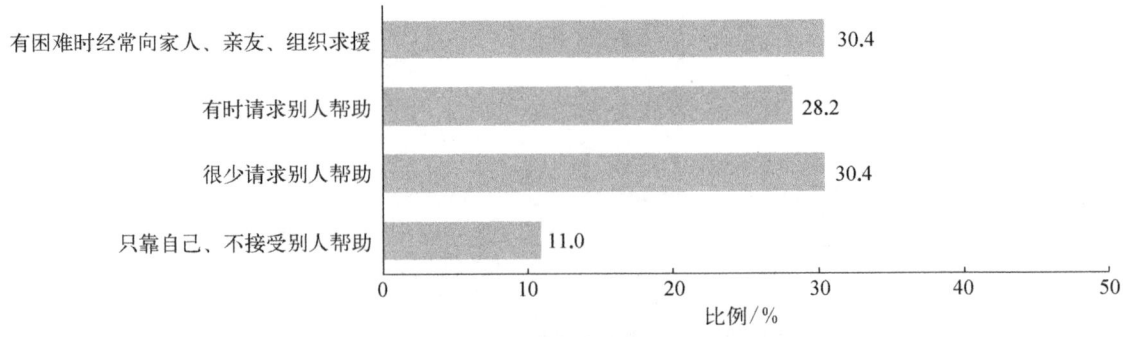

图7-9 船舶技术人员遇到困难时的求助方式

五、心理服务

1. 网络咨询是船舶技术人员获取心理帮助的主要方式

34.8%的船舶技术人员曾通过网络咨询获得帮助,20.6%的通过电话咨询获得帮助,18.5%的通过个别咨询获得帮助,另有获得社区咨询(10.7%)、单位心理健康服务(10.6%)、医疗机构心理咨询(7.9%)、参加心理辅导(6.3%)、团体心理活动(4.8%)(图7-10)。

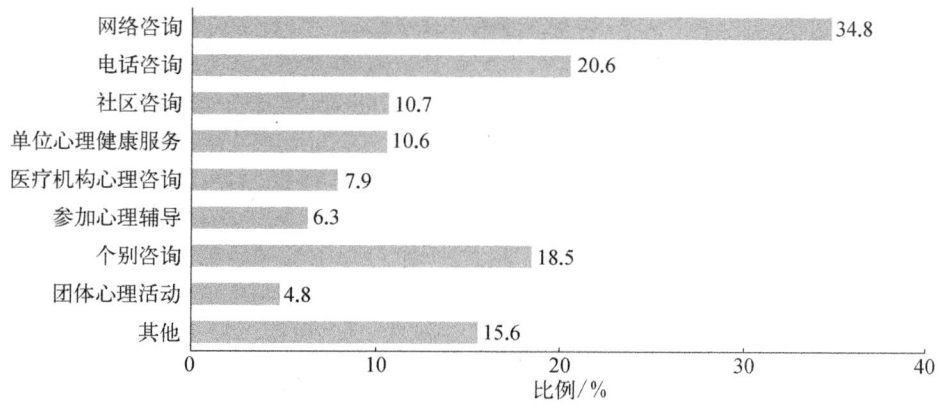

图7-10 船舶技术人员曾经获得的心理帮助形式

2. 船舶技术人员希望获得心理服务的形式多样

在问及"希望获得哪些形式的心理服务"时,船舶技术人员回答希望通过网络咨询(28.0%)、医疗机构心理咨询(24.9%)、电话咨询(23.7%)、单位心理健康服务(23.3%)、参加心理辅导(20.8%)、个别咨询(20.2%)、社区咨询(14.6%)、团体心理活动(12.1%)来获得服务(图7-11)。

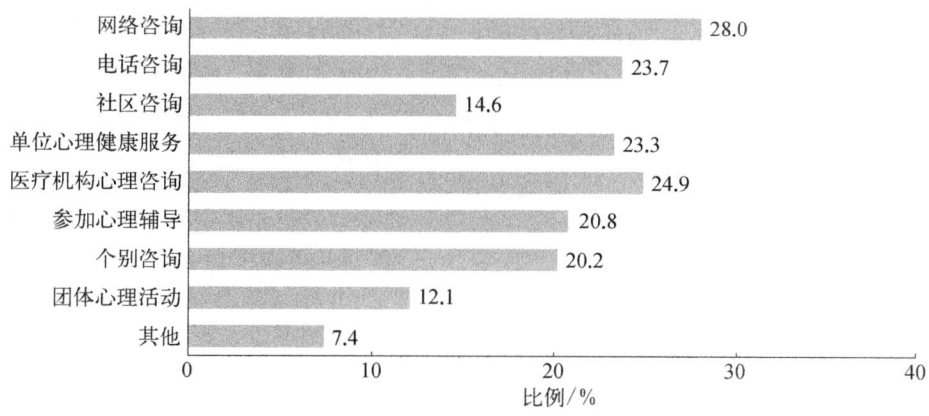

图7-11 船舶技术人员希望获得的心理帮助形式

我国海运业船舶技术人员状况调查报告

专 题 报 告

专题报告一　我国海运业船舶技术人员工作状况及对策建议

内容摘要：

　　39.2%的船舶技术人员表示高收入是吸引自身入职的主要原因。

　　61.8%的船舶技术人员对自我的业务能力评价较高。

　　42.9%的船舶技术人员对工作感到满意(4.4%)或比较满意(38.5%)，也有41.6%的船舶技术人员对工作感到不太满意(35.2%)或很不满意(6.4%)。

　　64.8%的船舶技术人员认为"长期在外工作"是影响工作积极性的主要原因。

　　工资福利(77.3%)、社会保障(57.5%)、休假制度(52.5%)是船舶技术人员最希望改善的三个方面。

　　80.5%的船舶技术人员认为自身职业群体存在"留不住"的现状。

　　64.9%的船舶技术人员考虑更换职业或工作单位，其中8.5%的船舶技术人员想换单位，36.5%的船舶技术人员想更换职业，19.9%的船舶技术人员职业和单位都想更换。30~39岁的船舶技术人员的流动意愿最强，74.5%的船舶技术人员考虑更换职业或单位。

　　影响船舶技术人员产生职业流动的主要原因是不方便照顾家庭(74%)、工作枯燥(62.7%)、承担风险和责任(57.1%)、从业环境差(47.8%)。

　　4.1%的船舶技术人员表示愿意子女从事自己现在的职业，77.1%的船舶技术人员表示不愿意。

　　50.1%的船舶技术人员认为自身需要进修学习，54.9%的船舶技术人员对单位的培训安排表示满意，91.9%船舶技术人员认为职业培训能提升自身技能水平。

　　仅有4.9%的船舶技术人员从事过科研活动，科研成果少。

　　43.5%的船舶技术人员认为自己目前的事业发展和工作状况比五年前更好，49.9%的船舶技术人员认为自己未来五年的职业发展会更好。

　　本书从入职原因、工作适应、工作满意度、流动意愿、继续教育、科技活动、职业发展信心等方面描述我国航运业船舶技术人员整体的工作环境和职业发展情况。调查显示，船舶技术人员对自身工作能力评价较高，但科研意识较弱，参与科研交流的机会较少；工作满意度不高，流动意愿较强，也不希望子女继续从事自身职业；对职业发展有一定信心，但仍显不足。

一、船舶技术人员普遍认为自身职业群体存在"留不住"的现状,流动意愿较强,也不希望子女继续从事自身职业,船舶运输人才储备现状堪忧,职业稳定性有待加强

一是高收入是吸引船舶技术人员入职的主要原因,但大部分认同自身群体存在"留不住"的现状。 39.2%的船舶技术人员将高收入作为进入本行业的主要原因。不同年龄阶段的船舶技术人员,其职业选择的原因也不尽相同。对于40岁以下的船舶技术人员,进入本行业的主要原因是收入高(30岁以下为49.7%、30~39岁为41.5%);40~49岁的船舶技术人员除了考虑职业收入(29.0%),服从组织分配与调动也是主要原因(28.0%);50岁以上的船舶技术人员进入本行业则是源于服从组织分配与调动(37.4%)、符合个人兴趣(23.2%)。访谈结果与调查结果一致,越是年轻的船舶技术人员,在进行职业选择时越多考虑收入和待遇,提及较多的词是"养家""待遇",并称"待遇不行了,就回岸上工作",反映出船舶技术人员目前从事该职业的心态。80.5%的船舶技术人员认为自身职业群体存在"留不住"的现状。本科及以上的船舶技术人员(84.8%)、国有企业的船舶技术人员(83.7%)更认同这样的现状。

二是超过六成的船舶技术人员有流动意愿,30~39岁年龄段的流动意愿最强。 调查表明,64.9%的船舶技术人员考虑更换职业或工作单位,其中8.5%的船舶技术人员想换单位,36.5%的船舶技术人员想更换职业,19.9%的船舶技术人员职业和单位都想更换。只有35.1%的船舶技术人员满意工作现状,不考虑更换职业或工作单位。海员职业吸引力下降的危机已然来临。从年龄段来看,30~39岁的船舶技术人员的流动意愿最强,74.5%的船舶技术人员考虑更换职业或单位。对于30~39岁的船舶技术人员,后顾之忧越来越成为左右其职业稳定性的重要因素。由于海运行业长年在海上工作,以水为伴,以船为家,找不到配偶,照顾不了家庭,在子女管护和陪伴方面缺失,对家庭的照顾不周,使其内心充满愧疚感。从受教育程度看,学历越高,流动意愿越强,本科以上船舶技术人员的流动意愿达到69.7%。从职务类型看,二副(73.8%)和二管轮(75.8%)的流动意愿最高,船长(58.5%)和轮机长(62.0%)的流动意愿相对低一些,但也超过五成。从企业类型看,民营企业(66.0%)、国有(或国有控股)企业(65.7%)的船舶技术人员的流动意愿最高,其次是合资企业(61.3%)、外资企业(58.2%)。从劳务合同性质看,社会船员(69.2%)的流动意愿最高,其次是劳务派遣工(65.2%)、劳务合同工(63.4%)。相对而言,50岁以上(56.7%)、初中以下学历(50.6%)的船舶技术人员比较稳定。

三是不方便照顾家庭是影响船舶技术人员流动的主要原因。 对于有流动意愿的船舶技术人员来说,产生流动的主要原因是不方便照顾家庭(74.0%)、工作枯燥(62.7%)、承担风险和责任(57.1%)、从业环境差(47.8%)。船舶技术人员在整个职业生涯中平均每年有7~8个月在大海上漂泊,家人团聚时间不到5个月时间,若从22岁开始工作,至55岁退休,和谐的夫妻生活大概就5~7年,夫妻聚少离多,长时间对配偶家人的思恋,令船舶技术人员陷入"亲情饥渴"中而不能自拔,表现出烦躁、易怒、对亲情的渴望,某种程度来说就是剥夺了船舶技术人员的情感权利,使其对职业产生厌烦感。调查中仅有20.9%的船舶技术人员明确表

示家人支持其从事航海职业,另有40.1%表示家人不支持,39.0%表示家人不支持不反对。在访谈过程中,不少船舶技术人员表达出脱离现职的愿望,但苦于难以获取陆上工作机会,以及供给家庭的现实需要而维持着目前的工作状态。船舶技术人员对其职业选择的意愿,直接影响到职业群体的稳定性,也从一个侧面表明船舶技术人员的职业声望、社会地位在下降。

四是仅有4.1%的船舶技术人员希望子女继承父业。调查中,仅有4.1%的船舶技术人员表示愿意子女从事自己现在的职业,而77.1%的船舶技术人员表示不愿意。海员传统的子承父业的代际传递模式或将面临消亡,更大的危机或是后继无人的行业困扰。

二、船舶技术人员认可自己的业务能力,也有进修意愿,但科研意识较弱,参与科研活动的频率以及科研成果略显不足

一是六成船舶技术人员对自我的业务能力评价较高。调查数据显示,61.8%的船舶技术人员认可自己的业务能力,其中8.2%表示自己的业务能力"很强",53.6%表示自己的业务能力"较强",36.3%认为"一般",也有1.1%的船舶技术人员认为自己的业务能力"较弱",另有0.8%认为"很弱"。进一步数据分析发现,学历越高,对自我业务能力的评价越高。70.5%的本科生认可自我的业务能力,认为自己有着"很强"或"较强"的业务能力,其次分别是大专/高职(63.3%)、高中/中专/技校(58.9%)和初中及以下(32.8%)。从企业性质看,70.5%的外资企业船舶技术人员认可自身具备"很强"或"较强"的业务能力,其次是国有企业(66.9%)、合资企业(58.1%)和民营企业(56.7%)。从劳务合同看,对自我业务能力评价最高的是国有企业的合同工(65.7%),其次是劳务派遣工(62.3%)、个体船舶技术人员(53.0%)。

在问及"现有的专业知识和技能是否达到个人期望"时,仅有2.5%认为自己的专业知识和技能"超过"个人预期,26.7%的船舶技术人员认为"完全达到",58.5%的船舶技术人员认为"基本达到",另有7.7%表示"没有达到",有4.6%表示"说不准"。进一步数据分析表明,年龄越小、职称越低的船舶技术人员,认为现有专业知识和技能没有达到个人期望水平的比率越高。

在问及"工作中是否遇到技术性难题"时,8.1%表示"经常遇到",72.4%表示"有时遇到",17.5%表示"极少遇到",2.0%表示"没有遇到"。进一步数据分析发现,年龄越大、职称越高,经常遇到的技术性难题越多,这是由其工作经历所决定的。

二是五成船舶技术人员认为自身需要参加继续教育,并对培训安排表示满意。继续教育是船舶技术人员提升自身能力的重要途径,是知识更新的重要方式。50.1%的船舶技术人员认为自身需要进修学习。年龄越低,越认为目前自己需要进修学习;学历越低,越认为目前自己需要进修学习;国有企业的劳务合同工,越能认识到培训的重要性,越认为目前自己需要进修学习。

对于单位的培训安排,54.9%的船舶技术人员表示满意,其中12.0%感到很满意,42.9%感到比较满意,感觉一般的占36.2%,不太满意占6.6%,很不满意占2.3%。年龄越低、学历越低,对单位的培训安排越感到满意,这与其自身职业技能尚缺乏,更能从培训中收益经验,

并认识到培训重要性有着相互联系。

91.9%的船舶技术人员认为职业培训能提升自身技能水平,其中13.9%认为提升很大,77.2%认为有一定提升。不同年龄、学历、职务等的观点无甚差异。

在培训经费方面,不同劳务合同形式的培训经费支出并不相同。劳务合同工的培训经费47.8%由单位支出,24.4%由自己支出,27.8%由单位和自己共同支出;个体船员的培训经费80.1%由自己支出,4.9%由单位支出,15.0%由单位和自己共同支出,劳务派遣工的培训经费42.2%由自己支出,24.5%由单位支出,33.3%由单位和自己共同支出。船舶技术人员所在的企业类型也会决定培训经费的支出差别。52.3%国有企业的船舶技术人员的培训经费完全由单位承担,66.8%民营企业的船舶技术人员的培训经费完全由自己承担。

三是参与科技活动人数少,科研成果少。船舶技术人员作为科技工作者,参加科研活动、发表科研成果也是工作的一项重要内容。但是调查结果表明,仅有4.9%的船舶技术人员从事过科研活动,有95.1%的船舶技术人员没有参与过任何科研活动。近三年来,有3.5%的船舶技术人员在学术期刊上发表论文,有3.1%的船舶技术人员参加过学术会议,有2.1%的船舶技术人员在学术会议上宣读论文,有1.8%的船舶技术人员文章被会议收录,有2.3%的船舶技术人员提交内部研究报告(没公开发表),有1.9%的船舶技术人员在媒体报刊等发表科普文章,有1.8%的船舶技术人员主持过科研课题,有1.9%的船舶技术人员参与过科研课题。

四是工作环境特殊、研究水平有限、工作忙是影响船舶技术人员开展科研活动的主要原因。47.9%的船舶技术人员认为,"工作环境特殊"是影响科研活动开展的最主要原因,职业特殊性决定船舶技术人员长期在外,相比较其他科技工作者,缺少机会参加各类学术会议、参与课题研究。"研究水平有限"也是制约船舶技术人员开展科研活动的主要原因,占比37.6%,船舶技术人员的学历相对较低,继续教育培训也更重视业务能力的培训,理论研究相对缺乏。另外,33.6%的船舶技术人员将未从事科研工作归因于"工作忙没时间"。

三、船舶技术人员的工作满意度不高,工资福利、社会保障、休假制度是船舶技术人员最希望改善的三个方面

一是船舶技术人员对工作的总体满意率一般。42.9%的船舶技术人员对工作感到满意(4.4%)或比较满意(38.5%),值得注意的是,也有41.6%的船舶技术人员对工作感到不太满意或很不满意,其中不太满意占比35.2%,很不满意占比6.4%。此外,有15.6%的船舶技术人员感到无所谓,做出了中性评价。

本次调查进一步围绕工作本身,从职业社会声望、职称/职务晋升、个人发展空间、被认可度、工作设施条件、工作中的人际关系、工作节律、工资收入、工作稳定性、社会保障、企业安全文化、企业管理水平共12个方面对工作本身展开满意率评价。调查结果显示,船舶技术人员对工作中的人际关系(51.5%)、企业管理水平(41.7%)、企业安全文化(41.0%)的满意率比较高;对职业被认可度(22.0%)、工资收入(24.2%)以及社会保障(25.8%)的满意率较低,对职业社会声望(13.1%)的满意度最低。职业声望是社会对海运业船舶技术行业的评价,也是一种特殊形式的社会舆论。对大多数人来说,职业不仅是一个饭碗,也体现出自

己的社会地位。访谈中,部分船舶技术人员将自身职业地位进行国际比较,在欧美国家,一个船长等于半个贵族,但在中国,一个船长等于一个包工头,并戏称自己是"海上农民工"。在边防各项检查中,船舶技术人员感受到强烈地不被重视感,感觉"拿海员当孙子",令部分海员产生职业自卑感。

30~39岁的船舶技术人员对工作中诸多方面的满意率最低,比如职业社会声望、职务晋升、个人发展空间、职业被认可度、工作设施、工作人际关系、工作稳定性和社会保障方面;40~49岁对工作节律、工资收入的满意度最低;50岁以上对企业安全文化、企业管理水平满意度最低。

民营企业船舶技术人员对工作各方面的满意度最低,表现在工作设施条件、工作节律、工作被认可度、工作稳定性方面。在社会保障方面,国有(控股)企业船舶技术人员的满意度相对较高,为36.1%,而民营企业船舶技术人员的满意率只有20.4%;在企业管理水平方面,外资企业船舶技术人员的满意度相对较高,为54.2%,而民营企业船舶技术人员的满意率只有37.8%;在工资收入方面,民营企业(27.7%)和国有企业(25.6%)船舶技术人员的满意率最低,相对而言,合资企业(41.1%)、外资企业(45.3%)船舶技术人员的满意度较高;在个人发展空间方面亦如此。

个体船舶技术人员在工作各方面的满意度最低,尤其在社会保障方面(14.9%),其次是职业社会声望(16.3%)、个人发展空间(20.0%)、工作稳定性(21.2%)等方面。

二是长期在外工作是船舶技术人员面临的最大困扰。船舶技术人员普遍认为"长期在外工作"(64.8%)是影响工作积极性的主要原因。不同年龄层、不同职务类型、不同所属企业类型的船舶技术人员的面临困扰相一致,说明这是本职业群体的共有属性。"与社会脱离"(53.4%)也是影响船舶技术人员工作积极性的重要原因。在访谈过程中,部分船舶技术人员坦言自己因为无法适应社会,而选择继续海上工作模式,并自称自己为"坐水牢"。多数船舶技术人员表示做海员时间越长,朋友越少,尤其是服务于无限航区的船舶技术人员,因为在航较长时期缺乏社会信息的输入,回岸后难以适应和融入。

此外,对于40岁以下的青年船舶技术人员,近六成认为"与社会脱离"是其次影响工作积极性的重要因素。对于年轻一代的船舶技术人员,从小成长在移动互联网的信息时代,资讯就像水、空气和食物一样宝贵,如何长时间适应信息封闭的海上生活,正成为拷问这个行业的痛点。

40岁以上的船舶技术人员,近五成认为"工作压力大"是其次影响工作积极性的重要因素。船舶除了在航行中正常值班保证航行安全以外,抵港后还要接受各种各样的检查:到了国外要接受港口国检查、商检、卫检、出入境和海关检查,回到国内还要接受船旗国检查、内审、外审和公司领导检查。每种检查结果几乎都与绩效、声誉和升迁挂钩,都必须全力以赴,认真对待,致使相当多一部分船舶技术人员特别是年长的管理级船舶技术人员压力巨大。

三是工资福利、社会保障、休假制度是船舶技术人员最希望改善的三个方面。在问及"希望工作的哪些方面能够改善"时,77.3%的船舶技术人员希望改善工资福利,是影响船舶技术人员工作满意度的最主要因素。57.5%的船舶技术人员希望完善社会保障,52.5%的船舶技术人员希望完善休假制度,占比均超过五成。工资福利、社会保障、休假制度是船舶技术人员最希望改善的三个方面。

四、船舶技术人员肯定自身的职业发展,也对职业发展有一定信心,但仍显不足

一是近五成船舶技术人员肯定近五年的职业发展。回望过去五年,43.5%的船舶技术人员认为自己目前的事业发展和工作状况比五年前更好,14.2%和17.4%表示"差一些"和"差很多"。年轻者(45.7%)表示事业发展和工作状况变好的比率高于年长者(37.0%);无限航区(48%)船舶技术人员表示事业发展和工作状况变好的比率高于沿海航区(37.7%);外资企业(58.7%)船舶技术人员表示事业发展和工作状况变好的比率分别高于合资企业(50.6%)、民营企业(42.7%)、国有企业(42.2%)。劳务派遣工(46.5%)、劳务合同工(44.5%)表示事业发展和工作状况变好的比率高于社会船员(38.4%)。

二是近五成船舶技术人员对未来职业发展具有一定信心,但略显不足。展望未来五年的事业发展,49.9%的船舶技术人员认为自己未来五年的职业发展会更好。9.3%和6.1%表示"差一些"和"差很多",说明近五成船舶技术人员对职业发展持积极肯定态度。22.3%表示"说不清",说明部分船舶技术人员对未来职业发展仍有不确定性。青年船舶技术人员尤其是30岁以下船舶技术人员对未来五年的事业发展的预期更乐观,认为事业发展和工作状况会更好的比例为59.5%;无限航区比沿海航区的船舶技术人员对未来职业发展有信心的比例更多,两者比例分别为56.0%、41.6%;外资企业船舶技术人员对未来职业发展有信心的比例最多,为64.7%,国有企业和民营企业的船舶技术人员对未来职业发展的预期相对要低,两者比例分别为49.4%、49.0%;社会船员对未来职业发展的预期最低,为42.5%。

五、提高海洋意识、提升职业声望、提高职业认同、稳固职业归属感、重视生涯规划

一是提高社会的海洋意识,提升海运业船舶技术人员的职业声望,增强职业吸引力,吸纳人才入职。建议政府提高海洋意识,努力实现党的十八大关于建设海洋强国的奋斗目标,利用每年的6月25日世界海员日,7月11日中国航海日,在社会上大力宣传海洋文化和航海文化,增强中国公民对航海文化的了解,倡导民众积极参与航海活动。政府有关部门引导各类社会媒体介入航海文化的宣传,利用春节联欢晚会、公益广告、专题访谈等方式,宣传海员推动社会经济发展的事迹,并且树立航海杰出人物作为标杆,以鼓励立志航海的年轻人参与航海活动。同时充分利用手机、网络等新兴媒体加大对海员职业的宣传和推广,将"海上农民工"转化为"海上白领",构筑起关注、尊重、关爱海员的舆论和氛围,努力增强海员这个群体在社会上的影响力。

二是培养船舶技术人员成为国家战略人才储备,稳固海运业船舶技术人员的职业归属感,减少人才流失。"一年造船,十年育人"。海员培养不是一蹴而就的短时效应,而是需要系统培养的过程,流失一位海员意味着国家损失了至少十年多的培养经费,对国家航海强国的发展极为不利。近年,尤其是2009年金融危机蔓延以来,航运业受到严重影响,海员劳务

市场的供求关系已经在发生变化,陆上与海上实际年收入差距的缩小使很多船舶技术人员出现思想波动,他们中的一大部分人陆续转入陆上海事系统、港航企事业单位,或自主创业,或直接转行,使晋升管理级和技术级海员数量急剧减少。因此,要逐步建立健全有利于海员成长的工作动力机制、培养考核机制、合同用工机制、薪酬激励机制和吸引人才、留住人才的培养、评价、使用、激励、保障等制度体系。要改善船舶技术人员体面工作的条件,积极维护船舶技术人员的合法权益,努力增加船舶技术人员的收入,使得船舶技术人员获得认同感和归属感,也吸引更多的优秀人才进入船舶行业。

三是优化政府主管部门的服务工作,改善船舶技术人员发展内外环境,保障海员权益。我国政府和相关职能部门能够尽快批准《中华人民共和国船员条例》,以加强船员作为体面的职业在工作中的安全保障和福利保障,在充分肯定船员职业特殊性的同时,也加强船员职业在社会及船公司中的优势地位。调研结果也说明,大多数船舶技术人员表示没有机会向单位提出自己的建议,少部分表示提了也没有得到诸如公告、邮件等形式的反馈,管理部门的职工代表大会仅仅是走形式,投诉渠道不通畅。工会是海员群体的娘家,国有企业如中远的工会,通过建立家属联系站等方式,帮助海嫂解决生活困难,并给予资金支持和保障。但自由型船舶技术人员由于工作流动性大,从工会等组织部门得到的帮助较少,因此就需要中国海员建设工会和省级海员工会等给予关心。此外,目前船舶技术人员对港口当局、保安、边防、检验检疫部门抱怨最多,访谈中多数无限航区的船舶技术人员反映,每次回国都是如履薄冰,稍不注意马上受到"无法反驳的理由"而遭遇惩罚,多数都是罚款,而且绝不手软。政府主管部门已经忘记了他们是为海员服务的公仆,从船舶技术人员身上盘剥利益,甚至严重到敲诈勒索,阻碍了船舶技术人员的职业发展。

四是加强船舶技术人员的职业生涯规划,提高职业认同。航海类专业人才培养周期长,按照船员晋升的常规程序,培养一名远洋船长或轮机长至少需要 8 年时间。在当今市场经济环境下,价值取向日趋多元化,在船员职业规划方面,教育和培训机构必须正视现实,逐步转变教育理念。教育界必须彻底转变船员培养定终身的理念,强化教育"以人为本"的思想,以船员人生规划为主线,将"终生从事船员职业"的导向改为"努力并创造性完成好任期内工作,尽快成长为复合型优秀人才而努力"。在目前,国内航运院校、海事系统等企事业单位对优秀船长、轮机长非常青睐,列出了诸多的招聘岗位和优惠条件吸引人才。从海上转向陆地工作的航运高级人才很多成为既懂船员培养、船舶管理又懂经营的骨干力量,能进一步促进我国航海事业的发展。

专题报告二 我国海运业船舶技术人员生活状况及对策建议

内容摘要：

- 船舶技术人员收入从1万到90万元/年不等，平均不到10万元/年[(9.66±8.12)万元/年]。
- 58.4%的船舶技术人员自评身体健康或基本健康。
- 6.8%的船舶技术人员报告医疗费用全额报销，48.4%报告部分报销，28.3%报告不能报销，21.4%的船舶技术人员报告医疗费用有时拖欠或经常拖欠。
- 67.4%的船舶技术人员认为自己处于中下层或下层社会，51.0%的船舶技术人员对所处的社会阶层感到不太满意或很不满意。
- 74.1%的船舶技术人员缴纳养老保险，78.2%缴纳医疗保险，12.8%的船舶技术人员无任何保险；37.9%的人员享受住房公积金，55.0%的人员不享受住房公积金。
- 67.0%的船舶技术人员报告目前的主要困难为不能照顾家庭，49.2%不能照顾老人。
- 61.9%的船舶技术人员觉得目前的生活水平相对于五年前好一些，17.0%认为没有变化，8.3%认为差一些。
- 51.2%的船舶技术人员认为五年后自己生活水平会好一些，32.0%认为没有变化。
- 39.4%的船舶技术人员认为生活很幸福或比较幸福，48.9%认为一般，11.7%认为不太幸福或不幸福。

船舶技术人员因其长期工作在海上，一方面，海洋生活环境与陆地环境截然不同；另一方面，海员生活节律与其他社会群体有很大不同，具有间断性、时段性，即海员在上船期间完全脱离家庭，家庭生活因此而中断，全部生活都在船上。当航程结束，下船回家时，又完全处于家庭生活的状态之中，这段时间不需要工作，这种家庭生活模式是船舶技术人员特有的。本章主要对我国船舶技术人员的生活状况进行分析。

一、海员收入的职业优势下降，船岸收入差缩小，税负重，不足以吸引新船员。

收入是重要的生活指标，收入水平高低不仅直接影响工作积极性，也日益成为人员流动的主要影响因素。目前,船舶技术人员普遍反映丧失其收入优势,调查分析当前我国船舶技术人员收入情况,揭示反映其中的问题,为其薪金规范提供保障。

一是收入水平相对较低,收入差异大。 据调查,海运业船舶技术人员的收入差异较大,平均不到10万元/年[(9.66±8.12)万元/年],从年龄分布上看,30岁以下平均年收入(6.95±6.32)万元/年,30~39岁平均年收入(10.01±7.79)万元/年,40~49岁平均收入(12.07±9.23)万元/年,50岁以上平均年收入(12.62±9.42)万元/年。初中以下、高中及大专收入在9.6万元/年左右,本科以上收入稍高,在10.04万元/年左右。船长16.52万元/年,大副12万元/年,二副8万元/年,三副6万元/年,轮机长14.10万元/年,大管轮12.26万元/年,二管轮7.95万元/年,三管轮6.19万元/年。

除问卷调查反映的收入水平外,在访谈过程中,船舶技术人员普遍反映:其收入与付出不对等、海员的收入吸引力下降、船岸收入差缩小;与海运业发达国家相比,海员收入存在一定差异、缺少个税优惠政策等问题。

二是收入构成相对单一,主要经济支出为住房。 除了在船收入外,90%以上无其他收入,主要花费在住房、交通和饮食方面,占总支出的92.0%。30岁以下年龄组的船舶技术人员比其他年龄组稍高的其他收入包括:做生意、自己开店、种农田、维修、网店、投资、送快递、股票交易等。

三是税收负担重,与国际差异大,对船舶技术人员积极性影响大。 海员是国际职业,考虑到国际海员超常的艰辛与不易及海员收入的变动性等特点,绝大多数海洋国家都制定有特别针对性的政策与法律规定,对海员给予所得税优惠,而我国船舶技术人员工资中相当一部分用于交所得税,税收除影响海员实际收入,也给海员造成心理不平衡,有相当一部分海员选择方便旗船而影响了我国海运业的健康发展,需要引起重视。

二、总体健康状况良好,部分职业相关健康问题需要重视,健康保障体系需进一步完善

一是五成船舶技术人员认为自己的身体状况健康,一成船舶技术人员认为自己身体不健康。 根据我国海运业船舶技术人员健康自评的调查显示,26.8%的船舶技术人员认为自己身体"健康",31.6%认为自己身体"基本健康",30.4%认为自己身体"一般",9.6%认为自己身体"不太健康",1.6%认为自己身体"不健康"。船舶技术人员的总体健康状况与年龄、航区、企业性质有关。30岁以下年龄组船舶技术人员报告的健康比例最高(33.5%),30~39岁年龄组报告的健康状况一般和不太健康比例最高(分别为34.0%和11.7%),说明30岁以下的船舶技术人员身体健康状况最好,30~39岁的船舶技术人员健康自评状况最差;无限航区的船舶技术人员报告的健康(27.8%)和基本健康(32.6%)比例高于沿海(分别为25.1%和30.5%)说明无限航区的船舶技术人员比沿海航区的船舶技术人员自评健康水平要高。外资和合资企业的船舶技术人员报告的健康的比例(分别为36.0%和34.1%)比国有和民营企业的船舶技术人员报告的健康比例(分别为24.3%和29.1%)高,外资和合资企业的船舶技术人员健康自评状况要好于国有企业和民营企业的船舶技术人员。

二是影响船舶技术人员身体健康的主要职业疾病为视力、听力下降和长期腰痛酸痛。

对船舶技术人员的主要患病调查显示,32.3%的船舶技术人员报告无任何职业疾病,22.6%的船舶技术人员报告有听力下降,25.4%的船舶技术人员报告有视力下降,20.4%的船舶技术人员报告有身体疲劳,心血管及其他疾病报告率相对较低。表现出职业特点,且随着年龄的增长,视力下降、听力下降呈上升趋势。年龄在40~49岁、50岁及以上的船舶技术人员脂肪肝的比例分别为17.2%和20.7%,明显高于我国城市居民脂肪肝发病率(15.0%)。

三是近五成医疗费用部分报销,近三分之一不能报销;超过三分之一能按时报销,超过四成不清楚是否按时报销,21.4%医疗费用报销有时拖欠或经常拖欠。不同航区、企业性质和劳务合同性质的船舶技术人员医疗费用报销存在差异。 总体来讲,医疗费全额报销比例仅为6.8%,部分报销比例为48.4%,不能报销比例为28.3%,另外有16.5%不清楚是否能报销。有21.4%的船舶技术人员报告医疗费用经常拖欠。无限航区船舶技术人员的医疗费用部分报销的比例为51.6%,沿海为44.6%,而沿海航区船舶技术人员的医疗费用不能报销的比例为36.5%,无限航区船舶技术人员为21.7%;从企业性质上来看,民营企业医疗费用全部报销比例和部分报销比例都最低,分别为4.9%和40.3%,国有企业和合资企业医疗费用报销比例高于民营企业,而民营企业的不能报销比例为43.2%,高于国有企业、合资企业和外资企业,说明不同企业性质存在差异;合同工的报销比例高于派遣工(两者分别为55.7%和48.5%),派遣工的报销比例高于个体(两者分别为48.5%和33.0%)。

合资企业(33.4%)和外企业(31.1%)的船舶技术人员,劳务派遣人员(28.6%)医疗费报销被拖欠现象比较严重。

三、普遍认为社会地位低,对所处社会阶层不满意

一是普遍认为船舶技术人员社会地位低。 大部分船舶技术人员认为自己处于中下层(39.6%)和下层社会(27.8%)阶层,不足10%的人员认为自己处于中上层。年龄、企业性质、职称之间存在一致性。

二是五成对所处社会阶层不太满意。 从船舶技术人员对社会阶层满意度的调查看,不太满意和很不满意的比例为51.0%,仅4.9%很满意,13.4%比较满意。30~39岁年龄组船舶技术人员对社会阶层满意度最低,仅4.3%,比较满意仅11.8%;不太满意随着学历的增高而增加。国有企业和民营企业的满意度最低,合资企业的满意度最高。

四、社会保障覆盖范围有待提高,社会保障形式单一,个体船舶技术人员未来保障堪忧

一是超七成船舶技术人员缴纳基本保险,超过一成的船舶技术人员无任何保险缴纳。 超过七成的船舶技术人员报告缴纳养老保险、医疗保险,超过五成报告有工伤保险,45.7%有失业保险,有12.8%的报告没有任何保险。个体船舶技术人员的自缴纳比例(54.9%)远高于派遣工(25.1%)和合同工(11.7%);个体船舶技术人员未缴纳保险比例(21.2%)远高于合同工(2.4%)和派遣工(4.7%)。

二是医疗保险形式主要为社会城镇医疗保险和新农村合作医疗保险。调查显示,51.0%的医疗保险为社会城镇医疗保险,31.5%为新农村合作医疗保险,22.1%的为企业补充和 12.2%的为商业保险。

三是超过五成船舶技术人员不能享受住房公积金。据调查,仅有 37.9%的船舶技术人员享受住房公积金,55.0%的人不享受住房公积金,7.1%的人表示不清楚。国有企业的缴纳比例超过六成,远高于合资、民营和外资企业,合资企业仅为 21.7%,民营企业仅为 12.2%,外资企业为 17.3%;合同工缴纳比例为 57.1%,而派遣工为 18.3%,个体船舶技术人员为 8.0%。

五、总体幸福感有待提高,普遍存在工作与照顾家庭的矛盾,半数船舶技术人员对未来生活乐观

一是面临的困难主要为不能照顾家庭和老人、收入低及夫妻两地分居,其次是子女教育、住房困难、找对象困难和看病就医难。从调查结果看,不能照顾家庭是最主要的困难,67.0%船舶技术人员报告目前的主要困难为不能照顾家庭,49.2%不能照顾老人,46.4%收入低,44.9%夫妻两地分居,31.4%子女教育问题,还有部分反映住房、户口问题、找对象困难和其他问题。且存在的困难在年龄、学历、职称、航区、船舶类型、企业性质及劳务合同性质间存在一致性,说明这些困难是航运职业的普遍困难。

二是与五年前相比,有五成以上的人觉得目前的生活水平好一些。调查显示,与五年前相比,有 51.1%的人觉得目前的生活水平好一些,有 10.8%的人认为好很多,有 17.0%的人认为没有变化,8.3%的人认为差一些,还有 9.1%的人说不清楚。觉得比五年前生活水平有提高的比例随着年龄的增长而下降;觉得差一些的比例随着年龄增长而增高。

三是五成船舶技术人员对未来生活乐观。展望未来五年认为生活水平会比现在好的人数占五成,其中 41.8%认为自己生活水平会比现在好一些,9.4%认为会好很多;32.0%认为没有变化。

四是生活满意度一般。32.2%的船舶技术人员认为生活比较幸福,7.2%认为很幸福,48.9%认为一般,9.1%认为不太幸福,2.0%认为不幸福。

六、建立健全海员社会保障体系,加快提高海员社会地位与生活幸福感

一是建立健全和完善海员社会保障法律体系。我国缺少调整海员劳动关系、保障海员权利的专门法律,现有的行政法规对海员社会保障的规定侧重于行政管理,还不是国家层面上的基本法律,缺乏约束力。因此,有必要从立法、制度和机制等方面对海员社会保障进行规范和约束,以《2006 年海事劳工公约》在我国履行为契机,加快推进我国海员权利法律保障体系建设,为海员体面工作、权益保障创造良好的法治环境。

二是完善和落实船舶技术人员社会保障。针对船舶技术人员社会保险缴纳、健康体检、培训提高、待遇改善、带薪休假、医疗费按时报销、工资按时发放等问题,有关方面要制定相关制度和措施,规范航运企业、海员服务中介机构及船东行为,使船舶技术人员应有的权益得到保障,政府可以参照国外做法,结合本国海员职业特点,制定海员个税优惠政策,同时,

进一步完善和落实政府、海员工会、船东协会三方协调机制,加强联合监管,确保船舶技术人员社会保障的落实。提高海员职业的优越感,生活满意度和幸福感。

三是发挥基层海员工会、行业学会、船员服务协会在海员服务和海员维权中的作用。船舶技术人员对海员服务和海员维权有较高的期待,调查中发现船舶技术人员评价基层海员工会、行业学会影响力不大,在有困难时得到的援助较少,因此,需要加强基层工会组织、行业学会以及船员服务协会建设,充分发挥他们在服务海员、维护海员权益中的积极作用。

基层海员工会要在宣传教育、政策咨询、社会保障、就业服务、困难援助、解决劳动纠纷,维护海员合法权益中的起积极作用。切实做到深入海员、关心海员、服务海员。

行业学会要以各种方式为船舶技术人员提供科技信息服务、技术咨询服务、科普宣传服务、学术交流服务、技术培训服务、科技开发与合作服务,通过科技服务促进海员职业发展。

要加快成立中国船员服务协会,健全省市船员服务协会组织。充分发挥船员服务协会在宣传国家政策和法律法规、提供咨询服务、开展业务培训、发布海员信息、引导市场规范、组织评优活动、开展公益服务、调解劳动纠纷、维护海员权益中的积极作用。

四是加强海洋文化、航海文化和海员文化宣传,提高社会和船舶技术人员对海员职业的认同感。本次调查中,绝大部分船舶技术人员认为自己处于社会中下层或下层水平,海员职业被认可度的满意率只有22.0%,仅二成船舶技术人员的家人支持其从事海员职业,4.1%的船舶技术人员表示愿意让子女将来从事海员职业。因此不仅是从行业,更需要由政府从国家层面,在全社会大力宣传海洋文化、航海文化和海员文化,通过国家的各种宣传媒体,报道海员奉献航海事业的优秀事迹,增强全民海洋强国和海运强国意识,形成尊重海员,从事海员职业的良好社会氛围;还要重视开展优秀海员的表彰奖励活动,树立优秀海员典范,弘扬奉献精神,增强海员对自身职业的光荣感、自豪感和使命感。通过文化宣传和表彰,通过维护海员权益的保障,提高全社会对海员的尊重,对海员职业的认同,提高海员的归属感和荣誉感。

专题报告三 我国海运业船舶技术人员观念态度及对策建议

内容摘要：

- 超八成船舶技术人员认同"八个必须坚持"的重要性。
- 65.9%的船舶技术人员对"在2020年全面建成小康社会"的发展目标有信心,70.6%的船舶技术人员对"在2049年建成富强、民主、文明、和谐的社会主义现代化国家"的发展目标有信心。
- 77.3%的船舶技术人员对"实现中华民族伟大复兴的中国梦"有信心。
- 83.6%的船舶技术人员对"一带一路"战略构想表示赞同,68%的船舶技术人员表示对推进"海运强国"建设战略目标有信心。
- 超八成船舶技术人员赞同并践行社会主义核心价值观。
- 近七成船舶技术人员对自身队伍的整体水平持肯定评价,认为人才流失、与社会脱离是当前船舶技术人员队伍存在的主要问题。
- 船舶业务技术精湛、工作责任心强、有团队合作精神被认为是优秀船舶技术人员的重要标准。
- 过半比例的船舶技术人员对当前船舶运输领域总体状况给予肯定,但也有52.9%的船舶技术人员认为当前社会对海员的支持和尊重不足。

海运业船舶技术人员的观念态度是船舶技术人员群体对国家发展目标、自身队伍及船舶运输领域的认知、评价和态度,反映了船舶技术人员群体的所思所想,也体现了这一队伍的精神风貌。调查显示,船舶技术人员高度关注并普遍认同各项国家发展战略目标,对自身队伍、船舶运输领域的总体状况持肯定态度。

一、船舶技术人员普遍认同各项国家发展战略目标,对目标实现充满信心

一是船舶技术人员充分认识到"八个必须坚持"的重要性。调查结果显示,对十八大提出的"八个必须坚持"基本要求,八成以上的船舶技术人员表示认同。对于各项要求,船舶技术人员认为"非常重要""比较重要"的比例由高到低依次为坚持维护社会公平正义(91.8%)、坚持促进社会和谐(91.7%)、坚持推进改革开放(90.7%)、坚持和平发展(90.4%)、坚持解放和发展社会生产力(90.2%)、坚持走共同致富道路(89.8%)、坚持人民主

体地位(89.3%)、坚持党的领导(86.8%)。不同年龄、学历、职称职务、企业性质的船舶技术人员在上述问题的认识上基本一致,表明整个船舶技术人员队伍对中国特色社会主义事业信念坚定,在政治上与党中央保持高度一致。

二是船舶技术人员普遍对国家实现"两个百年"目标充满信心。对十八大提出的"两个百年"目标[在中国共产党成立100年时(2020年)全面建成小康社会,在新中国成立100年时(2049年)建成富强、民主、文明、和谐的社会主义现代化国家],数据调查显示,65.9%的船舶技术人员对"在2020年全面建成小康社会"的发展目标表示"很有信心"或"比较有信心"。对"在2049年建成富强、民主、文明、和谐的社会主义现代化国家"的发展目标,70.6%的船舶技术人员表示"很有信心"或"比较有信心"。另外,对于"两个百年"的发展目标,分别有7.0%和8.4%的船舶技术人员表示"不知道"。从年龄来看,50岁及以上船舶技术人员对实现"两个百年"目标的信心最足(72.5%,75.5%),30~39岁比例最低(60.5%,65.4%)。从政治面貌看,中共党员对实现两个百年目标的信心最足(71.2%,76.8%),其次是共青团员(66.4%,71.9%)。

三是船舶技术人员普遍对实现创新型国家和世界科技强国目标有信心。调查显示,68.6%的船舶技术人员对实现"到2020年进入创新型国家行列"的战略目标有信心。对"在2049年时成为世界科技强国"这一战略目标,71.7%的船舶技术人员表示有信心。从政治面貌来看,对实现创新型国家和世界科技强国的目标,中共党员的信心最足(73.4%,76.4%),其次依次是共青团员(69.90%,72.5%)、民主党派(70.8%,58.3%)、普通群众(66.1%,69.4%)。从年龄来看,50岁及以上组的船舶技术人员对实现创新型国家和世界科技强国目标的信心最高(74.1%,74.8%),30~39岁组比例最低(63.8%,67.2%)。不同学历船舶技术人员的信心程度也存在些微差别,总体呈现出随着学历升高,船舶技术人员对实现创新型国家和世界科技强国目标的信心逐渐降低的趋势。

四是船舶技术人员普遍认可科学发展观的重要地位。对中央提出"把科学发展观贯彻到我国现代化建设全过程"的要求,调查显示,84.8%的船舶技术人员表示赞同。从年龄来看,30~39岁组船舶技术人员的赞同比例最低(82.5%),50岁以上组比例最高(85.2%)。从学历来看,船舶技术人员对科学发展观的赞同程度随着学历升高而不断提高,表现为初中及以下赞同比例为74.9%,本科及以上学历赞同比例为85.9%。

五是船舶技术人员普遍对实现"中国梦"充满信心。调查显示,77.3%的船舶技术人员对"实现中华民族伟大复兴的中国梦"有信心。从年龄来看,50岁及以上组对实现"中国梦"的信心最足(81.8%),30~39岁组比例最低(73.4%)。从企业性质来看,国有企业的船舶技术人员信心最足(79.8%),其次依次分别为外资企业(74.1%)、民营企业(74.1%)、合资企业(73.0%)。

六是船舶技术人员普遍认可"一带一路"的战略构想,对建设"海运强国"充满信心。对中央倡导的共建"21世纪海上丝绸之路"与"新丝绸之路经济带"(一带一路)战略构想,调查结果显示,83.6%的船舶技术人员表示赞同。从年龄来看,30~39岁组船舶技术人员的赞同比例最低(80.8%),30岁以下组比例最高(85.3%)。从学历来看,船舶技术人员对"一带一路"构想的赞同程度随着学历升高不断提高,其中初中及以下的赞同比例为75.1%,本科及以上为86.3%。对中央提出的推进"海运强国"建设战略目标,68.0%的船舶技术人员表示有信心。从年龄来看,30岁以下组船舶技术人员对建设"海运强国"的信心最足(71.7%),30~39岁组比例最低(68.0%)。从政治面貌来看,共青团员对建设"海运强国"的信心最足(69.2%),其次为中共党员(69.0%)。

七是船舶技术人员普遍认同"自由、平等、公正、法治"社会主义核心价值观。党的十八大报告提出社会主义核心价值观,其中自由、平等、公正、法治是社会层面的价值取向。调查显示,85.2%的船舶技术人员赞同这一社会主义核心价值观,表现出较高的认同度。

二、船舶技术人员对自身队伍的整体表现持肯定态度,对所存在的问题有较理性、客观的认识

(1) 船舶技术人员高度评价队伍自身在践行社会主义核心价值观的表现。调查显示,80.6%的船舶技术人员认为海员队伍在"爱国"方面表现"非常好"或"比较好",80.1%的船舶技术人员认为海员队伍在"敬业"方面表现"非常好"或"比较好",80.2%的船舶技术人员认为海员队伍在"诚信"方面表现"非常好"或"比较好",84.5%的船舶技术人员认为海员队伍在"友善"方面表现"非常好"或"比较好"。以上结果表明,船舶技术人员对自身队伍践行社会主义核心价值观的表现给予充分肯定。

(2) 船舶技术人员对自身队伍的整体水平持肯定评价。调查结果显示,69.1%的船舶技术人员认为我国船舶技术人员队伍的"专业技术水平"与发达国家的船舶技术人员队伍"总体差不多"或"更好",在"责任心"方面,66.5%的船舶技术人员持相同评价。但在"英语水平"方面,只有31.5%的比例认为跟发达国家的船舶技术人员队伍"总体差不多"或"更好",63.4%的比例认为自身队伍的"英语水平"比发达国家船舶技术人员"落后很多"或"有点落后"。可见,船舶技术人员对自身队伍整体水平有较为客观、理性的认识。

(3) 船舶业务技术精湛、工作责任心强、有团队合作精神被认为是优秀船舶技术人员的重要标准。调查结果显示,在评估优秀船舶技术人员的标准中,船舶业务技术精湛(65.0%)、工作责任心强(62.9%)、有团队合作精神(59.4%)被认为是最重要的三个标准。其次,组织协调能力(41.4%)、获得同行认可(40.8%)、思想品德高尚(38.2%)也被认为是较为重要的要素。

(4) 船舶技术人员普遍认为人才流失、与社会脱离是当前船舶技术人员存在的主要问题。调查数据显示,66.0%的船舶技术人员认为人才流失(如转行、专业)是当前比较严重的问题,64.0%的船舶技术人员认为海员与社会脱离这一问题比较严重。另外,英语水平低(52.9%)、女性船舶技术人员不受重视(51.2%)、缺乏归属感(50.4%)也被认为是当前船舶技术人员队伍存在的较为严重的问题。这些问题需要引起关注。不同性质企业的船舶技术人员对该问题的认识存在差异。55.6%的国有企业船舶技术人员认为海员缺乏归属感,而对这一问题的认识,只有35.7%的合资企业船舶技术人员认同。对"人才流失"的认识,63.4%的民营企业船舶技术人员表示问题很严重或比较严重,其次是外资企业船舶技术人员(55.5%),国有企业和合资企业的比例均为50.5%。

三、船舶技术人员普遍对船舶运输领域总体状况持肯定评价,不同类型船舶技术人员的认识存在差异

(1) 过半的船舶技术人员对当前船舶运输领域总体状况给予肯定。数据调查显示,在

船舶先进设备支持(66.7%)、船舶技术人才培养(58.4%)、船舶行业技术创新的主体地位(55.7%)、船舶公司内部机构设置及人员安排(55.5%)等方面,船舶技术人员给予较高的肯定。但是,也有不少比例的船舶技术人员认为当前社会对海员的支持和尊重不足(52.9%);在鼓励海员从业的政策方面力度不够(43.8%);对船舶技术人才的保护方面力度不够(41.9%);在用工薪酬人事激励约束机制方面还有待完善(41.7%)。

(2) 年轻船舶技术人员对当前我国船舶运输领域总体状况的认识更为乐观。数据调查结果显示,对我国船舶运输领域总体状况的认识,不同年龄组船舶技术人员存在差别。总体来看,30岁以下的船舶技术人员表现更为乐观,具体表现在对如下方面的认识:海员积极性发挥、建立有效的薪酬人事制度、鼓励海员的政策、人才培养和人才保护等。这一结果表明对于初入航海领域的年轻船舶技术人员来说,他们对这一行业的认识总体是积极的、乐观的。

(3) 无限航区船舶技术人员较沿海航区对当前船舶运输领域总体状况的评价更为积极。较沿海航区而言,无限航区的船舶技术人员对当前船舶运输领域总体状况的评价更为乐观。具体表现在对船舶设备(70.7%,61.6%)、公司内部机构设置(59.9%,49.9%)、企业创新主体地位(58.9%,51.8%)、海员积极性的发挥(55.8%,47.2%)、薪酬人事机制(54.4%,45.1%)等方面的评价。

四、加强社会主义核心价值观的培育与践行,关注不同群体船舶技术人员的困难与需要,提高船舶技术人员的职业认同感和荣誉感

(1) 加强对船舶技术人员进行社会主义核心价值观的培育。价值观是个体决定及调节自身行为的重要标准。党的十八大提出,倡导富强、民主、文明、和谐,自由、平等、公正、法治,爱国、敬业、诚信、友善的社会主义核心价值观,这是社会主义核心价值体系的高度凝练和集中表达。考虑船舶技术人员在船期间不方便接收岸上相关宣传教育信息,可以采取纸质传媒、录像等媒介进行理论学习,采取集中学习、民主讨论与个人体悟相结合的多种形式。同时,需注重在船、在岸价值观培育的一致性和连贯性,鼓励船舶技术人员在理论学习的同时,积极践行,当好"民间外交使节"这一光荣角色。

(2) 关注船舶技术人员,尤其是30~39岁这一年龄群体的现实需要。采取多种途径解决他们在工作、生活中遇到的困难,减少后顾之忧,提高这一群体对中华民族振兴的信心及作为中国公民的自豪感。

(3) 船舶技术人才是航运领域的核心竞争力,发展与稳定船舶技术人员队伍是我国航运事业可持续发展的关键。船舶运输领域需要进一步完善船舶技术人员的从业政策,加强船舶技术人才的保护,建立健全用工薪酬人事激励机制。同时,全社会需要提高公众对航海、海员的认识和尊重,提高航海运输的职业声望,完善船舶技术人员的社会支持系统,提高船舶技术人员的职业认同感,营造和谐、积极的航运职业环境。

专题报告四 我国海运业船舶技术人员社会参与及对策建议

内容摘要：

- 66.3%的船舶技术人员关注近年来国家出台的政策方针。
- 67.6%的船舶技术人员愿意参与单位的公共事务管理，比较关心各类公共事务。
- 53.6%的船舶技术人员认为当前参政议政或参与公共事务的渠道不通畅。
- 仅有19.5%的船舶技术人员是基层工会组织的成员，11.4%的船舶技术人员参加了至少一个学术团体，72.6%的船舶技术人员表示几乎不参加学术团体或社会组织开展的活动。
- 83.1%的船舶技术人员表示不了解基层工会组织，88.2%的船舶技术人员对行业学会"完全不了解"或"不太了解"。
- 仅有11.7%的船舶技术人员对基层工会影响力的评价较好，13.5%的船舶技术人员对行业学会的影响力评价较好。
- 船舶技术人员希望社会团体组织在权益保障（49.9%）、信息技术（49.8%）、就业（48.6%）等方面提供服务。
- 船舶技术人员遇到工资按时发放（42.4%）、看病报销（38.5%）、社保缴费（34.9%）等多方面的困难。
- 77.5%的船舶技术人员在遇到困难时会选择向单位反映（48.7%）、向同事、朋友反映（35.3%）、向亲人反映（21.7%）等多渠道求助。

海运业船舶技术人员群体是一支职业要求高、工作环境相对特殊的队伍。他们常年工作、生活在船上，在参与国家、地方或单位公共事务管理方面存在实际困难。调查结果显示，船舶技术人员充分关注国家近年来出台的方针政策，参与单位公共事务管理的意愿强烈，比较关心各类公共事务，但在参与社会活动的比例较低。船舶技术人员对社会组织和学术团体保有期待。

一、船舶技术人员高度关注国家重大方针政策，参与单位公共事务管理的意愿强烈，同时认为当前参政议政的渠道不够通畅

一是船舶技术人员高度关注党和国家出台的方针政策。调查数据显示，66.3%的船舶技

术人员表示"非常关注"或"比较关注"近年来国家出台的政策方针,另27.8%表示"不太关注",5.9%表示"完全不关注"或"不知道"。从年龄段来看,年龄越大,对国家出台的方针政策的关注度越高。从政治面貌来看,中共党员船舶技术人员的关注度最高(73.5%),其次是民主党派(66.7%)、共青团(65.8%)、普通群众的关注度最低(63.5%)。从企业性质来看,国有企业船舶技术人员对国家方针政策的关注度最高(69.4%),其次依次为外资企业(65.7%)、民营企业(61.9%)和合资企业(60.5%)。

二是船舶技术人员参与单位公共事务管理的意愿强烈。调查显示,67.6%的船舶技术人员愿意参与单位的公共事务管理,另有22.6%表示"不太愿意"或"完全不愿意"参与公共事务管理。从年龄来看,年龄越轻的船舶技术人员参与单位公共事务管理的意愿更强烈。从政治面貌来看,中共党员的船舶技术人员愿意参与公共事务管理的比例最高(74.2%),民主党派的船舶技术人员参与意愿最低(60.9%)。从企业性质来看,国有企业船舶技术人员愿意参与单位公共事务管理的比例最高(70.7%),民营企业船舶技术人员的参与意愿最低(63.5%)。

三是船舶技术人员对当前参政议政或参与公共事务的渠道通畅性评价较低。数据结果显示,仅有19.1%的船舶技术人员认为当前参政议政或参与公共事务管理的渠道"非常通畅"或"比较通畅"。另外,32.9%表示"不太通畅",20.7%表示"渠道很缺乏"。这一结果说明,虽然船舶技术人员社会参与意愿较高,但对社会参与渠道的通畅性评价却较低。从年龄来看,30~39岁组的船舶技术人员认为社会参与渠道不通畅的比例最高(56.6%);50岁及以上组认为不通畅的比例最低(44.3%)。从企业性质来看,来自合资企业和外资企业的船舶技术人员认为社会参与渠道通畅的比例较高,分别为30.0%和26.8%,其次为国有企业船舶技术人员(19.5%),民营企业船舶技术人员的比例最低(16.0%)。

二、船舶技术人员参与公共事务管理较积极,比较关心各类公共事务

一是船舶技术人员比较关心各类公共事务。调查发现,船舶技术人员在单位公共事务上的表现比较积极。参与比例最高的活动是"向周围人或在朋友圈发表意见"(60.8%);其次是向单位领导(部门)提建议/意见(43.5%);33.4%的船舶技术人员就单位的管理问题公开发表意见。此外,15.1%的船舶技术人员参加过上访/请愿,13.2%的船舶技术人员向新闻媒体提建议/意见,向政府提建议/意见的参与比例有12.5%。从年龄来看,年轻船舶技术人员更倾向于采取积极主动的方式参与公共事务,如上访、向政府提意见,或向新闻媒体提建议等。而年长的船舶技术人员更倾向于采用较为现实的方式,如向单位领导提建议等。

二是遇到错误航运相关信息时,船舶技术人员普遍会积极回应。当问及"如果在媒体上看到了您认为明显错误的与航运有关的信息或报道,您一般会怎么办"时,虽然有50.2%的船舶技术人员表示"不予理睬",但仍有49.8%的船舶技术人员会通过多种方式做出回应。其中,30.8%的船舶技术人员会"运用QQ或微信向朋友圈澄清错误",21.8%"向相关管理部分反映",10.9%"与该媒体联系,指出错误",4.9%的船舶技术人员会"通过媒体向公众澄清错误",另有2.8%的船舶技术人员表示会采取其他方式。从年龄来看,30岁以下的船舶技术人员遇到明显错误的航运信息报道时,较其他年龄组更少选择"不予理睬"的方式,而是选择

做出回应,体现出年轻船舶技术人员对所从事行业的责任感和归属感。从企业性质来看,国有企业的船舶技术人员在遇到错误的航运信息报道时,更多选择"不予理睬"(53.8%),而合资企业船舶技术人员较少选择这一方式(35.7%)。相反,合资企业船舶技术人员更倾向于选择"向有关管理部门反映""与该媒体联系,指出错误"等方式做出回应(39.5%,22.2%)。

三、船舶技术人员较少加入相关学术团体和社会组织,活动参与度低;对相关学术团体和社会组织了解较少,影响力评价较低,希望能提供信息技术服务、权益保障、就业等多种服务

一是船舶技术人员加入基层工会组织和相关学术团体的比例较低。调查显示,仅有19.5%的船舶技术人员加入基层工会组织,仅有11.4%的比例参加了至少一个学术团体。从年龄来看,加入基层工会组织的比例随年龄变化逐渐升高,其中50岁及以上组船舶技术人员是基层工会成员的比例最高(31.9%),但加入学术团体的比例趋势正好相反,30岁以下船舶技术人员参加学术团体的比例明显较高,其中参加行业学会及其各下属专委员的比例明显高于其他年龄组(8.1%和9.1%)。从职务职称来看,船长、轮机长加入社会组织和学术团体的比例较高。从企业性质来看,国有企业船舶技术人员加入基层工会组织成员的比例最高(30.5%),而外资企业的船舶技术人员参加各级学术团体的比例较高。

二是船舶技术人员几乎不参加学术团体组织的活动。调查结果显示,在学术团体和社会组织团体的会员中,72.6%的船舶技术人员表示几乎不参加学术团体或社会组织开展的活动。23.4%表示"偶尔参加",仅有4.0%表示"经常参加"。这一结果与2013年全国科技工作者调查结果存在较大差别。2013年全国科技者调查结果显示,82.2%参加所在团体或组织开展的活动,这反映出船舶技术人员对学术团体的归属感较低。

三是船舶技术人员对学术团体和社会组织的了解程度较低,影响力评价较低。调查结果显示,83.1%的船舶技术人员表示不了解基层工会组织,船舶技术人员对行业学会的了解程度更低,88.2%表示"完全不了解"或"不太了解"。仅有11.7%的船舶技术人员对基层工会影响力的评价较好,50.1%的比例认为"影响较小"和"没有影响"。对行业学会影响力的评价,只有13.5%的船舶技术人员评价较好,46.4%认为行业学会"没有影响"或"影响较弱"。这一结果提示,与海员相关的社会组织及学术团体,在宣传及自身影响力发挥方面还存在较大空间。

四是船舶技术人员对社会组织与学术团体抱有期待,希望在信息技术服务、权益保障、就业等方面得到帮助。调查显示,船舶技术人员希望社会团体组织能提供权益保障服务(49.9%),其次是信息、技术服务(49.8%);对就业服务的需要也较大,其中48.6%的船舶技术人员希望社会团体组织能提供就业服务。34.0%的船舶技术人员希望社会团体组织能提供政策咨询服务,28.9%希望能解决生活困难。进一步分析发现,不同年龄段船舶技术人员的需求存在差别。30岁以下船舶技术人员在就业服务(50.5%)、解决生活困难(34.5%)、职称评审(16.5%)、资助研究(15.2%)等方面的需求略高于其他年龄组船舶技术人员。30岁以上的船舶技术人员"权益保障"的需求较为强烈。从企业性质来看,民营企业的船舶技术人员在就业服务(56.5%)、权益保障(51.3%)、进修培训服务(28.8%)等方面的需求比例

较高;国有企业船舶技术人员更希望在信息、技术服务方面得到帮助(53.0%);合资企业船舶技术人员更希望在解决生活困难(38.1%)、政策咨询服务(38.6%)等方面得到帮助。

四、船舶技术人员普遍在工资按时发放、看病报销、社保缴费等方面遇到过困难,倾向从多渠道寻求帮助

一是船舶技术人员普遍遇到工资按时发放、看病报销、社保缴纳等多方面困难。调查显示,42.4%的船舶技术人员反映曾遇到"工资按时发放"的困难,38.5%曾遇到"看病报销"困难的问题,34.9%提出"社保缴费"存在困难。另外,在个税缴纳(26.3%)、养老问题(23.7%)、工伤救助(14.7%)、工伤索赔(13.2%)等方面,船舶技术人员也反映曾经遇到困难。不同年龄段船舶技术人员曾遇到的困难不完全相同。30岁以下组反映在看病报销(42.2%)、社保缴费(38.0%)、工伤救助(14.0%)等方面的遇到的困难比例较其他年龄组更多。同时,在个税缴纳这一问题上,30岁以下组(27.6%)及40~49岁组(27.7%)均有较高比例的反映。从企业性质来看,在工资按时发放这一问题上,民营企业船舶技术人员受侵害的比例最多(58.8%),其次是合资企业(45.3%),国有企业船舶技术人员发生这一问题的比例最小(28.6%)。外资企业船舶技术人员在看病报销(46.7%)、养老问题(34.1%)、工伤救助(21.1%)等方面遇到的困难比例明显高于其他性质企业的船舶技术人员。国有企业船舶技术人员在个税缴纳这一问题上反映的比例较高(35.7%)。

二是船舶技术人员在遇到困难时选择多渠道求助。调查显示,当碰到困难时,只有12.5%船舶技术人员选择不予理睬,其余船舶技术人员会选择多种方式求助。其中向自己单位反映是最常用的求助方式(48.7%),其次向同事、朋友反映(35.3%),向亲人反映(21.7%)。也有船舶技术人员选择诉诸法律(17.9%)、与侵害者交涉(15.2%)、向地方海事法院反映(14.5%)。只有14.2%的船舶技术人员选择向社会组织团体,如工会(8.5%)、学会(5.7%)反映。这体现出船舶技术人员的求助方式多元化,但一些正式的求助渠道,如诉诸法律、向地方海事法院反映、与侵害者交涉等,船舶技术人员较少选择,表现出维权意识的淡薄。

五、提高船舶技术人员的社会参与度,增强维权意识,拓宽、丰富维权渠道,切实提高船舶技术人员的职业认同感和荣誉感

一是要进一步提高公众社会参与渠道的通畅性。地方政府各级领导要充分认识到公众参与社会管理创新的急迫性,全社会更应致力于努力唤起公众参与社会管理的自觉,不断创新公众参与社会管理的机制,保护好公众参与社会管理的热情。同时,船舶运输企业也需进一步增强单位公共事务管理的透明度,提高船舶技术人员对单位公共事务管理的参与度。鉴于船舶技术人员常年在海上工作,陆上信息获取不太及时和方便,对相关社会参与的渠道不够了解,相关部门,包括船舶运输单位还需加强对社会参与渠道的宣传,培养船舶技术人员社会参与的理性精神。

**二是学术团体和社会组织机构加强自身宣传,提高影响力,增强对船舶技术人员服务的

针对性。与航海职业相关的学术团体和社会组织,如航海学会、海员工会,需要加大在船舶技术人员队伍中的宣传力度,真切反映船舶技术人员队伍的问题和困难,有针对性地提供相关服务,真正成为船舶技术人员重要的社会支持系统("娘家人")。

三是进一步提高船舶技术人员的维权意识,拓宽、丰富船舶技术人员的维权渠道。相关部门和社会组织团体可根据船舶技术人员常见的权益侵害问题开展系统性的培训和教育,提高船舶技术人员的法律维权意识。同时,相关部门还需拓宽船舶技术人员的维权途径,让船舶技术人员碰到困难时能想到维权,同时还能方便找到维权的渠道,以切实保障船舶技术人员的合法权益。

专题报告五 我国海运业船舶技术人员心理状况及对策建议

内容摘要：

- 船舶技术人员心理症状的总分阳性检出率为4.6%，因子阳性检出率从高到低依次为精神病性6.3%、空虚5.2%、恐怖5.1%。
- 30岁以下的船舶技术人员的阳性检出率最高，为6.5%；合资企业和外资企业船舶技术人员的检出率非常高，分别为10.0%和9.7%。
- 86.0%的船舶技术人员认为自身的心理压力源于跟亲人在一起时间少，其次是工作环境封闭(77.1%)、与社会分离(78.7%)。
- 在需要帮助时，73.5%的船舶技术人员选择来自于亲戚，57.6%选择来自于朋友，50.3%选择来自于配偶，亲戚、朋友和配偶是船舶技术人员三大主要支持来源。32.8%选择来自于同事，11.3%选择来自于工作单位，3.3%选择来自于党、团、工会组织，2.7%选择来自于社会团体，在群体、组织之间的纽带关系较少，社会关系较弱。
- 有8.8%的船舶技术人员没有感受到任何社会支持。
- 在遇到困难和问题时，54.9%的船舶技术人员会采取消极应对。
- 在遇到烦恼时，10.1%的船舶技术人员从不向任何人倾诉，仅有18.9%的船舶技术人员会主动诉说自己的烦恼以获得支持和理解。在遇到困难时，四成以上船舶技术人员没有或很少产生求助行为，其中11.0%的船舶技术人员"只靠自己，不接受别人帮助"，30.4%的船舶技术人员"很少请求别人帮助"。
- 34.8%的船舶技术人员曾通过网络产生心理求助行为，希望通过网络咨询(28.0%)、医疗机构心理咨询(24.9%)、电话咨询(23.7%)、单位心理健康服务(23.3%)获得心理帮助。

本章从心理健康自评、心理压力源、社会支持、应付方式、心理服务需求共五方面描述我国航运业船舶技术人员的心理健康状况。调查显示，我国海运业船舶技术人员的心理健康值得重视，心理服务工作有待跟进。

一、船舶技术人员的心理健康状况不容忽视,压力源与职业特点紧密相关

一是船舶技术人员的心理健康水平低于其他职业人群。课题组采用自编的《中国海员心理健康量表》,对船舶技术人进行心理测评。《中国海员心理健康量表》是符合中国社会文化背景和海员职业特点需求的海员心理健康评价模式,可以可靠、稳定和有效地评价船舶技术人员的心理健康水平。量表分 11 个维度:躯体化、焦虑、抑郁、强迫、恐怖、冲动、社交困惑、自卑、性心理障碍、空虚、精神病倾向。调研结果显示,7 296 名船舶技术人员的总分阳性检出率为 4.6%,各因子的阳性检出率分别为躯体化 4.6%、焦虑 4.5%、抑郁 4.3%、强迫 4.8%、恐怖 5.1%、冲动 4.5%、社交困惑 4.7%、自卑 4.1%、性心理障碍 4.6%、空虚 5.2%、精神病性 6.3%。群体内比较发现,30 岁以下的船舶技术人员,心理阳性症状检出率最高(6.5%),处于入职适应期的船舶技术人员较易产生抑郁和焦虑的情绪反应;40~49 岁年龄组的船舶技术人员心理阳性检出率最低(1.3%),50 岁以上船舶技术人员的心理阳性检出率为 1.7%,心理健康水平高于其他年龄组,说明随年龄积累并丰富的社会阅历,能更好地帮助海员应对处理各种问题。无限航区船舶技术人员的心理阳性症状检出率(5.5%)高于沿海航区船舶技术人员(3.7%);特殊船舶技术人员的心理阳性症状检出率(5.4%)高于普通船舶技术人员(4.4%);合资企业(10.0%)、外资企业(9.7%)船舶技术人员的心理阳性症状检出率高于国有企业(4.2%)、民营企业(4.3%)船舶技术人员;劳务派遣工(5.8%)的心理阳性症状检出率高于劳务合同工(4.5%)和个体船舶技术人员(4.2%)。

二是心理健康与职业特点紧密相关。海员心理问题的产生,是由其职业特点所决定的:职业特殊因素,如航海职业危险(70.5%)、生活不规律(70.2%)、工作缺乏归属感(67.4%)、职业无发展前景(62.0%)、应有权益得不到保障(62.1%)、饮食结构不合理(58.7%);自身与社会因素,如身体健康受影响(66.6%)、性生活不满意(64.6%)、人际关系不协调(68.3%)、缺少文化环境(66.0%)。

三是跟亲人在一起时间少是心理压力的主要来源。船舶技术人员的心理压力较大,86.0%的船舶技术人员认为自身的心理压力源于跟亲人在一起时间少,其次是工作环境封闭(77.1%)、与社会分离(78.7%)。不同年龄、学历、职务的船舶技术人员在心理压力的主要来源方面略有差异。譬如年龄差异,收入低是 30 岁以下船舶技术人员的主要压力源;职业发展前景、跟亲人在一起时间少、性生活不满意是 30~39 岁船舶技术人员的主要压力源;饮食结构不合理、生活不规律是 50 岁以上船舶技术人员的主要压力源。譬如劳务性质差异,个体船舶技术人员在职业危险性、职业发展前景、缺少文化环境、应有权益得不到保障等方面比国有企业船舶技术人员产生更大的心理压力。

二、船舶技术人员的社会支持主要依靠非正式系统,支持源有限且单一,也有部分感受不到任何支持

一是社会支持源有限,亲戚、朋友和配偶是船舶技术人员三大主要支持来源。社会支持系统指的是个人在自己的社会关系网络中所获得的,来自他人物质和精神上的帮助和支援。

在问及"遇到急难情况时,曾经得到的经济支持、解决实际问题的帮助来源",73.5%的船舶技术人员选择来自于亲戚,57.6%选择来自于朋友,50.3%选择来自于配偶,亲戚、朋友和配偶是船舶技术人员三大主要支持来源。此外,32.8%选择来自于同事,11.3%选择来自于工作单位,3.3%选择来自于党、团、工会组织,2.7%选择来自于社会团体。可见船舶技术人员的支持来源更多依赖个人网络,在群体、组织之间的纽带关系较少,社会关系较弱,船舶技术人员的社会支持网络相对不够健全。

二是正式的制度化的支持相对缺乏。个体的社会支持一般来源于两个渠道:一是正式的制度化的支持;二是非正式的非制度化的支持。正式的支持主要来自单位,政府,各种社会服务机构、社会组织提供的支持,一般通过所属企业间接实施。非正式的支持主要来自家庭(家庭成员、亲戚)和同辈群体(同学、朋友、老乡等)的非制度化的帮助和关怀。数据分析发现,35.3%的船舶技术人员从不参加诸如党组织、团组织、工会、社会团体、宗教组织等团体组织活动,48.6%的船舶技术人员会偶尔参加,10.7%的船舶技术人员会经常参加,5.3%的船舶技术人员会主动参加并积极活动。就当前船舶技术人员的实际情况而言,来自于工作单位、各种社会团体组织的正式、制度化的支持缺乏。

三是部分船舶技术人员没有获得任何社会支持。不可忽略的是,有8.8%的船舶技术人员没有感受到任何社会支持。社会支持在缓解个体心理压力、消除个体心理障碍、增进个体心理健康方面具有重要的影响作用。社会支持的短缺,有可能使个体生活的压力、精神的压力难以化解,导致身心疾病。

三、船舶技术人员遇到困难和问题时的应对方式消极,主动寻求帮助的比例低

一是遇到问题时采取消极应对的比例较高。课题组采取《简易应对方式问卷》,了解船舶技术人员在遇到问题时的应对方式,45.1%的船舶技术人员会采取积极应对,比如"与人交谈,倾诉内心烦恼","尽量看到事物好的一面","借鉴他人处理类似困难情景的办法";54.9%的船舶技术人员会采取消极应对,比如"通过吸烟、喝酒、服药和吃东西来解除烦恼","幻想可能会发生某种奇迹改变现状"或"试图忘记整个事情"。船长和轮机长能够更多地采取积极应对,国有企业的船舶技术人员能够更多地采取积极应对。

二是主动向他人倾诉或寻求帮助的比例较低。在遇到烦恼时,10.1%的船舶技术人员从不向任何人倾诉,63.6%的船舶技术人员只向关系极为密切的人倾诉,7.4%的船舶技术人员表示在朋友主动询问时才将烦恼说出来,只有18.9%的船舶技术人员会主动诉说自己的烦恼以获得支持和理解。在遇到困难时,四成以上船舶技术人员没有或很少产生求助行为,其中11.0%的船舶技术人员遇到困难"只靠自己,不接受别人帮助",30.4%的船舶技术人员"很少请求别人帮助"。只有30.4%的船舶技术人员在有困难时会向家人、亲友、组织寻求支援。

四、船舶技术人员的心理求助和心理服务需求呈现多样化形式,网络咨询为首选

一是网络咨询是船舶技术人员获取心理帮助的主要方式。船舶技术人员曾通过网

络(34.8%)、电话(20.6%)和个别(18.5%)咨询获得帮助,网络咨询是船舶技术人员获取心理帮助的主要方式。也有船舶技术人员会通过社区咨询(10.7%)、单位心理健康服务(10.6%)、医疗机构心理咨询(7.9%)、参加心理辅导(6.3%)、团体心理活动(4.8%)等形式获得心理帮助。

二是心理服务需求呈现多样性形式。在问及"希望获得哪些形式的心理服务"时,呈现心理求助形式的多样性。船舶技术人员希望主要通过网络咨询(28.0%)、医疗机构心理咨询(24.9%)、电话咨询(23.7%)、单位心理健康服务(23.3%)获得心理帮助。调查结果可知,三成船舶技术人员对心理咨询存在需求,他们希望获得网络、电话或面对面咨询获得心理帮助,说明他们能意识到自身心理健康的重要性,也能有意识地去寻求帮助。鉴于船舶技术人员工作的特殊性,他们更倾向通过网络获得心理帮助,这提示海员管理部门有必要联合专业心理机构,开发一套海员心理健康服务系统,在网络下能够实行在线咨询、在线测评和在线心理教育交流系统,使得海员心理服务工作更简便、及时、顺畅。

五、重视船舶技术人员的心理健康,增加社会支持源,完善社会支持系统,建立心理健康保障机制,加强心理健康教育,提升心理素质

一是增加正式、制度化的社会支持源,完善社会支持系统。社会支持的内容可以划分为四种。第一,尊重的支持,也称作情感性支持。尊重和接纳个体。第二,信息的支持。对个体遇到的问题进行说明、理解,提供应对信息。第三,社会成员身份的支持。与个体共度时光、消遣或娱乐。第四,工具性支持。提供财力帮助、物资资源或所需服务。家属和朋友是船舶技术人员通常求助对象,公司、工会等也应成为船舶技术人员的社会支持源,给予船舶技术人员情感性支持,必要的时候给予工具性支持;访谈中,有不少船舶技术人员提到,他们希望海事管理部门、工会能够提供一些小册子或传单,印有与海员有关的政府服务部门的联系方式,并告知可以提供什么帮助,提供事务咨询和法律援助,给予信息的支持;海员管理部门在平时的管理中多注重与船舶技术人员交流,加强企业的人文关怀,在航期间政委多了解他们的烦恼、想法和需求,引导积极向上的文化氛围。

二是建立心理健康保障机制,加强心理健康教育,提升心理素质。海员管理部门建立船舶技术人员心理健康保障机制,通过完善心理健康档案、加强心理学知识的培训、心理健康知识的普及、企业核心价值观的灌输、心理咨询的开设、诉求渠道的畅通、特殊人群的关注等,为促进船舶技术人员心理健康筑牢绿色屏障。① 企业设立心理咨询机构,聘请心理咨询师采用多种形式(集中培训、内部报刊、网络、指导守则、心理咨询等),增加对船舶技术人员心理健康知识的普及教育,帮助其自我防御、自我调适、自我成长。② 建立船舶技术人员心理健康档案,动态掌握海员心理健康信息(包括个人基本情况、家庭生活情况、对个人生活有影响的重大社会生活事件、个性特征、心理健康状况、是否曾经做过心理咨询、是否服用过精神干预药物、是否有过自杀念头、是否曾尝试自杀;每次航行任务中的心理状态检测变化等),对需要关注的船舶技术人员,给予有针对性的心理关照和指导。③ 根据船舶备航、初航、续航、返航不同阶段海员心理的特点,建立船-岸一体的海员异常心理识别的预警、监控和心理援助机制。对有心理问题海员做到及时发现、有的追踪、重点关注、积极干预,确保航运安全。

专题报告六 我国海运业不同航区船舶技术人员状况及对策建议

内容摘要：

- 无限航区船舶技术人员中 2.3% 为初中以下学历，78.3% 为专科及以上学历；沿海航区船舶技术人员中 9.4% 为初中以下学历，57.1% 为专科及以上学历。
- 无限航区的船舶技术人员的平均收入为 (9.85±8.30) 万元/年，沿海航区的船舶技术人员的平均收入 (9.43±7.83) 万元/年。
- 34.9% 的无限航区船舶技术人员自评生活幸福，沿海航区的比例为 28.6%。
- 5.5% 的无限航区的船舶技术人员心理健康需要重点关注，沿海航区为 3.7%。
- 21.2% 无限航区船舶技术人员遇到烦恼时主动倾诉以获得支持和帮助，沿海航区的比例为 15.7%。
- 41.3% 的无限航区船舶技术人员缴纳各项社会保险，33.8% 的沿海航区船舶技术人员缴纳各项社会保险。
- 16.7% 的无限航区船舶技术人员愿意参加公共事务管理，10.8% 的沿海航区船舶技术人员愿意参加公共事务管理。
- 46.3% 的无限航区船舶技术人员对工作满意，37.9% 的沿海航区船舶技术人员对工作满意。

本章主要从无限和沿海两级航区对船舶技术人总的状况进行分析比较，并提出相应的建议。

一、无限航区船舶技术人员的学历水平普遍高于沿海航区，无限航区的船舶技术人员合同工和派遣工比例高于沿海航区，无限航区船舶技术人员属于国有企业和外资企业的比例高于沿海航区

一是无限航区船舶技术人员的学历水平普遍高于沿海航区。无限航区的船舶技术人员中，初中以下学历占 2.3%，高中/中专学历占 19.5%，大专学历占 53.2%，本科及以上学历占 25.1%；沿海航区的船舶技术人员中，初中及以下学历占 9.4%，高中/中专/技校占 33.5%，大专/高职占 47.1%，本科及以上占 10.0%。沿海航区的初中及以下学历比例远高于

无限航区船舶技术人员,无限航区的专科及以上学历船舶技术人员比例远高于沿海航区,说明无限航区的学历水平普遍高于沿海航区。

二是无限航区的船舶技术人员合同工和派遣工比例高于沿海航区。无限航区的船舶技术人员在普通船舶类型的工作比例占62.9%,沿海航区占37.1%;无限无限航区的船舶技术人员在特殊船舶类型的工作比例占43.6%,沿海航区占56.4%;无限航区的船舶技术人员劳务性质属于合同工的比例占63.5%,沿海航区占50.3%;无限航区的船舶技术人员劳务性质属于派遣工的比例占22.4%,沿海航区占9.0%,无限航区的船舶技术人员劳务性质属于个体的比例占14.1%,沿海航区占40.7%。可以看出,无限航区以合同工和派遣工比例多于沿海航区,而沿海航区个体船舶技术人员的比例高于无限航区。

三是无限航区船舶技术人员属于国有企业和外资企业的比例高于沿海航区。企业性质属于国有企业的无限航区船舶技术人员占61.2%,沿海航区占42.2%;企业性质属于合资企业的无限航区船舶技术人员占5.9%,沿海航区占5.2%;企业性质属于外资企业的无限航区船舶技术人员占6.6%,沿海航区占1.5%;企业性质属于民营企业的无限航区船舶技术人员占30.1%,沿海航区占53.4%。

二、无限航区船舶技术人员的收入略高于沿海航区,无限航区船舶技术人员的家庭关系和生活幸福感都略高于沿海航区

一是无限航区船舶技术人员的经济收入略高于沿海航区。无限航区船舶技术人员的平均收入为(9.85±8.30)万元/年,沿海航区船舶技术人员的平均收入(9.43±7.83)万元/年。从数据来看,不管是无限航区还是沿海航区,收入变异较大。无限航区船舶技术人员的收入略高于沿海航区。两者的生活支出项目基本相同。

二是无限航区船舶技术人员的家庭关系和谐度略高于沿海航区。总体来看,两种航区的三分之一左右的船舶技术人员自认为家庭氛围和谐。无限航区对"您的家庭氛围和谐一致吗?"回答"总是""经常"的比例(81.1%)略高于沿海航区的船舶技术人员(78.6%),而沿海航区船舶技术人员回答"偶尔和谐"的比例(3.8%)略高于无限航区的船舶技术人员(2.8%)。说明无限航区的船舶技术人员自评家庭更和谐;对问题"家人是否关心您工作上遇到的问题?"的回答,无限航区船舶技术人员回答"总是""经常"的比例为68.3%,沿海航区为62.5%,无限航区回答"偶尔"的比例为6.8%,沿海航区为8.9%。两种航区相比,无限航区船舶技术人员感受到的家人关心的频率更高一些;对"与子女关系"的回答,无限航区船舶技术人员回答"融洽"的比例为26.4%,"比较融洽"为73.1%;沿海航区分别为18.1%和80.8%,说明无限航区船舶技术人员的亲子关系略比沿海航区船舶技术人员的亲子关系融洽。

总之,不论是无限航区还是沿海航区,船舶技术人员家庭关系、亲子关系都比较融洽,能较多感受到家人的支持,无限航区的家庭关系略好于沿海航区。

三是无限航区船舶技术人员的生活幸福感高于沿海航区,但满意度均不高。对问题"相比五年前,您觉得自己目前的生活水平?"回答"好很多"的比例,无限航区船舶技术人员占12.3%,沿海航区的船舶技术人员占8.7%;回答"好一些"的无限航区船舶技术人员比例

为54.8%,沿海航区为46.5%,说明近六成的船舶技术人员认为目前的生活水平优于五年前,无限航区船舶技术人员评价变化好的比例高于沿海航区,但仍有相当一部分认为生活水平没有变化甚至低于五年前;对问题"展望未来五年,您认为自己生活水平比现在?"回答"好很多"的比例,无限航区船舶技术人员中占10.4%,沿海航区船舶技术人员占7.5%,回答"好一些"的无限航区船舶技术人员比例为43.9%,沿海航区为39.2%,回答"差一些"或"差很多"的无限航区船舶技术人员比例为8.4%,沿海为11.4%。说明尽管两种航区的船舶技术人员对未来生活的变化都不乐观,但无限航区的船舶技术人员比沿海航区的船舶技术人员有信心;无限航区船舶技术人员较沿海航区对当前船舶运输领域总体状况的评价更为积极,具体表现在对船舶设备(70.7%,61.6%)、公司内部机构设置(59.9%,49.9%)、企业创新主体地位(58.9%,51.8%)、海员积极性的发挥(55.8%,47.2%)、薪酬人事机制(54.4%,45.1%)等方面的评价。对"你认为目前的生活幸福吗?"回答"很幸福""比较幸福"的无限航区船舶技术人员比例为8.2%和34.9%,沿海航区为6.4%和28.6%,回答"不太幸福""不幸福"的无限航区船舶技术人员比例为8.6%和2.3%,沿海航区为10.3%和2.8%,无限航区船舶技术人员的幸福感高于沿海航区的船舶技术人员。

三、无限航区船舶技术人员身体健康好于沿海航区,而心理健康水平略低于沿海航区

一是无限航区船舶技术人员总体健康状况自评优于沿海航区。 无限航区的船舶技术人员报告的"健康"(27.8%)和"基本健康"(32.6%)比例高于沿海(分别为25.1%和30.5%)说明无限航区的船舶技术人员比沿海航区的船舶技术人员自评健康水平要高。

二是无限航区船舶技术人员心理健康水平低于沿海航区。 通过对无限和沿海航区的船舶技术人员心理健康阳性筛查分析,发现无限航区的船舶技术人员阳性检出率为5.5%,沿海航区为3.7%,各因子分的阳性检出率也均明显高于沿海航区。说明无限航区人员的心理健康更需要关注。

三是无限航区船舶技术人员的社会支持优于沿海航区。 对"遇到烦恼时的倾诉方式"回答"主动倾诉以获得支持和理解"的比例,无限航区船舶技术人员为21.2%,沿海航区为15.7%,回答"从不向任何人倾诉"的比例,无限航区船舶技术人员为8.9%,沿海航区为11.6%;"在您遇到急难情况时,曾经得到的帮助来源"问题的调查中,发现无限航区的船舶技术人员在遇到急难情况时,不论从亲密关系如配偶、亲戚还是从朋友、单位、团体中得到的帮助均略低于沿海航区的船舶技术人员。

四、无限航区船舶技术人员的社会保障略优于沿海航区

一是无限航区船舶技术人员缴纳的社会保险比例高于沿海航区。 总体来讲,无限航区船舶技术人员的缴纳比例(41.3%)略高于沿海(33.8%)。从各项保险的缴纳情况可以看出,无限航区的船舶技术人员各项保险的缴纳比例也略高于沿海航区船舶技术人员。

二是无限航区船舶技术人员的社会保险单位缴纳部分高于沿海航区。 无限航区的船舶

技术人员单位足额缴纳比例(19.9%)和单位部分缴纳比例(56.8%)均高于沿海航区的船舶技术人员(分别为 14.4%和 40.6%)。

五、无限航区和沿海航区船舶技术人员对国家发展战略目标、社会主义核心价值观普遍认同,前者较后者更有信心

一是无限和沿海航区船舶技术人员在对影响和谐社会建设主要因素的认识上基本相同。对"影响和谐社会建设的主要因素"调查显示,超过 76%无限和沿海航区的船舶技术人员认为影响因素主要为腐败现象,其次为收入分配不公(64.0%)和缺乏诚信(58.8%)等。

二是无限航区的船舶技术人员积极于沿海航区的船舶技术人员。对"新丝绸之路经济带"(一带一路)战略构想的认识,无限航区船舶技术人员的赞同或比较赞同的比例为 86.3%,沿海航区为 80.2%;对"把科学发展观贯彻到我国现代化建设全过程"的要求?无限航区船舶技术人员的赞同或比较赞同比例为 86.5%,沿海航区为 82.5%;对"您如何看待在全社会倡导'自由、平等、公正、法治'的价值导向?"回答赞同或比较赞成的无限航区船舶技术人员比例为 87.7%,沿海航区为 81.4%;对我国"实现中华民族伟大复兴的中国梦"(即国家富强、民族振兴、人民幸福)的信心,无限航区船舶技术人员有信心或比较有信心的比例为 79.0%,沿海航区为 75.0%;对我国"在 2020 年全面建成小康社会"的发展目标的信心,无限航区船舶技术人员有信心或比较有信心的比例为 68.1%,沿海航区为 62.6%;对"2049 年建成富强、民主、文明、和谐的社会主义现代化国家"的信心,无限航区船舶技术人员有信心或比较有信心的比例为 73.4%,沿海航区为 66.9%;对我国实现"到 2020 年进入创新型国家行列"的战略目标的信心,无限航区船舶技术人员有信心或比较有信心的比例为 71.2%,沿海航区为 65.2%;对我国提出"建设海运强国"的战略目标的信心,无限航区船舶技术人员有信心或比较有信心的比例为 70.3%,沿海航区为 64.2%。由上述可见,无限航区和沿海航区船舶技术人员普遍认同国家发展战略目标,认同社会主义核心价值观。从数据看,无限航区船舶技术人员的认同度高于船舶技术人员总体认同度,沿海航区低于总体认同度,无限航区比沿海航区船舶技术人员更有信心。

六、两类航区船舶技术人员对国家政策和社会公共事务的关注度都有待提高

一是无限航区和沿海航区对国家政策关注度均不高。对"对于近年来国家出台的政策方针,您是否关注?",回答"非常关注"或"比较关注"的无限航区船舶技术人员比例为 67.8%,回答"不太关注"或"不关注"的比例为 29.2%;沿海航区分别为 63.5%和 31.7%,说明无限航区的船舶技术人员对国家出台的政策方针的关注度略高于沿海航区,但是两类航区仍有相当比例的船舶技术人员对国家出台的政策方针较少关注,需要加强宣传学习。

二是两类航区船舶技术人员参与公共事务管理意愿都有待提高。对愿意参与单位的公共事务管理的意愿调查,发现无限航区的船舶技术人员"非常愿意"或"比较愿意"的比例分

别为16.7%和55.3%,而沿海航区分别为10.8%和50.1%,无限航区的船舶技术人员参与公共事务管理意愿较高于沿海航区。两类航区均有两成的船舶技术人员表示"不太愿意"或"不愿意"参与共事务管理。

三是两类航区船舶技术人员参与社会团体组织的比例都不高。无限航区的船舶技术人员参加工会的比例为20.3%,沿海航区为19.1%,无限航区的船舶技术人员参加行业学会的比例为6.6%,而沿海航区为5.2%,说明两类航区的船舶技术人员参与社会团体的比例都不高。

七、两类航区船舶技术人员的社会地位自评与工作满意度较低,两类航区超六成的船舶技术人员有流动意愿

一是两类航区船舶技术人员对所处社会阶层自评均不高。对"作为一名海运业船舶技术人员,您认为您处在社会的哪一层面?",回答"上层"或"中上层"的无限航区船舶技术人员比例为7.9%,沿海航区为6.3%;回答"下层"或"中下层"的无限航区船舶技术人员比例为66.3%,沿海航区为69.2%,无限和沿海航区对自己所处的社会地位评价均不高,无限航区评价略高于沿海航区。

二是两类航区船舶技术人员对工作满意度都不高,无限航区略高于沿海航区。无限航区船舶技术人员的满意率(46.3%)高于沿海航区(37.9%);无限航区船舶技术人员对生活满意度、职业社会声望、职务晋升、个人发展空间、职业被认可度、工作设施、工作稳定性、社会保障、企业文化等各方面的满意率均高于沿海航区,但都不高。与过去5年相比,无限航区船舶技术人员认为自己事业发展和工作状况变好的比率(48.0%)高于沿海航区(37.7%),无限航区比沿海航区的船舶技术人员对未来自己职业发展有信心的比例更高,两者分别为56.0%和41.6%。

调查显示,无限航区船舶技术人员(64.7%)和沿海航区船舶技术人员(66.0%)有流动意愿比例均超过六成,值得重视。

八、提高沿海航区船舶技术人员的社会参与性及职业满意度,关爱无限航区的船舶技术人员,重视无限航区船舶技术人员的心理健康维护与促进

一是加强国家发展战略和政策方针的宣传教育和海员职业教育。通过宣传教育,提高船舶技术人员的关心度和认识,增强其社会参与意识,增强对实现国家战略发展目标的信心;通过职业教育,提高对海员职业的认知,增强船舶技术人员忠诚海员职业,奉献航海事业的光荣感、责任感和使命感。同时航运企业要指导船舶技术人员做好职业生涯规划,使个人职业发展目标与航运企业发展目标统一,树立职业发展的信心。

二是加快健全海员权益保障体系。通过建立海员权利和职业保障的法律法规,建立海员权益保障管理和监督体系、为保障船舶技术人员权益、促进职业发展提供良好的政策环境、法治环境、市场环境和从业环境,提高船舶技术人员工作、生活满意度,增强对未来发展的信心。同时,要提高船舶技术人员维权意识,形成政府、社团、企业、海员共同促进、相互监

督的海员权益保障体系。调查显示,沿海航区船舶技术人员各方面的满意度低于无限航区,也低于被调查船舶技术人员总体,需要给予更多的关注和关心。

三是加强航海文化、海员文化宣传,提高船舶技术人员的职业声望和社会地位。船舶技术人员是建设海洋强国、海运强国的主力军,但是调查访谈中,多数船舶技术人员认为自身职业声望和社会地位较低,影响船舶技术人员队伍的稳定。对此,需要政府加大航海文化和海员文化的宣传力度,通过宣传船舶技术人员忠于海员职业、奉献航海事业的优秀事迹和精神,营造全社会尊重海员、认同海员职业、支持航海事业的浓厚氛围和全民意识。

四是重视不同航区船舶技术人员身心健康维护,特别要关注无限航区船舶技术人员的心理健康。根据不同航区特点,关心船舶技术人员身体健康和心理健康,为他们定期进行健康检查和心理测量,关心他们的疾病防治,为船舶技术人员开展文体生活提供良好的条件。要关注海员心理健康,特别是无限航区船舶技术人员的心理健康。企业要加强海员心理健康服务,通过开展心理健康科普宣传、心理健康教育培训,提供心理咨询、心理治疗、心理危机干预服务,增强船舶技术人员的心理素质,提高自我认知、自我调节、自我适应的能力;发挥企业党团、工会组织服务作用,为船舶技术人员心理需求提供各种积极的社会支持,为他们职业发展创造和谐的人文环境和从业环境,调动积极性、提高满意度、增强归属感。

专题报告七 我国海运业特殊类型船舶技术人员状况及对策建议

内容摘要：

- 特殊类型船舶中年轻人员比例低于普通类型船舶（分别为28.9%、37.4%），50岁及以上的人员比例特殊船舶类型远高于普通船舶（分别为12.4%、6.6%）。
- 特殊类型船舶技术人员的年均收入约为10.41万元，稍高于普通船舶技术人员（9.39万元）。
- 七成以上的特殊类型船舶技术人员参加了养老保险（70.7%）和医疗保险（73.6%），其中61.5%的人员其保险由单位足额缴纳或部分缴纳，有15.2%的人员没有参加任何保险。
- 65.3%的特殊类型船舶技术人员表示想换单位或职业，近八成比例认为船舶技术人员存在"留不住"的情况。
- 特殊类型船舶技术人员视力下降、脂肪肝、高血脂的比例高于普通船舶技术人员（两者比例分别为28.8%、23.5%；14.3%、12.0%；6.5%、4.8%），在船期间服用慢性疾病药物的比例明显高于普通船舶技术人员（两者分别为10.2%、7.0%）。
- 特殊类型船舶技术人员心理健康的阳性检出率高于普通类型船舶技术人员（5.4%、4.4%），特别是在精神病性（6.9%）、焦虑（5.8%）、躯体化（5.6%）、恐怖（5.6%）等维度上检出率较高。
- 特殊类型船舶技术人员参与公共事务管理的意愿较普通船舶技术人员要低（64.3%、68.6%），且表示"不知道"的比例要高（11.8%、9.0%）。
- 特殊类型船舶技术人员在工资按时发放（47.6%）、看病报销（39.7%）、社保缴纳（36.3%）、个税缴纳（27.2%）等方面遇到困难的比例均高于普通船舶技术人员（分别为39.4%、37.8%、34.8%、26.2%）。

特殊类型船舶技术人员是指在客滚轮、油轮、化学品船及液化天然气船等船舶类型上工作的人员。这类船舶运送货物较为特殊，如原油、化学品、天然气等，稍有不慎，将存在较高的安全风险。调查结果显示，与普通船舶技术人员相比，特殊类型船舶技术人员队伍中年轻比例较低，而年老比例较高；患职业病的比例较高；心理健康阳性检出率较高；职业稳定性较弱；对国家各项发展战略普遍认同，但也有不少比例认识不足；公众社会参与意愿不够强烈，参与度稍低。

一、特殊类型船舶技术人员队伍中年轻比例稍低,后备力量略显不足;低学历的人员比例稍高;过半比例分布在沿海航区;民营企业中分布比例较高

一是特殊类型船舶技术人员队伍中年轻比例较低,年老比例较高。调查显示,50岁以上的比例为12.4%。与普通类型船舶技术人员相比,特殊类型船舶技术人员年轻比例偏低,30岁以下组的比例为28.9%(普通船舶技术人员中比例为37.4%),50岁及以上比例为12.4%,远高于普通船舶技术人员的6.6%。这一年龄分布特点可能与特殊类型船舶技术人员的成长周期较长有关。一般来说,申请从事特殊船舶工作的人员一般先持有普通海员适任证书,再通过"特殊专业培训"后,在特殊船上(油轮、化学品船、液化气船等)实习三个月才换取特殊船舶适任证书。因此,从事特殊船舶工作的人员较普通船舶技术人员的年长比例要高。

二是特殊类型船舶技术人员低学历的比例稍高。调查显示,特殊类型船舶技术人员在大专及以上的人员比例与普通类型船舶技术人员的比例不存在明显差别(两者分别为69.5%、69.8%)。但特殊类型船舶技术人员学历为初中及以下的比例明显高于普通船舶技术人员(两者分别为9.1%、3.3%)。这可能与特殊类型船舶技术人员中年长人数比例较高有一定关系。

三是特殊类型船舶技术人员多分布在沿海航线,在民营企业中居多。在本次调查样本中,56.4%的特殊类型船舶技术人员在沿海航区工作,其余43.6%在无限航区工作。普通船舶技术人员在两个航区的人数分布比例分别为37.1%和62.9%。特殊类型船舶技术人员在民营企业的比例最高(45.9%),其次是国有企业(41.9%),合资企业(6.1%)和外资企业(6.0%)。

二、特殊类型船舶技术人员年均收入稍高于普通船舶技术人员;家庭氛围较为和谐融洽;普遍缴纳了养老保险和社会保险;在生活方面仍存在诸如夫妻两地分居、难以照顾老人等现实困难

一是特殊类型船舶技术人员年均收入稍高于普通船舶技术人员。调查显示,特殊类型船舶技术人员的年均收入约为10.41万元,稍高于普通船舶技术人员的9.39万元。与五年前相比,62.0%的特殊类型船舶技术人员表示生活有一定改善,但也有12.4%的比例表示要差一些或差很多。家庭经济支出方面,绝大部分用于住房(94.0%),其次是交通(18.1%)和饮食(15.5%)。这一比例与普通船舶技术人员没有明显差别。在居住情况方面,80.9%的特殊类型船舶技术人员拥有自有住房,仅有38.2%的比例表示对当前居住条件"满意",19.9%的比例表示"不满意"。这些数据提示,住房是特殊船舶技术人员生活的主要压力,特殊船舶技术人员存在改善住房条件的需求。

二是特殊类型船舶技术人员家庭氛围较为和谐,子女关系融洽,但子女对待父辈职业态度消极。调查显示,特殊类型船舶技术人员认为家庭氛围是和谐的(76.9%),较少与家人发生冲突(17.2%),家人较关心自己的工作(61.4%),自己也能关注家人的意见和感受

(76.4%)。在夫妻关系方面，89.8%的特殊类型船舶技术人员表示满意，仅有9.9%的比例表示关系不太融合，经常吵架。在亲子关系方面，尽管由于职业特点，特殊船舶技术人员常年不在家，但绝大部分比例表示与孩子的关系融洽(98.8%)；休假期间，特殊类型船舶技术人员对子女表现出多方面的关注，包括身心健康、学习、兴趣、人际交往等。但是，数据调查也显示，在子女对待海员职业态度上，有37.4%的子女表示"很不屑"，仅有20.3%的比例表示"很骄傲"。子女的这一较为消极的态度无疑也会影响特殊类型船舶技术人员的职业稳定。

三是特殊类型船舶技术人员的社会保障和福利状况总体良好。调查显示，七成以上的特殊类型船舶技术人员参加了养老保险和医疗保险，51.3%的比例参加了工伤保险，38.9%的比例参加了失业保险。其中61.5%的特殊类型船舶技术人员其保险由单位足额缴纳或部分缴纳。另外，结果也显示，有15.2%的比例没有参加任何保险。58.6%的特殊船舶技术人员不享受住房公积金。在社会福利方面，40.0%的特殊船舶技术人员反映收到过单位发放的节日慰问品；在遇到困难时，单位会通过情感关怀(48.1%)、发放生活补助(31.4%)、发放生活用品(17.4%)等方式提供帮助。

四是特殊类型船舶技术人员存在夫妻两地分居、不能照顾家庭、照顾老人困难等诸多现实生活困难。调查结果显示，由职业流动性带来的"夫妻两地分居"(47.8%)、"不能照顾家庭"(45.7%)、"照顾老人困难"(41.3%)等问题仍被特殊类型船舶技术人员认为是主要的困难。另外，"收入低"(39.6%)、"户口问题"(36.8%)、"看病就医难"(32.9%)也有较大比例的反映。这些存在的生活困难，会影响特殊类型船舶技术人员的工作稳定性和积极性。

三、收入高是特殊类型船舶技术人员的主要择业动机，他们对自身业务能力和水平较为自信，但仍存在职业稳定意愿较低，工作满意度较低等问题

一是35.9%的特殊类型船舶技术人员将收入高作为选择该职业的主要动因。调查显示，在职业选择动机这一问题上，特殊类型船舶技术人员的选择与普通船舶技术人员类似，收入高是主要动因(35.9%)，其次是符合个人兴趣(23.9%)、能发挥专业技能(22.5%)等。另外，也有23.3%的比例表示当初是盲目选择。

二是特殊类型船舶技术人员对自己的业务能力和水平比较自信。调查结果显示，59.6%的特殊类型船舶技术人员认为自己业务能力和水平能胜任本职工作，且超过八成的比例认为自己的专业知识和技能已达到个人的自身期望水平。同时，对于进修学习的需求，近半数(47.0%)的特殊类型船舶技术人员表示有需求，且绝大部分人员认为培训对职业技能的提升有帮助(89.4%)。关于培训费用的支出渠道，特殊类型船舶技术人员"自己支出"的比例稍高于普通类型船舶技术人员(两者分别为47.9%、38.9%)。

三是65.3%的特殊类型船舶技术人员表示想换单位或职业。调查显示，在职业稳定性方面，近八成的比例认为船舶技术人员存在"留不住"的情况。其中，不方便照顾家庭(70.9%)、工作枯燥(62.6%)、担风险高、责任大(55.6%)、收入待遇差(53.6%)、是人员流动的主要原因。与普通船舶技术人员相比，特殊类型船舶技术人员反映从业环境差(49.5%)、劳动强度大(43%)的比例稍高，这也体现了特殊类型船舶技术人员的工作特点。这一调查

结果反映出当前特殊类型船舶技术人员工作稳定性现状严峻,改善船舶技术人员工作环境,完善相关政策法规,对提高特殊船舶技术人员的职业稳定性具有重要意义。

四是仅41.8%的特殊类型船舶技术人员对工作表示满意。调查显示,与五年前相比,33.3%的特殊类型船舶技术人员认为目前的事业发展和工作状况更差,只有43.5%的比例认为比五年前要好。对未来五年的展望,只有近半的比例表示有信心会更好(49.1%)。当问及"如果您有孩子,您愿意让自己的孩子从事您现在的职业",超八成的特殊类型船舶技术人员表示不愿意。这一调查结果同样反映出当前特殊类型船舶技术人员队伍较为消极的工作状况。

四、特殊类型船舶技术人员总体健康状况良好,但职业病的患病比例稍高,心理健康状况需要引起关注

一是56%的特殊类型船舶技术人员认为自己身体"健康"。调查显示,特殊类型船舶技术人员的健康状况总体较好,与普通类型船舶技术人员不存在明显差别。但在所患职业病方面,特殊类型船舶技术人员视力下降、脂肪肝、高血脂的比例明显高于普通船舶技术人员(两者比例分别为28.8%、23.5%;14.3%、12.0%;6.5%、4.8%)。且在船期间,特殊类型船舶技术人员服用慢性疾病药物的比例明显高于普通船舶技术人员(10.2%、7.0%)。出现这一差别的原因,可能与特殊类型船舶的工作条件相对恶劣、工作强度相对较大存在一定关系。

二是特殊类型船舶技术人员心理症状阳性检出率普遍高于普通类型船舶技术人员。调查显示,特殊类型船舶技术人员的心理健康阳性检出率为5.4%,高于普通船舶技术人员的4.4%,特别是在精神病性(6.9%)、焦虑(5.8%)、躯体化(5.6%)、恐怖(5.6%)等维度上检出率较高。影响船舶技术人员心理健康的压力来源包括跟亲人在一起的时间少(84.4%)、与社会分离(76.0%)、工作环境封闭(75.3%)、生活不规律(70.5%)等因素。特殊类型船舶技术人员的心理健康状况需要引起关注,需要从根本上改善这一群体的工作环境,提高特殊类型船舶技术人员的职业归属感和荣誉感。

五、特殊类型船舶技术人员对船舶领域及队伍自身的评价相对消极,社会公众参与度较低

一是特殊类型船舶技术人员对船舶领域及队伍自身的评价相对消极。调查显示,更高比例的特殊类型船舶技术人员认为我国船舶技术人员的专业技术水平要落后于发达国家(28.9%、24.0%)。对船舶运输领域总体情况进行评价时,数据结果显示,总体来说,较普通船舶技术人员而言,特殊类型船舶技术人员的评价更为消极,且表示"不清楚"的比例明显较高。

二是特殊类型船舶技术技术人员社会公众参与度较低。调查发现,特殊类型船舶技术人员参与公共事务管理的意愿较普通船舶技术人员要低(两者分别为64.3%、68.6%),且表示"不知道"的比例要高(11.8%、9.0%),这在一定程度上反映出特殊类型船舶技术人员对公

共事务管理的关注程度相对较低。

三是特殊类型船舶技术人员存在工资按时发放、看病报销等多方面的困难。 调查发现，特殊类型船舶技术人员在工资按时发放（47.6%）、看病报销（39.7%）、社保缴纳（36.3%）、个税缴纳（27.2%）等方面均遇到困难的比例均高于普通船舶技术人员（分别为 39.4%、37.8%、34.8%、26.2%）。

六、完善在船特殊类型船舶技术人员与外界信息交流机制，进一步落实和完善相关政策，建立健全生理、心理健康保障机制

一是进一步完善特殊类型船舶技术人员相关政策。 提高这一群体的社会地位和经济地位，完善社会保障机制，减少船舶技术人员的后顾之忧，以稳定人才队伍，并吸引新生力量加入。

二是建立健全特殊类型船舶技术人员的生理、心理健康保障机制，减轻职业病对特殊类型船舶技术人员健康的侵扰。 关注特殊类型船舶技术人员的心理健康，创设多种渠道，为特殊类型船舶技术人员心理求助提供便利，以期特殊类型船舶技术人员心理健康提供保障。

三是创设条件促进在船期间船舶技术人员与外界的信息交流。 如利用当前成熟的网络条件开放船舶网络通信，让特殊类型船舶技术人员及时了解岸上相关信息，增强这一群体的社会参与度，同时，也有助于加强船舶技术人员与家属的沟通和联络，促进特殊船舶技术人员安心航海职业。

专题报告八 我国海运业各企业性质船舶技术人员状况及对策建议

内容摘要：

- 在外资企业中30岁以下船舶技术人员的比例最高(58.8%)，在民营企业中最低(30.6%)。民营企业中50岁及以上的人员占比最高(10.4%)。
- 在民营企业中学历在初中及以下的船舶技术人员比例最高(9.2%)，国有企业中最低(1.9%)；而在国有企业中学历在本科及以上的比例最高(25.6%)，民营企业中最低(10.2%)。
- 国有企业中中共党员的比例最高(27.3%)，外资企业中共青团员的比例最高(50.2%)。
- 船舶技术人员的年均收入由低到高分别是国有企业9.05万元，民营企业10.37万元，外资企业11.08万元，合资企业11.54万元。
- 国有企业中44.6%的船舶技术人员希望改善税收政策，54.6%的比例有培训进修的需求，52.3%的比例反映培训费用由单位支出，这一比例远高于其他企业性质船舶技术人员。
- 过半的船舶技术人员自我评估身体"健康"或"基本健康"，但评估为"不太健康"或"不健康"的比例以国有企业最高(13.3%)，外资企业最低(6.2%)。
- 国有企业船舶技术人员反映患脂肪肝、消化道疾病及高血压的比例最高(分别为14.8%、10.1%和9.4%)。合资企业船舶技术人员反映患糖尿病的比例最高(8.7%)，且在船期间服用慢性疾病药物的比例最高(13.8%)。
- 国有企业船舶技术人员对国家各项战略目标和方针政策表示赞同或充满信心的比例最高。
- 国有企业船舶技术人员反映人才流失、与社会脱离及缺乏归属感的比例最高(分别为70.5%、68.2%、55.6%)，其次为民营企业(分别为63.4%、61.9%、46.6%)。
- 外资企业与合资企业的船舶技术人员对工作表示满意的比例相对较高(分别为54%、52.8%)，民营企业与国有企业比例较低(分别为42.4%、40.8%)。
- 合资企业与外资企业的船舶技术人员心理健康阳性检出率比例明显高于国有企业与民营企业的船舶技术人员(四者分别为10.0%、9.7%、4.2%、4.3%)。
- 民营企业遇到工资按时发放问题的比例最高(58.8%)，外资企业看病报销及养老问题存在困难的比例最高(分别为46.7%和34.1%)，合资企业遇到社保缴纳困难的比例最高(46.4%)，国有企业反映个税缴纳问题的比例最高(35.7%)。

本章重点关注国有企业、合资企业、民营企业及外资企业等四种企业性质的船舶技术人员相关状况。调查显示，外资企业年轻船舶技术人员比例较高，民营企业比例较低，后备力量略显不足。国有企业船舶技术人员中高学历、中共党员的比例较高。外资企业与合资企业船舶技术人员工作满意度相对较高。不同性质企业船舶技术人员的健康状况有所不同，合资企业与外资企业船舶技术人员面临更大心理压力。不同性质企业船舶技术人员面临的困难存在差别。

一、不同性质企业船舶技术人员基本情况存在些微差别。外资企业中年轻船舶技术人员比例较高，民营企业年老比例较大，民营企业低学历比例较高，国有企业高学历占比较大，且中共党员的比例较高

一是外资企业船舶技术人员中年轻比例最高，民营企业中50岁以上的比例最高。调查显示，在外资企业中30岁以下的船舶技术人员的比例最高(58.8%)，在民营企业中最低(30.6%)。而民营企业中50岁及以上的人员占比最高(10.4%)。可以看出外资企业的船舶技术人员队伍比较年轻，较有活力。

二是初中及以下学历的船舶技术人员在民营企业中的比例最高，国有企业中本科及以上的比例最高。调查发现，船舶技术人员以大专/高职的比例最高；学历在初中及以下的人员比例在民营企业中最高(9.2%)，国有企业中最低(1.9%)；而学历在本科及以上的比例在国有企业中最高(25.6%)，民营企业中最低(10.2%)。

三是中共党员在国有企业船舶技术人员中的比例最大。调查显示，在船舶技术人员的政治面貌方面，国有企业中中共党员的比例最高，外资企业中共青团员的比例最高，这可能与本次调查的外资企业中年轻的船舶技术人员具有较高比例存在一定关系。数据结果也发现，国有企业的船舶技术人员，不管是在学历分布，还是政治面貌方面，都凸显出一定的优势。

二、不同企业性质船舶技术人员的年均收入存在差别，相应福利也有所不同，国有企业船舶技术人员在亲子沟通方面的问题需要得到关注

一是不同企业性质船舶技术人员的年均收入存在些微差别。调查发现，年均收入由低到高分别是国有企业9.05万元，民营企业10.37万元，外资企业11.08万元，合资企业11.54万元。主要的经济支出用于住房，其次是交通和饮食。在住房状况方面，绝大部分的船舶技术人员拥有自己的住房，但国有企业与民营企业的船舶技术人员对当前住房条件的满意度最低(分别为37.2%、37.3%)，合资企业的满意度最高(51.9%)。

二是不同企业性质船舶技术人员享受的相应福利有所不同。调查发现，尽管从数据看，国有企业的船舶技术人员年均收入最低，但在其他社会保障和福利方面，较其他企业性质的船舶技术人员明显优越。例如，在是否享受住房公积金上，61.4%的国有企业船舶

技术人员回答"是",而这一肯定回答在合资企业、民营企业及外资企业的船舶技术人员中,比例分别仅有21.7%、12.2%和17.3%。在健康体检方面,国有企业中68.2%的比例反映由单位组织安排,而在合资企业、民营企业及外资企业的船舶技术人员中,这一反映的比例分别为37.0%、25.8%、46.4%。在保险缴纳方面,85.9%的国有企业船舶技术人员反映是由单位足额或部分缴纳,合资企业这一反映的比例为64.2%,外资企业为57.8%,民营企业比例最低,仅为46.6%。然而,这些福利并没有让国有企业船舶技术人员较其他企业性质的人员感觉更满意。当问及"作为一名海运业船舶技术人员,您认为您处在社会的哪一层面"这一问题时,调查结果显示,71.1%的国有企业船舶技术人员认为自己处在"中下层"或"下层",远高于其他企业性质的人员比例(这一回答的比例分别为合资企业52.1%,民营企业65.7%,外资企业54.9%)。这一结果说明,尽管在经济收入和社会福利等方面,不同企业性质的船舶技术人员存在差别,但总体来说,船舶技术人员队伍中不少比例对当前的生活状态不是很满意。当然,调查结果也提示,对于未来的生活,近半的船舶技术人员表示会过得比现在好,这反映出船舶技术人员的信心和积极向上的生活状况。

三是不同企业性质的船舶技术人员在与子女情感沟通上存在差异。调查发现,当问及"您觉得您对孩子的爱有几分"以及"您觉得孩子对您的爱有几分"时,国有企业的船舶技术人员选择0~3分(低分)比例较其他企业性质人员(分别为17.3%、32.2%),而选择8~10分(高分)之间的比例最低(分别67.7%、50.3%)。另外,国有企业船舶技术人员反映子女对海员职业表示"很不屑"的比例最高(41.6%,其他企业的比例分别为合资企业33.9%、民营企业34.9%、外资企业31.9%)。这一结果反映出国有企业船舶技术人员在亲子沟通方面存在一些问题,这在一定程度上也会影响国有企业船舶技术人员的工作稳定性。

三、收入高是船舶技术人员择业的主要动因,外资企业与合资企业船舶技术人员对工作的满意度较高,船舶技术人员在改善工资福利、税收政策、休假制度等方面抱有期待

一是不同企业性质船舶技术人员的工作满意度存在差别。调查发现,外资企业与合资企业的船舶技术人员表示满意的比例较高(分别为54.0%、52.8%),而民营企业与国有企业的船舶技术人员仅有42.4%和40.8%的比例表示满意,并且34%的民营企业和31%的国有企业船舶技术人员表示与五年前相比,当前的事业发展和工作状况更加恶化。同时,调查结果发现,超过五成的船舶技术人员表示想换职业,船舶技术人员的职业稳定性存在较大问题。

二是收入高是船舶技术人员选择该职业的首要原因。35.2%的外资企业和33.9%的合资企业船舶技术人员表示是基于个人兴趣选择该职业,23.8%的国有企业船舶技术人员表示是服从组织分配而从事该职业。同时,也有数据显示,25.5%的合资企业和22.0%的民营企业船舶技术人员表示当初是盲目选择。择业动机直接影响着船舶技术人员的工作稳定性。随着近几年我国航运业不景气,海上工作的工资优势不再明显,这严重影响了船舶技术人员的职业稳定性以及新生代海员的培养。调查结果发现,绝大部分的船舶技术人员反映船舶

技术人员"留不住"的情况,其中国有企业的比例最高(83.7%)。诚然,除了收入待遇低这一原因之外,航海工作本身的艰苦性,如工作枯燥、承担风险高、责任大、不方便照顾家庭等因素也是影响船舶技术人员流动的重要原因。

三是船舶技术人员在工作期待方面抱有期待。大部分船舶技术人员对未来五年自己事业的发展和工作状况表示有信心,认为会比当前有改善。同时,在期望改进的方面,绝大多数的船舶技术人员希望在"工资福利方面"有所改善,另外,在改善社会保障、休假制度等方面,也得到了较高比例的船舶技术人员的赞同。在税收政策方面,44.6%的国有企业船舶技术人员希望得到改善,这一比例明显高于其他类型企业船舶技术人员。调查结果显示,近半数的船舶技术人员有培训进修的需求,其中国有企业船舶技术人员的需求比例最高(54.6%)。并且,超八成的比例表示通过培训,职业技能水平得到了提升。在培训费用支出渠道方面,不同企业性质存在差别,52.3%的国有企业船舶技术人员反映该费用是由单位支出,这一选择合资企业的比例是16.2%,民营企业为11.2%,外资企业20.4%。这在一定程度上也反映出国有船舶运输企业在福利保障方面具有一定的优越性。

四、船舶技术人员的健康状况自我评估总体良好,不同企业性质船舶技术人员患病比例有所差别,合资企业与外资企业船舶技术人员心理健康阳性检出率较高,心理问题值得关注

一是过半数的船舶技术人员自我评估为"健康"或"基本健康"。但自我评估为"不太健康"或"不健康"的比例以国有企业最高(13.3%),外资企业最低(6.2%)。在所患职业病的调查中发现,听力、视力下降和身体疲劳是船舶技术人员最常出现的症状。另外,国有企业船舶技术人员反映患脂肪肝、消化道疾病及高血压的比例最高(分别为14.8%、10.1%和9.4%),合资企业船舶技术人员反映患糖尿病的比例最高(8.7%)。同时调查还发现,合资企业船舶技术人员在船期间服用慢性疾病药物的比例最高(13.8%)。在医疗报销方面,国有企业船舶技术人员反映医疗费能按时、按实报销的比例明显高于其他类型企业船舶技术人员(分别为42.3%、63.1%)。

二是合资企业与外资企业的船舶技术人员心理健康阳性检出率明显高于国有企业与民营企业的船舶技术人员(四者比例依次为10.0%、9.7%、4.2%、4.3%)。这一结果反映了合资企业与外资企业船舶技术人员当前出现心理困扰的比例较高,需要引起进一步关注。

三是船舶技术人员在遇到困难时倾向选择消极应对的方式,采用诸如试图忘记整个事情、幻想可能会发生某种奇迹改变现状等方式来应对问题。其中合资企业与外资企业船舶技术人员采用消极应对方式对待问题的比例较高(分别为67.3%和66.9%)。已有研究证实,消极应对方式对身心健康的保持存在不利影响。这一结果提示,转变船舶技术人员的问题应对方式,培养积极的应对方式,对提高船舶技术人员的心理健康具有重要作用。

五、船舶技术人员普遍认同国家各项战略目标和方针政策，人才流失、与社会脱离是当前船舶技术人员队伍存在的主要问题，合资企业与外资企业船舶技术人员社会参与度相对较高，不同类型企业船舶技术人员均遇到不同类型的困难

一是船舶技术人员普遍赞同国家各项战略目标和方针政策。其中，国有企业船舶技术人员表示赞同或充满信心的比例最高。不管是对实现"两个百年"目标的信心，还是对倡导共建"一带一路"战略构想的赞同，国有企业的船舶技术人员都给予了充分的肯定。这一结果表明，国有企业船舶技术人员队伍对中国特色社会主义事业信念坚定，在政治上与党中央保持高度一致。国有企业船舶技术人员作为我国船舶运输领域的主力军，在思想观念和政治素养上表现出了较高的水平。

二是人才流失、与社会脱离是当前船舶技术人员队伍存在的主要问题。调查发现，国有企业船舶技术人员反映人才流失、与社会脱离及缺乏归属感的比例最高（分别为70.5%、68.2%、55.6%），其次为民营企业（比例分别为63.4%、61.9%、46.6%）。这在一定程度上也反映了两类企业当前这些问题更为突出。

三是超六成船舶技术人员愿意参与单位的公共事务管理，表现出较高的参与热情。调查发现，在具体参与行为方面，不同企业性质船舶技术人员存在些微差别。例如，当问及"如果在媒体上看到了您认为明显错误的与航运有关的信息或报道，您一般会怎么办"这一问题时，合资企业的船舶技术人员采取"不予理睬"的比例最少（35.7%），相反，他们会积极地通过各种途径予以澄清错误，如向相关管理部门反映或运用QQ或微信向朋友圈澄清错误等。而53.8%国有企业船舶技术人员选择"不予理睬"。在加入社会团体组织方面，外资企业的船舶技术人员表现得最活跃，55.0%的比例是工会会员或行业学会会员，并且在参与其他学术团体组织的比例也最高。这反映了外资企业船舶技术人员这一群体社会参与的积极性。

四是不同企业性质船舶技术人员反映遇到的困难有所不同。相比较而言，民营企业反映工资按时发放问题的比例最高（58.8%），外资企业反映看病报销及养老问题存在困难的比例最高（分别为46.7%和34.1%），合资企业反映社保缴纳问题的比例最高（46.4%），国有企业反映个税缴纳问题的比例最高（35.7%）。这反映了不同企业性质船舶技术人员面临的实际困难，为相关部门制定相应的解决政策提供了针对性的依据。

六、进一步改善船舶技术人员从业环境，建立健全权益保障体系，多方合力提高海员职业声望和社会地位，稳定船舶技术人才队伍，培养航海技术人才的新生力量

一是进一步建立健全船舶技术人员的权益保障体系。遵照《2006年海事劳工公约》，切实维护我国船舶技术人员的合法权益。同时，进一步健全相关法律体系，规范国内航运公司和中介机构雇佣船舶技术人员的行为，公平、公正地让船舶技术人员享受应有的足月休假、带薪休假制度。在个税缴纳政策方面，可以借鉴国外一些航运强国的做法，对船舶技术人员

收入实行减免税政策,多重举措提高海上职业的吸引力。针对工资拖欠等问题,要制定一系列措施维护船舶技术人员的利益,以最终实现船舶技术人员体面工作与生活。

二是改善船舶技术人员的从业环境,增强船舶技术人员的归属感和荣誉感。从微观来讲,改善从业环境需要加强船舶硬条件的建设,近几年这方面改善非常明显,在软环境方面,包括制定合理的、人性化管理规章制度,塑造良好的企业文化,提高船舶技术人员的归属感。从宏观来说,从业环境还包括社会环境对船舶技术人员的尊重,对航海职业的认可和支持。

三是提高船舶技术人员的权益保护意识。在访谈中我们发现,部分船舶技术人员,特别是民营企业船舶技术人员对相关的政策法规了解不透彻,签订合同时没有认真阅读条款,以致自己合法权益受到侵害时得不到有效保护。因此,可以通过系列培训就相关的海员政策法规加以强化普及,同时,也可以通过开展相关法律宣传、个别咨询等多种方式提高船舶技术人员的维权意识。

四是充分发挥中国航海学会、中国海员建设工会等社会团体组织的作用,提高船舶技术人员的社会参与度。调查发现,我国船舶技术人员加入社团组织的比例较低,社会活动的参与度不够。这一方面受制于船舶运输行业的流动性,但另一方面也体现了相关社团组织对船舶技术人员缺少广泛关注。因此相关社会组织和学术团体应加大宣传力度,扩大其服务的范围,为船舶技术人员争取更多的福利,让船舶技术人员排除后顾之忧地参加航海工作。真正成为船舶技术人员的"娘家人",切实为解决船舶技术人员的困难提供帮助。

五是加强宣传,提高船舶运输工作的职业声望和社会地位。推进航海文化宣传教育,增进全民对航海、航海文化的认识和理解,营造尊重、支持航海职业、船舶技术人员的良好社会氛围。同时,政府加大投入,给予航运院校更多支持,为我国航运业的发展培养后备人才。

专题报告九 我国海运业外派船舶技术人员状况及对策建议

内容摘要：

- 59.9%的外派船舶技术人员表示生活比五年前有所改善，有95.5%表示家庭支出主要用于住房，但仅有17.3%的外派船舶技术人员能够享受住房公积金补贴。
- 46.8%的船舶技术人员对当前居住条件感到满意，满意程度高于非外派船舶技术人员。
- 54.9%的外派船舶技术人员认为自己处在社会的中下层，40.9%的外派船舶技术人员对所处阶层感到不满意，非外派船舶技术人员在此方面的评价更低。
- 70.5%的外派船舶技术人员认为自己的业务能力和水平比较强，高于同行群体对自我的评价；35.9%的外派船舶技术人员认为自己的专业知识和技能完全达到个人的自身期望水平，同样高于同行群体对自我的评价。
- 45.3%的外派船舶技术人员有进修学习的需求，超五成的培训费用由自己支出。
- 41.8%的外派船舶技术人员不考虑更换职业或单位，职业流动比例比同行群体低，其中不方便照顾家庭(71.9%)、工作枯燥(62.2%)、风险大(57.4%)是影响流动的主要原因。
- 仅有8.5%的外派船舶技术人员愿意子女从事自己的职业，有64.7%明确表示不愿意；仅有19.0%的子女对父亲职业感到"很骄傲"，有34.0%的子女表示"很不屑"。
- 71.3%的外派船舶技术人员认为自己身体"健康"，64.2%在船期间会参加体育锻炼，50.0%的外派船舶技术人员自费体检。
- 心理健康各项因子的阳性检出率为9.7%；在遇到问题时，66.9%的外派船舶技术人员采取消极应对，心理健康状况值得关注。
- 66.2%的外派船舶技术人员对"在2020年全面建成小康社会"的发展目标有信心，66.9%对"在2049年建成富强、民主、文明、和谐的外派主义现代化国家"的发展目标表示有信心，79.8%对"一带一路"战略构想表示赞同，近七成对"建设海运强国"战略目标有信心。
- 18.3%的外派船舶技术人员是行业学会及专委会的会员，38.3%的外派船舶技术人员参加学术团体或基层学(协)会组织活动。对社会团体提供服务的需求主要是就业服务(51.6%)、信息技术服务(48.7%)、权益保障(46.9%)、提供与社会各界交流机会(35.3%)等方面。

外派船舶技术人员,是指被国外船东或港澳台地区船东雇佣,在其船舶工作并以出售劳动技能获取工作报酬的中国船舶技术人员。由于我国现行有关法律、法规的规定,我国劳动者在境外就业必须通过经特许设立的涉外劳动就业服务机构来进行,劳动者与用人单位不得直接签订劳动合同。因此我国海员如果要到国外船舶上工作,必须要通过劳务外派机构进行,我国现行海员外派主要有以下几种模式:① 中国海员公司外派本公司海员到外籍船舶上工作;② 海员依照海员公司与国外船东或者船舶管理人的海员配员协议到外籍船舶上工作;③ 国内海员与国外船东或者船舶管理人达成协议,到外籍船舶上工作。本章将重点分析该类外派船舶技术人员的工作、生活、身心健康、思想观念等方面,旨在较为全面的认识和了解外派船舶技术人员的现状,分析当前存在的问题并提出相应对策,以期为保障外派船舶技术人员的安全航行提供参考。

一、外派船舶技术人员队伍年轻化,后备力量足,但是学历层次有待提高

由于外派海员的工作地区限制,调研存在一定程度的困难。本次调查的船舶技术人员中,外派船舶技术人员仅有321人,占样本总量的4.4%。从年龄分布来看,其中58.8%的外派船舶技术人员年龄在30岁以下,51.9%的外派船舶技术人员仍然未婚,越是年轻的船舶技术人员,越愿意选择以外派的形式从事船舶技术人员工作。

从学历来看,外派船舶技术人员以大专/高职学历的比例最高(57.3%),学历在本科及以上的比例其次(22.8%)。这一学历分布与在国企、民企的船舶技术人员基本一致,说明我国船舶技术人员的学历层次有待提高。船舶技术人员是一种技术含量高的职业,随着GPS导航、电动推进系统等先进电子设备的应用,现代船舶对技术人员装备操控能力的要求也越来越高,航行环境日渐复杂,对船舶技术人员的航行技术要求也在上升。

从劳务性质看,37.0%的外派船舶技术人员所属国有企业,并与所在单位有着长期劳动合同关系;33.0%的外派船舶技术人员依托外派劳务中介,以劳务派遣的方式服务于外籍船舶,另30.0%的外派船舶技术人员采取自由型用工方式。

二、外派船舶技术人员的年均收入略高于非外派船舶技术人员,生活状况有所改善,对自身社会地位的评价高于同行群体,但是总体评价不高,社会保险意识较弱

一是外派船舶技术人员的年均收入略高于非外派船舶技术人员。调查结果显示,外派船舶技术人员的年均收入约为11.08万元,稍高于国内船舶技术人员的年均收入9.69万元。在外籍船舶上,中国海员与其他国家海员同岗不同酬已经成为一个突出问题,极大限制了海员参与外派的积极性。

二是外派船舶技术人员的社会保险意识仍较弱。在社会保险方面,有15.2%的外派船舶技术人员没有购买任何保险。已购买保险的外派船舶技术人员,与国有企业船舶技术人员相比,购买各类保险的比例也相对较低。六成的外派船舶技术人员由单位足额或部分缴纳,分别占比17.0%和40.8%,三成的外派船舶技术人员自费缴纳。

三是大部分外派船舶技术人员的生活有所改善,户口问题和看病就医难是外派船舶技术人员的主要困难。与五年前相比,59.9%的外派船舶技术人员表示生活有一定改善,但也有12.7%的比例表示要差一些或差很多。家庭经济支出方面,绝大部分用于住房(95.5%)。在居住情况方面,89.7%的外派船舶技术人员拥有自有住房,有46.8%的比例表示对当前居住条件"满意",满意程度高于非外派船舶技术人员。外派船舶技术人员存在改善住房条件的需求,但仅有17.3%的外派船舶技术人员能够享受住房公积金补贴,而国有企业船舶技术人员能享受住房公积金补贴的比例达61.4%。在调查样本中,关注了外派船舶技术人员在生活中存在的困难,除了由职业流动性带来的夫妻两地分居、不能照顾家庭、照顾老人困难等问题之外,户口问题(45.8%)、看病就医难(37.4%)是外派船舶技术人员的主要困难。

四是外派船舶技术人员的家庭氛围和谐,能获得家人支持。调查结果说明,外派船舶技术人员认为家庭氛围是和谐的(74.6%),较少与家人发生冲突(12.7%),家人较为关心自己的工作(61.3%),自己也能关注家人的意见和感受(74.8%)。在夫妻关系方面,90.9%的外派船舶技术人员表示满意,仅有9.1%的比例表示关系不太融洽,经常吵架。在亲子关系方面,尽管由于职业特点,外派船舶技术人员常年不在家,但绝大部分比例表示与孩子的关系融洽(98.0%);休假期间,外派船舶技术人员对子女表现出多方面的关注,包括身心健康、学习、兴趣、人际交往等。

五是外派船舶技术人员对自身的社会地位评价较低。调查显示,54.9%的外派船舶技术人员认为自己处在社会的中下层,40.9%的外派船舶技术人员对所处阶层感到不满意。相比较而言,非外派船舶技术人员对自身社会阶层的评价更低,满意度更低。

三、认可自身的职业能力,接受继续教育的意愿高,职业稳定性较强,工作满意度较高,海二代对父辈职业认可度低

一是高收入成为外派船舶技术人员择业主要动因。在职业选择动机这一问题上,外派船舶技术人员的选择与其他船舶技术人员类似,收入高是主要动因(56.5%),该比例远高于同行群体;其次是符合个人兴趣(35.2%)、能发挥专业技能(25.6%)。在访谈中了解到,船舶技术人员愿意外派的优势是主要是收入高,能开阔视野,提高英语口语。

二是大部分外派船舶技术人员认可自身的业务能力,半数自己承担培训费用。在职业能力及培训方面,70.5%的外派船舶技术人员认为自己的业务能力和水平比较强,高于同行群体对自我的评价。35.9%的外派船舶技术人员认为自己的专业知识和技能完全达到个人的自身期望水平,同样高于同行群体对自我的评价。在对船舶技术人员队伍整体水平的评价方面,外派船舶技术人员与其他船舶技术人员也存在些微差别。在专业技术方面,更高比例的外派船舶技术人员认为我国船舶技术人员的专业技术水平要优于其他国家船舶技术人员;在责任心方面,外派船舶技术人员认为与发达国家相比,我国船舶技术人员责任心更强。在英语方面,55.1%的外派船舶技术人员认为我国船舶技术人员的英语水平要落后于发达国家。访谈结果也说明,英语成为制约船舶技术人员外派的一个重要因素。

三是外派船舶技术人员有接受继续教育的愿望。45.3%的外派船舶技术人员有进修学习的需求,关于培训费用的支出渠道,或自己支出(50.2%),或单位支出(20.4%)或单位和自

己共同支出(29.4%)。国有企业船舶技术人员则反之,主要由单位支出培训费用(52.3%)、单位和自己共同支出(27.4%)、自己支出(20.3%)。

四是对于优秀船舶技术人员的评价标准,外派船舶技术人员与同行群体存有差异。外派船舶技术人员认为"能获得航运界认可""获得政府部门认可""良好的执行力"是评价优秀船舶技术人员的标准;同时,国有企业和民营企业的船舶技术人员则认为"工作责任心强""业务技术精湛""组织协调能力强""有团队合作精神"是评价优秀船舶技术人员的标准。

五是对目前工作状况感到满意,职业流动率相对低,职业稳定性更强。在工作满意度方面,超过五成的外派船舶技术人员对目前工作感到满意,高于国有企业和民营企业的同行群体。对自身"目前和未来事业发展和工作状况""未来五年工作展望"的评价上,外派船舶技术人员也比同行群体更为积极。在职业稳定性方面,41.8%的外派船舶技术人员不考虑更换职业或单位,职业流动比例比同行群体低。

六是外派船舶技术人员不希望子女继承父业,子女对其职业的认可度低。调查显示,仅有8.5%的外派船舶技术人员"愿意子女从事自己的职业",有64.7%明确表示"不愿意",有26.8%表示"说不清"。在子女对待海员职业态度上,有34.0%的子女表示"很不屑",仅有19.0%的子女对父亲职业感到"很骄傲",子女的这一较为消极的态度无疑也会影响外派船舶技术人员的职业稳定。

四、身体健康状况总体良好,心理健康水平相对较低,遇到问题较多采取消极应对,社会支持来源单一,社会参与较少,对心理服务存有需求

一是外派船舶技术人员的健康总体状况较好。71.3%的外派船舶技术人员认为自己身体"健康",自评健康的比率高于同行群体,这可能与外派船舶技术人员队伍的相对年轻化有关。64.2%的外派船舶技术人员在船期间会参加体育锻炼,29.5%在船期间服用营养保健品,8.6%在船期间服用慢性疾病(如高血压、糖尿病等)药物。50.0%的外派船舶技术人员自费体检,46.4%由单位组织体检并报销费用。国有企业船舶技术人员的体检一般由单位组织(68.2%),并有指定的医疗机构。

二是外派船舶技术人员的心理健康水平低于同行群体。外派船舶技术人员在心理健康各项因子的阳性检出率(9.7%)高于国有企业(4.2%)和民营企业(4.3%)船舶技术人员。在遇到问题时,66.9%的外派船舶技术人员更多采取消极应对,比率远高于国有企业(51.5%)和民营企业(56.5%)船舶技术人员。这一结果提示,外派船舶技术人员的心理健康状况值得重点关注。在影响船舶技术人员的心理压力来源方面,从物理环境、外派环境、人际关系、职业发展、婚恋与健康等方面对外派船舶技术人员进行了调查。调查数据显示,相比其他劳务性质船舶技术人员,外派船舶技术人员产生心理压力更多源于工作环境封闭、与社会分离、跟亲人在一起时间少等方面,这些因素均与外派船舶技术人员的工作特性存在一定关联。

三是外派船舶技术人员的社会支持来源单一,社会参与较少。12.2%的外派船舶技术人员遇到烦恼从不向人倾诉,14.8%的外派船舶技术人员从不请求别人帮助,35.2%的外派船舶技术人员从不参加团体(如党组织、团组织、工会、外派团体、宗教组织等)组织的活动。遇

到困难从亲戚、配偶、朋友、同事得到更多的帮助和支持,从工作单位、外派团体、党团工会等组织得到的支持较少。

四是外派船舶技术人员对心理咨询存在一定需求。部分船舶技术人员曾经通过网络咨询(31.9%)、电话咨询(28.0%)、个别咨询(18.9%)、社区咨询(15.9%)等方式寻求心理帮助。在希望获得的心理服务形式方面,外派船舶技术人员对电话咨询(31.1%)、网络咨询(26.4%)、参加心理辅导(24.8%)、医疗机构心理咨询(24.4%)等方式表示出较大需求。

五、普遍认同国家发展战略,对当前船舶运输领域有较高评价,参与社会团体与学术组织的活动的比例高于同行群体,希望社会组织能提供多样性服务

一是外派船舶技术人员普遍认同国家发展战略。66.2%的外派船舶技术人员对我国"在2020年全面建成小康社会"的发展目标表示"很有信心"或"比较有信心",66.9%的比例对我国"在2049年建成富强、民主、文明、和谐的外派主义现代化国家"的发展目标表示"很有信心"或"比较有信心"。外派船舶技术人员对我国"两个百年"发展目标的信心程度高于其他船舶技术人员。同时,79.8%的外派船舶技术人员对我国倡导共建"一带一路"的战略构想表示赞同,稍低于国有企业船舶技术人员(87.3%)。近七成的外派船舶技术人员对我国提出"建设海运强国"的战略目标有信心。

二是外派船舶技术人员对当前船舶运输领域总体评价高于同行群体。调查显示,在船舶先进设备支持、船舶技术人才培养、船舶公司内部机构设置及人员安排、船舶行业技术创新的主体地位等方面,外派船舶技术人员给予较高的肯定,分别为71.7%、66.4%、63.9%、59.1%,高于同行群体的评价(分别为66.7%、58.4%、55.5%、55.7%)。

三是外派船舶技术人员参与社会团体与学术组织的活动的比例高于同行群体。有18.3%的外派船舶技术人员是行业学会及专委会的会员,有38.3%的外派船舶技术人员参加学术团体或基层学(协)会组织活动。在对社会团体提供服务的需求上,外派船舶技术人员主要希望在就业服务(51.6%),信息、技术服务(48.7%),权益保障(46.9%),提供与社会各界交流机会(35.3%)等方面得到帮助,尤其是提供与社会各界交流机会方面的需求高于同行群体。

六、增加航海教育培训投入,为实现航运强国目标提供人才保障,完善对外劳务管理体制,为外派船舶技术人员的福利待遇提供政策保障

一是提高外派船舶技术人员的学历层次,加强英语和专业技能培训,对航海教育培训加大投入。外派船舶技术人员的学历和培训有待提升。对于外派船舶技术人员,具有跨国界性,其工作水平和能力代表着我国海运业实力和国家形象,他们不仅要精通专业知识和技能,还要具有较强的外语能力、法律知识、外交礼仪以及团队指挥能力。外派船舶技术人员的数量要扩大,质量要提高,并从数量型向质量型转变,离不开航海教育和培训。外派海员不仅要掌握传统和现代的航海技术、管理技术、计算机应用技术,还要能够掌握外语,具备领

导能力、组织管理能力、人际关系能力等应对日益严格的港口国检查,是一个不折不扣的复合型人才。要充分发挥海事培训院校、航运企业、劳务企业和船东的整体力量,积极探索外派船舶技术人员培训的新模式。要充分借助船东力量抓好在船培训,广泛开展船舶技术人员培训需求调研,主动征求船东对海员培训的意见,签订高级海员培养协议,把海员人才培养规划落实到每个船种、每个年度、每项职务,从而不断满足市场需求;要扎实开展适任培训、专业培训、技能培训和英语培训等海员在岸培训。

二是减少政府多头管理和政务交叉,维护外派船舶技术人员权益。国家交通部海事局、商务部、劳动和社会保障局和外经贸部门之间存在对外派船舶技术人员劳务管理上的职务交叉,使我国的"主管当局"交通部海事局很难在实际工作中形成有效的劳工监察机制或对涉及的其他政府主管部门进行过多干涉或提出相应要求。因此,迫切需要尽快制定统一的管理标准,规范海员管理机构的行为,加强监管,确保海员权益得以保障。加强海事执法人员的廉洁教育,贯彻岗位问责。对于每一次执法活动的依据和处罚结果等均在网上公布,公开透明接受广大海员的监督。其次,政府进行统一的协调管理,解决各部门的多头管理、互补协调现象,制定统一的政策,完善我国的对外劳务管理体制。

三是外派船舶技术人员的工资和福利保障急需加强。外派船舶技术人员在福利待遇上缺乏相应政策保障。外派船舶技术人员由相关海员劳务公司派出,海员与外派船公司之间的法律关系难以厘清,而海员劳务公司也不是真正的用工单位,与外派海员的法律关系不够明确,甚至难以保障海员不在船期间取得我国法律规定的最低工资。我国需要进一步按照《海员外派管理规定》对劳务外派机构进行全面梳理,明确海员劳务外派机构的法律地位,促进外派船舶技术人员的工资尽快与国际接轨。这样才能吸引英语水平高、综合技能强的优秀航运人才参与外派。

专题报告十 我国海运业个体船舶技术人员状况及对策建议

内容摘要：

- 个体船舶技术人员学历为高中及以下的比例为47.8%，学历为大专或高职的比例为44.9%，学历在本科及以上的比例仅为7.3%。
- 个体船舶技术人员在民营企业中的比例最高(48.8%)，其次是合资企业(30.0%)和外资企业(30.0%)，与国有企业签订合同的仅有6.8%。
- 个体船舶技术人员主要工作于沿海航区(69.0%)，另有三成服务于无限航区。
- 仅有6.0%的个体船舶技术人员认为自己处在社会的中上层。
- 仅有17.2%的个体船舶技术人员表示家人支持自己从事船舶运输工作，或者没有意见(44.1%)，仍有相当比例的家庭(38.7%)并不支持其从事目前工作。
- 仅有19.0%的子女对父亲职业感到"很骄傲"；愿意孩子"子承父业"的比例仅为3.1%。
- 28.5%的个体船舶技术人员没有购买任何保险；已经购买保险的个体船舶技术人员中，54.9%的比例是全部自费缴纳。
- 53.0%的个体船舶技术人员对自己业务能力感到自信，41.1%有进修学习的需求，比例皆低于劳务合同工和劳务派遣工；80.1%的个体船舶技术人员自费支出培训费用。
- 36.4%的个体船舶技术人员对目前工作感到满意，低于劳动合同工(44.1%)和劳务派遣工(47.4%)。对自身"目前工作状况""未来五年的事业展望"的评价上，个体船舶技术人员比其他劳务性质的船舶技术人员偏向消极。
- 69.2%的个体船舶技术人员表示想换单位或职业，高于劳动合同工(63.4%)和劳务派遣工(65.2%)。其中，不方便照顾家庭(70.8%)、工作枯燥(65.2%)、收入待遇差(58.6%)是影响流动的主要原因。
- 个体船舶技术人员的体检是自己安排，费用由自己支付(78.6%)，12.7%的个体船舶技术人员所服务的企业有指定的医疗服务机构（合同工49.4%、派遣工33.8%），18.8%的个体船舶技术人员所服务的企业有健康保障制度和应急措施（合同工45.6%、派遣工34.3%），36.6%的个体船舶技术人员的医疗费能够按实报销（合同工63.6%、派遣工55.7%），25.4%的个体船舶技术人员的医疗费能够按时报销（合同工43.8%、派遣工30.1%）。

● 个体船舶技术人员心理症状的阳性检出率为 4.2%，他们更多采取消极应对(58.9%)，从不向人倾诉(12.0%)，从不请求别人帮助(13.5%)，从不参加团体活动(46.4%)。

● 参与公共事务管理的意愿(60.2%)较劳务合同和劳务派遣船舶技术人员要低(70.2%、68.0%)，仅有6.0%的个体船舶技术人员是工会会员，43.5%的个体船舶技术人员对工会完全不了解，72.5%的个体船舶技术人员从不参加学术团体或基层学(协)会组织的活动。

● 遇到的主要困难是工资按时发放(67.5%)、社保缴纳(39.3%)、看病报销(37.2%)和养老问题(31.5%)，希望在就业服务(60.4%)、权益保障(50.9%)、信息技术服务(45.4%)、政策咨询(33.4%)等方面得到帮助。

根据劳务合同性质，船舶技术人员的用工方式可以分为以国有企业为主的劳务合同工，通过中介机构派遣的劳务派遣工，以及个体（或称社会、自由）船舶技术人员。个体船舶技术人员直接与船舶所有人（公司）签订船员劳动合同，从而形成劳动关系，合同的期限一般就是船舶技术人员任职于船舶的期限，合同期满后，船舶技术人员再选择任职的船舶。在这种雇佣形态之下，他们只能拿到在船工作时的工资，下船后没有收入，相关社会保险等也大多由个人自行负责；他们中的很多人下船后，没有生活来源，没有医疗保障，没有养老金，所以只好不停地在船工作，力求为退休后的生活积累更多保障。近年来，个体船舶技术人员逐渐成为我国航运市场中一支重要力量。本章将重点分析该类船舶技术人员的状况，包括工作、生活、健康、思想观念和社会参与等方面，旨在较为全面地认识和了解个体船舶技术人员的现状，分析当前存在的问题并提出相应对策。

一、个体船舶技术人员队伍中，年长者的比例相对高，高学历人才相对较少，民营企业中分布比例较高，沿海航区分布比例较高

一是个体船舶技术人员队伍中，40岁以上年龄的比例相对较高。 本次调查的船舶技术人员中，个体船舶技术人员有1890人，占样本总量的25.9%。从年龄分布来看，30岁以下的个体船舶技术人员占比23.6%，30~39岁的个体船舶技术人员占比35.3%，40~49岁个体船舶技术人员占比27.8%，50岁及以上个体船舶技术人员占比13.3%。个体船舶技术人员在40岁以上的比例高于合同工和派遣工，随着年龄增长、经验积累丰富，船舶技术人员越多选择自由型的用工方式。

二是个体船舶技术人员的高学历人才相对较少。 从学历来看，个体船舶技术人员学历在本科及以上的比例仅为7.3%，学历为大专/高职的比例是44.9%，学历为高中/中专/技校的比例是34.8%、学历为初中及以下的比例是13.0%。这一学历分布说明，相比合同工、派遣工，个体船舶技术人员的高学历人才相对较少，学历层次相对较低。原因有二：一是高学历人才毕业后以进入国有企业、签订长期劳务合同为首选；二是有意愿成为自由型的高级船舶技术人员，多以个人劳动技能为资本获取更高工资利益，部分民营企业或劳务中介机构招收船舶技术人员时视业务技能重于学历程度，因而导致个体船舶技术人员的学历层次相对

较低。

三是个体船舶技术人员在民营企业中分布比例较高,在沿海航区分布比例较高。从工作企业性质来看,个体船舶技术人员在民营企业的比例最高(48.8%),其次是合资企业(30.0%)和外资企业(14.4%),与国有企业签订合同的也有少数,但比例最低(6.8%)。从所在工作航区看,个体船舶技术人员主要工作于沿海航区(69.0%),占将近七成,另有约三成个体船舶技术人员工作于无限航区。

二、住房是其生活压力的主要来源,不能照顾家庭是影响工作的主要困难,个体船舶技术技术人员的社会保险意识较为淡薄,对自身队伍的社会评价较低

一是个体船舶技术人员年均收入稍高于派遣工和合同工,住房是生活压力的主要来源。调查结果显示,个体船舶技术人员的年均收入约为10.21万元,稍高于派遣工(9.76万元)和合同工(9.41万元)。家庭经济支出方面,绝大部分用于住房(93%),其次是交通(19.5%)和饮食(16.9%),这一比例与劳务合同、劳务派遣船舶技术人员没有明显差别。在居住情况方面,85.6%的个体船舶技术人员拥有自有住房,仅有35.1%的比例表示对当前居住条件"满意",20.5%的比例表示"不满意",个体船舶技术人员存在改善住房条件的需求。86.1%的个体船舶技术人员不能享受住房公积金补贴,因此住房是其生活压力的主要来源。与五年前相比,73.8%的个体船舶技术人员表示生活有一定改善,但也有6.0%的比例表示要差一些或差很多。

二是家庭氛围较为和谐,不能照顾家庭是个体船舶技术人员的主要困难。在家庭状况方面,总体来说,七成以上的个体船舶技术人员认为家庭氛围是和谐的,在有条件的情况下,在船期间会与家人交流(90.4%),与家人较少发生冲突;家人较为关心自己的工作(61.3%),自己也能关注家人的意见和感受(74.8%)。值得引起重视的是,仅有17.2%的个体船舶技术人员表示家人支持自己从事船舶运输工作,或者没有意见(44.1%),仍有相当比例的家庭(38.7%)并不支持其从事目前工作。在婚恋质量方面,个体船舶技术人员对夫妻关系表示满意、基本满意的比例分别是22.5%、68.9%,能与配偶相互分享愉快的经历;也有8.6%的比例感到不满意,夫妻关系不太融洽,夫妻之间经常吵架。在亲子关系方面,尽管由于职业特点,个体船舶技术人员常年不在家,但绝大部分比例表示与孩子的关系融洽(98.0%);休假期间,个体船舶技术人员对子女表现出多方面的关注,包括身心健康、学习、兴趣、人际交往等。在调查样本中,关注了个体船舶技术人员在生活中存在的困难,数据结果显示,由职业流动性带来的"夫妻两地分居"(50.9%)、"不能照顾家庭"(48.0%)、"照顾老人困难"(44.8%)等问题仍被认为是主要的一些困难。

三是社会保障制度不完善,自身保险意识较为淡薄。在社会保障方面,有28.5%的个体船舶技术人员没有购买任何保险,相比合同工(6.3%)和派遣工(12.2%)而言,个体船舶技术人员对自身的保险意识较为淡薄。在医疗保险方面,个体船舶技术人员主要参加了新农村合作医疗保险(50.2%)、社会城镇医疗保险(41.6%),其次是商业保险(14.2%)和企业补充医疗保险(8.1%);相比而言,合同工和派遣工除了城镇或新农村的医疗保险,还可获得企业

的补充医疗保险（合同工 35.3%、派遣工 20.9%）。已经购买保险的个体船舶技术人员，54.9%的比例是自费缴纳，少数由单位足额或部分缴纳（6.8%、17.1%）。相比而言，合同工和派遣工的保险主要由企业缴纳，个人自费缴纳的比例较低。

四是对自身队伍的社会评价较低，子女对其职业的认可度低。近七成的个体船舶技术人员认为自己处在社会的中下层，并对目前所处的阶层感到不满意，与劳务合同工和劳务派遣工的自评无甚差异，也反映了整个船舶技术人员群体对自身队伍的社会评价较低。但是，数据调查也显示，在子女对待海员职业态度上，有34.0%的子女表示"很不屑"，仅有19.0%的子女对父亲职业感到"很骄傲"；反之，在问及船舶技术人员"是否愿意让自己的孩子从事您现在的职业"，85.7%的个体船舶技术人员表示"不愿意"，其比例高于合同工和派遣工，愿意孩子"子承父业"的比例仅为3.1%，船舶技术人员职业的代际传递趋势在不断减弱。

三、收入高是个体船舶技术人员的主要职业动因，对自身业务能力的评价不高，工作满意度较低

一是收入较高是个体船舶技术人员的主要职业动因。在职业动机方面，个体船舶技术人员的选择与其他船舶技术人员类似，收入高是主要动因（38.5%），其次是符合个人兴趣（24.4%），另有24.0%的比例表示当初是盲目选择。

二是对自我业务能力和水平的评价不高。数据说明，53.0%的个体船舶技术人员对自己业务能力和水平比较自信，低于劳务合同工（65.7%）和劳务派遣工（62.3%）。24.7%的个体船舶技术人员认为自己的专业知识和技能完全达到个人的自身期望水平，低于劳务合同工（30.9%）和劳务派遣工（31.3%）。反之，41.1%的个体船舶技术人员有进修学习的需求，低于劳动合同工（54.7%）和劳务派遣工（46.7%）。关于培训费用的支出渠道，个体船舶技术人员"自己支出"的比例较高（80.1%）。

三是工作满意度低，对未来工作的期望不够积极。在工作满意度方面，仅36.4%的个体船舶技术人员对目前工作感到满意，低于劳动合同工（44.1%）和劳务派遣工（47.4%）。对自身"目前工作状况""未来五年的事业展望"的评价上，个体船舶技术人员不如其他劳务性质的船舶技术人员做出的评价积极。

四是个体船舶技术人员的职业稳定性不强。69.2%的个体船舶技术人员表示想换单位或职业，高于劳动合同工（63.4%）和劳务派遣工（65.2%）。不方便照顾家庭（70.8%）、工作枯燥（65.2%）、收入待遇差（58.6%）是人员流动的主要原因。与其他劳务性质的船舶技术人员相比，个体船舶技术人员反映从业环境差、劳动强度大、工作枯燥、收入待遇低的比例稍高。

四、身体状况总体良好，职业病的患病率稍高，心理健康有待关注，遇到问题采取消极应对的比较较高，社会支持源单一

一是个体船舶技术人员的身体健康状况较好。60.5%的个体船舶技术人员认为自己身

体"健康"。视力下降(27.3%)、听力下降(23.4%)、身体疲劳(19.2%)、腰酸背痛(14.1%)、颈椎疾病(12.5%)等症状相对较多,但对日常工作和生活的影响不大。劳务合同工和派遣工的体检一般由单位组织(63.8%,51.6%),并有指定的医疗机构;个体船舶技术人员的体检是自己安排,费用由自己支付(78.6%),由单位组织的仅占15.3%。在所获得的医疗服务方面,仅有12.7%的个体船舶技术人员所服务的企业有指定的医疗服务机构(合同工49.4%、派遣工33.8%),18.8%的个体船舶技术人员所服务的企业有健康保障制度和应急措施(合同工45.6%、派遣工34.3%),36.6%的个体船舶技术人员的医疗费能够按实报销(合同工63.6%、派遣工55.7%),25.4%的个体船舶技术人员的医疗费能够按时报销(合同工43.8%、派遣工30.1%)。

二是个体船舶技术人员的心理症状阳性检出率低于劳动合同工和劳务派遣工。个体船舶技术人员的心理症状阳性检出率是4.2%,稍低于劳动合同工(4.5%)和劳务派遣工(5.8%)。在影响船舶技术人员的心理压力来源方面,调查数据显示,相比其他劳务性质船舶技术人员,个体船舶技术人员产生心理压力更多源于饮食结构不合理、性生活不满意、缺少文化环境、应有权益得不到保障、职业无发展前景等方面,这些因素与个体船舶技术人员的工作特性存在一定关联。因此,关注个体船舶技术人员的心理健康,仍需要从根本上改善这一群体的工作环境,完善制度建设。在遇到问题时,个体船舶技术人员更多采取消极应对(58.9%),从不向人倾诉(12.0%),从不请求别人帮助(13.5%),从不参加团体(如党组织、团组织、工会、社会团体、宗教组织等)组织的活动(46.4%)。在调查个体船舶技术人员的社会支持方面,与其他劳务性质船舶技术人员相比,个体船舶技术人员从亲戚、配偶、朋友、同事得到更多的帮助和支持,从工作单位、社会团体、党团工会等组织得到的支持较少。在希望获得的心理服务形式方面,个体船舶技术人员对电话咨询(28.4%)、网络咨询(27.4%)等方式表示出较大需求。

五、社会参与度低,对自身队伍的社会评价低,对权益保障的需求更高

一是个体船舶技术人员对自身队伍的整体评价更低。在对船舶技术人员队伍整体水平的评价方面,个体船舶技术人员与劳务合同和劳务派遣船舶技术人员也存在细微差别。在专业技术水平方面,30.3%的个体船舶技术人员认为我国船舶技术人员的专业技术水平要落后于发达国家(劳务合同工为24.5%,劳务派遣工为23.2%);在责任心方面,30.2%的个体船舶技术人员认为我国船舶技术人员责任心方面表现要落后于发达国家(劳务合同工为28.7%,劳务派遣工为28.3%)。总体来说,较合同工和派遣工而言,个体船舶技术人员对自身队伍的评价更为消极,且表示"不清楚"的比例明显较高。

二是个体船舶技术人员参与公共事务的意愿更低。在社会参与方面,个体船舶技术人员参与公共事务管理的意愿(60.2%)较劳务合同和劳务派遣船舶技术人员要低(70.2%,68.0%),这在一定程度上反映出个体船舶技术人员对公共事务管理的关注程度相对较低。在社会团体与学术组织的活动参与方面,船舶技术人员的参与度均不高,仅有6.0%的个体船舶技术人员是工会会员,43.5%的个体船舶技术人员对工会完全不了解;72.5%的个体船舶技术人员从不参加学术团体或基层学(协)会组织的活动。

三是个体船舶技术人员遇到困难的比例更高,对权益保障的需求更高。调查结果发现,个体船舶技术人员遇到的主要困难在于工资按时发放(67.5%)、社保缴纳(39.3%)、看病报销(37.2%)、养老问题(31.5%)等方面,此外,在工资按时发放、工伤救助、工伤索赔等方面遇到困难的比例均高于其他船舶技术人员。当权益受到侵害时,个体船舶技术人员更多会与亲人、同事和好友反映,直接与侵害者交涉或求助地方海事法院,相比劳动合同工,较少选择通过所在单位、工会等途径维护自己的权益。在对社会团体提供服务的需求上,个体船舶技术人员主要希望在就业服务(60.4%),权益保障(50.9%),信息、技术服务(45.4%),政策咨询(33.4%)等方面得到帮助,尤其是就业服务和权益保障方面的需求高于其他船舶技术人员。访谈过程得到类似的结果,诸如能获得国家海事局、中国海员建设工会编制的船员手册或者宣传卡片,可以设立维护船舶技术人员基本权益的投诉机构,可以公布与船舶技术人员相关的各地区相关海事部门电话和地址,便于个体船舶技术人员问询。

六、建立全国海员信息数据库,规范个体船舶技术人员的自由流通,规范个体船舶技术人员中介市场,完善劳务纠纷处理机制,强制建立覆盖所有船舶技术人员的社会保险制度,建立权益维护的投诉机制

一是建立全国海员信息数据库,规范个体船舶技术人员的自由流通。随着我国航运业的发展,航运公司自己拥有船舶技术人员,不允许其自由流动的局面已被打破,船舶技术人员由"公司人"变成了"社会人"。在国家海事局的支持下,可以委托中国航海学会或者中国海员建设工会,建立全国船舶技术人员信息管理数据库,通过对海员技能、职业或其他分类标准进行登记,建立信息公开机制,规范海员市场行为。航运企业可以在管理信息系统查询每个个体船舶技术人员的资料(包括其业务技能水平、服务表现记录、信用评价等级等),促进海员人力资源合理配置,打造海员交易平台,促使市场健康有序发展。

二是规范个体船舶技术人员中介市场,完善劳务纠纷处理机制。由于市场需要,海员服务机构应运而生,大部分的个体船舶技术人员就要通过中介公司和船东在海员劳务市场上进行双向选择。这种市场化的管理方式,一方面让船舶技术人员和船公司具备更大的自由选择权,提升了各自的利润空间,另一方面,社会海员数量的增加也使得良莠不齐的中介公司迅速滋生。在中介市场的管理方面,我国现有的法律框架没有设立合格的海员劳动监管部门,缺乏对海员劳动力市场进行有效的监管。在专门船员劳动立法上,与欧美等海运发达国家或者船员劳务派遣大国相比差距甚大。船员劳务市场在一定时期内处于一种无序竞争的状态,也因市场机制不完善,诚信体系缺失,船舶技术人员和船公司缺少必要的自律,如船东欠薪、境外海员劳务纠纷事件等屡有发生,它既不属于海事局的职权范围,仲裁机构对此项业务也不熟悉,去海事法院打官司则面临难以取证的困难,个体船舶技术人员这个群体的合法权益得不到保证。因此建议海事管理机构联合工商、民政等相关部门,对中介机构进行清理,大力扶持合法经营机构,努力建立合法中介的透明平台,取缔非法机构,并鼓励广大船舶技术人员实名举报黑中介并定期予以整顿,引导中介机构走向良性发展的道路。其次,海事部门根据所属辖区设立海员管理网页,对于海员信息、考试成绩、海员服务机构等信息及时公开发布,减少黑中介的可乘之机。

三是强制建立覆盖所有船舶技术人员的社会保险制度。有不少个体船舶技术人员为了眼前利益,不愿意缴纳社会保障费用,而一些船公司和中介机构只考虑自身利益,也乐意将相应费用以工资的形式发给个体船舶技术人员,这样可以省去公司应缴纳的部分社会保障费用。当遇到风险时,这部分个体船舶技术人员将无法享受相应的社会保障权益。因此,应当强制建立覆盖所有船舶技术人员的社会保险制度,明确社会保障费用缴纳义务,使中介公司负有"兜底"责任。

四是建立权益维护的投诉机制。个体船舶技术人员的欠薪、工伤事故赔付、工伤报销等问题是突出的问题,但政府部门缺少相应机构解决船舶技术人员的投诉,所以,应设立专门的维权机构,健全投诉处理机制,畅通投诉处理渠道,提高投诉处理时效。

专题报告十一　重视海洋文化、航海文化、海员文化宣传提高对海员职业的社会认同感

内容提要：

- 83.6%的船舶技术人员赞同"一带一路"战略构想。
- 68.0%的船舶技术人员对全面推进"海运强国"战略充满信心。
- 67.4%的船舶技术人员认为自己处在社会中下层和下层。
- 船舶技术人员对职业社会声望的满意度仅13.1%，职业被认可度22.0%。
- 80.5%的船舶技术人员认为自身职业群体存在"留不住"的现状。
- 仅22.5%的船舶技术人员子女对海员职业感到骄傲，仅有两成船舶技术人员的家人支持其从事海员职业。
- 仅有4.1%的海运业船舶技术人员表示愿意让子女将来从事海员职业。

十八大以来，党中央、国务院相继提出了"海洋强国""海运强国"和"一带一路"发展战略。本次调查显示，海运业船舶技术人员普遍赞同党中央、国务院提出的发展战略，对建设"海运强国"战略目标充满信心。但是，调查还反映，目前海员职业吸引力下降，社会认同度不高。多数海运业船舶技术人员有流动意向，海运企业出现船舶技术人员"招募难，留人难"的状况。因此，有必要在全社会大力宣传海洋文化、航海文化，宣传海运业船舶技术人员奉献海洋事业、航海事业的优秀事迹，开展树立典型、表彰先进的活动，开展海洋知识和航海知识科普宣传教育，增强全民海洋强国、海运强国意识，提高海员和社会对海员职业的认同感，营造尊重海员、从事海员职业光荣的社会氛围，促进海运业船舶技术人员队伍健康发展。

一、我国海运业船舶技术人员规模居世界前列，他们普遍赞同"一带一路"战略构想，对建设"海运强国"战略目标充满信心，但同时当前我国海员职业对人才的吸引力十分有限

一是我国海运船舶技术人员规模居世界前列。我国船舶技术人员承担了国家90%以上的外贸运输任务。根据《2015年中国船员发展报告》，截至2015年底，我国注册的海船船员638 990人，居世界第一，其中，船舶技术人员228 185人。本次抽样调查显示，海运业船舶

技术人员中40岁以下者占69.0%;大专以上学历者占68.6%。69.1%的船舶技术人员认为我国船舶技术人员队伍的"专业技术水平"与发达国家的船舶技术人员队伍"总体差不多"或"更好"。高学历、年轻化的船舶技术人员队伍已成为我国海运业的支撑。

二是八成以上船舶技术人员赞同"一带一路"战略构想,近七成的人对建设"海运强国"战略目标充满信心。调查显示,83.6%的船舶技术人员对"一带一路"战略构想表示"赞同"或"比较赞同";68.0%的船舶技术人员对全面推进"海运强国"战略"很有信心"或"比较有信心"。

三是海员职业对人才的吸引力十分有限。调查发现,80.5%的海运业船舶技术人员认为自身职业群体存在"留不住"的现状。被调查人员中,56.4%的人表明自己想更换职业,8.5%的人希望更换单位,35.1%的人没有考虑。调研还发现,航海类专业毕业生愿意选择上船的比例很低,约30%,愿意长期在船从事航海事业的比例不到10%。

二、我国海员职业社会认同度低、职业吸引力下降,影响船舶技术人员队伍的稳定

一是船舶技术人员普遍认为海员职业的社会地位不高,超八成被调查者不愿意让子女将来从事这一职业。调查反映,海员职业吸引力下降,船舶技术人员对海员职业社会声望满意率仅13.1%,对海员职业被认可度的满意率为22.0%;67.4%的人认为海员职业处在社会中下层或下层,对所处阶层感到满意和比较满意的仅18.3%。仅有22.5%的海运业船舶技术人员的子女对从事海员职业感到骄傲,仅20.9%船舶技术人员的家人支持其从事海员职业;仅有4.1%的船舶技术人员表示愿意让子女将来从事海员职业,82.0%的人明确表示不愿意。

二是对职业发展持乐观态度的船舶技术人员不足半数。43.5%的船舶技术人员认为与五年前相比,职业发展状况好很多或好一点,31.6%认为差一点或差很多,16.4%认为没变化,8.5%认为说不清。对未来五年职业发展状况的期望,49.9%的船舶技术人员认为好很多或好一点,15.6%认为差一点或差很多,12.3%认为没变化,22.4%认为说不清。船舶技术人员心理压力主要来源调查显示,67.4%认为工作缺乏归属感,66.0%认为缺少宣传海员、重视海员的文化环境,62.0%认为职业无发展前景。

三是我国主要媒体对海洋文化、航海文化、海员文化的宣传较少,重要表彰奖励活动难有船舶技术人员的身影。虽然近年来交通运输部海事管理部门通过组织编写《中国海员史》,围绕海员群体组织过系列宣传和表彰活动,但这些活动仅局限于行业内部,尚未从国家层面在全社会大力弘扬海洋文化、航海文化和海员文化,表彰优秀航海工作者,影响十分有限。

三、应加大宣传奖励力度,提高海员职业的社会认同感和船舶技术人员的自我认同

一是在全社会大力宣传海洋文化、航海文化。通过国家报刊、广播电视等主要媒体,以

新闻报道、文艺作品、文娱作品、影视作品等多种方式,大力宣传海洋文化、航海文化,宣传海员崇高职业、时代风貌,积极报道海员奉献海洋、奉献航海事业的优秀事迹,增强全民海洋强国和海运强国意识,形成尊重海员、以从事海员职业为光荣的良好社会氛围。

二是重视开展优秀海员的表彰奖励活动,特别是国家层面的重要表彰活动。通过表彰,树立优秀海员典范,弘扬奉献精神,增强海员的光荣感、自豪感和使命感,同时,发挥先进人物的带动和引领作用,鼓励更多的青年立志海员职业,激励更多的海员奉献航海事业。

三是推动航海文化进校园,培养我国航海事业的后备力量。在全国中小学教材中增加海洋知识和我国航海历史的内容,在有条件的地方建立航海博物馆,教育青少年学生热爱海洋、热爱航海、热爱海员,增强"海洋强国"和"海运强国"的意识。

专题报告十二　加快推进海员立法工作切实保障海员合法权益

内容提要：

- 52.9%的船舶技术人员认为当前社会对海员的支持和尊重不足,51%对所处阶层感到"不满意"或"很不满意",30.7%感到"一般"。
- 62.1%的船舶技术人员反映应有权益得不到保障,对改善社会保险(57.5%)、工资福利(77.3%)、休假制度(52.5%)抱有期待。
- 船舶技术人员缴纳各类社会保险的覆盖率不高,分别为,养老保险(74.1%)、医疗保险(78.2%)、工伤保险(57.0%)、失业保险(45.7%)、生育保险(29.2%)、大病保险(23.7%)。尚有12.8%的船舶技术人员未缴纳任何社会保险。
- 船舶技术人员在社保缴纳(34.9%)、看病报销(38.5%)、工资按时发放(42.4%)等方面存在困难。
- 我国目前在保护外派海员基本权益的立法方面尚处于无法可依,常常导致外派海员合法权益受到影响。
- 海员服务缺少法律约束,加上监管缺失,违规操作时有发生,致使船舶技术人员的合法权益受到严重侵害却得不到及时有效的法律保护。

我国是一个海员大国,海员,尤其是船舶技术人员是海运业发展的支撑,他们承担着国家93%的外贸运输任务,在维护国家海洋权益、促进海运和社会经济发展中发挥着不可替代的主力军作用。因此,建设高素质、具有国际竞争力的船舶技术人员队伍,对实施"海洋强国""海运强国"和"一带一路"战略具有重要的战略意义。但本次调查显示,当前我国海员社会地位不高、职业吸引力下降,海员权益缺少专门的法律保护,影响船舶技术人员队伍的稳定。因此,有必要根据我国已有法规和规章,借鉴国外海运业发达国家的立法经验,以及相关国际公约,制定我国独立、完整的维护海员权益的法律体系。

一、船舶技术人员权益保障不力,影响海员职业吸引力,不利于船舶技术人员队伍健康发展

一是船舶技术人员社会地位不高,职业满意度较低。 调查显示,52.9%的船舶技术人员认为当前社会对海员的支持和尊重不足;67.4%认为海员职业处在社会中下层或下层;

51.0%对所处阶层感到"不满意"或"很不满意",30.7%感到"一般";海员职业社会声望满意率仅13.1%,海员职业被认可度的满意率仅为22.0%。

二是船舶技术人员权益保障不力,缺乏法律规范和保护。调查发现,62.1%的船舶技术人员反映应有权益得不到保障,对改善社会保险(57.5%)、工资福利(77.3%)、休假制度(52.5%)抱有期待;数据显示,船舶技术人员缴纳各类社会保险的覆盖率不高,分别为养老保险的覆盖率为74.1%、医疗保险78.2%、工伤保险57%、失业保险45.7%、生育保险29.2%、大病保险23.7%。尚有12.8%的船舶技术人员未缴纳任何社会保险。其中民营企业船舶技术人员(21.2%)和个体船舶技术人员(28.5%)未缴纳任何社会保险的比例较高。同时,外派和个体船舶技术人员各类社会保险缴纳的比例均低于总体。另外,船舶技术人员在社保缴纳(34.9%)、看病报销(38.5%)、工资按时发放(42.4%)等方面存在困难;67.9%的个体船舶技术人员和58.8%民营企业船舶技术人员反映工资不能按时发放,53.3%的个体船舶技术人员和43.2%的民营企业船舶技术人员反映看病不能报销。访谈结果显示,目前船舶技术人员的权益保障在社会保险、福利待遇、薪酬标准和发放、培训考证、劳动就业、劳动争议投诉与处理等方面存在较多矛盾和不平衡,海员权益保障缺乏法律上的强制性规范。另外,我国目前在保护外派海员基本权益的立法方面还无法可依,常常导致外派海员合法权益受到影响。海员服务缺少法律约束,加上监管缺失,违规操作时有发生,致使船舶技术人员的合法权益受到严重侵害却得不到及时有效的法律保护。

三是海员职业发展缺乏法律支撑,影响船舶技术人员队伍稳定与发展。访谈表明,绝大多数船舶技术人员认为海员社会地位不高、职业认同度较低、权益时常受损,职业发展环境缺乏强有力的法律支撑,影响船舶技术人员队伍的稳定。调查数据显示,80.5%的船舶技术人员认为自身职业群体存在"留不住"的现状,被调查人员中,56.4%的人想更换职业,8.5%的人希望变换单位。多数船舶技术人认为应有权利得不到保障(62.1%)、职业无发展前景(62.0%)和工作缺乏归属感(67.4%)是心理压力的主要来源。

二、立法缺失是船舶技术人员权益保障不力的重要原因

一是缺少专门的海员权利和职业保障的法律。从严格意义上来讲,目前我国尚没有一部调整海员劳动关系的单项法律,只有在我国1993年的《海商法》第三章中简单规定了船长若干职责和权限,但是,对于海员与船舶所有人之间的劳动关系未作任何规定。目前我国调整海员关系的法规大多是国务院、交通运输部及其所属部门制定的一系列行政规章,如《中华人民共和国船员条例》(以下简称《船员条例》)、《中华人民共和国船员服务管理规定》和《关于中华人民共和国海员外派管理规定》等。这些行政法规在一定程度上弥补了我国在海员立法上的薄弱环节,对维护海员合法权益发挥了积极作用。但是,"船员条例"等相关管理规章并非国家层面上的基本法律,这些行政法规侧重于海员的行政管理,远远不能满足调整海员劳动关系的实践要求,因此,有必要尽快制定国家《海员法》,以提高保护海员权益的法律层次。

二是我国海员立法工作滞后,与海员大国地位不符。从目前世界各国海员立法来看,一些海运业发达的国家在海员单独立法方面已经比较完善,如美国、日本、德国、丹麦、法国等,

还有一些国家或地区则在其他法律中专列海员立法内容,如意大利的航海法,英国的海船法,加拿大的海运法,荷兰、巴拿马的商法中都包含有海员法的内容。保护海员基本人权,使权利与义务相统一已成为各国海员立法的趋势。相比之下,我国目前的海员立法工作还存在较大差距。作为一个注册海员人数居世界第一、外派海员居世界第二的海员大国,到目前为止尚未建立独立的海员法律体系,对海员的权益保障、劳动服务仅依靠一些行政性法规和管理规章加以协调,与我国海员大国的地位极不相符。

三、加快立法,为海员职业发展创造良好的法治环境,激发广大船舶技术人员职业认同感和归属感

一是理论与实践层面上都迫切需要加快制定我国海员法。首先从海员法的调整对象来看,海员法主要是调整海员劳动关系的法律。但是,我国目前较多的是调整海员管理关系的行政规章,但调整海员劳动关系、保障海员劳动条件的专项法律却几乎没有,海员劳动关系基本上处于一种无法可依的状态。由于海员职业的特殊性,与陆上人员劳动相比,海员劳动是在远离陆地的船舶上进行的,长期远离家庭、信息闭塞。船员职业具有艰苦性、危险性、流动性、高技术性和涉外性等特点。比照适用劳动法,往往不能很好地解决实践中产生的问题。因此,调研访谈中,企业用人单位、船舶技术人员普遍呼吁国家加快海员立法,以有效调整海员劳动关系,维护海员合法权益,改善海员发展环境,促进航运业的健康发展。

二是以《2006年海事劳工公约》在我国正式生效为契机,尽早研究提出我国独立、完整的维护海员权益的法律体系。2015年8月29日,第十二届全国人大常委会十六次会议通过的《全国人民代表大会常务委员会关于批准〈2006年海事劳工公约〉的决定》已于2016年11月12日正式生效,并由交通运输部与人力资源和社会保障部共同推动《2006年海事劳工公约》的履行和国内化进程。加快推进我国海员立法工作是《2006年海事劳工公约》在我国有效履约的重要保障。借此契机,参照《2006年海事劳工公约》,借鉴世界各国立法经验,从我国国情出发,加快海员权益保障立法研究,尽早提出我国独立、完整的维护海员权益的法律体系,为海员"体面工作"提供法律保证,以适应国际海运业发展的新要求。

三是以《船员条例》为基础,制定独立的海员法,更加适合我国发展现状。从目前我国制定的海员管理、权益保障的相关法律法规来看,制定独立的海员法的模式更加适合我国的发展现状。就立法模式而言,以《船员条例》为基础,制定内容详细的,以海员劳动权利的保护为核心内容和基本精神的我国海员法,既能够节约立法资源,又能够适应调整海员劳动关系的需要。

专题报告十三　加快制定海员个税优惠政策提升海员职业吸引力

内容摘要：

- 海运业船舶技术人员对工资收入满意度为 24.2%。
- 66.8% 的船舶技术人员认为收入低。
- 64.9% 的海运业船舶技术人员有流动意向。
- 54.4% 的船舶技术人员认为造成人员流动的主要原因是收入待遇差。
- 29.7% 的船舶技术人员希望税收政策能够得以改进。

本次调查显示，我国外派船舶技术人员的平均年收入 11.90 万元，比非外派船舶技术人员的平均年收入（9.58 万元）高出 2.32 万元，除了外派船舶技术人员的工资薪金相对较高外，还与其无须缴纳个人所得税有关。根据当前的税收制度，如果单纯提高我国海员的工资薪金收入，他们的纳税税率将进一步提高，最终的结果是航运企业虽然在海员工资上加大了投入，但海员本身却没有得到真正的实惠。如何留住海员、吸引海员、防止海员流失，促进中国航运企业的健康有序发展，已成为我国航运业面临的急迫问题。

一、海员职业收入吸引力下降，海员对收入满意度低，海员队伍流失严重

一是船岸收入差距急剧缩小。《中国统计年鉴 2010》数据显示，1995 年城镇单位就业人员平均工资为每年 5 348 元，约每月 445 元，海员工资（船长每月工资平均约为 3 560 元）是当时陆地劳动者工资收入的几倍。除了在船工资，海员还享有工资 30% 左右的水陆差补助。另外，在 20 世纪八九十年代，海员还可以从国外带回令人羡慕的电视、冰箱等好几大件免税商品，可见海员在当时是收入高、且值得尊敬和羡慕的职业。而当今，这种优势与荣誉已经不存在，《中国统计年鉴 2015》数据显示，2012~2014 年我国科学研究和技术服务业人员平均工资收入分别为 6.93 万元/年、7.66 万元/年和 8.23 万元/年，年增长幅度较大。而本次调查结果显示，我国海运业船舶技术人员工资收入为 9.66 万元/年，相对稳定，但二者比较结果可见，工资收入"船岸差"逐年缩小，这使很多海员宁愿选择岸上收入相对较少的工作，也不愿意上船。

二是海员收入满意度低。高收入是吸引人们从事海员职业的首要原因。随着海员收入优势的下降，过半数的海员表示出对收入的不满。调查显示，66.8% 海员认为收入低，对工资

收入满意度仅为24.2%。对收入的不满也引发了海员的离职意向,54.4%认为造成人员流动的主要原因是收入待遇差。

三是海员队伍流失严重。调查显示,随着海员收入吸引力的下降,航海类专业学生愿意上船工作的只占30%左右,甚至出现了学生因不愿意上船而故意不通过职业证书考试的情形,5年后仍在船上工作的本科生不超过20%,专科生则不足50%。海员中途离职,弃船登陆现象也逐年增加,严重动摇了航运业的发展基础。

二、现行海员"个税"征收制度不合理,影响我国航运业国际竞争力

一是缺少对航运企业和海员的税收优惠政策。海员具有国际性的职业特点,考虑到国际海员超常的艰辛与不易,世界上多数航海国家或地区对本国海员实行个人所得税减免优惠政策。比如瑞典、新加坡、菲律宾等国完全免征海员所得税。英国对年度内离开本国在外航行超过183天的船员,免征个人所得税。日本只对船员在陆地取得的收入计征个人所得税,海上发放的补贴不予征税。荷兰对境内设立常设机构的船公司,减免其所属海员应征税额的38%。香港地区规定海员年度内在本地停留时间累计不足60天的,免征个人所得税。当前,我国对海员的优惠政策主要是允许海员享受税法规定的附加减除费用标准,如海员的伙食费补贴不计入应纳税收入;远洋运输海员的工资、薪金采用按年计算、分月预缴的方式计征个人所得税,但这些优惠政策收效甚微。

二是海员"个税"起征点调整滞后。2006年1月1日,普通公民个税起征点调整为1 600元时,海员的起征点调整为4 800元。但在2008年3月1日,普通公民个税起征点调整为2 000元时,海员的个税起征点仍为4 800元。2011年9月份实施新修订的个人所得税法,将普通公民个税起征点提高到3 500元,而海员的个税起征点仍为4 800元,不仅没有随之调整,而且随着累进税率由九级变为七级后,适用的税率反而提高了,海员的税后收入不升反降。

三是海员"个税"制度未充分考虑海员职业特点。《中华人民共和国个人所得税法》中第九条规定:特定行业的工资、薪金所得应纳的税款,可以实行按年计算、分月预缴的方式计征。《国家税务总局关于远洋运输船员工资薪金所得个人所得税费用扣除问题的通知》第三条规定:考虑到远洋运输具有跨国流动的特性,因此,对远洋运输船员每月的工资、薪金收入在扣除800元费用的基础上,准予再扣除税法规定的附加减除费用标准。从这些法律条款中都可以看出,国家对船员个人所得税已有一定的优惠政策的。但这些个税优惠政策力度不够,并没有起到相应的提高海员待遇的作用。海员职业是国际公认的异常艰辛和高风险的职业。与其他特殊行业不同,海员除了工作具有周期性(一次在船时间加上随后的休假时间称为海员的一个收入周期,一般为8个月和4个月。海员在船期间工资收入相对较高,而休假期间没有工资或享有本地最低基本工资)外,常年在海上漂泊,在封闭的环境中工作,频繁的时差转换、不规律的作息时间、艰苦的船上工作、不可预测的海上风险,再加上远离亲人、远离社会、远离国家,在心理上和生理上承受着比陆上人员更大的压力。因此,需要更高的待遇与回报来激励海员面临特殊的工作环境。另外,海员是一个国际性职业,海员容易与国际海员收入进行比较,较大的税收差异会给海员造成心理不平衡,影响其工作积极

性。外国一些航运企业利用不需为海员缴纳个人所得税的优势,以高工资吸引海员,造成大量中国海员流失,对中国航运企业形成不公平竞争,制约了我国航运业的健康发展。

三、充分考虑海员的职业特点和海员在我国航运事业发展中的重要作用,进一步优化我国海员个人所得税政策

一是改革海员个人所得税制度,提高海员个税起征税点。海员个人所得税的改革应与非海员个人所得税改革同步推进,同步提高应纳税所得额扣除标准,并根据海员职业特点,在对海员工资薪金综合考虑的基础上,设计出适合海员实际的个人所得税费用和附加费用的扣除标准。

二是对达到年在船工作时间和一定在船服务年限的海员,实行个人所得税减免制度。为鼓励海员从事航海事业,促进海员队伍健康发展,可以借鉴国际经验,规定凡符合条件的海员,其工资薪金所得可以减征或免征个人所得税。海员免税的基础条件应包括海员为我国居民,达到一定在船服务年限,仍在船、在岗服务,或者每年持续或累计在符合条件(比如我国境内常设的船舶企业)的船舶上工作满规定时间(如年在船工作时间达到6个月或8个月可分别减征或免征个人所得税)。

我国海运业船舶技术人员状况调查报告

数 据 报 告

一、入职原因

<table>
<tr><th colspan="2"></th><th colspan="9">您主要出于什么原因选择现在这份工作</th><th rowspan="2">样本量</th></tr>
<tr><th colspan="2"></th><th>服从组织分配/调动/%</th><th>盲目选择/%</th><th>收入高/%</th><th>有职称职务晋升机会/%</th><th>符合个人兴趣/%</th><th>发挥专业技能/%</th><th>解决户口/%</th><th>工作设施条件好/%</th><th>工作稳定/%</th><th>其他/%</th></tr>
<tr><td colspan="2">总体</td><td>18.1</td><td>21.1</td><td>39.2</td><td>12.5</td><td>23.6</td><td>21.4</td><td>2.8</td><td>3.1</td><td>17.7</td><td>3.5</td><td>7 296</td></tr>
<tr><td rowspan="4">年龄</td><td>30岁以下</td><td>12.2</td><td>19.3</td><td>49.7</td><td>17.6</td><td>28.1</td><td>23.8</td><td>1.9</td><td>3.8</td><td>18.6</td><td>2.7</td><td>2 386</td></tr>
<tr><td>30~39岁</td><td>12.7</td><td>26.0</td><td>41.5</td><td>13.5</td><td>21.5</td><td>22.0</td><td>1.8</td><td>3.1</td><td>16.8</td><td>2.5</td><td>2 416</td></tr>
<tr><td>40~49岁</td><td>28.0</td><td>19.0</td><td>29.0</td><td>6.2</td><td>20.6</td><td>18.6</td><td>5.5</td><td>2.6</td><td>18.0</td><td>5.1</td><td>1 527</td></tr>
<tr><td>50岁及以上</td><td>37.4</td><td>13.0</td><td>18.2</td><td>5.4</td><td>23.2</td><td>17.1</td><td>4.0</td><td>1.8</td><td>19.4</td><td>5.9</td><td>625</td></tr>
<tr><td rowspan="4">学历</td><td>初中及以下</td><td>12.9</td><td>17.1</td><td>22.4</td><td>6.3</td><td>30.5</td><td>15.8</td><td>5.0</td><td>3.9</td><td>26.6</td><td>9.2</td><td>410</td></tr>
<tr><td>高中/中专/技校</td><td>21.3</td><td>18.0</td><td>33.1</td><td>10.7</td><td>25.7</td><td>16.6</td><td>3.5</td><td>3.6</td><td>20.2</td><td>3.5</td><td>1 581</td></tr>
<tr><td>大专/高职</td><td>16.5</td><td>21.9</td><td>44.4</td><td>14.6</td><td>23.9</td><td>21.6</td><td>2.4</td><td>3.2</td><td>16.7</td><td>2.8</td><td>3 630</td></tr>
<tr><td>本科及以上</td><td>19.7</td><td>24.4</td><td>38.9</td><td>11.6</td><td>18.3</td><td>28.9</td><td>2.6</td><td>1.7</td><td>15.0</td><td>3.8</td><td>1 322</td></tr>
<tr><td rowspan="3">城乡来源</td><td>城市</td><td>24.0</td><td>16.4</td><td>35.6</td><td>12.0</td><td>28.3</td><td>21.0</td><td>1.5</td><td>3.2</td><td>18.3</td><td>3.2</td><td>1 396</td></tr>
<tr><td>乡镇</td><td>19.1</td><td>19.2</td><td>39.2</td><td>13.8</td><td>24.5</td><td>21.0</td><td>2.9</td><td>3.9</td><td>17.5</td><td>4.2</td><td>1 624</td></tr>
<tr><td>农村</td><td>15.6</td><td>23.1</td><td>41.0</td><td>12.3</td><td>21.5</td><td>22.0</td><td>3.2</td><td>2.4</td><td>17.8</td><td>3.6</td><td>3 813</td></tr>
<tr><td rowspan="3">职务职称</td><td>船长</td><td>33.3</td><td>18.6</td><td>31.7</td><td>9.5</td><td>23.0</td><td>17.1</td><td>6.3</td><td>3.5</td><td>18.1</td><td>3.0</td><td>799</td></tr>
<tr><td>大副</td><td>18.9</td><td>22.7</td><td>36.7</td><td>11.6</td><td>22.3</td><td>20.6</td><td>3.5</td><td>2.2</td><td>17.4</td><td>4.9</td><td>766</td></tr>
<tr><td>二副</td><td>13.2</td><td>28.1</td><td>43.8</td><td>14.8</td><td>19.8</td><td>17.6</td><td>2.4</td><td>2.6</td><td>12.7</td><td>4.0</td><td>1 057</td></tr>
</table>

(续表)

		服从组织分配/调动/%	盲目选择/%	收入高/%	有职称、职务晋升机会/%	符合个人兴趣/%	发挥专业技能/%	解决户口/%	工作设施条件好/%	工作稳定/%	其他/%	样本量
职务职称	三副	12.7	19.0	48.38	18.6	31.9	24.3	1.2	4.1	18.7	2.1	1 086
	轮机长	32.2	16.8	25.8	7.9	19.0	23.5	4.6	2.1	15.9	4.2	584
	大管轮	19.7	25.18	33.78	9.4	19.5	20.9	3.4	3.3	17.1	4.5	609
	二管轮	14.0	25.18	42.7	13.5	19.4	23.9	1.9	2.2	12.8	3.7	764
	三管轮	11.3	16.48	52.4	17.3	24.6	26.0	2.0	2.6	20.7	2.6	663
工作航区	无限航区	17.4	20.6	45.1	13.5	25.1	23.4	2.6	3.8	18.7	2.3	4 003
	沿海航区	19.0	22.3	31.5	11.4	21.5	19.0	3.3	2.1	16.6	5.2	3 068
船舶类型	普通船舶	18.0	20.5	41.3	13.4	23.4	21.2	2.9	2.8	18.3	2.8	4 801
	特殊船舶	18.3	23.1	35.9	11.5	23.9	22.5	2.8	3.9	16.6	5.2	2 104
企业性质	国有企业	23.8	20.7	36.4	11.6	20.5	22.1	3.4	2.7	21.5	2.6	3 684
	合资企业	15.8	25.5	41.1	11.2	33.9	20.4	4.9	11.0	17.6	2.1	392
	民营企业	12.2	22.0	43.0	14.0	25.7	20.2	2.3	2.9	13.2	4.8	2 803
	外资企业	13.0	15.0	56.5	13.7	35.2	25.6	2.3	8.5	23.1	1.0	307
劳务合同	合同工	22.6	20.1	37.7	12.9	21.6	22.4	3.2	2.8	20.2	2.9	4 073
	派遣工	13.4	21.5	45.6	14.1	29.1	21.8	2.8	4.3	16.2	2.1	1 170
	个体	11.6	24.0	38.5	10.7	24.4	18.4	2.0	2.8	13.3	3.0	1 828

二、对自己的业务水平/能力的总体评价

		总体而言,您觉得自己的业务水平/能力如何					Total	
		很强/%	较强/%	一般/%	较弱/%	很弱/%	合计/%	样本量
总 体		8.2	53.6	36.3	1.1	0.8	100	7 199
年 龄	30岁以下	9.8	47.5	40.1	1.5	1.1	100	2 352
	30~39岁	7.1	55.6	35.6	1.1	0.6	100	2 396
	40~49岁	7.4	60.5	30.8	0.6	0.7	100	1 519
	50岁及以上	8.7	53.4	36.6	1.0	0.3	100	618
学 历	初中及以下	5.7	27.1	63.9	1.8	1.5	100	402
	高中/中专/技校	7.1	51.8	39.9	0.8	0.4	100	1 829
	大专/高职	8.8	54.5	34.5	1.3	0.9	100	3 592
	本科及以上	9.2	61.3	27.8	0.8	0.9	100	1 311
职务职称	船长	13.0	64.0	21.1	0.9	1.0	100	787
	大副	7.9	56.9	34.4	0.7	0.1	100	760
	二副	5.5	52.8	40.6	0.7	0.4	100	1 048
	三副	9.4	48.8	39.3	1.9	0.6	100	1 077
	轮机长	8.3	61.7	29.2	0.5	0.3	100	579
	大管轮	6.4	53.2	38.4	0.8	1.2	100	607
	二管轮	6.5	56.3	35.6	0.7	0.9	100	756
	三管轮	7.6	48.0	41.7	1.2	1.5	100	656
工作航区	无限航区	10.2	57.1	31.0	1.0	0.7	100	3 965
	沿海航区	5.8	49.4	42.7	1.2	0.9	100	3 042
船舶类型	普通船舶	7.6	55.9	34.8	0.9	0.8	100	4 760
	特殊船舶	9.8	49.8	38.4	1.2	0.8	100	2 079
企业性质	国有企业	9.3	57.6	31.1	1.0	1.0	100	3 655
	合资企业	9.0	49.1	38.5	3.4	0	100	387
	民营企业	6.8	49.9	41.8	0.8	0.7	100	2 778
	外资企业	18.5	52.0	27.9	1.3	0.3	100	302
劳务合同	合同工	8.7	57.0	32.5	0.9	0.9	100	4 042
	派遣工	8.2	54.1	35.4	1.6	0.7	100	1 159
	个 体	7.2	45.8	45.0	1.2	0.8	100	1 810

三、对专业知识和技能达到个人期望水平的评价

		您现有的专业知识和技能是否达到您个人的自身期望水平					Total	
		超过/%	完全达到/%	基本达到/%	说不准/%	没有达到/%	合计/%	样本量
总 体		2.5	26.7	58.5	4.6	7.7	100	7 151
年 龄	30岁以下	3.9	20.9	59.0	5.7	10.5	100	2 338
	30~39岁	1.5	27.3	60.1	3.9	7.2	100	2 388
	40~49岁	1.9	33.9	54.7	3.3	6.2	100	1 506
	50岁及以上	2.0	28.7	58.5	6.2	4.6	100	609
学 历	初中及以下	3.0	13.5	66.5	11.4	5.6	100	394
	高中/中专/技校	2.4	29.0	57.1	4.6	6.9	100	1 810
	大专/高职	2.4	27.0	58.2	3.9	8.5	100	3 675
	本科及以上	2.7	27.3	58.7	3.8	7.5	100	1 309
职务职称	船长	5.4	32.0	55.2	2.7	4.7	100	785
	大副	2.4	32.1	57.8	2.5	5.2	100	754
	二副	1.9	28.3	59.9	3.5	6.4	100	1 044
	三副	3.7	23.0	59.3	5.2	8.8	100	1 068
	轮机长	2.1	31.4	55.7	4.4	6.4	100	574
	大管轮	1.5	24.1	61.9	4.7	7.8	100	602
	二管轮	1.6	21.6	62.4	4.6	9.8	100	754
	三管轮	0.9	22.7	61.3	5.2	9.9	100	606
工作航区	无限航区	3.2	28.6	55.9	3.9	8.4	100	3 941
	沿海航区	1.6	25.0	61.6	5.1	6.7	100	3 028
船舶类型	普通船舶	2.0	26.4	59.1	4.2	8.3	100	4 739
	特殊船舶	3.8	27.3	57.6	5.0	6.3	100	2 067
企业性质	国有企业	2.6	30.0	56.1	4.1	7.2	100	3 632
	合资企业	6.0	28.9	53.9	4.4	6.8	100	384
	民营企业	1.8	22.8	62.5	4.7	8.2	100	2 768
	外资企业	8.3	27.6	52.8	3.7	7.6	100	301
劳务合同	合同工	2.3	28.6	57.2	4.0	7.9	100	4 019
	派遣工	3.5	27.8	57.5	4.2	7.0	100	1 153
	个 体	2.3	22.4	61.7	5.9	7.7	100	1 795

四、工作中的技术性难题

		您在工作中是否遇到技术性难题				Total	
		经常/%	有时/%	极少/%	没有/%	合计/%	样本量
总 体		8.1	72.4	17.5	2.0	100	6 897
年 龄	30 岁以下	7.0	76.1	13.9	3.0	100	2 245
	30~39 岁	7.4	73.6	17.8	1.2	100	2 297
	40~49 岁	9.5	70.0	19.4	1.1	100	1 450
	50 岁及以上	12.0	61.8	23.0	3.2	100	600
学 历	初中及以下	10.8	62.4	23.7	3.1	100	380
	高中/中专/技校	8.9	69.3	20.3	1.5	100	1 750
	大专/高职	8.1	73.7	15.8	2.4	100	3 443
	本科及以上	6.0	76.4	16.0	1.6	100	1 261
职务职称	船长	10.0	66.7	20.4	2.9	100	771
	大副	7.0	72.2	19.4	1.4	100	738
	二副	7.4	71.7	19.7	1.2	100	1 017
	三副	5.4	74.5	16.2	3.9	100	1 045
	轮机长	11.1	69.6	18.0	1.3	100	560
	大管轮	6.8	76.5	15.8	0.9	100	584
	二管轮	8.3	76.4	13.9	1.4	100	726
	三管轮	9.9	77.5	11.9	0.7	100	628
工作航区	无限航区	7.2	73.5	17.0	2.3	100	3 785
	沿海航区	9.1	71.3	18.1	1.5	100	2 932
船舶类型	普通船舶	7.5	72.9	17.7	1.9	100	4 560
	特殊船舶	9.2	72.0	16.4	2.4	100	2 006
企业性质	国有企业	9.4	73.2	15.5	1.9	100	3 448
	合资企业	7.7	68.9	20.1	3.3	100	379
	民营企业	6.8	71.4	19.7	2.1	100	2 710
	外资企业	4.4	69.9	19.1	6.6	100	296
劳务合同	合同工	8.4	74.1	15.4	2.1	100	3 869
	派遣工	7.0	71.7	19.9	1.4	100	1 096
	个 体	8.0	69.1	20.8	2.1	100	1 758

五、影响工作积极性的主要因素

		工作压力大/%	人际关系不和谐/%	与社会脱离/%	职称/职务晋升难/%	个人不受重视/%	长期在外工作/%	跟不上知识更新速度/%	与家人沟通缺乏/%	其他/%	样本量
总体		37.0	11.2	53.4	19.5	13.1	64.8	13.0	38.8	3.2	7 213
年龄	30岁以下	29.9	12.6	54.7	27.4	12.0	63.5	13.1	41.8	2.8	2 386
	30~39岁	35.4	12.0	59.6	19.5	14.9	68.0	11.1	42.2	2.6	2 416
	40~49岁	46.6	10.0	49.5	12.7	13.1	64.8	13.0	35.0	4.1	1 527
	50岁及以上	49.9	6.7	34.6	8.2	9.9	58.0	20.3	27.4	4.3	625
学历	初中及以下	31.2	10.0	30.7	12.9	8.5	63.5	23.1	27.6	2.9	410
	高中/中专/技校	36.4	10.3	49.7	14.4	11.3	64.1	14.6	38.1	3.3	1 851
	大专/高职	38.8	11.5	55.2	22.8	12.6	65.5	11.1	39.9	3.1	3 630
	本科及以上	35.2	12.2	60.3	20.4	18.7	64.7	13.2	41.1	3.1	1 322
职务职称	船长	52.8	9.9	48.1	8.0	13.1	64.3	13.5	33.5	3.0	799
	大副	46.9	12.5	49.8	18.3	14.1	65.0	12.0	37.5	3.7	766
	二副	35.7	9.0	55.3	23.7	14.0	68.4	10.0	41.2	5.4	1 057
	三副	30.2	13.7	52.2	28.9	12.4	64.6	12.5	40.5	1.8	1 086
	轮机长	48.1	8.6	52.8	7.4	14.6	67.8	15.5	36.3	2.4	584

(续表)

		影响您工作积极性的主要因素有哪些								
		工作压力大/%	人际关系不和谐/%	与社会脱离/%	职称/职务晋升难/%	个人不受重视/%	长期在外工作/%	跟不上知识更新速度/%	与家人沟通缺乏/%	其他/%	样本量
职务职称	大管轮	39.7	11.3	56.5	12.6	14.9	68.0	11.6	39.7	3.1	609
	二管轮	36.3	13.7	59.4	20.9	12.3	65.3	12.6	40.4	3.3	764
	三管轮	28.7	13.0	54.6	31.5	11.8	60.2	11.8	41.3	2.9	663
工作航区	无限航区	34.8	11.8	56.4	22.2	14.3	63.8	12.3	41.8	2.9	4 003
	沿海航区	40.4	10.6	49.8	16.8	11.7	66.6	13.5	35.8	3.6	3 670
船舶类型	普通船舶	37.3	11.4	55.9	20.5	12.7	64.7	12.7	41.4	2.9	4 801
	特殊船舶	37.5	11.5	48.6	18.8	15.0	65.5	12.8	34.4	3.9	2 104
企业性质	国有企业	40.4	10.0	56.7	21.1	14.5	64.2	13.3	40.7	2.9	3 684
	合资企业	32.4	20.2	42.9	16.1	16.8	54.8	13.4	36.7	4.1	392
	民营企业	35.4	11.8	51.3	18.2	11.3	67.5	12.4	37.7	3.5	2 803
	外资企业	32.6	14.3	52.3	25.1	13.0	60.1	10.4	40.1	2.3	307
劳务合同	合同工	40.8	9.7	56.0	20.5	13.6	64.5	12.9	40.4	3.2	4 073
	派遣工	30.6	14.8	52.6	22.7	15.1	62.1	12.1	42.1	2.1	1 170
	个体	34.4	12.5	48.3	16.3	11.1	67.5	13.7	34.2	3.8	1 828

六、工作中的最大困扰

		影响您工作积极性的主要因素有哪些							Total	
		工作压力大/%	人际关系不和谐/%	与社会脱离/%	职称/职务晋升难/%	个人不受重视/%	长期在外工作/%	跟不上知识更新速度/%	与家人沟通缺乏/%	合计/%	样本量
总体		10.8	2.7	19.2	8.5	3.6	34.1	3.4	17.7	100	5 906
年龄	30岁以下	6.8	2.6	21.2	12.5	2.7	30.5	3.0	20.7	100	2 018
	30～39岁	9.3	2.7	19.6	7.5	3.9	36.8	2.1	18.1	100	2 095
	40～49岁	16.7	2.4	16.0	5.8	4.0	35.4	4.9	14.8	100	1 228
	50岁及以上	21.2	3.4	15.9	3.5	4.8	31.8	8.5	10.9	100	377
学历	初中及以下	8.6	4.3	12.8	5.4	3.7	40.6	8.6	16.0	100	187
	高中/中专/技校	11.6	2.9	18.4	7.1	2.9	34.8	4.4	17.9	100	1 444
	大专/高职	10.6	2.4	18.9	9.3	3.4	34.2	2.9	18.3	100	3 071
	本科及以上	10.3	2.8	22.0	8.8	4.9	31.8	2.9	16.5	100	1 159
职务职称	船长	21.2	2.5	16.9	2.7	4.6	32.4	4.1	15.6	100	632
	大副	17.1	2.0	15.5	4.5	4.8	37.4	2.5	16.2	100	644
	二副	8.6	2.3	23.3	9.3	2.9	34.5	2.0	17.1	100	862
	三副	6.7	2.0	17.8	15.1	2.7	33.4	2.2	20.1	100	922

(续表)

<table>
<thead>
<tr><th colspan="2"></th><th colspan="8">影响您工作积极性的主要因素有哪些</th><th colspan="2">Total</th></tr>
<tr><th></th><th></th><th>工作压力大/%</th><th>人际关系不和谐/%</th><th>与社会脱离/%</th><th>职称/职务晋升难/%</th><th>个人不受重视/%</th><th>长期在外工作/%</th><th>跟不上知识更新速度/%</th><th>与家人沟通缺乏/%</th><th>合计/%</th><th>样本量</th></tr>
</thead>
<tbody>
<tr><td>职务职称</td><td>轮机长</td><td>15.7</td><td>2.9</td><td>15.9</td><td>2.7</td><td>4.4</td><td>36.7</td><td>5.3</td><td>16.4</td><td>100</td><td>452</td></tr>
<tr><td></td><td>大管轮</td><td>9.3</td><td>2.4</td><td>19.6</td><td>4.9</td><td>5.1</td><td>40.0</td><td>3.2</td><td>15.5</td><td>100</td><td>495</td></tr>
<tr><td></td><td>二管轮</td><td>7.7</td><td>4.1</td><td>21.4</td><td>6.3</td><td>2.2</td><td>37.8</td><td>2.8</td><td>17.7</td><td>100</td><td>640</td></tr>
<tr><td></td><td>三管轮</td><td>7.4</td><td>2.9</td><td>18.1</td><td>15.2</td><td>3.0</td><td>27.2</td><td>4.7</td><td>21.5</td><td>100</td><td>558</td></tr>
<tr><td>工作航区</td><td>无限航区</td><td>9.3</td><td>2.5</td><td>20.8</td><td>9.7</td><td>3.8</td><td>31.4</td><td>3.0</td><td>19.5</td><td>100</td><td>3 419</td></tr>
<tr><td></td><td>沿海航区</td><td>13.0</td><td>2.8</td><td>16.9</td><td>6.8</td><td>3.3</td><td>38.1</td><td>3.8</td><td>15.3</td><td>100</td><td>2 367</td></tr>
<tr><td>船舶类型</td><td>普通船舶</td><td>10.9</td><td>2.6</td><td>19.2</td><td>8.9</td><td>3.3</td><td>33.1</td><td>3.4</td><td>18.6</td><td>100</td><td>4 112</td></tr>
<tr><td></td><td>特殊船舶</td><td>10.2</td><td>2.7</td><td>18.7</td><td>7.8</td><td>4.6</td><td>36.3</td><td>3.8</td><td>15.9</td><td>100</td><td>1 575</td></tr>
<tr><td>企业性质</td><td>国有企业</td><td>12.2</td><td>2.2</td><td>19.7</td><td>8.9</td><td>4.2</td><td>31.6</td><td>3.5</td><td>17.7</td><td>100</td><td>3 175</td></tr>
<tr><td></td><td>合资企业</td><td>11.5</td><td>3.6</td><td>18.6</td><td>5.4</td><td>4.3</td><td>27.6</td><td>2.5</td><td>26.5</td><td>100</td><td>279</td></tr>
<tr><td></td><td>民营企业</td><td>8.8</td><td>3.1</td><td>18.6</td><td>8.3</td><td>2.6</td><td>38.8</td><td>3.4</td><td>16.4</td><td>100</td><td>2 188</td></tr>
<tr><td></td><td>外资企业</td><td>9.6</td><td>3.2</td><td>20.0</td><td>9.2</td><td>4.4</td><td>31.2</td><td>3.2</td><td>19.2</td><td>100</td><td>250</td></tr>
<tr><td>劳务合同</td><td>合同工</td><td>12.4</td><td>2.3</td><td>19.8</td><td>8.6</td><td>3.3</td><td>32.1</td><td>3.5</td><td>18.0</td><td>100</td><td>3 475</td></tr>
<tr><td></td><td>派遣工</td><td>8.2</td><td>3.4</td><td>20.1</td><td>9.9</td><td>5.0</td><td>31.9</td><td>2.8</td><td>18.7</td><td>100</td><td>981</td></tr>
<tr><td></td><td>个体</td><td>8.8</td><td>3.1</td><td>16.9</td><td>7.3</td><td>3.2</td><td>41.4</td><td>3.5</td><td>15.8</td><td>100</td><td>1 325</td></tr>
</tbody>
</table>

七、学习进修的需求

		\multicolumn{7}{c}{目前是否需要进修学习}
		不需要/%	不太需要/%	一般/%	比较需要/%	很需要/%	Total 合计/%	样本量
总体		6.0	14.9	29.0	36.2	13.9	100	7 104
年龄	30岁以下	5.2	14.1	30.0	36.8	13.9	100	2 322
	30~39岁	5.0	15.0	27.4	38.0	14.6	100	2 368
	40~49岁	5.9	15.3	28.6	35.6	14.6	100	1 500
	50岁及以上	12.0	17.9	32.3	29.1	8.7	100	608
学历	初中及以下	17.0	18.6	28.2	25.5	10.7	100	392
	高中/中专/技校	7.0	18.1	30.9	32.1	11.9	100	1 794
	大专/高职	4.5	13.3	29.2	38.6	14.4	100	3 554
	本科及以上	4.9	14.3	26.4	37.9	16.5	100	1 302
职务职称	船长	8.0	16.0	30.4	31.8	13.8	100	776
	大副	5.7	17.2	27.8	37.1	12.2	100	757
	二副	6.5	14.0	31.6	35.7	12.2	100	1 038
	三副	4.8	15.8	29.3	36.9	13.2	100	1 058
	轮机长	6.3	16.8	26.6	36.1	14.2	100	570
	大管轮	4.5	14.9	29.3	37.6	13.7	100	598
	二管轮	4.4	13.0	27.1	39.3	16.2	100	748
	三管轮	4.7	14.0	30.9	36.4	14.0	100	659
工作航区	无限航区	5.0	14.1	28.4	37.4	15.1	100	3 919
	沿海航区	7.0	16.2	29.8	35.0	12.0	100	3 005
船舶类型	普通船舶	5.1	14.3	29.1	37.4	14.1	100	4 703
	特殊船舶	7.0	16.8	29.2	33.4	13.6	100	2 058
企业性质	国有企业	4.8	12.8	27.8	39.0	15.6	100	3 611
	合资企业	7.3	23.8	29.9	27.5	11.5	100	382
	民营企业	7.2	16.6	29.8	34.2	12.2	100	2 741
	外资企业	10.0	14.1	30.6	33.9	11.4	100	298
劳务合同	合同工	5.1	13.0	27.2	39.3	15.4	100	4 001
	派遣工	4.7	15.5	33.1	33.9	12.8	100	1 143
	个体	8.7	19.1	31.1	30.4	10.7	100	1 780

八、培训费用的支出

		您参加培训的费用由谁支出			Total	
		单位支出/%	自己支出/%	两者皆有/%	合计/%	样本量
总 体		32.6	42.3	25.1	100	7 145
年 龄	30 岁以下	36.7	37.7	25.6	100	2 332
	30~39 岁	30.0	43.9	26.1	100	2 387
	40~49 岁	31.3	43.2	25.5	100	1 506
	50 岁及以上	31.8	49.0	19.2	100	616
学 历	初中及以下	7.8	80.8	11.4	100	396
	高中/中专/技校	26.4	51.6	22.0	100	1 813
	大专/高职	31.7	41.0	27.3	100	3 568
	本科及以上	51.5	19.9	28.6	100	1 304
职务职称	船长	34.4	35.5	30.1	100	784
	大副	26.7	45.8	27.5	100	754
	二副	28.9	47.5	23.6	100	1 045
	三副	35.8	38.1	26.1	100	1 070
	轮机长	31.6	42.0	26.4	100	579
	大管轮	27.3	48.5	24.2	100	604
	二管轮	30.8	46.5	22.7	100	750
	三管轮	40.7	36.0	23.3	100	653
工作航区	无限航区	38.3	31.7	30.0	100	3 939
	沿海航区	25.5	55.3	19.2	100	3 020
船舶类型	普通船舶	35.6	38.9	25.5	100	4 726
	特殊船舶	27.0	47.9	25.1	100	2 067
企业性质	国有企业	52.3	20.3	27.4	100	3 637
	合资企业	16.2	55.9	27.9	100	383
	民营企业	11.2	66.8	22.0	100	2 757
	外资企业	20.4	50.2	29.4	100	299
劳务合同	合同工	47.8	24.4	27.8	100	4 015
	派遣工	24.5	42.2	33.3	100	1 147
	个 体	4.9	80.1	15.0	100	1 800

九、参加培训后职业技能水平的提升

		参加培训后，职业技能水平是否得到了提升			Total	
		提升很大/%	有一定提升/%	没有提升浪费时间/%	合计/%	样本量
总体		13.9	77.2	8.9	100	7 123
年龄	30岁以下	15.2	76.7	8.1	100	2 327
	30~39岁	12.7	77.6	9.7	100	2 381
	40~49岁	14.7	78.1	7.2	100	1 501
	50岁及以上	13.5	77.5	9.0	100	613
学历	初中及以下	16.6	74.0	9.4	100	392
	高中/中专/技校	16.1	75.6	8.3	100	1 800
	大专/高职	13.6	77.9	8.5	100	3 561
	本科及以上	11.3	78.3	10.4	100	1 304
职务职称	船长	13.4	77.4	9.2	100	786
	大副	12.4	77.3	10.3	100	753
	二副	11.8	77.8	10.4	100	1 039
	三副	17.4	75.6	7.0	100	1 066
	轮机长	13.3	79.4	7.3	100	578
	大管轮	12.9	77.3	9.8	100	598
	二管轮	10.9	78.9	10.2	100	750
	三管轮	16.5	76.1	7.4	100	654
工作航区	无限航区	14.5	77.5	8.0	100	3 937
	沿海航区	13.0	76.8	10.2	100	3 003
船舶类型	普通船舶	14.0	77.7	8.3	100	4 721
	特殊船舶	13.9	75.5	10.6	100	2 058
企业性质	国有企业	13.9	78.0	8.1	100	3 622
	合资企业	16.1	71.4	12.5	100	384
	民营企业	14.3	75.9	9.8	100	2 753
	外资企业	14.1	74.2	11.7	100	299
劳务合同	合同工	14.6	77.2	8.2	100	4 002
	派遣工	12.5	79.3	8.2	100	1 147
	个体	13.2	75.4	11.4	100	1 791

十、对单位培训安排的总体满意程度

		您对单位培训安排满意吗					Total	
		很满意/%	比较满意/%	一般/%	不太满意/%	很不满意/%	合计/%	样本量
总体		12.0	42.9	36.2	6.6	2.3	100	7 057
年龄	30岁以下	14.1	45.3	32.7	6.0	1.9	100	2 320
	30~39岁	10.4	41.5	39.0	6.5	2.6	100	2 346
	40~49岁	11.2	42.5	37.3	7.1	1.9	100	1 488
	50岁及以上	13.1	41.6	36.5	6.8	2.0	100	601
学历	初中及以下	21.9	38.8	33.4	4.9	1.0	100	384
	高中/中专/技校	14.9	40.9	35.5	6.5	2.2	100	1 782
	大专/高职	10.8	44.3	36.5	6.2	2.2	100	3 527
	本科及以上	8.6	43.6	36.5	8.2	3.1	100	1 299
职务职称	船长	11.6	42.0	36.4	7.7	2.3	100	776
	大副	8.8	43.0	36.7	7.7	3.8	100	742
	二副	10.0	40.0	40.0	6.9	3.1	100	1 026
	三副	14.2	47.8	32.2	4.9	0.9	100	1 065
	轮机长	10.1	40.7	39.3	7.4	2.5	100	565
	大管轮	10.1	40.6	39.0	8.1	2.2	100	594
	二管轮	7.8	42.7	39.4	7.3	2.8	100	743
	三管轮	16.7	45.7	33.5	3.5	0.6	100	648
工作航区	无限航区	13.2	45.3	33.6	5.7	2.2	100	3 933
	沿海航区	10.5	39.4	39.9	7.7	2.5	100	2 943
船舶类型	普通船舶	11.9	44.2	35.9	6.1	1.9	100	4 692
	特殊船舶	11.9	40.1	37.2	7.5	3.3	100	2 026
企业性质	国有企业	11.6	44.8	34.2	7.0	2.4	100	3 631
	合资企业	15.0	44.6	31.4	6.6	2.4	100	381
	民营企业	11.7	39.7	39.9	6.2	2.5	100	2 695
	外资企业	12.4	46.3	32.2	5.7	3.4	100	298
劳务合同	合同工	12.5	44.9	33.9	6.7	2.0	100	4 001
	派遣工	12.4	46.4	33.6	5.0	2.6	100	1 146
	个体	10.1	36.4	43.4	7.5	2.6	100	1 727

十一、工作总体满意程度

		总体而言,您对目前的工作感到满意吗					Total	
		很满意/%	比较满意/%	无所谓/%	不太满意/%	很不满意/%	合计/%	样本量
总 体		4.4	38.5	15.6	35.2	6.3	100	7 096
年 龄	30 岁以下	5.3	41.9	13.7	33.8	5.3	100	2 326
	30~39 岁	2.9	34.4	15.9	39.1	7.7	100	2 358
	40~49 岁	4.2	39.6	16.3	34.0	5.9	100	1 493
	50 岁及以上	6.9	40.8	19.9	27.5	4.9	100	612
学 历	初中及以下	7.8	40.5	22.0	25.3	4.4	100	395
	高中/中专/技校	5.2	40.4	16.6	31.6	6.2	100	1 808
	大专/高职	4.1	38.0	15.0	36.7	6.2	100	3 538
	本科及以上	3.0	36.5	13.7	39.2	7.6	100	1 287
城乡来源	城市	5.1	42.4	17.8	29.6	5.1	100	1 356
	乡镇	5.0	38.1	17.1	33.5	6.3	100	1 581
	农村	3.7	37.8	13.4	38.4	6.7	100	3 732
职务职称	船长	6.6	42.6	16.2	28.5	6.1	100	772
	大副	3.1	36.8	14.9	36.6	8.6	100	752
	二副	2.6	33.3	15.9	37.6	10.6	100	1 039
	三副	6.0	42.7	13.6	33.9	3.8	100	1 060
	轮机长	3.7	38.4	17.0	36.3	4.6	100	571
	大管轮	2.2	36.8	16.4	39.5	5.1	100	592
	二管轮	2.9	31.8	14.7	42.6	8.0	100	748
	三管轮	5.5	41.4	14.2	35.6	3.3	100	649
工作航区	无限航区	5.1	41.2	15.5	33.2	5.0	100	3 899
	沿海航区	3.4	34.5	15.8	38.1	8.2	100	3 006
船舶类型	普通船舶	4.3	39.0	15.8	35.1	5.8	100	4 698
	特殊船舶	4.6	37.2	15.1	35.8	7.3	100	2 043
企业性质	国有企业	4.0	38.4	14.3	37.2	6.1	100	3 590
	合资企业	8.4	44.4	18.4	26.0	2.8	100	381
	民营企业	4.1	36.7	16.7	35.0	7.5	100	2 747
	外资企业	5.7	48.3	13.2	29.1	3.7	100	296
劳务合同	合同工	4.7	39.4	14.4	36.0	5.5	100	3 973
	派遣工	4.3	43.1	18.6	29.6	4.4	100	1 147
	个 体	3.4	33.0	16.1	37.8	9.7	100	1 789

十二、工作各方面的满意程度

	您对目前工作在以下方面的满意程度如何					
	很不满意/%	不太满意/%	一般/%	比较满意/%	很满意/%	合计/%
职业社会声望	24.2	24.3	38.4	9.8	3.3	100
职称/职务晋升	8.5	20.8	49.4	17.5	3.8	100
个人发展空间	10.7	22.2	47.3	15.9	3.9	100
被认可度	13.6	20.9	43.5	17.8	4.2	100
工作设施条件	6.8	15.0	50.4	23.0	4.8	100
工作中的人际关系	2.9	6.5	39.1	42.5	9.0	100
工作节律	6.8	16.4	49.7	22.9	4.2	100
工资收入	12.6	21.0	42.2	20.2	4.0	100
工作稳定性	8.7	18.0	45.5	22.8	5.0	100
社会保障	13.2	21.1	39.9	20.9	4.9	100
企业安全文化	5.5	10.9	42.6	31.5	9.5	100
企业管理水平	5.6	10.8	41.9	32.0	9.7	100

十三、工作各方面的满意率

		职业社会声望/%	职称/职务晋升/%	个人发展空间/%	被认可度/%	工作设施条件/%	工作中的人际关系/%	工作节律/%	工资收入/%	工作稳定性/%	社会保障/%	企业安全文化/%	企业管理水平/%	样本量
总体		17.2	23.4	22.2	25.6	29.9	53.1	29.1	27.7	30.5	29.8	43.4	44.2	6856
年龄	30岁以下	20.0	23.1	26.1	29.1	35.8	57.2	36.7	32.0	35.5	34.6	50.0	51.3	2330
	30~39岁	14.4	20.9	18.7	21.8	26.3	50.1	26.1	25.9	27.9	25.4	41.2	41.2	2369
	40~49岁	16.4	26.1	21.2	24.6	26.5	53.3	23.5	25.0	28.4	28.9	40.9	42.4	1479
	50岁及以上	19.7	29.7	23.6	29.4	31.4	51.2	26.4	25.5	29.5	30.5	33.9	35.5	588
学历	初中及以下	24.4	30.1	30.9	35.3	31.3	52.6	30.4	25.6	28.5	26.9	34.0	35.0	368
	高中/中专/技校	18.9	24.5	21.6	27.3	31.0	53.2	28.9	25.8	30.0	29.1	42.9	44.4	1802
	大专/高职	16.1	22.2	22.1	24.9	29.6	53.3	29.0	28.5	30.3	29.9	43.7	44.1	3539
	本科及以上	14.9	23.3	20.5	21.8	29.0	53.1	29.3	28.9	32.8	31.9	46.7	47.4	1293
职务职称	船长	22.6	33.4	27.4	28.6	33.2	54.4	28.0	33.5	35.4	32.5	44.1	45.5	766
	大副	17.9	27.1	23.1	24.0	27.0	49.9	24.7	29.1	28.5	28.0	38.2	39.1	752
	二副	13.7	17.7	16.7	21.0	25.6	48.6	24.9	22.2	23.9	22.2	37.6	37.9	1022
	三副	20.3	24.1	28.1	29.7	37.2	56.7	37.9	33.4	37.1	35.5	49.4	51.7	1064

(续表)

		职业社会声望/%	职称/职务晋升/%	个人发展空间/%	被认可度/%	工作设施条件/%	工作中的人际关系/%	工作节律/%	工资收入/%	工作稳定性/%	社会保障/%	企业安全文化/%	企业管理水平/%	样本量
职务职称	轮机长	16.9	32.0	21.0	25.8	24.6	52.2	24.8	24.5	26.6	31.4	39.4	41.2	565
	大管轮	13.3	20.6	16.9	19.8	18.9	47.0	22.0	28.1	25.2	21.1	31.1	34.6	596
	二管轮	11.5	19.3	17.2	22.1	23.4	51.9	25.1	22.3	24.3	24.4	41.8	40.4	752
	三管轮	19.0	19.3	25.3	28.3	33.5	57.2	34.8	31.0	34.7	35.3	48.5	48.3	649
工作航区	无限航区	19.3	23.7	24.0	26.9	34.0	55.6	33.1	32.0	34.7	33.3	49.7	50.5	3 914
	沿海航区	14.5	22.9	19.5	23.6	24.1	50.1	23.4	21.5	24.5	24.9	34.7	35.7	2 967
船舶类型	普通船舶	16.7	23.2	21.8	25.1	30.7	53.9	29.6	27.2	30.8	30.6	45.4	46.1	4 712
	特殊船舶	18.7	24.1	23.2	26.9	28.0	51.9	27.7	29.3	30.2	28.6	38.8	40.1	2 015
企业性质	国有企业	16.4	22.5	20.6	24.3	30.9	54.2	29.7	25.6	32.9	36.1	48.8	47.6	3 596
	合资企业	26.5	28.0	35.6	38.3	37.7	55.2	38.4	41.1	37.3	35.7	45.6	50.6	381
	民营企业	16.4	22.9	21.4	24.2	25.9	51.3	26.8	27.7	25.8	20.4	35.0	37.8	2 725
	外资企业	23.3	25.3	31.1	35.2	41.2	56.8	35.3	45.3	36.4	33.7	50.5	54.2	295
劳务合同	合同工	16.8	23.8	22.0	24.7	31.4	54.6	30.1	28.0	33.3	35.9	48.6	47.7	3 977
	派遣工	19.0	23.1	24.3	28.7	35.0	54.0	33.1	32.2	32.7	27.3	46.7	49.4	1 145
	个体	16.3	21.8	20.0	24.2	22.3	48.9	23.8	23.2	21.2	14.9	28.6	32.3	1 756

十四、工作倦怠感

项　　目	从不/% 0	极少/% 1	有时/% 2	经常/% 3	频繁/% 4	很频繁/% 5	总是/% 6
工作让我感觉身心疲惫	8.3	14.6	55.2	14.7	2.8	2.3	2.1
下班的时候我感觉精疲力竭	9.1	22.7	49.3	12.5	2.9	1.9	1.6
早晨起床不得不去面对一天的工作时,我感觉非常累	10.0	30.7	41.2	11.8	2.8	1.7	1.8
整天工作对我来说确实压力很大	11.6	27.3	42.1	12.5	3.0	1.7	1.8
工作让我有快要崩溃的感觉	27.0	38.5	24.7	5.6	1.8	1.1	1.3
自从开始干这份工作,我对工作越来越不感兴趣	15.9	25.8	37.8	12.3	3.0	2.1	3.1
我对工作不像以前那样热心了	16.0	30.1	39.3	9.5	1.9	1.2	2.0
我怀疑自己所做工作的意义	22.7	27.3	33.3	10.7	2.2	1.5	2.3
我对自己所做工作是否有贡献越来越不关心	24.5	29.9	28.8	10.6	2.5	1.2	2.5
我能有效地解决工作中出现的问题	3.9	5.5	17.9	45.9	8.2	6.2	12.4
我觉得我在为公司作有用的贡献	4.5	9.0	25.8	34.4	7.4	5.2	13.7
我认为我完全能胜任本职工作	3.3	3.9	13.6	36.4	9.8	6.9	26.1
当完成工作任务时,我感到非常高兴	7.5	5.5	18.0	29.8	8.0	4.9	26.3
我认为我所做的工作很有价值	8.5	9.8	25.7	25.9	7.2	5.3	17.6
我自信自己能有效地完成各项工作	6.7	3.9	14.3	33.5	9.6	7.7	24.3

十五、职业或工作单位的更换意愿

		您是否曾经考虑过更换目前的职业或工作单位				Total	
		没有考虑过/%	想换单位/%	想换职业/%	单位和职业都想换/%	合计/%	样本量
总 体		35.1	8.5	36.5	19.9	100	7 127
年 龄	30岁以下	37.2	7.8	36.9	18.1	100	2 345
	30~39岁	25.5	8.4	41.9	24.2	100	2 375
	40~49岁	38.4	9.5	33.9	18.2	100	1 495
	50岁及以上	56.7	10.0	23.3	10.0	100	610
学 历	初中及以下	50.6	11.1	31.3	7.0	100	387
	高中/中专/技校	39.4	8.8	35.0	16.8	100	1 812
	大专/高职	32.9	8.4	37.8	20.9	100	3 562
	本科及以上	30.3	7.5	36.9	25.3	100	1 299
职务职称	船长	41.5	10.4	31.6	16.5	100	775
	大副	33.1	11.5	34.4	21.0	100	756
	二副	26.2	7.5	43.1	23.2	100	1 036
	三副	41.3	8.0	35.4	15.3	100	1 074
	轮机长	38.0	9.0	31.4	21.6	100	574
	大管轮	28.0	10.0	37.4	24.6	100	601
	二管轮	24.2	8.3	41.3	26.2	100	749
	三管轮	38.9	7.7	36.7	16.7	100	651
工作航区	无限航区	35.3	8.5	35.8	20.4	100	3 925
	沿海航区	34.0	8.4	38.0	19.6	100	3 012
船舶类型	普通船舶	34.7	7.6	37.2	20.5	100	4 733
	特殊船舶	34.7	10.5	35.7	19.1	100	2 048
企业性质	国有企业	34.3	7.9	35.6	22.2	100	3 615
	合资企业	38.7	12.1	37.4	11.8	100	382
	民营企业	34.0	9.3	37.7	19.0	100	2 753
	外资企业	41.8	12.0	30.1	16.1	100	299
劳务合同	合同工	36.6	7.9	35.3	20.2	100	3 996
	派遣工	34.8	9.5	37.6	18.1	100	1 146
	个 体	30.8	9.1	39.7	20.4	100	1 795

十六、船舶技术人员的职业流动

		船舶技术人员是否存在"留不住"的情况		Total	
		是/%	否/%	合计/%	样本量
总 体		80.5	19.5	100	7 062
年 龄	30 岁以下	76.3	23.7	100	2 324
	30~39 岁	84.0	16.0	100	2 360
	40~49 岁	83.7	16.3	100	1 475
	50 岁及以上	75.5	24.5	100	601
学 历	初中及以下	69.0	31.0	100	378
	高中/中专/技校	79.1	20.9	100	1 787
	大专/高职	81.0	19.0	100	3 536
	本科及以上	84.8	15.2	100	1 294
职务职称	船长	82.8	17.2	100	772
	大副	81.3	18.7	100	749
	二副	83.9	16.1	100	1 023
	三副	76.0	24.0	100	1 061
	轮机长	82.0	18.0	100	567
	大管轮	82.8	17.2	100	598
	二管轮	84.0	16.0	100	748
	三管轮	77.9	22.1	100	647
工作航区	无限航区	81.0	19.0	100	3 898
	沿海航区	80.3	19.7	100	2 980
船舶类型	普通船舶	81.4	18.6	100	4 697
	特殊船舶	78.8	21.2	100	2 027
企业性质	国有企业	83.7	16.3	100	3 593
	合资企业	71.5	28.5	100	376
	民营企业	79.2	20.8	100	2 728
	外资企业	75.7	24.3	100	296
劳务合同	合同工	82.0	18.0	100	3 966
	派遣工	78.5	21.5	100	1 139
	个 体	79.5	20.5	100	1 769

十七、职业流动的主要原因

		造成人员流动的主要原因										
		从业环境差/%	劳动强度大/%	工作枯燥/%	承担风险高责任大/%	收入待遇差/%	不能发挥专业特长/%	缺乏成就感/%	职业发展受限/%	单位人际关系紧张/%	不方便照顾家庭/%	职业荣誉感低/%	样本量
总体		47.8	36.5	62.7	57.1	54.4	6.2	16.6	27.6	10.2	74.0	26.9	7 213
年龄	30岁以下	45.3	34.9	62.7	53.8	51.5	6.7	16.3	31.4	11.7	73.3	24.8	2 347
	30~39岁	48.3	35.2	64.6	56.1	55.0	6.3	17.9	30.6	9.3	77.3	28.3	2 385
	40~49岁	51.7	38.5	61.5	62.4	56.2	4.9	16.1	21.6	10.0	74.3	29.6	1 499
	50岁及以上	49.4	44.5	57.1	62.1	59.9	5.8	14.0	18.2	9.6	65.0	24.8	607
学历	初中及以下	44.6	39.6	58.7	50.7	59.4	8.7	12.1	16.1	12.9	59.7	11.3	388
	高中/中专/技校	48.2	36.2	65	57.5	58.5	5.8	13.5	22.2	11.3	74.1	24.1	1 817
	大专/高职	48.1	37.4	62.5	59.1	53	6.3	16.9	29.5	10.4	74.7	26.4	3 566
	本科及以上	47.7	34.4	61.3	53.5	51.5	5.8	21.7	33.2	7.2	76.6	37.3	1 305
职务职称	船长	47.1	37.2	60.1	65.7	50.3	7.3	17.1	22.9	10.8	71.5	33.8	775
	大副	47.5	42.0	63.7	63.0	51.9	6.3	14.4	24.2	9.6	71.8	26.5	758
	二副	44.7	35.7	64.6	57.9	60.0	6.3	17.5	28.4	9.8	75.0	28.1	1 035
	三副	40.2	35.2	64.9	53.4	51.0	7.0	16.5	30.2	11.5	72.7	22.7	1 075

（续表）

		造成人员流动的主要原因									样本量
		从业环境差/%	劳动强度大/%	工作枯燥/%	承担风险高责任大/%	收入待遇差/%	不能发挥专业特长/%	缺乏成就感/%	职业发展受限/%	单位人际关系紧张/%	不方便照顾家庭/%	职业荣誉感低/%	
职务职称	轮机长	56.7	37.1	58.7	64.8	53.7	4.6	18.0	25.0	8.6	76.0	30.0	576
	大管轮	55.0	37.9	60.5	58.1	50.9	4.6	18.0	25.9	10.5	74.8	30.2	604
	二管轮	54.5	39.0	62.4	55.3	58.3	6.0	16.6	29.8	11.0	76.7	28.1	751
	三管轮	51.3	36.3	59.8	50.8	49.4	5.5	16.6	29.8	10.2	72.5	22.9	651
工作航区	无限航区	45.7	33.8	61.6	54.5	49.7	6.4	18.0	30.2	9.8	75.4	29.8	3 942
	沿海航区	51.3	40.2	64.4	60.5	61.0	5.9	14.6	24.4	10.8	72.7	23.5	3 014
船舶类型	普通船舶	47.4	34.0	62.8	57.9	54.6	5.8	16.8	29.1	9.01	75.9	27.9	4 739
	特殊船舶	49.5	43.0	62.6	55.6	53.6	7.3	16.9	25.1	12.6	70.9	25.3	2 053
企业性质	国有企业	46.4	36.1	61.0	58.6	58.8	5.5	17.2	30.0	8.7	76.7	32.3	3 626
	合资企业	42.6	45.9	66.0	50.8	44.2	13.0	14.9	19.1	13.8	57.3	14.9	381
	民营企业	51.2	37.1	65.3	57.6	51.7	5.9	16.3	26.0	11.5	73.1	22.4	2 762
	外资企业	46.9	39.1	62.2	57.4	36.1	10.0	19.7	28.4	15.7	71.9	22.4	300
劳务合同	合同工	47.2	36.7	62.4	59.0	55.5	5.6	16.5	29.3	8.5	75.9	30.3	4 009
	派遣工	42.3	32.9	61.0	50.8	44.7	8.2	16.7	29.4	12.9	73.2	25.0	1 151
	个体	53.4	38.8	65.2	57.5	58.6	6.2	16.9	22.2	12.2	70.8	20.6	1 794

十八、希望工作中得以改进的地方

		您最希望在哪些方面能够改进								样本量
		工资福利/%	社会保障/%	工作条件/%	职称、职务晋升/%	船舶通信、网络设施的有限使用/%	考证培训/%	休假制度/%	税收政策/%	
总体		77.3	57.5	37.7	31.2	43.8	16.4	52.5	29.7	7213
年龄	30岁以下	76.4	55.5	34.6	42.2	51.6	15.8	47.5	25.0	2386
	30~39岁	79.6	58.4	38.4	30.6	49.8	18.6	53.9	28.6	2416
	40~49岁	77.7	59.9	40.0	22.4	32.5	15.2	56.9	37.5	1527
	50岁及以上	75.2	59.0	42.2	13.1	23.8	12.5	55.4	32.3	625
学历	初中及以下	70.0	56.3	44.6	13.9	21.7	15.9	53.2	8.3	410
	高中/中专/技校	79.0	61.3	37.0	22.8	36.7	13.9	52.0	23.3	1851
	大专/高职	77.2	58.1	37.6	35.0	46.6	18.1	52.0	30.0	3630
	本科及以上	79.0	51.4	37.2	38.6	53.9	15.0	54.4	45.2	1322
职务职称	船长	71.0	58.2	36.9	16.3	36.7	14.1	52.8	39.8	799
	大副	75.1	62.7	40.9	28.9	37.6	19.0	57.9	33.6	766
	二副	81.2	61.3	37.3	33.4	41.3	22.5	52.9	27.7	1057
	三副	77.0	52.2	35.4	44.2	47.7	15.9	51.0	23.8	1086

(续表)

		您最希望在哪些方面能够改进							样本量
		工资福利/%	社会保障/%	工作条件/%	职称、职务晋升/%	船舶通信、网络设施的有限使用/%	考证培训/%	休假制度/%	税收政策/%	
职务职称	轮机长	74.7	59.4	45.0	15.6	37.5	11.3	59.5	42.6	584
	大管轮	76.4	61.9	44.7	25.6	46.3	13.7	55.6	30.5	609
	二管轮	79.7	59.2	39.4	32.6	52.0	19.4	55.1	26.4	764
	三管轮	78.7	51.7	33.8	45.4	50.2	15.7	47.5	27.6	663
工作航区	无限航区	76.1	55.8	33.6	35.5	54.3	15.5	47.2	31.8	4 003
	沿海航区	80.1	60.4	43.4	26.2	30.6	17.4	60.0	27.8	3 070
船舶类型	普通船舶	78.4	57.0	36.3	32.6	48.2	15.7	50.3	31.0	4 801
	特殊船舶	76.3	59.2	41.2	29.8	35.5	18.2	58.0	28.5	2 104
企业性质	国有企业	81.7	50.7	34.2	34.7	49.9	13.8	52.1	44.6	3 684
	合资企业	61.5	66.3	41.2	24.5	34.4	20.4	40.3	17.3	392
	民营企业	75.8	66.6	43.2	29.0	37.5	19.5	54.9	14.9	2 803
	外资企业	68.7	57.7	29.7	37.8	49.5	16.7	47.3	16.0	307
劳务合同	合同工	79.5	51.7	35.7	33.9	48.4	14.6	53.3	41.4	4 073
	派遣工	70.7	62.6	32.8	33.2	49.1	17.1	45.5	19.1	1 170
	个体	78.1	68.1	45.3	24.7	31.1	19.4	55.3	12.0	1 828

十九、让自己的孩子从事自身职业的意愿

		如果您有孩子,您愿意让自己的孩子从事您现在的职业			Total	
		愿意/%	不愿意/%	说不清/%	合计/%	样本量
总　体		4.4	82.0	13.6	100	6 865
年　龄	30 岁以下	5.2	75.6	19.2	100	2 271
	30~39 岁	3.7	87.3	9.0	100	2 299
	40~49 岁	4.2	83.7	12.1	100	1 428
	50 岁及以上	6.0	80.7	13.3	100	569
学　历	初中及以下	7.4	72.6	20.0	100	380
	高中/中专/技校	3.7	83.4	12.9	100	1 744
	大专/高职	4.7	81.1	14.2	100	3 430
	本科及以上	3.9	84.9	11.2	100	1 244
城乡来源	城市	5.8	79.5	14.7	100	1 302
	乡镇	5.1	80.1	14.8	100	1 542
	农村	3.4	83.8	12.8	100	3 595
职务职称	船长	7.3	80.5	12.2	100	744
	大副	4.5	84.3	11.2	100	728
	二副	2.4	86.8	10.8	100	1 001
	三副	5.6	74.7	19.7	100	1 037
	轮机长	3.0	86.7	10.3	100	540
	大管轮	3.5	89.5	7.0	100	574
	二管轮	3.2	88.3	8.5	100	721
	三管轮	4.9	76.3	18.8	100	616
工作航区	无限航区	5.1	79.8	15.1	100	3 840
	沿海航区	3.2	85.5	11.3	100	2 836
船舶类型	普通船舶	4.6	82.4	13.0	100	4 557
	特殊船舶	3.7	81.5	14.8	100	1 962
企业性质	国有企业	4.4	83.1	12.5	100	3 424
	合资企业	7.7	74.1	18.2	100	375
	民营企业	4.0	83.1	12.9	100	2 692
	外资企业	8.5	64.7	26.8	100	295
劳务合同	合同工	4.5	82.5	13.0	100	3 786
	派遣工	5.3	76.5	18.2	100	1 144
	个　体	3.1	85.7	11.2	100	1 747

二十、家人是否支持从事船舶运输工作

		您的家人是否支持您从事船舶运输工作			Total	
		支持/%	不支持/%	没有意见/%	合计/%	样本量
总体		20.9	40.1	39.0	100	7 146
年龄	30岁以下	24.5	36.7	38.8	100	2 346
	30~39岁	17.4	43.7	38.9	100	2 379
	40~49岁	21.5	41.0	37.5	100	1 498
	50岁及以上	20.4	36.6	43.0	100	612
学历	初中及以下	23.4	29.5	47.1	100	393
	高中/中专/技校	20.0	38.2	41.8	100	1 814
	大专/高职	22.1	40.2	37.7	100	3 565
	本科及以上	18.2	46.1	35.7	100	1 305
城乡来源	城市	21.2	41.4	37.4	100	1 362
	乡镇	22.0	38.0	40.0	100	1 593
	农村	20.3	40.2	39.5	100	3 757
职务职称	船长	24.5	37.6	37.9	100	777
	大副	19.9	42.3	37.8	100	754
	二副	15.2	45.4	39.4	100	1 037
	三副	27.1	33.6	39.3	100	1 074
	轮机长	18.5	44.0	37.5	100	579
	大管轮	16.5	44.6	38.9	100	601
	二管轮	15.3	45.1	39.6	100	752
	三管轮	22.8	38.0	39.2	100	653
工作航区	无限航区	23.4	39.2	37.4	100	3 939
	沿海航区	17.3	42.1	40.6	100	3 015
船舶类型	普通船舶	20.8	41.1	38.1	100	4 738
	特殊船舶	20.5	38.8	40.7	100	2 055
企业性质	国有企业	21.1	43.6	35.3	100	3 621
	合资企业	26.1	37.4	36.5	100	380
	民营企业	19.4	37.4	43.2	100	2 763
	外资企业	30.8	29.1	40.1	100	299
劳务合同	合同工	21.8	42.5	35.7	100	4 001
	派遣工	22.5	34.9	42.6	100	1 157
	个体	17.2	38.7	44.1	100	1 799

二十一、与5年前相比，自己目前事业发展和工作状况评价

		与5年前相比，您觉得自己目前的事业发展和工作状况						Total	
		好很多/%	好一些/%	没有变化/%	差一些/%	差很多/%	说不清/%	合计/%	样本量
总 体		9.4	34.1	16.4	14.2	17.4	8.5	100	7 134
年 龄	30 岁以下	9.6	36.1	14.2	11.7	16.7	11.7	100	2 321
	30~39 岁	8.9	34.8	17.2	14.8	18.6	5.7	100	2 384
	40~49 岁	9.9	33.7	15.5	16.2	17.6	7.1	100	1 508
	50 岁及以上	9.5	27.5	20.8	15.5	15.0	11.7	100	614
学 历	初中及以下	10.8	36.8	15.4	10.8	15.1	11.1	100	397
	高中/中专/技校	10.3	30.3	18.3	14.6	18.6	7.9	100	1 820
	大专/高职	9.3	35.8	15.8	13.4	16.9	8.8	100	3 558
	本科及以上	8.1	33.7	15.2	16.3	18.2	8.5	100	1 292
城乡来源	城市	9.7	34.2	18.0	13.3	16.7	8.1	100	1 364
	乡镇	9.4	32.6	17.0	13.6	18.4	9.0	100	1 590
	农村	9.2	34.6	15.3	14.7	17.6	8.6	100	3 747
职务职称	船长	12.8	33.2	17.7	17.2	13.6	5.5	100	779
	大副	7.3	35.3	15.1	16.6	19.2	6.5	100	757
	二副	7.2	31.8	17.2	14.1	22.5	7.2	100	1 044
	三副	10.4	36.1	13.6	12.4	16.8	10.7	100	1 066
	轮机长	10.4	30.9	17.8	16.1	16.8	8.0	100	579
	大管轮	8.1	41.1	14.4	13.7	15.2	7.5	100	604
	二管轮	9.8	34.9	14.9	13.0	19.2	8.2	100	754
	三管轮	9.4	35.8	16.7	11.9	15.3	10.9	100	640
工作航区	无限航区	10.9	37.1	16.5	13.5	13.8	8.2	100	3 926
	沿海航区	7.4	30.3	16.1	14.9	22.3	9.0	100	3 019
船舶类型	普通船舶	9.2	34.3	16.9	14	16.8	8.8	100	4 732
	特殊船舶	9.6	33.9	15.2	14.3	19	8.0	100	2 050
企业性质	国有企业	8.5	33.7	17.4	14.4	16.6	9.4	100	3 613
	合资企业	14.6	36.0	14.6	14	13.8	7.0	100	378
	民营企业	9.2	33.5	15.3	14.4	19.6	8.0	100	2 759
	外资企业	14.4	44.3	14.4	10.4	7.7	8.8	100	298
劳务合同	合同工	10.0	34.5	16.1	14.3	15.8	9.3	100	3 994
	派遣工	9.1	37.4	17.4	14.6	13.3	8.2	100	1 152
	个 体	7.7	30.7	16.1	14.0	24.2	7.3	100	1 799

二十二、展望未来5年,对自己事业发展和工作状况的期望

		展望未来5年,您认为自己的事业发展和工作状况会比现在						Total	
		好很多/%	好一些/%	没有变化/%	差一些/%	差很多/%	说不清/%	合计/%	样本量
总 体		11.1	38.8	12.3	9.3	6.1	22.4	100	7 138
年 龄	30岁以下	16.3	43.2	11.8	7.0	4.4	17.3	100	2 338
	30~39岁	9.1	39.0	13.4	10.4	7.1	20.8	100	2 383
	40~49岁	7.6	34.7	12.2	10.8	6.4	28.3	100	1 505
	50岁及以上	7.5	34.4	10.8	10.0	7.5	29.8	100	610
学 历	初中及以下	14.2	37.8	10.4	7.1	3.8	26.7	100	394
	高中/中专/技校	11.6	35.4	12.0	8.0	6.2	26.8	100	1 815
	大专/高职	11.4	40.1	12.0	10.1	5.8	20.6	100	3 559
	本科及以上	8.8	40.4	14.0	9.4	7.6	19.8	100	3 803
城乡来源	城市	10.4	39.2	13.7	9.6	6.9	20.2	100	1 360
	乡镇	11.3	38.1	12.7	9.6	6.1	22.2	100	1 588
	农村	11.3	38.9	11.1	9.3	5.9	23.5	100	3 760
职务职称	船长	9.7	34.9	14	13.2	7.4	20.8	100	774
	大副	5.3	36.6	12.1	12.6	8.4	25.0	100	759
	二副	8.4	37.2	13.8	9.6	7.8	23.2	100	1 041
	三副	16.4	45.3	10.7	7.1	3.8	16.7	100	1 068
	轮机长	5.4	33.1	11.8	13	7.3	29.4	100	577
	大管轮	7.8	39.2	12.3	10.1	7.3	23.3	100	602
	二管轮	10.8	41.8	11.6	7.7	6.7	21.4	100	751
	三管轮	16.3	44.2	11.2	7.5	2.0	18.8	100	650
工作航区	无限航区	13.4	42.6	13.1	7.9	4.9	18.1	100	3 931
	沿海航区	7.9	33.7	11.6	11.2	7.8	27.8	100	3 019
船舶类型	普通船舶	11.5	38.9	12.8	9.2	5.8	21.8	100	4 739
	特殊船舶	10.4	38.7	11.1	10.1	7.1	22.6	100	2 048
企业性质	国有企业	10.2	39.2	13.1	9.3	6.0	22.2	100	3 624
	合资企业	17.5	35.4	13.5	10.3	5.3	18	100	378
	民营企业	10.1	38.9	11.4	9.7	6.8	23.1	100	2 756
	外资企业	19.2	45.5	10.1	7.1	5.4	12.7	100	297
劳务合同	合同工	11.3	40.1	12.4	8.6	6.0	21.6	100	4 000
	派遣工	12.9	41.6	13.9	10.9	4.0	16.7	100	1 151
	个 体	8.5	34.0	11.7	10.3	8.1	27.4	100	1 798

二十三、影响开展科研活动的主要原因

		工作忙没时间/%	缺乏经费支持/%	工作环境特殊/%	你认为影响你开展科研活动的主要原因是					样本量
					研究水平有限/%	缺少科研条件/%	缺乏科技信息/%	缺少合作伙伴/%	其他/%	
总体		35.4	25.0	47.9	39.6	25.5	28.6	19.2	5.7	7 213
年龄	30岁以下	37.2	31.8	49.8	41.0	30.2	32.2	23.5	5.5	2 386
	30~39岁	35.9	26.0	49.2	41.7	27.6	30.3	20.0	6.4	2 416
	40~49岁	35.1	18.7	45.3	38.1	21.9	24.8	15.2	5.9	1 527
	50岁及以上	33.0	13.5	39.4	39.3	15.2	19.0	10.9	6.0	625
学历	初中及以下	31.8	16.4	31.4	41.8	13.4	19.9	13.6	6.8	410
	高中/中专/技校	26.0	20.1	43.7	39.9	19.5	23.5	15.0	6.1	1 851
	大专/高职	18.7	27.8	50.0	41.1	27.6	29.9	20.9	5.3	3 630
	本科及以上	13.5	27.2	51.3	35.5	33.1	34.2	21.9	7.4	1 322
职务职称	船长	49.8	20.3	44.1	37.0	24.5	25.9	20.5	5.4	799
	大副	49.2	23.8	47.1	40.4	23.5	26.9	17.4	6.7	766
	二副	45.3	27.1	47.3	43.2	25.2	27.9	20.6	6.6	1 057
	三副	39.4	37.0	48.4	39.1	27.3	29.2	23.7	5.5	1 086

（续表）

		工作忙没时间/%	缺乏经费支持/%	工作环境特殊/%	研究水平有限/%	缺少科研条件/%	缺乏科技信息/%	缺少合作伙伴/%	其他/%	样本量
职务职称	轮机长	33.9	40.4	47.2	37.8	25.5	24.9	14.9	4.9	584
	大管轮	34.4	21.3	52.6	40.6	26.7	32.5	17.7	5.3	609
	二管轮	34.8	28.2	48.7	43.3	26.4	30.3	16.6	6.6	764
	三管轮	34.2	27.7	50.4	41.4	30.0	29.4	20.7	5.2	663
工作航区	无限航区	34.6	26.5	48.8	38.2	28.2	30.8	20.9	6.0	4 003
	沿海航区	36.9	23.6	46.7	42.1	22.7	25.8	17.2	6.0	3 070
船舶类型	普通船舶	34.9	24.6	46.3	40.6	26.6	29.1	19.1	6.0	4 801
	特殊船舶	38.2	26.4	51.5	39.9	25.3	28.0	19.9	6.2	2 104
企业性质	国有企业	34.9	23.4	49.4	38.1	27.2	29.6	18.0	5.8	3 684
	合资企业	36.5	36.0	49.4	34.4	23.0	30.4	25.8	4.5	392
	民营企业	36.9	26.2	47.2	44.1	24.0	26.4	20.3	6.4	2 803
	外资企业	42.4	31.7	47.5	36.7	33.8	37.6	32.2	5.8	307
劳务合同	合同工	36.2	24.1	49.4	40.3	27.5	29.1	18.7	5.3	4 073
	派遣工	33.3	28.1	46.1	36.1	26.3	32.7	22.4	6.3	1 170
	个体	35.7	25.0	45.1	41.4	21.2	24.5	18.4	7.1	1 828

二十四、健康状况自评

		总体而言,您觉得自己现在的身体健康状况如何?					Total	
		健康/%	基本健康/%	一般/%	不太健康/%	不健康/%	合计/%	样本量
总体		26.8	31.6	30.4	9.6	1.6	100	7 141
年龄	30岁以下	33.5	32.7	25.5	7.1	1.2	100	2 329
	30~39岁	21.9	30.2	34.0	11.7	2.2	100	2 392
	40~49岁	24.6	32.6	30.2	11.4	1.2	100	1 488
	50岁及以上	27.6	31.9	33.8	6.3	0.4	100	615
学历	初中及以下	41.1	26.6	29.6	2.3	0.4	100	399
	高中/中专/技校	31.3	30.3	27.8	9.3	1.3	100	1 816
	大专/高职	25.7	31.7	31.0	10.1	1.5	100	3 554
	本科及以上	19.5	34.9	32.0	10.8	2.8	100	1 304
职务职称	船长	25.3	34.6	28.4	11.0	0.7	100	767
	大副	22.5	30.9	35.6	8.9	2.1	100	752
	二副	21.1	30.3	34.4	12.0	2.2	100	1 045
	三副	33.4	35.9	24.2	5.5	1.0	100	1 060
	轮机长	21.1	33.3	32.7	11.6	1.3	100	568
	大管轮	20.5	29.1	35.9	12.4	2.1	100	605
	二管轮	23.5	28.7	32.1	12.9	2.8	100	757
	三管轮	33.1	33.5	27.4	5.2	0.8	100	656
工作航区	无限航区	27.8	32.6	28.6	9.4	1.6	100	3 932
	沿海航区	25.1	30.5	32.6	9.9	1.9	100	3 016
船舶类型	普通船舶	27.0	32.4	29.3	9.6	1.7	100	4 723
	特殊船舶	26.3	29.7	32.8	9.5	1.7	100	2 089
企业性质	国有企业	24.3	32.1	30.2	11.1	2.3	100	3 624
	合资企业	34.1	30.4	27.8	6.6	1.1	100	381
	民营企业	29.1	30.5	30.8	8.5	1.1	100	2 754
	外资企业	36.0	35.3	22.5	5.2	1.0	100	289
劳务合同	合同工	25.0	32.1	30.1	10.8	2.0	100	3 994
	派遣工	27.4	31.0	31.5	8.6	1.5	100	1 152
	个体	29.9	30.6	30.5	7.6	1.4	100	1 804

二十五、患病情况

目前，您是否患有下列职业疾病或症状？

		心脏病/%	脑血管病/%	糖尿病/%	高血脂/%	肝病/%	呼吸道/%	消化道/%	高血压/%	肾结石/%	脂肪肝/%	椎间盘/%	颈椎病/%	关节炎/%	听力/%	视力/%	身体疲劳/%	腰背酸痛/%	癌症/%	无/%	其他/%	样本量
总体		2.6	1.7	2.6	5.3	1.3	4.7	9.7	8.0	5.9	12.8	7.6	10.6	10.8	22.6	25.4	20.4	13.5	0.3	32.3	3.1	6803
年龄	30岁及以下	1.8	2.0	2.5	2.3	1.2	3.3	7.1	3.0	3.8	7.1	4.3	7.2	6.9	15.4	18.6	17.0	11.4	0.4	45.9	4.4	2182
	30~39岁	1.9	1.4	2.1	4.9	1.6	5.5	10.2	5.7	6.4	13.5	6.7	10.6	10.7	24.5	23.6	24.2	14.5	0.2	30.4	2.9	2282
	40~49岁	3.6	1.5	3.5	9.1	1.7	6.2	11.8	14.1	7.3	17.2	11.5	14.9	15.1	27.9	30.6	20.2	15.3	0.3	22.3	2.5	1461
	50岁及以上	5.1	2.9	5.2	8.6	1.0	3.9	10.8	19.4	9.1	20.7	12.5	13.5	13.0	24.2	43.3	15.7	11.4	0.0	15.3	3.2	594
学历	初中及以下	2.9	0.8	3.5	4.3	0	3.2	7.8	9.9	5.1	12.6	10.7	11.8	12.6	23.3	39.1	11.0	13.7	0.3	24.4	3.5	373
	高中/中专/技校	3.1	2.1	2.1	4.9	1.2	4.9	8.8	9.7	6.3	13.9	8.9	10.8	12.1	22.0	27.8	17.5	12.2	0.2	29.8	2.8	1726
	大专/高职	2.2	1.8	3.3	5.5	1.7	5.1	9.8	7.0	5.7	12.0	6.9	10.8	10.3	22.3	23.5	21.6	14.5	0.4	33.7	3.9	3392
	本科及以上	3.4	1.7	2.6	5.5	1.4	4.3	11.0	7.0	6.3	13.3	6.5	9.9	9.4	23.1	22.8	23.7	12.8	0.6	34.2	2.6	1247
职务职称	船长	6.0	3.3	4.4	9.4	2.4	6.5	11.7	12.5	6.8	18.2	9.4	15.5	12.0	15.1	28.0	21.1	12.9	0.8	25.2	3.5	753
	大副	3.2	2.8	4.8	6.8	1.2	5.5	11.2	10.2	6.8	15.7	8.6	14.6	13.4	13.3	28.7	24.3	16.2	0.6	26.5	3.6	724
	二副	2.5	1.4	2.3	5.4	1.6	3.4	9.8	6.5	5.8	13.8	6.6	12.6	12.8	11.4	23.5	24.8	14.5	0.5	33.6	4.3	993
	三副	1.5	1.6	2.8	2.0	0.9	2.6	7.0	4.1	3.4	7.0	4.8	7.7	7.6	7.7	14.9	16.4	11.2	0.2	50.5	4.7	998

(续表)

		心脏病/%	脑血管病/%	糖尿病/%	高血脂/%	肝病/%	呼吸道/%	消化道/%	高血压/%	肾结石/%	脂肪肝/%	颈椎病/%	关节炎/%	听力/%	视力/%	身体疲劳/%	腰背酸痛/%	癌症/%	无/%	其他/%	样本量
职务职称	轮机长	4.1	1.6	4.9	9.0	1.8	7.4	13.3	14.4	6.8	18.3	14.9	15.6	42.8	37.8	20.5	16.0	0.2	14.7	2.5	556
	大管轮	1.9	1.7	1.9	5.2	1.4	5.7	11.7	11.0	9.6	15.5	9.0	10.3	42.2	29.3	23.1	14.8	0.2	21.7	1.9	581
	二管轮	1.9	1.2	1.6	4.0	1.9	6.4	11.2	5.5	5.2	10.8	7.4	11.7	42.9	27.6	20.9	13.4	0.3	26.5	2.5	729
	三管轮	1.1	1.6	2.3	2.9	1.1	3.3	6.5	2.6	3.4	6.7	4.6	5.5	26.5	21.5	17.8	11.4	0.3	42.8	2.1	614
工作航区	无限航区	2.7	1.7	3.1	4.4	1.4	4.2	9.3	6.8	5.8	11.6	6.4	9.8	21.3	22.4	18.9	11.6	0.5	36.7	3.3	3 719
	沿海航区	2.6	1.9	2.6	6.3	1.5	5.5	10.3	9.1	6.3	14.5	9.2	12.1	23.8	28.8	22.5	16.2	0.3	27.0	3.3	2 751
船舶类型	普通船舶	2.7	1.6	2.6	4.8	1.4	4.7	9.5	7.8	5.7	12.0	7.1	10.7	21.5	23.5	19.7	12.9	0.4	34.7	3.4	4 525
	特殊船舶	2.7	2.3	3.8	6.5	1.7	5.1	10.4	8.0	6.3	14.3	8.4	10.7	24.0	28.8	21.7	14.9	0.3	28.1	2.9	1 981
企业性质	国有企业	3.4	1.8	2.6	6.2	1.5	5.4	10.1	9.4	6.8	14.8	7.2	10.9	23.4	24.7	21.9	13.5	0.4	31.6	3.1	3 469
	合资企业	3.4	5.0	8.7	5.3	2.2	4.2	8.7	7.5	5.6	10.9	10.1	11.2	21.8	15.4	16.2	12.3	1.7	34.4	4.7	358
	民营企业	2.1	1.5	3.0	4.7	1.5	4.7	9.7	6.5	5.0	10.8	7.8	11.3	22.5	26.6	19.2	14.1	0.3	31.9	3.4	2 639
	外资企业	3.7	2.2	4.9	2.2	2.6	4.5	8.6	4.9	3.7	8.6	7.5	10.8	20.1	22.4	16.4	11.6	1.1	43.7	4.9	268
劳务合同	合同工	3.1	1.7	2.9	6.1	1.5	5.3	10.3	8.6	6.4	14.2	7.8	10.5	22.8	25.8	21.2	14.0	0.3	31.7	3.2	3 845
	派遣工	2.7	2.6	3.8	3.5	1.3	3.9	10.6	6.2	4.9	9.6	6.4	10.1	19.4	20.0	19.8	12.0	0.6	36.7	3.4	1 090
	个体	1.9	1.2	2.6	4.6	1.4	4.1	8.0	7.5	5.5	11.9	8.1	12.5	23.4	27.3	19.2	14.1	0.3	30.4	3.7	1 702

二十六、身体健康状况对日常工作和生活的影响

		身体健康状况是否影响到日常工作和生活?					Total	
		总是/%	经常/%	有时/%	很少/%	从未出现/%	合计/%	样本量
总体		1.7	4.9	29.6	36.3	27.5	100	7 066
年龄	30岁以下	1.9	4.5	25.8	36.6	31.2	100	2 303
	30~39岁	1.4	4.9	31.2	37.2	25.3	100	2 366
	40~49岁	1.5	5.6	32.7	34.3	25.9	100	1 485
	50岁及以上	1.2	4.3	30.7	37.5	26.3	100	606
学历	初中及以下	1.0	4.4	24.4	38.3	31.9	100	386
	高中/中专/技校	1.9	3.8	26.4	34.4	33.5	100	1 816
	大专/高职	1.6	5.4	31.2	36.0	25.8	100	3 554
	本科及以上	2.1	5.3	31.8	38.2	22.6	100	1 304
职务职称	船长	3.4	5.9	32.2	34.5	24.0	100	767
	大副	2.3	5.3	36.1	33.4	22.9	100	742
	二副	1.4	5.5	30.4	36.9	25.8	100	1 037
	三副	1.5	4.3	24.3	39.3	30.6	100	1 051
	轮机长	1.4	4.8	34.0	36.6	23.2	100	568
	大管轮	1.3	5.7	31.8	38.4	22.8	100	597
	二管轮	1.9	5.0	34.5	35.9	22.7	100	746
	三管轮	0.8	4.7	26.0	37.9	30.6	100	643
工作航区	无限航区	1.9	4.8	28.8	36.7	27.8	100	3 895
	沿海航区	1.4	5.1	30.9	36.0	26.6	100	2 827
船舶类型	普通船舶	1.8	4.4	29.2	36.7	27.9	100	4 689
	特殊船舶	1.7	6.2	31.1	35.0	26.0	100	2 061
企业性质	国有企业	2.1	5.4	31.8	35.1	25.6	100	3 613
	合资企业	2.4	3.5	31.7	33.6	28.8	100	372
	民营企业	1.3	4.6	26.9	38.4	28.8	100	2 714
	外资企业	1.4	5.3	23.9	36.1	33.3	100	285
劳务合同	合同工	1.8	5.2	32.1	35.0	25.9	100	3 974
	派遣工	2.5	4.4	26.7	38.7	27.7	100	1 138
	个体	1.1	4.7	26.1	37.8	30.3	100	1 772

二十七、每年花在健康上的主要费用

		您每年花在健康上的主要费用包括							
		看病、买药/%	购买健康器材/%	购买绿色食品/%	购买保健食品/%	检查身体/%	健身/%	其他/%	样本量
总 体		41.5	12.8	40.4	22.4	31.2	3.0	41.5	6 063
年 龄	30岁以下	33.7	15.2	39.0	16.9	49.5	30.9	2.4	2 269
	30~39岁	39.7	10.0	33.2	19.1	53.3	26.5	2.7	2 344
	40~49岁	36.0	7.8	33.4	22.9	54.9	25.1	2.5	1 456
	50岁及以上	36.1	7.7	31.4	24.6	58.7	22.9	1.3	598
学 历	初中及以下	23.8	10.0	28.6	25.4	59.5	18.9	3.0	370
	高中/中专/技校	36.4	9.4	36.4	18.7	54.1	25.0	2.0	1 763
	大专/高职	37.0	12.5	34.7	19.9	53.2	28.9	2.7	3 484
	本科及以上	37.6	10.1	36.3	18.3	46.6	28.2	3.1	1 272
职务职称	船长	37.4	11.7	36.0	22.7	54.6	31.2	2.4	762
	大副	39.0	11.1	34.0	19.7	50.7	27.9	3.4	741
	二副	36.9	11.8	32.3	18.7	55.0	23.0	2.3	1 022
	三副	35.1	13.6	40.5	15.2	49.7	30.8	2.9	1 033
	轮机长	38.4	8.6	30.5	24.2	59.1	26.4	2.2	557
	大管轮	36.2	7.8	33.2	20.8	54.7	25.0	3.0	591
	二管轮	40.4	11.2	34.8	21.3	53.4	23.7	2.3	738
	三管轮	34.2	11.9	34.5	19.3	50.9	27.5	2.2	637
工作航区	无限航区	36.1	12.2	35.9	19.1	48.9	30.5	2.8	3 835
	沿海航区	36.9	9.3	34.6	20.2	57.3	23.4	2.6	2 784
船舶类型	普通船舶	37.4	11.1	35.7	18.4	51.2	27.9	2.7	4 624
	特殊船舶	34.2	11.1	33.6	22.1	56.1	25.7	2.7	2 028
企业性质	国有企业	38.7	10.4	36.3	18.7	49.9	28.0	2.4	3 544
	合资企业	33.3	24.3	33.6	16.0	45.3	36.0	2.7	375
	民营企业	35.4	10.0	33.6	21.2	56.7	23.6	3.0	2 683
	外资企业	29.4	15.2	41.1	19.9	55.0	37.9	2.1	282
劳务合同	合同工	39.7	10.0	36.2	18.8	50.9	28.1	2.5	3 917
	派遣工	32.9	14.8	33.5	18.2	52.0	30.4	2.1	1 124
	个 体	31.1	10.8	34.1	22.0	56.8	23.2	3.4	1 729

二十八、医疗费按实报销情况

		您的医疗费可以按实报销吗?				Total	
		全额报销/%	部分报销/%	不能报销/%	不知道/%	合计/%	样本量
总体		6.8	48.4	28.3	16.5	100	7 027
年龄	30岁以下	8.5	47.2	23.6	20.7	100	2 293
	30~39岁	5.1	47.0	32.3	15.6	100	2 356
	40~49岁	6.6	50.3	29.1	14.0	100	1 478
	50岁及以上	7.8	56.9	26.5	8.8	100	599
学历	初中及以下	5.5	44.9	37.4	12.2	100	385
	高中/中专/技校	6.5	47.5	33.4	12.6	100	1 777
	大专/高职	7.2	47.1	28.0	17.7	100	3 517
	本科及以上	6.5	54.7	18.9	19.9	100	1 283
职务职称	船长	9.8	55.6	23.3	11.3	100	765
	大副	5.6	49.5	33.9	11.0	100	746
	二副	6.2	44.9	33.4	15.5	100	1 029
	三副	9.3	50.0	22.0	18.7	100	1 045
	轮机长	5.7	51.4	29.1	13.8	100	560
	大管轮	4.2	48.6	33.3	13.9	100	595
	二管轮	5.2	44.6	33.4	16.8	100	749
	三管轮	7.3	51.7	22.2	18.8	100	644
工作航区	无限航区	7.8	51.6	21.7	18.9	100	3 875
	沿海航区	5.6	44.6	36.5	13.3	100	2 811
船舶类型	普通船舶	6.7	49.9	26.0	17.4	100	4 671
	特殊船舶	7.0	45.5	32.8	14.6	100	2 044
企业性质	国有企业	8.0	55.1	16.2	20.7	100	3 579
	合资企业	8.8	50.8	31.0	9.4	100	374
	民营企业	4.9	40.3	43.2	11.6	100	2 714
	外资企业	8.1	44.7	33.5	13.7	100	284
劳务合同	合同工	7.9	55.7	17.5	18.9	100	3 946
	派遣工	7.2	48.5	25.7	18.6	100	1 136
	个体	3.6	33.0	53.3	10.1	100	1 762

二十九、医疗费按时报销情况

		您的医疗费可以按时报销吗?				Total	
		按时报销/%	有时拖欠/%	经常拖欠/%	不清楚/%	合计/%	样本量
总 体		36.8	15.1	6.3	41.8	100	6 719
年 龄	30 岁以下	34.3	17.5	7.8	40.4	100	2 239
	30~39 岁	32.7	15.1	7.0	45.2	100	2 259
	40~49 岁	42.5	13.6	3.4	40.5	100	1 400
	50 岁及以上	50.6	11.0	3.3	35.1	100	547
学 历	初中及以下	39.0	12.0	3.4	45.6	100	349
	高中/中专/技校	37.8	14.3	5.6	42.3	100	1 654
	大专/高职	35.2	16.6	6.8	41.4	100	3 398
	本科及以上	39.8	12.8	6.4	41.0	100	1 260
职务职称	船长	46.2	14.6	5.9	33.3	100	732
	大副	39.2	14.1	8.2	38.5	100	697
	二副	33.6	15.4	7.5	43.5	100	977
	三副	37.3	16.8	8.3	37.6	100	1 022
	轮机长	39.7	13.0	4.1	43.2	100	531
	大管轮	37.0	10.6	6.2	46.2	100	565
	二管轮	31.3	15.2	6.8	46.7	100	719
	三管轮	39.0	16.1	3.8	41.1	100	629
工作航区	无限航区	37.5	16.2	5.8	40.5	100	3 778
	沿海航区	35.9	13.3	6.8	44.0	100	2 619
船舶类型	普通船舶	38.1	13.8	5.5	42.6	100	4 506
	特殊船舶	34.6	17.4	8.0	40.0	100	1 930
企业性质	国有企业	42.3	15.6	4.7	37.4	100	3 487
	合资企业	32.8	21.8	11.6	33.8	100	363
	民营企业	30.9	12.9	7.9	48.3	100	2 541
	外资企业	29.3	19.3	11.8	39.6	100	280
劳务合同	合同工	43.8	14.2	4.3	37.7	100	3 839
	派遣工	30.1	20.0	8.6	41.3	100	1 118
	个 体	25.4	13.6	9.1	51.9	100	1 590

三十、在船期间体育锻炼情况

		您在船期间参加体育锻炼吗？						Total	
		每天一次/%	两天一次/%	每周两次/%	每月两次/%	很少去/%	从不/%	合计/%	样本量
总体		12.3	11.3	20.5	4.6	34.0	17.3	100	7 079
年龄	30岁以下	18.2	15.1	21.8	5.8	32.0	7.1	100	2 309
	30~39岁	15.0	13.5	20.3	4.6	38.6	8.0	100	2 383
	40~49岁	18.7	11.5	20.4	3.6	36.6	9.2	100	1 484
	50岁及以上	21.3	10.3	17.0	2.8	39.3	9.3	100	601
学历	初中及以下	16.1	8.3	16.6	4.2	38.4	16.4	100	385
	高中/中专/技校	18.5	13.7	18.0	3.8	36.7	9.3	100	1 797
	大专/高职	14.9	12.4	23.3	5.4	38.2	5.8	100	3 539
	本科及以上	17.4	13.4	20.7	4.6	35.9	8.0	100	1 297
职务职称	船长	22.2	15.2	21.9	3.0	32.3	5.4	100	770
	大副	14.7	10.9	20.9	4.5	39.1	9.9	100	750
	二副	14.0	14.4	19.1	5.9	36.5	10.1	100	1 035
	三副	18.9	14.8	21.6	6.6	31.9	6.2	100	1 061
	轮机长	18.0	11.3	18.4	3.0	40.1	9.2	100	566
	大管轮	13.3	11.2	22.8	3.4	40.3	9.0	100	596
	二管轮	15.3	11.2	18.6	4.4	41.0	9.5	100	758
	三管轮	14.7	13.2	23.4	6.5	34.0	8.2	100	645
工作航区	无限航区	19.1	16.0	23.8	4.7	31.9	4.5	100	3 907
	沿海航区	14.9	9.7	16.8	4.5	41.7	12.4	100	2 835
船舶类型	普通船舶	16.8	13.8	22.0	5.0	35.3	7.1	100	4 704
	特殊船舶	18.2	11.7	17.9	3.9	37.9	10.4	100	2 064
企业性质	国有企业	19.5	14.3	20.6	4.1	35.9	5.6	100	3 610
	合资企业	19.0	22.2	20.6	5.3	28.5	4.4	100	379
	民营企业	14.0	10.8	20.2	5.4	37.8	11.8	100	2 730
	外资企业	22.4	13.9	22.8	5.1	29.9	5.9	100	294
劳务合同	合同工	18.3	13.9	20.2	4.7	36.2	6.7	100	3 986
	派遣工	17.6	16.6	26.3	5.2	30.6	3.7	100	1 145
	个体	15.0	10.3	17.7	4.0	39.2	13.8	100	1 770

三十一、在船期间服用营养保健品情况

		您在船期间服用营养保健品吗?		Total	
		不服用/%	服用/%	合计/%	样本量
总 体		75.7	24.3	100	7 044
年 龄	30 岁以下	80.9	19.1	100	2 307
	30~39 岁	76.3	23.7	100	2 367
	40~49 岁	72.0	28.0	100	1 473
	50 岁及以上	62.1	37.9	100	602
学 历	初中及以下	63.1	36.9	100	382
	高中/中专/技校	76.3	23.7	100	1 797
	大专/高职	76.2	23.8	100	3 509
	本科及以上	77.4	22.6	100	1 292
职务职称	船长	70.8	29.2	100	759
	大副	71.8	28.2	100	742
	二副	77.7	22.3	100	1 030
	三副	82.4	17.6	100	1 054
	轮机长	70.1	29.9	100	558
	大管轮	72.9	27.1	100	598
	二管轮	74.8	25.2	100	751
	三管轮	80.4	19.6	100	647
工作航区	无限航区	77.5	22.5	100	3 896
	沿海航区	73.8	26.2	100	2 809
船舶类型	普通船舶	78.3	21.7	100	4 688
	特殊船舶	70.3	29.7	100	2 046
企业性质	国有企业	77.9	22.1	100	3 601
	合资企业	69.6	30.4	100	372
	民营企业	74.2	25.8	100	2 708
	外资企业	70.5	29.5	100	285
劳务合同	合同工	77.2	22.8	100	3 968
	派遣工	78.4	21.6	100	1 132
	个 体	70.4	29.6	100	1 763

三十二、在船期间服用治疗慢性疾病药物的情况

		在船期间是否服用治疗慢性疾病（高血压、糖尿病等）的药物？		Total	
		不服用/%	服用/%	合计/%	样本量
总 体		92.1	7.9	100	6 708
年 龄	30 岁以下	95.3	4.7	100	2 183
	30~39 岁	94.7	5.3	100	2 227
	40~49 岁	88.0	12.0	100	1 370
	50 岁及以上	77.1	22.9	100	560
学 历	初中及以下	88.8	11.2	100	357
	高中/中专/技校	89.5	10.5	100	1 672
	大专/高职	93.1	6.9	100	3 298
	本科及以上	93.0	7.0	100	1 232
职务职称	船长	86.3	13.7	100	722
	大副	88.2	11.8	100	703
	二副	93.7	6.3	100	972
	三副	94.3	5.7	100	1 004
	轮机长	87.0	13.0	100	552
	大管轮	91.0	9.0	100	567
	二管轮	94.4	5.6	100	708
	三管轮	97.2	2.8	100	614
工作航区	无限航区	92.7	7.3	100	3 681
	沿海航区	91.2	8.8	100	2 634
船舶类型	普通船舶	93.0	7.0	100	4 429
	特殊船舶	89.8	10.2	100	1 909
企业性质	国有企业	91.6	8.4	100	3 376
	合资企业	86.2	13.8	100	363
	民营企业	94.0	6.0	100	2 631
	外资企业	91.4	8.6	100	278
劳务合同	合同工	91.2	8.8	100	3 717
	派遣工	92.8	7.2	100	1 059
	个 体	92.6	7.4	100	1 670

三十三、定期健康体检情况

		除换证体检外,您是否定期健康体检?					Total	
		从没体检/%	半年一次/%	一年一次/%	两年一次/%	不定期/%	合计/%	样本量
总 体		33.0	7.7	33.6	8.2	17.5	100	7 117
年 龄	30岁以下	33.0	10.4	31.8	6.3	18.5	100	2 323
	30~39岁	36.6	6.0	34.0	7.3	16.1	100	2 382
	40~49岁	30.7	6.0	34.4	10.8	18.1	100	1 495
	50岁及以上	25.9	7.7	36.7	11.3	18.4	100	613
学 历	初中及以下	25.6	10.9	31.2	12.2	20.1	100	394
	高中/中专/技校	33.0	6.9	32.9	9.5	17.7	100	1 815
	大专/高职	32.3	8.4	33.1	8.3	17.9	100	3 541
	本科及以上	37.2	5.7	36.5	5.0	15.6	100	1 299
职务职称	船长	27.9	9.7	36.7	8.9	16.8	100	773
	大副	32.4	6.7	37.3	8.7	14.9	100	756
	二副	33.4	6.9	35.7	9.7	14.3	100	1 039
	三副	31.6	11.5	31.2	6.8	18.9	100	1 061
	轮机长	26.9	6.2	34.1	12.0	20.8	100	568
	大管轮	35.0	6.7	31.2	9.0	18.1	100	599
	二管轮	34.0	6.7	34.4	9.0	15.9	100	756
	三管轮	34.4	6.9	32.8	5.4	20.5	100	649
工作航区	无限航区	35.3	8.2	34.8	4.4	17.3	100	3 918
	沿海航区	30.2	6.8	31.9	13.2	17.9	100	2 850
船舶类型	普通船舶	34.7	7.0	34.2	6.7	17.4	100	4 727
	特殊船舶	30.4	9.3	32.0	11.1	17.2	100	2 075
企业性质	国有企业	36.7	7.4	33.4	5.8	16.7	100	3 616
	合资企业	27.2	14.8	35.1	8.7	14.2	100	379
	民营企业	29.8	6.9	32.9	11.3	19.1	100	2 753
	外资企业	30.1	16.3	34.9	6.2	12.5	100	289
劳务合同	合同工	34.9	6.6	33.7	7.4	17.4	100	3 993
	派遣工	33.7	11.4	34.4	5.6	14.9	100	1 152
	个 体	28.8	7.7	32.6	11.8	19.1	100	1 785

三十四、健康体检安排

		您的健康体检由谁安排?			Total	
		企业组织/%	自费/%	不体检/%	合计/%	样本量
总 体		48.8	44.0	7.2	100	6 998
年 龄	30岁以下	55.0	37.6	7.4	100	2 278
	30~39岁	48.8	43.7	7.5	100	2 358
	40~49岁	43.6	49.0	7.4	100	1 464
	50岁及以上	39.7	55.1	5.2	100	602
学 历	初中及以下	22.7	72.1	5.2	100	384
	高中/中专/技校	41.0	52.2	6.8	100	1 792
	大专/高职	49.4	43.4	7.2	100	3 482
	本科及以上	67.1	24.9	8.0	100	1 276
职务职称	船长	46.4	46.9	6.7	100	746
	大副	40.6	52.0	7.4	100	742
	二副	42.5	49.3	8.2	100	1 019
	三副	53.5	39.4	7.1	100	1 014
	轮机长	44.6	49.3	6.1	100	560
	大管轮	43.6	48.7	7.7	100	596
	二管轮	50.5	41.6	7.9	100	747
	三管轮	55.8	37.2	7.0	100	642
工作航区	无限航区	59.2	32.8	8.0	100	3 850
	沿海航区	35.8	58.0	6.2	100	2 803
船舶类型	普通船舶	52.2	40.1	7.7	100	4 647
	特殊船舶	41.8	51.7	6.5	100	2 036
企业性质	国有企业	68.2	24.4	7.4	100	3 563
	合资企业	37.0	56.1	6.9	100	362
	民营企业	25.8	67.1	7.1	100	2 706
	外资企业	46.4	50.0	3.6	100	278
劳务合同	合同工	63.8	28.6	7.6	100	3 918
	派遣工	51.6	41.6	6.8	100	1 130
	个 体	15.3	78.6	6.1	100	1 770

三十五、企业指定的医疗服务机构

<table>
<tr><th colspan="2"></th><th colspan="3">所在企业有没有指定的医疗服务机构?</th><th colspan="2">Total</th></tr>
<tr><th colspan="2"></th><th>有/%</th><th>没有/%</th><th>不清楚/%</th><th>合计/%</th><th>样本量</th></tr>
<tr><td colspan="2">总体</td><td>37.1</td><td>37.5</td><td>25.4</td><td>100</td><td>7 076</td></tr>
<tr><td rowspan="4">年龄</td><td>30 岁以下</td><td>41.0</td><td>30.5</td><td>28.5</td><td>100</td><td>2 311</td></tr>
<tr><td>30~39 岁</td><td>32.9</td><td>40.8</td><td>26.3</td><td>100</td><td>2 375</td></tr>
<tr><td>40~49 岁</td><td>37.9</td><td>39.8</td><td>22.3</td><td>100</td><td>1 486</td></tr>
<tr><td>50 岁及以上</td><td>36.2</td><td>46.9</td><td>16.9</td><td>100</td><td>610</td></tr>
<tr><td rowspan="4">学历</td><td>初中及以下</td><td>21.1</td><td>57.5</td><td>21.4</td><td>100</td><td>393</td></tr>
<tr><td>高中/中专/技校</td><td>34.9</td><td>41.3</td><td>23.8</td><td>100</td><td>1 801</td></tr>
<tr><td>大专/高职</td><td>36.1</td><td>36.8</td><td>27.1</td><td>100</td><td>3 522</td></tr>
<tr><td>本科及以上</td><td>48.1</td><td>27.4</td><td>24.5</td><td>100</td><td>1 297</td></tr>
<tr><td rowspan="8">职务职称</td><td>船长</td><td>40.2</td><td>40.9</td><td>18.9</td><td>100</td><td>767</td></tr>
<tr><td>大副</td><td>34.0</td><td>44.0</td><td>22.0</td><td>100</td><td>748</td></tr>
<tr><td>二副</td><td>27.8</td><td>45.5</td><td>26.7</td><td>100</td><td>1 030</td></tr>
<tr><td>三副</td><td>40.3</td><td>30.4</td><td>29.3</td><td>100</td><td>1 058</td></tr>
<tr><td>轮机长</td><td>36.3</td><td>42.5</td><td>21.2</td><td>100</td><td>570</td></tr>
<tr><td>大管轮</td><td>31.3</td><td>42.6</td><td>26.1</td><td>100</td><td>598</td></tr>
<tr><td>二管轮</td><td>33.7</td><td>40.2</td><td>26.1</td><td>100</td><td>753</td></tr>
<tr><td>三管轮</td><td>43.3</td><td>33.2</td><td>23.5</td><td>100</td><td>645</td></tr>
<tr><td rowspan="2">工作航区</td><td>无限航区</td><td>44.2</td><td>29.5</td><td>26.3</td><td>100</td><td>3 898</td></tr>
<tr><td>沿海航区</td><td>28.0</td><td>47.8</td><td>24.2</td><td>100</td><td>2 828</td></tr>
<tr><td rowspan="2">船舶类型</td><td>普通船舶</td><td>40.0</td><td>33.8</td><td>26.2</td><td>100</td><td>4 701</td></tr>
<tr><td>特殊船舶</td><td>30.4</td><td>45.9</td><td>23.7</td><td>100</td><td>2 059</td></tr>
<tr><td rowspan="4">企业性质</td><td>国有企业</td><td>55.0</td><td>22.0</td><td>23.0</td><td>100</td><td>3 609</td></tr>
<tr><td>合资企业</td><td>31.0</td><td>41.6</td><td>27.4</td><td>100</td><td>368</td></tr>
<tr><td>民营企业</td><td>16.1</td><td>57.1</td><td>26.8</td><td>100</td><td>2 730</td></tr>
<tr><td>外资企业</td><td>28.4</td><td>37.9</td><td>33.7</td><td>100</td><td>285</td></tr>
<tr><td rowspan="3">劳务合同</td><td>合同工</td><td>49.4</td><td>26.7</td><td>23.9</td><td>100</td><td>3 978</td></tr>
<tr><td>派遣工</td><td>33.8</td><td>37.4</td><td>28.8</td><td>100</td><td>1 142</td></tr>
<tr><td>个体</td><td>12.7</td><td>61.0</td><td>26.3</td><td>100</td><td>1 772</td></tr>
</table>

三十六、所在企业的健康保障制度和应急措施

		所在企业有专门的健康保障制度和应急措施?			Total	
		有/%	没有/%	不清楚/%	合计/%	样本量
总 体		36.4	27.1	36.5	100	6 629
年 龄	30 岁以下	41.3	21.4	37.3	100	2 192
	30~39 岁	32.1	29.5	38.4	100	2 214
	40~49 岁	37.3	29.5	33.2	100	1 369
	50 岁及以上	33.8	32.9	33.3	100	565
学 历	初中及以下	22.9	44.0	33.1	100	375
	高中/中专/技校	34.7	29.4	35.9	100	1 661
	大专/高职	36.3	26.4	37.3	100	3 300
	本科及以上	44.0	20.1	35.9	100	1 231
职务职称	船长	40.8	29.3	29.9	100	720
	大副	34.2	31.5	34.3	100	709
	二副	31.2	31.0	37.8	100	973
	三副	42.9	21.3	35.8	100	1 007
	轮机长	32.8	31.4	35.8	100	525
	大管轮	29.5	31.1	39.4	100	563
	二管轮	30.8	32.8	36.4	100	705
	三管轮	42.5	21.6	35.9	100	612
工作航区	无限航区	43.3	19.4	37.3	100	3 664
	沿海航区	28.0	36.5	35.5	100	2 647
船舶类型	普通船舶	38.8	23.6	37.6	100	4 417
	特殊船舶	31.2	34.5	34.3	100	1 928
企业性质	国有企业	48.6	15.4	36.0	100	3 300
	合资企业	36.1	31.1	32.8	100	360
	民营企业	21.5	40.8	37.7	100	2 637
	外资企业	39.1	28.7	32.2	100	279
劳务合同	合同工	45.6	18.4	36.0	100	3 696
	派遣工	34.3	25.3	40.4	100	1 072
	个 体	18.8	46.4	34.8	100	1 687

三十七、兼职收入

		除了在船收入，您还有其他兼职收入？		Total	
		没有/%	有/%	合计/%	样本量
总　体		93.5	6.5	100	6 628
年　龄	30岁以下	91.2	8.8	100	2 177
	30~39岁	93.2	6.8	100	2 219
	40~49岁	96.4	3.6	100	137
	50岁及以上	96.5	3.5	100	573
学　历	初中及以下	93.1	6.9	100	376
	高中/中专/技校	93.6	6.4	100	167
	大专/高职	93.5	6.5	100	3 300
	本科及以上	93.6	6.4	100	1 220
职务职称	船长	94.0	6.0	100	721
	大副	93.8	6.2	100	710
	二副	95.8	4.2	100	976
	三副	91.4	8.6	100	1 001
	轮机长	97.2	2.8	100	529
	大管轮	95.9	4.1	100	562
	二管轮	94.7	5.3	100	712
	三管轮	91.0	9.0	100	610
工作航区	无限航区	92.8	7.2	100	3 664
	沿海航区	94.7	5.3	100	2 650
船舶类型	普通船舶	93.7	6.3	100	4 430
	特殊船舶	93.3	6.7	100	1 919
企业性质	国有企业	93.9	6.1	100	3 173
	合资企业	86.5	13.5	100	362
	民营企业	93.7	6.3	100	2 635
	外资企业	94.6	5.4	100	277
劳务合同	合同工	94.2	5.8	100	3 684
	派遣工	90.1	9.9	100	1 074
	个　体	94.2	5.8	100	1 699

三十八、近三年的经济支出

		住房/%	交通/%	饮食/%	衣着/%	日用品/%	通信/%	医疗保健/%	水电煤气费等日常开销/%	人情往来/%	家用电器家具/%	文化、娱乐、旅游/%	子女教育/%	接受教育培训/%	赡养老人/%	其他/%	样本量
总体		92.0	21.4	17.7	12.0	9.0	6.2	4.2	3.3	3.1	2.7	2.0	1.6	1.4	1.3	0.2	5 032
年龄	30岁以下	89.3	23.7	20.4	15.2	10.1	6.8	4.0	3.0	2.7	2.2	1.8	1.3	1.2	1.0	0.0	1 537
	30~39岁	94.0	21.1	16.1	10.3	8.4	5.2	3.6	3.1	3.0	2.7	1.9	1.6	1.3	1.1	0.3	1 811
	40~49岁	92.6	20.9	17.9	11.1	8.7	6.6	5.2	3.6	3.5	3.0	2.2	1.9	2.1	1.9	0.1	1 072
	50岁及以上	91.3	18.0	16.1	9.6	8.9	7.7	5.5	4.3	3.8	3.8	2.4	1.7	1.4	1.2	0.2	416
学历	初中及以下	95.1	13.8	13.8	10.7	8.9	8.9	6.2	4.5	4.0	3.6	1.8	1.8	1.3	0.9	0.0	224
	高中/中专/技校	90.8	20.2	19.3	12.4	10.0	6.9	5.3	4.3	4.0	3.6	2.7	2.3	2.2	2.0	0.2	1 270
	大专/高职	91.8	23.2	17.9	12.5	8.7	6.0	3.8	2.6	2.5	2.2	1.6	1.3	1.2	1.0	0.2	2 546
	本科及以上	94.0	20.2	16.1	10.0	8.7	5.5	3.5	3.4	3.2	2.7	2.3	1.5	1.3	1.1	0.3	959
职务职称	船长	92.6	23.8	19.1	10.5	9.6	6.6	5.1	2.3	3.5	3.5	3.5	2.5	2.7	2.3	0.2	564
	大副	91.9	22.5	17.6	10.5	9.7	6.9	4.2	3.5	3.2	3.0	1.8	1.2	1.6	1.2	0.4	569
	二副	95.8	20.2	16.8	11.0	7.9	6.4	3.7	2.6	2.8	2.8	1.7	1.8	1.7	1.4	0.0	762
	三副	87.7	23.4	19.4	14.9	9.5	5.4	3.1	2.3	1.7	1.3	0.9	0.6	0.7	0.6	0.0	705

(续表)

		住房/%	交通/%	饮食/%	衣着/%	日用品/%	通信/%	医疗保健/%	水电煤气费等日常开销/%	人情往来/%	家用电器家具/%	文化、娱乐、旅游/%	子女教育/%	接受教育培训/%	赡养老人/%	其他/%	样本量
职务职称	轮机长	91.6	21.9	18.3	9.6	5.8	4.3	3.6	3.4	2.7	2.4	1.4	1.0	1.0	0.7	0.5	415
	大管轮	92.9	20.3	12.3	8.4	7.6	4.3	3.7	3.2	3.2	2.6	1.7	1.5	1.5	1.5	0.4	463
	二管轮	94.0	19.7	17.2	13.9	8.9	7.5	4.6	4.1	3.9	3.6	2.5	2.3	1.6	1.4	0.2	563
	三管轮	90.5	24.7	20.5	15.9	11.0	8.3	4.4	4.2	3.2	2.7	2.4	1.5	0.5	0.5	0.0	409
工作航区	无限航区	92.5	23.1	17.4	11.4	8.9	5.5	4.1	3.0	2.9	2.4	1.9	1.4	1.5	1.2	0.2	2 812
	沿海航区	91.7	19.2	18.3	12.8	9.1	7.1	4.5	3.5	3.2	3.1	2.1	1.8	1.5	1.4	0.2	2 005
船舶类型	普通船舶	91.1	23.2	18.9	12.9	9.6	6.5	4.3	3.3	3.4	2.9	2.1	1.8	1.6	1.3	0.2	3 402
	特殊船舶	94.0	18.1	15.5	10.2	7.6	5.8	4.2	3.0	2.5	2.3	1.6	1.1	1.1	1.0	0.1	1 426
企业性质	国有企业	90.9	20.8	17.6	11.5	8.8	6.0	4.2	3.2	2.8	2.5	2.0	1.5	1.2	1.1	0.2	2 644
	合资企业	94.0	27.4	23.5	14.5	12.4	6.4	6.0	5.1	4.3	2.6	1.7	2.1	2.1	1.7	0.0	234
	民营企业	93.2	21.6	17.6	12.3	9.1	6.8	4.0	2.9	3.0	2.8	1.9	1.6	1.7	1.4	0.1	1 928
	外资企业	95.5	22.2	18.2	14.1	13.1	7.1	4.5	2.0	3.5	3.0	2.5	2.0	1.0	1.0	0.5	198
劳务合同	合同工	91.7	23.1	19.0	12.2	9.5	6.0	3.9	3.3	2.8	2.3	1.9	1.4	1.2	1.0	0.2	2 887
	派遣工	91.9	19.2	15.1	10.8	7.8	5.9	5.0	3.0	2.9	3.1	2.1	1.9	1.3	1.0	0.4	795
	个体	93.0	19.5	16.9	12.2	8.9	7.2	4.8	3.6	3.9	3.5	2.3	2.0	2.2	1.9	0.0	1 237

三十九、个体所处阶层自评

		作为一名海运业船舶技术人员,您认为您处在哪一阶层?						Total	
		上层/%	中上层/%	中层/%	中下层/%	下层/%	不知道/%	合计/%	样本量
总 体		2.3	5.0	21.2	39.6	27.8	4.1	100	7 072
年 龄	30 岁以下	2.7	5.7	22.7	38.7	25.9	4.3	100	2 309
	30~39 岁	2.1	4.0	19.1	40.9	30.4	3.5	100	2 377
	40~49 岁	2.1	5.9	21.3	39.9	26.7	4.1	100	1 481
	50 岁及以上	1.8	4.1	23.9	39.0	25.3	5.9	100	607
学 历	初中及以下	2.8	4.3	25.7	34.4	24.4	8.4	100	393
	高中/中专/技校	2.3	5.0	19.9	39.4	28.2	5.2	100	1 791
	大专/高职	2.3	4.8	22.4	39.8	27.1	3.6	100	3 527
	本科及以上	1.8	5.6	18.3	41.3	30.3	2.7	100	1 295
职务职称	船长	4.2	8.9	25.2	37.1	21.8	2.8	100	763
	大副	2.0	6.7	22.3	36.8	27.3	4.9	100	749
	二副	1.9	3.9	19.3	41.3	30.6	3.0	100	1 031
	三副	3.5	5.9	23.9	38.0	24.7	4.0	100	1 056
	轮机长	1.6	5.6	21.3	43.4	23.6	4.5	100	572
	大管轮	0.7	3.2	20.5	37.8	34.1	3.7	100	596
	二管轮	1.5	4.1	19.3	40.3	32.2	2.6	100	751
	三管轮	1.4	3.2	21.9	45.3	23.9	4.3	100	649
工作航区	无限航区	2.3	5.6	22.1	39.9	26.4	3.7	100	3 895
	沿海航区	2.1	4.2	19.8	39.2	30.0	4.7	100	2 832
船舶类型	普通船舶	1.7	4.5	21.3	41.5	27.0	4.0	100	4 704
	特殊船舶	3.6	6.2	21.1	35.4	29.4	4.3	100	2 054
企业性质	国有企业	2.7	4.3	18.5	42.0	29.1	3.4	100	3 599
	合资企业	4.8	11.4	27.1	33.2	18.9	4.6	100	376
	民营企业	1.3	5.0	23.4	37.9	27.8	4.6	100	2 733
	外资企业	5.6	10.4	24.0	33.7	21.2	5.1	100	288
劳务合同	合同工	2.2	4.1	20.4	41.5	27.8	4.0	100	3 967
	派遣工	3.6	8.6	24.4	37.3	23.4	2.7	100	1 152
	个 体	1.5	4.5	20.1	37.6	31.5	4.8	100	1 770

四十、个体对所处社会阶层的满意度

		对目前所处的社会阶层满意吗?					Total	
		很满意/%	比较满意/%	一般/%	不太满意/%	很不满意/%	合计/%	样本量
总 体		4.9	13.4	30.7	34.0	17.0	100	7 082
年 龄	30 岁以下	4.6	14.8	30.7	33.9	16.0	100	2 313
	30~39 岁	4.3	11.8	29.2	35.1	19.6	100	2 370
	40~49 岁	5.8	12.8	30.3	36.0	15.1	100	1 486
	50 岁及以上	6.7	16.7	35.0	28.9	12.7	100	609
学 历	初中及以下	6.3	18.8	44.2	22.1	8.6	100	394
	高中/中专/技校	5.0	16.0	31.5	32.5	15.0	100	1 799
	大专/高职	5.0	12.7	29.7	35.4	17.2	100	3 527
	本科及以上	3.9	10.4	27.6	36.4	21.7	100	1 296
职务职称	船长	6.8	17.6	29.2	30.5	15.9	100	767
	大副	4.1	14.9	32.9	31.1	17.0	100	747
	二副	4.3	11.1	28.6	34.5	21.5	100	1 034
	三副	5.3	15.3	32.3	33.2	13.9	100	1 061
	轮机长	5.3	13.6	30.5	35.6	15.0	100	601
	大管轮	4.5	9.3	28.5	35.9	21.8	100	596
	二管轮	3.8	11.2	25.4	38.7	20.9	100	739
	三管轮	3.9	13.1	33.6	35.3	14.1	100	649
工作航区	无限航区	4.9	14.3	30.7	33.1	17.0	100	3 891
	沿海航区	4.9	11.9	30.1	35.3	17.8	100	2 841
船舶类型	普通船舶	4.2	13.2	30.3	35.4	16.9	100	4 699
	特殊船舶	6.3	14.0	30.6	31.3	17.8	100	2 062
企业性质	国有企业	6.0	12.8	27.0	34.7	19.5	100	3 596
	合资企业	4.5	26.1	33.2	26.1	10.1	100	379
	民营企业	3.6	11.9	34.4	34.9	15.2	100	2 736
	外资企业	4.8	20.3	34.0	27.1	13.8	100	291
劳务合同	合同工	4.9	13.2	28.7	35.0	18.2	100	3 974
	派遣工	6.0	16.7	32.2	31.8	13.3	100	1 146
	个 体	3.7	11.4	33.9	33.9	17.1	100	1 775

四十一、家里重大事情的决策权

		您家里的重大事情由谁决策?				Total	
		自己/%	配偶/%	父母/%	共同/%	合计/%	样本量
总 体		19.2	10.9	10.4	59.5	100	6 854
年 龄	30岁以下	19.7	7.3	21.0	52.0	100	2 248
	30~39岁	19.0	12.0	7.3	61.7	100	2 293
	40~49岁	17.9	13.6	2.3	66.2	100	1 422
	50岁及以上	21.1	12.0	2.2	64.7	100	593
学 历	初中及以下	20.6	16.7	6.2	56.5	100	384
	高中/中专/技校	16.9	11.4	7.0	64.7	100	1 731
	大专/高职	18.3	10.6	12.8	58.3	100	3 411
	本科及以上	24.1	9.2	9.4	57.3	100	1 262
职务职称	船长	20.2	11.2	6.3	62.3	100	741
	大副	18.5	15.7	5.6	60.2	100	734
	二副	18.9	12.8	9.3	59.0	100	994
	三副	20.1	6.6	20.4	52.9	100	1 032
	轮机长	19.6	10.0	2.4	68.0	100	551
	大管轮	16.2	13.4	4.4	66.0	100	588
	二管轮	20.1	11.6	7.7	60.6	100	723
	三管轮	20.2	7.6	17.7	54.5	100	633
工作航区	无限航区	19.8	11.0	11.7	57.5	100	3 780
	沿海航区	18.2	10.8	8.4	62.6	100	2 740
船舶类型	普通船舶	18.4	10.4	10.9	60.3	100	4 560
	特殊船舶	21.2	12.3	9.3	57.2	100	1 986
企业性质	国有企业	21.1	9.8	8.6	60.5	100	3 426
	合资企业	16.8	15.2	17.6	50.4	100	376
	民营企业	17.2	11.7	10.9	60.2	100	2 692
	外资企业	20.5	9.4	15.6	54.5	100	288
劳务合同	合同工	19.7	9.9	9.3	61.1	100	3 835
	派遣工	18.8	12.5	16.1	52.6	100	1 103
	个 体	17.8	11.3	9.1	61.8	100	1 732

四十二、节日或慰问礼品的发放

		您收到过企业给职工发放的节日或慰问礼品吗?			Total	
		有/%	没有/%	不知道/%	合计/%	样本量
总 体		39.4	50.9	9.7	100	6 489
年 龄	30 岁以下	37.0	49.6	13.4	100	2 154
	30~39 岁	38.6	53.4	8.0	100	2 166
	40~49 岁	44.8	50.0	5.2	100	1 331
	50 岁及以上	42.3	50.4	7.3	100	558
学 历	初中及以下	29.3	59.1	11.6	100	362
	高中/中专/技校	40.1	52.1	7.8	100	1 619
	大专/高职	39.5	50.4	10.1	100	3 235
	本科及以上	41.5	47.8	10.7	100	1 213
职务职称	船长	50.1	41.9	8.0	100	716
	大副	38.3	52.4	9.3	100	700
	二副	34.0	56.9	9.1	100	952
	三副	39.5	47.6	12.9	100	991
	轮机长	51.5	42.9	5.6	100	551
	大管轮	38.8	52.3	8.9	100	554
	二管轮	36.9	55.1	8.0	100	678
	三管轮	39.0	48.3	12.7	100	602
工作航区	无限航区	36.7	51.7	11.6	100	3 579
	沿海航区	42.8	50.4	6.8	100	2 598
船舶类型	普通船舶	39.7	50.3	10.0	100	4 333
	特殊船舶	40.0	51.2	8.8	100	1 865
企业性质	国有企业	40.5	50.7	8.8	100	3 251
	合资企业	35.5	47.9	16.6	100	363
	民营企业	39.8	50.7	9.5	100	2 537
	外资企业	31.2	55.9	12.9	100	272
劳务合同	合同工	45.0	46.7	8.3	100	3 657
	派遣工	33.6	52.3	14.1	100	1 036
	个 体	31.3	59.6	9.1	100	1 653

四十三、为困难职工家庭提供的帮助

		如果遇到困难,企业会通过哪些方式为困难职工家庭提供帮助?						
		发放生活补助费/%	发放生活用品/%	减免医疗费用/%	为子女提供教育服务/%	情感关怀/%	其他/%	样本量
总体		33.8	17.2	15.6	9.1	50.6	27.4	5 922
年龄	30岁以下	35.6	21.7	19.6	9.1	50.9	21.9	2 017
	30~39岁	29.3	16.2	14.1	9.3	53.4	29.1	1 991
	40~49岁	37.8	14.0	12.5	8.8	49.2	31.6	1 228
	50岁及以上	31.2	12.0	9.7	9.1	44.1	34.4	474
学历	初中及以下	24.9	16.6	16.6	13.0	34.3	36.1	277
	高中/中专/技校	34.1	16.2	13.3	9.3	49.2	30.3	1 455
	大专/高职	33.2	17.8	16.2	8.9	51.4	27.1	3 026
	本科及以上	37.4	16.7	16.5	8.5	54.7	22.1	1 111
职务职称	船长	39.4	16.8	14.9	11.3	52.1	22.8	672
	大副	33.0	15.9	11.4	8.7	47.6	30.1	622
	二副	31.1	15.1	12.9	8.1	50.1	31.0	861
	三副	37.4	21.7	19.3	7.6	52.3	19.0	951
	轮机长	35.6	14.2	10.8	8.2	50.7	31.6	452
	大管轮	29.7	13.5	14.3	8.2	50.3	29.5	475
	二管轮	25.9	16.7	13.5	10.0	50.6	31.2	609
	三管轮	36.6	20.5	21.0	8.2	56.0	20.0	571
工作航区	无限航区	34.8	17.6	17.5	9.7	53.9	23.5	3 325
	沿海航区	31.8	16.2	13.0	7.9	46.6	32.5	2 308
船舶类型	普通船舶	35.1	17.2	15.3	8.5	52.0	25.2	3 994
	特殊船舶	31.4	17.4	15.9	10.3	48.1	31.1	1 696
企业性质	国有企业	40.7	16.0	16.2	8.8	52.3	27.1	3 113
	合资企业	31.2	30.0	18.8	14.5	44.2	20.3	330
	民营企业	25.4	17.5	13.7	8.8	50.2	29.4	2 203
	外资企业	39.3	23.0	20.9	11.1	46.7	14.8	244
劳务合同	合同工	39.9	15.9	16.0	8.0	53.8	25.0	3 453
	派遣工	29.8	22.4	15.4	11.7	51.4	25.6	988
	个体	21.7	16.5	14.9	9.2	42.6	33.5	1 332

四十四、社会保险缴纳项目

		您有以下哪些个体保险？							
		养老保险/%	医疗保险/%	工伤保险/%	失业保险/%	生育保险/%	大病保险/%	没有任何保险/%	样本量
总体		74.1	78.2	57.0	45.7	29.2	23.7	12.8	6 903
年龄	30岁以下	66.4	79.4	60.4	45.4	32.2	18.4	13.2	2 277
	30~39岁	74.0	76.7	57.0	46.5	30.6	22.6	15.1	2 354
	40~49岁	81.8	76.3	54.4	45.4	25.3	30.7	11.1	1 481
	50岁及以上	82.2	79.1	47.3	40.4	20.1	28.7	9.6	602
学历	初中及以下	60.5	63.6	26.4	15.8	6.7	16.5	21.2	387
	高中/中专/技校	68.9	69.5	46.2	34.6	16.7	24.6	16.6	1 784
	大专/高职	73.3	79.4	58.7	46.4	31.1	23.4	13.2	3 488
	本科及以上	85.7	89.0	74.8	66.6	46.3	24.8	5.7	1 286
职务职称	船长	80.8	83.3	62.1	50.4	30.8	36.7	8.5	762
	大副	74.4	76.9	56.1	45.3	28.5	25.0	13.8	741
	二副	70.6	74.1	53.4	44.2	30.3	20.6	17.7	1 026
	三副	67.7	79.7	63.0	44.7	31.6	19.3	12.8	1 046
	轮机长	86.2	79.9	54.1	47.3	25.6	28.7	8.8	567
	大管轮	79.1	77.9	52.9	44.8	26.8	25.4	10.6	594
	二管轮	74.3	76.9	59.4	52.2	36.0	19.8	14.4	744
	三管轮	72.2	81.5	62.0	50.1	33.8	17.7	12.2	637
工作航区	无限航区	77.8	84.0	64.1	51.7	35.8	23.8	9.0	3 851
	沿海航区	68.9	69.9	47.5	38.2	20.6	23.1	18.4	2 814
船舶类型	普通船舶	75.1	79.8	59.6	49.0	31.3	23.5	12.2	4 651
	特殊船舶	70.7	73.6	51.3	38.9	24.9	23.3	15.2	2 041
企业性质	国有企业	85.9	86.7	68.8	62.5	39.8	29.1	6.4	3 580
	合资企业	62.9	73.7	47.8	25.8	16.9	22.0	14.8	372
	民营企业	61.9	67.7	44.2	28.6	18.3	17.6	21.2	2 695
	外资企业	52.7	74.9	44.9	20.8	13.4	14.1	15.2	283
劳务合同	合同工	85.4	87.1	70.4	61.8	39.4	28.3	6.3	3 950
	派遣工	69.7	80.9	57.3	40.4	26.2	21.1	12.2	1 137
	个体	51.4	55.6	26.2	13.2	7.7	14.5	28.5	1 746

四十五、社会保险缴纳方式

		您的保险如何缴纳？				Total	
		企业足额缴纳/%	企业部分缴纳/%	自缴/%	没有缴纳/%	合计/%	样本量
总体		17.5	49.7	25.1	7.7	100	6 600
年龄	30岁以下	18.0	55.7	18.8	7.5	100	2 188
	30~39岁	14.8	52.4	22.9	9.9	100	2 205
	40~49岁	19.7	42.5	32.2	5.6	100	1 375
	50岁及以上	22.0	34.7	39.5	3.8	100	554
学历	初中及以下	9.7	23.1	54.9	12.3	100	359
	高中/中专/技校	16.2	42.1	32.4	9.3	100	1 645
	大专/高职	17.5	51.4	23.3	7.8	100	3 298
	本科及以上	22.0	63.6	10.9	3.5	100	1 234
职务职称	船长	25.2	45.8	25.2	3.8	100	722
	大副	17.2	43.8	31.1	7.9	100	708
	二副	15.1	48.1	24.6	12.2	100	971
	三副	19.3	55.2	18.5	7.0	100	1 008
	轮机长	17.2	46.8	32.5	3.5	100	523
	大管轮	13.9	44.5	34.9	6.7	100	553
	二管轮	14.8	56.8	19.7	8.7	100	695
	三管轮	18.7	57.9	17.3	6.1	100	611
工作航区	无限航区	19.9	56.8	19.3	4.0	100	3 669
	沿海航区	14.4	40.6	32.6	12.4	100	2 622
船舶类型	普通船舶	17.3	53.4	22.3	7.0	100	4 410
	特殊船舶	19.3	42.2	29.6	8.9	100	1 901
企业性质	国有企业	24.5	61.4	12.3	1.8	100	3 110
	合资企业	12.7	51.5	29.6	6.2	100	361
	民营企业	10.2	36.4	38.8	14.6	100	2 584
	外资企业	17.0	40.8	32.6	9.6	100	282
劳务合同	合同工	22.8	63.1	11.7	2.4	100	3 745
	派遣工	14.5	55.7	25.1	4.7	100	1 043
	个体	6.8	17.1	54.9	21.2	100	1 658

四十六、医疗保障形式

		您有以下哪些形式的医疗保障?				
		城镇医疗保险/%	新农村合作医疗保险/%	企业补充医疗保险/%	商业保险/%	样本量
总 体		51.0	31.5	22.1	12.2	6 255
年 龄	30岁以下	40.2	45.3	25.4	10.3	2 199
	30~39岁	47.4	34.5	26.3	12.4	2 232
	40~49岁	57.1	26.3	26.6	12.8	1 417
	50岁及以上	60.7	21.3	25.5	11.8	568
学 历	初中及以下	43.1	47.2	9.5	13.3	369
	高中/中专/技校	45.9	40.5	21.7	11.8	1 704
	大专/高职	47.9	36.1	26.8	11.9	3 333
	本科及以上	53.8	21.9	35.0	10.1	1 224
职务职称	船长	61.9	24.6	25.7	13.1	740
	大副	49.9	31.6	24.8	14.0	705
	二副	46.0	37.8	27.1	10.0	970
	三副	43.7	43.6	23.3	9.0	998
	轮机长	58.5	19.8	28.4	14.1	545
	大管轮	56.9	27.0	21.4	12.2	566
	二管轮	43.5	34.4	29.3	13.5	710
	三管轮	40.3	40.3	28.5	12.0	615
工作航区	无限航区	48.2	32.7	28.2	12.1	3 715
	沿海航区	48.6	37.8	23.3	11.0	2 657
船舶类型	普通船舶	48.4	34.2	27.2	11.1	4 453
	特殊船舶	47.8	36.8	23.5	13.3	1 951
企业性质	国有企业	52.1	26.4	38.8	9.1	3 422
	合资企业	44.7	49.4	12.8	14.2	360
	民营企业	45.2	43.6	12.3	14.4	2 578
	外资企业	44.0	47.8	14.2	13.8	268
劳务合同	合同工	52.7	26.9	35.3	9.3	3 783
	派遣工	44.1	41.5	20.9	13.1	1 103
	个 体	41.6	50.2	8.1	14.2	1 634

四十七、住房公积金

		您享受住房公积金吗?			Total	
		是/%	否/%	不清楚/%	合计/%	样本量
总体		37.9	55.0	7.1	100	6 701
年龄	30岁以下	34.6	56.0	9.4	100	2 191
	30~39岁	35.2	59.3	5.5	100	2 241
	40~49岁	45.0	48.8	6.2	100	1 399
	50岁及以上	43.5	50.8	5.7	100	579
学历	初中及以下	10.2	81.0	8.8	100	363
	高中/中专/技校	29.5	63.7	6.8	100	1 687
	大专/高职	37.6	55.0	7.4	100	3 336
	本科及以上	58.5	35.3	6.2	100	1 250
职务职称	船长	49.5	44.4	6.1	100	729
	大副	40.4	52.2	7.4	100	722
	二副	33.3	60.9	5.8	100	986
	三副	33.7	56.9	9.4	100	1 005
	轮机长	49.2	45.3	5.5	100	541
	大管轮	35.3	60.8	3.9	100	567
	二管轮	41.3	55.3	3.4	100	695
	三管轮	38.4	54.6	7.0	100	615
工作航区	无限航区	41.3	51.3	7.4	100	3 700
	沿海航区	33.8	59.9	6.3	100	2 677
船舶类型	普通船舶	40.1	53.1	6.8	100	4 467
	特殊船舶	34.2	58.6	7.2	100	1 921
企业性质	国有企业	61.4	31.5	7.1	100	3 422
	合资企业	21.7	69.0	9.3	100	364
	民营企业	12.2	81.9	5.9	100	2 568
	外资企业	17.3	71.8	10.9	100	277
劳务合同	合同工	57.1	36.1	6.8	100	3 801
	派遣工	18.3	72.5	9.2	100	1 059
	个体	8.0	86.1	5.9	100	1 692

四十八、居住的住房产权

		目前居住的住房,其产权属于?				Total	
		自己、配偶、家人/%	企业或政府/%	其他个人/%	其他形式/%	合计/%	样本量
总 体		82.3	3.3	7.5	6.9	100	6 831
年 龄	30岁以下	76.8	3.5	11.0	8.7	100	2 187
	30~39岁	83.6	2.9	7.2	6.3	100	2 323
	40~49岁	86.2	3.1	4.4	6.3	100	1 466
	50岁及以上	87.0	4.0	4.5	4.5	100	594
学 历	初中及以下	84.2	3.8	8.3	3.7	100	373
	高中/中专/技校	83.0	3.8	6.3	6.9	100	1 749
	大专/高职	81.9	3.3	7.7	7.1	100	3 414
	本科及以上	81.3	2.4	8.7	7.6	100	1 238
职务职称	船长	88.2	3.6	3.5	4.7	100	746
	大副	86.4	3.4	5.5	4.7	100	733
	二副	83.1	2.3	6.8	7.8	100	1 002
	三副	76.5	4.5	11.9	7.1	100	985
	轮机长	86.2	4.1	3.8	5.9	100	560
	大管轮	86.7	2.2	5.1	6.0	100	588
	二管轮	80.6	2.6	10.9	5.9	100	727
	三管轮	77.8	3.0	10.7	8.5	100	625
工作航区	无限航区	81.3	3.4	8.4	6.9	100	3 769
	沿海航区	84.1	2.9	6.2	6.8	100	2 745
船舶类型	普通船舶	82.8	2.8	7.5	6.9	100	4 559
	特殊船舶	80.9	4.4	7.9	6.8	100	1 981
企业性质	国有企业	80.7	3.5	7.1	8.7	100	3 514
	合资企业	83.6	4.5	8.2	3.7	100	353
	民营企业	84.1	2.6	8.3	5.0	100	2 617
	外资企业	89.7	3.7	3.3	3.3	100	272
劳务合同	合同工	82.6	3.1	7.0	7.3	100	3 858
	派遣工	78.1	4.8	9.6	7.5	100	1 107
	个 体	85.6	2.2	6.6	5.6	100	1 700

四十九、居住条件满意度

		对目前所处的居住条件满意吗？					Total	
		很满意/%	比较满意/%	一般/%	不太满意/%	很不满意/%	合计/%	样本量
总体		8.2	25.9	42.4	15.3	8.2	100	7 094
年龄	30岁以下	9.2	27.3	42.1	17.5	3.9	100	2 308
	30~39岁	7.1	29.8	43.4	15.9	3.8	100	2 378
	40~49岁	7.7	33.4	42.7	13.2	3.0	100	1 488
	50岁及以上	9.4	33.5	43.9	9.6	3.6	100	615
学历	初中及以下	14.6	24.4	43.7	11.8	5.5	100	398
	高中/中专/技校	9.5	30.1	43.0	14.1	3.3	100	1 806
	大专/高职	7.4	30.7	43.1	15.2	3.6	100	3 526
	本科及以上	6.5	29.5	40.5	18.7	4.8	100	1 297
职务职称	船长	12.0	36.5	38.5	11.2	1.8	100	761
	大副	7.6	35.1	39.6	13.7	4.0	100	750
	二副	5.4	28.5	46.7	15.2	4.2	100	1 035
	三副	9.0	27.6	41.4	18.3	3.7	100	1 049
	轮机长	8.0	35.6	42.9	12.0	1.5	100	573
	大管轮	6.0	31.5	44.2	14.3	4.0	100	604
	二管轮	7.3	29.0	41.7	18.2	3.8	100	749
	三管轮	8.8	26.6	42.0	18.2	4.4	100	650
工作航区	无限航区	8.8	32.2	40.4	15.1	3.5	100	3 905
	沿海航区	7.2	27.7	45.1	15.5	4.5	100	2 838
船舶类型	普通船舶	7.7	30.8	42.8	15.2	3.5	100	4 706
	特殊船舶	9.5	28.7	42.0	15.6	4.2	100	2 064
企业性质	国有企业	7.5	29.7	41.9	16.7	4.2	100	3 609
	合资企业	15.0	36.9	34.0	12.3	1.8	100	379
	民营企业	8.2	29.1	44.5	14.5	3.7	100	2 732
	外资企业	14.3	32.5	38.8	11.5	2.9	100	286
劳务合同	合同工	7.6	31.3	42.2	15.1	3.8	100	3 976
	派遣工	10.0	29.1	42.1	15.9	2.9	100	1 146
	个体	7.5	27.6	44.4	15.8	4.7	100	1 784

五十、企业对因工伤不能在船工作者的安排

		出现工伤不能继续在船工作的话，企业会做出怎样的安排？				Total	
		离职/%	重新安排新的岗位/%	不上报企业，自行解决受伤问题/%	不清楚/%	合计/%	样本量
总体		27.4	17.2	7.7	47.7	100	6 856
年龄	30岁以下	26.3	20.0	8.4	45.3	100	2 228
	30~39岁	29.8	17.2	6.9	46.1	100	2 322
	40~49岁	24.7	14.9	7.8	52.6	100	1 440
	50岁及以上	26.7	11.8	8.2	53.3	100	585
学历	初中及以下	34.7	11.6	10.5	43.2	100	372
	高中/中专/技校	27.4	15.5	7.4	49.7	100	1 744
	大专/高职	26.6	18.0	8.2	47.2	100	3 414
	本科及以上	26.8	19.5	5.8	47.9	100	1 268
职务职称	船长	28.0	19.8	7.6	44.6	100	746
	大副	30.4	16.6	7.6	45.4	100	724
	二副	30.5	16.6	7.3	45.6	100	1 002
	三副	25.6	22.9	7.9	43.6	100	1 025
	轮机长	26.6	13.0	8.2	52.2	100	548
	大管轮	29.5	13.9	5.8	50.8	100	590
	二管轮	27.0	15.7	9.0	48.3	100	734
	三管轮	23.5	19.8	8.0	48.7	100	625
工作航区	无限航区	25.9	19.5	7.2	47.4	100	3 802
	沿海航区	29.9	14.1	8.2	47.8	100	2 735
船舶类型	普通船舶	26.6	17.8	7.0	48.6	100	4 579
	特殊船舶	29.3	16.2	9.1	45.4	100	1 985
企业性质	国有企业	22.1	17.1	6.9	53.9	100	3 485
	合资企业	25.9	28.9	11.0	34.2	100	363
	民营企业	34.1	16.3	8.1	41.5	100	2 653
	外资企业	37.5	21.8	7.4	33.3	100	285
劳务合同	合同工	22.5	19.6	6.4	51.5	100	3 849
	派遣工	28.5	19.7	9.9	41.9	100	1 118
	个体	37.8	10.5	8.6	43.1	100	1 719

五十一、企业是否会按政策处理工伤

		对于工伤,企业会按政策处理,并给您赔偿吗?			Total	
		会/%	不会/%	不清楚/%	合计/%	样本量
总体		47.5	11.5	41.0	100	6 833
年龄	30岁以下	47.7	12.1	40.2	100	2 239
	30~39岁	45.5	13.1	41.4	100	2 292
	40~49岁	50.5	9.5	40.0	100	1 431
	50岁及以上	49.1	8.6	42.3	100	583
学历	初中及以下	37.5	13.7	48.8	100	371
	高中/中专/技校	48.3	10.3	41.4	100	1 725
	大专/高职	46.7	12.1	41.2	100	3 414
	本科及以上	51.3	11.1	37.6	100	1 268
职务职称	船长	54.3	11.3	34.4	100	736
	大副	46.2	13.2	40.6	100	733
	二副	43.1	12.8	44.1	100	1 001
	三副	48.5	11.4	40.1	100	1 020
	轮机长	26.6	25.2	48.2	100	548
	大管轮	44.0	11.9	44.1	100	582
	二管轮	42.5	14.0	43.5	100	720
	三管轮	54.5	9.1	36.4	100	626
工作航区	无限航区	51.0	11.0	38.0	100	3 771
	沿海航区	43.1	12.2	44.7	100	2 735
船舶类型	普通船舶	49.7	10.5	39.8	100	4 567
	特殊船舶	42.9	13.9	43.2	100	1 959
企业性质	国有企业	51.2	10.7	38.1	100	3 503
	合资企业	43.0	17.6	39.4	100	363
	民营企业	43.4	11.4	45.2	100	2 610
	外资企业	44.5	12.4	43.1	100	283
劳务合同	合同工	54.1	9.8	36.1	100	3 876
	派遣工	43.3	14.1	42.6	100	1 096
	个体	35.4	13.9	50.7	100	1 701

五十二、心事是否会向家人透露

		您有心事会向家人透露吗？					Total	
		总是/%	经常/%	有时/%	偶尔/%	没有/%	合计/%	样本量
总体		11.2	25.7	40.0	16.0	7.1	100	7 101
年龄	30岁以下	11.8	24.7	39.1	16.6	7.8	100	2 321
	30~39岁	10.1	26.5	39.8	15.9	7.7	100	1 494
	40~49岁	12.9	27.9	39.7	14.2	5.3	100	1 431
	50岁及以上	10.4	23.3	44.1	14.4	7.8	100	606
学历	初中及以下	6.7	19.5	47.6	16.5	9.7	100	371
	高中/中专/技校	12.9	24.5	39.7	15.7	7.2	100	1 725
	大专/高职	11.2	26.7	39.3	16.0	6.8	100	3 414
	本科及以上	10.1	26.5	40.5	15.7	7.2	100	1 293
职务职称	船长	13.1	28.8	40.1	11.9	6.1	100	770
	大副	12.4	25.0	41.2	14.6	6.8	100	752
	二副	8.8	25.1	41.7	16.3	8.1	100	1 030
	三副	11.4	26.0	38.8	16.6	7.2	100	1 056
	轮机长	12.0	27.2	40.7	14.5	5.6	100	573
	大管轮	10.3	24.7	37.3	21.2	6.5	100	600
	二管轮	8.8	27.4	38.6	17.4	7.8	100	753
	三管轮	12.3	24.9	40.0	15.1	7.7	100	650
工作航区	无限航区	12.6	26.8	39.6	14.8	6.2	100	3 909
	沿海航区	9.1	23.8	40.7	17.9	8.5	100	2 842
船舶类型	普通船舶	11.8	25.9	39.4	15.9	7.0	100	4 714
	特殊船舶	10.4	25.3	41.2	15.8	7.3	100	2 067
企业性质	国有企业	13.3	26.9	38.7	14.4	6.7	100	3 610
	合资企业	12.8	29.8	40.4	12.2	4.8	100	376
	民营企业	8.5	24.1	40.7	18.5	8.2	100	2 742
	外资企业	16.8	19.2	43.2	15.1	5.7	100	292
劳务合同	合同工	11.9	26.8	40.5	14.1	6.7	100	3 987
	派遣工	12.6	27.5	36.2	17.1	6.6	100	1 153
	个体	8.6	21.0	42.1	19.5	8.8	100	1 772

五十三、休假期间与家人的关系

		休假期间,您与家人(父母、配偶、子女)吵架吗?					Total	
		总是/%	经常/%	有时/%	偶尔/%	没有/%	合计/%	样本量
总 体		4.4	11.6	29.5	33.4	21.1	100	7 056
年 龄	30 岁以下	5.1	12.0	28.3	29.7	24.9	100	2 297
	30~39 岁	3.9	12.9	31.6	34.2	17.4	100	2 370
	40~49 岁	4.5	9.7	30.4	36.3	19.1	100	1 481
	50 岁及以上	3.9	9.5	23.8	36.6	26.2	100	610
学 历	初中及以下	2.5	12.2	23.1	28.2	34.0	100	394
	高中/中专/技校	5.6	10.6	27.7	35.7	20.4	100	1 794
	大专/高职	4.4	11.6	31.2	32.1	20.7	100	3 516
	本科及以上	3.0	13.0	29.8	35.4	18.8	100	1 289
职务职称	船长	4.3	10.6	26.5	39.1	19.5	100	762
	大副	4.1	10.2	32.3	33.1	20.3	100	747
	二副	3.8	13.6	30.8	33.6	18.2	100	1 031
	三副	4.5	12.2	29.2	29.4	24.7	100	1 045
	轮机长	3.9	11.1	30.2	36.3	18.5	100	567
	大管轮	3.3	11.5	29.7	37.7	17.8	100	600
	二管轮	5.4	11.1	29.7	35.2	18.6	100	745
	三管轮	4.8	11.0	28.4	29.3	26.5	100	645
工作航区	无限航区	4.6	12.3	30.1	33.2	19.8	100	3 885
	沿海航区	3.8	10.8	29.2	34.0	22.2	100	2 823
船舶类型	普通船舶	4.2	11.3	29.8	34.4	20.3	100	4 688
	特殊船舶	4.9	12.3	28.7	31.6	22.5	100	2 048
企业性质	国有企业	4.8	12.8	31.3	33.4	17.7	100	3 598
	合资企业	6.1	15.2	28.8	28.3	21.6	100	375
	民营企业	3.7	9.9	27.4	34.5	24.5	100	2 716
	外资企业	4.5	9.4	25.8	36.9	23.4	100	287
劳务合同	合同工	4.2	11.7	29.6	34.5	20.0	100	3 958
	派遣工	4.5	14.6	31.1	29.4	20.4	100	1 143
	个 体	3.8	8.9	29.1	34.5	23.7	100	1 770

五十四、家庭氛围

		您的家庭氛围和谐一致吗？					Total	
		总是/%	经常/%	有时/%	偶尔/%	没有/%	合计/%	样本量
总体		32.9	46.9	15.4	3.2	1.6	100	6 855
年龄	30岁以下	33.4	46.6	15.1	3.3	1.6	100	2 201
	30~39岁	29.6	48.2	17.8	3.3	1.1	100	2 301
	40~49岁	36.0	48.4	12.0	2.6	1.0	100	1 460
	50岁及以上	37.8	41.6	15.4	3.9	1.3	100	595
学历	初中及以下	32.3	38.3	19.2	6.0	4.2	100	381
	高中/中专/技校	36.3	43.6	15.0	3.9	1.2	100	1 732
	大专/高职	32.7	48.5	15.0	2.7	1.1	100	3 418
	本科及以上	29.3	50.2	15.8	2.7	2.0	100	1 258
职务职称	船长	33.9	49.7	13.1	2.7	0.6	100	749
	大副	32.1	48.5	15.5	2.4	1.5	100	736
	二副	30.4	46.1	17.9	3.9	1.7	100	999
	三副	35.2	45.8	15.2	2.3	1.5	100	1 019
	轮机长	34.3	46.2	15.8	2.7	1.0	100	563
	大管轮	28.1	51.3	14.0	5.1	1.5	100	591
	二管轮	30.8	46.8	16.9	3.0	2.5	100	724
	三管轮	35.2	46.2	14.1	3.5	1.0	100	617
工作航区	无限航区	33.4	47.8	14.7	2.8	1.3	100	3 782
	沿海航区	32.3	46.3	16.0	3.8	1.6	100	2 739
船舶类型	普通船舶	33.1	48.1	14.6	2.8	1.4	100	4 547
	特殊船舶	32.5	44.4	17.2	4.2	1.7	100	2 002
企业性质	国有企业	34.8	47.7	13.8	2.3	1.4	100	3 440
	合资企业	31.4	43.4	19.8	4.1	1.3	100	369
	民营企业	30.3	47.0	16.9	4.3	1.5	100	2 681
	外资企业	37.1	40.6	17.7	3.5	1.1	100	283
劳务合同	合同工	35.7	47.5	13.3	2.2	1.3	100	3 824
	派遣工	29.0	47.7	17.6	3.7	2.0	100	1 108
	个体	29.6	45.0	18.9	4.8	1.7	100	1 739

五十五、做事考虑家人的意见和感受

		您做事会考虑家人的意见和感受吗?					Total	
		总是/%	经常/%	有时/%	偶尔/%	没有/%	合计/%	样本量
总 体		34.2	46.4	15.9	2.6	0.9	100	6 716
年 龄	30 岁以下	32.6	45.8	17.4	3.1	1.1	100	2 160
	30~39 岁	34.8	47.0	15.3	2.2	0.7	100	2 268
	40~49 岁	37.0	46.4	13.8	2.2	0.6	100	1 420
	50 岁及以上	33.6	43.8	19.5	1.7	1.4	100	580
学 历	初中及以下	29.1	39.2	25.6	3.2	2.9	100	375
	高中/中专/技校	36.7	45.4	14.3	2.6	1.0	100	1 684
	大专/高职	34.2	46.6	16.1	2.4	0.7	100	3 349
	本科及以上	32.5	49.4	15.1	2.2	0.8	100	1 244
职务职称	船长	34.4	49.3	13.3	2.4	0.6	100	736
	大副	35.1	44.7	16.9	2.6	0.7	100	729
	二副	32.4	46.7	17.0	2.9	1.0	100	977
	三副	33.1	45.2	18.3	2.1	1.3	100	1 000
	轮机长	36.0	46.0	14.9	2.0	1.1	100	556
	大管轮	33.0	48.1	14.9	3.1	0.9	100	578
	二管轮	34.3	48.4	14.3	2.0	1.0	100	699
	三管轮	35.5	44.2	16.4	3.4	0.5	100	609
工作航区	无限航区	35.3	46.7	15.0	2.3	0.7	100	3 702
	沿海航区	33.0	46.3	16.9	2.8	1.0	100	2 694
船舶类型	普通船舶	34.7	47.9	14.5	2.1	0.8	100	4 455
	特殊船舶	33.8	42.6	19.2	3.4	1.0	100	1 962
企业性质	国有企业	36.6	47.5	13.6	1.6	0.7	100	3 387
	合资企业	33.4	41.6	18.2	5.7	1.1	100	368
	民营企业	31.3	45.9	18.5	3.3	1.0	100	2 613
	外资企业	37.9	40.1	17.7	3.9	0.4	100	282
劳务合同	合同工	36.3	46.8	14.5	1.8	0.6	100	3 768
	派遣工	32.9	48.2	14.7	3.8	0.4	100	1 082
	个 体	30.2	44.6	19.9	3.6	1.7	100	1 709

五十六、家人对工作的关心度

		家人是否关心船舶技术人员工作上遇到的问题？					Total	
		总是/%	经常/%	有时/%	偶尔/%	没有/%	合计/%	样本量
总体		26.4	39.5	23.5	7.8	2.8	100	6 659
年龄	30岁以下	28.8	40.8	21.3	6.5	2.6	100	2 142
	30~39岁	23.4	40.1	25.0	8.7	2.8	100	2 245
	40~49岁	27.6	37.3	23.9	8.6	2.6	100	1 409
	50岁及以上	25.4	38.3	25.4	7.0	3.9	100	574
学历	初中及以下	22.6	39.2	25.9	7.4	4.9	100	367
	高中/中专/技校	28.5	38.1	21.8	8.2	3.4	100	1 671
	大专/高职	26.4	40.0	24.3	7.0	2.3	100	3 320
	本科及以上	24.5	40.3	23.5	9.0	2.7	100	1 235
职务职称	船长	28.0	38.5	25.0	6.1	2.4	100	733
	大副	25.2	40.8	24.1	7.6	2.3	100	719
	二副	24.7	39.7	25.5	7.0	3.1	100	969
	三副	30.7	41.7	19.9	5.5	2.2	100	998
	轮机长	24.3	37.4	25.9	8.9	3.5	100	540
	大管轮	21.8	37.3	23.0	13.2	4.7	100	574
	二管轮	23.6	39.8	24.9	8.5	3.2	100	704
	三管轮	28.5	39.1	23.4	7.5	1.5	100	599
工作航区	无限航区	28.4	39.9	22.4	6.8	2.5	100	3 680
	沿海航区	23.5	39.0	25.0	8.9	3.6	100	2 663
船舶类型	普通船舶	27.1	40.9	22.3	7.3	2.4	100	4 434
	特殊船舶	25.6	35.8	26.6	8.6	3.4	100	1 928
企业性质	国有企业	27.2	39.2	24.4	7.0	2.2	100	3 338
	合资企业	25.0	37.9	25.5	9.7	1.9	100	364
	民营企业	25.2	39.6	22.8	8.7	3.7	100	2 605
	外资企业	34.8	33.3	22.7	7.1	2.1	100	282
劳务合同	合同工	27.0	40.3	23.2	7.3	2.2	100	3 726
	派遣工	26.7	40.5	23.5	6.1	3.2	100	1 065
	个体	24.3	37.0	24.4	10.0	4.3	100	1 696

五十七、休假期间关注子女哪些方面

		您在休假期间会关注子女的哪些方面?						
		学习成绩/%	兴趣爱好/%	弱点、缺点/%	人际交往状况/%	身心健康/%	其他/%	样本量
总体		65.6	66.0	44.8	45.7	77.0	4.3	4 594
年龄	30岁以下	53.6	65.1	41.2	40.9	70.1	5.0	645
	30~39岁	63.2	72.2	47.6	42.9	79.2	4.4	1 822
	40~49岁	80.1	66.7	47.4	50.8	78.6	3.4	1 400
	50岁及以上	50.3	47.6	33.5	51.0	73.6	5.4	576
学历	初中及以下	56.8	44.4	29.5	41.3	70.2	5.2	329
	高中/中专/技校	70.9	62.3	44.7	48.4	77.9	3.6	1 441
	大专/高职	65.2	72.0	47.2	46.4	77.3	4.7	2 100
	本科及以上	59.9	66.6	44.3	41.6	77.1	4.2	734
职务职称	船长	73.0	65.8	48.3	51.6	78.8	3.1	638
	大副	68.4	69.2	47.4	47.9	80.7	4.5	626
	二副	58.2	67.8	42.2	41.4	77.8	3.8	689
	三副	58.5	66.5	44.0	44.3	64.9	4.1	316
	轮机长	70.3	67.5	48.3	49.4	76.8	4.5	538
	大管轮	64.3	64.7	43.7	45.0	78.9	3.0	535
	二管轮	59.9	65.1	43.7	37.7	77.6	5.2	501
	三管轮	62.4	62.0	41.3	46.0	75.1	5.6	213
工作航区	无限航区	64.9	68.9	44.9	45.1	78.5	4.4	2 247
	沿海航区	66.8	64.0	45.4	46.5	75.8	4.3	2 147
船舶类型	普通船舶	65.8	69.0	47.1	46.5	78.5	3.7	2 951
	特殊船舶	64.9	61.5	41.2	44.6	73.8	5.6	1 443
企业性质	国有企业	64.8	69.5	44.6	47.6	77.7	4.7	2 298
	合资企业	60.9	71.2	47.6	49.4	68.7	6.0	233
	民营企业	67.0	62.4	45.2	44.3	77.4	4.1	1 904
	外资企业	63.4	71.0	44.1	46.9	77.9	2.8	145
劳务合同	合同工	64.6	68.6	45.0	47.2	78.5	4.5	2 519
	派遣工	64.2	67.8	47.5	43.8	71.7	3.8	689
	个体	68.2	60.5	42.2	45.3	77.8	4.0	1 322

五十八、子女对于海员职业的态度

		子女对于海员职业的态度				Total	
		很骄傲/%	很不屑/%	无所谓/%	不知道/%	合计/%	样本量
总 体		22.5	38.0	23.5	16.0	100	4 570
年 龄	30 岁以下	24.7	35.6	20.4	19.3	100	592
	30~39 岁	23.9	33.1	22.2	20.8	100	1 787
	40~49 岁	21.9	43.0	23.7	11.4	100	1 401
	50 岁及以上	20.4	43.2	27.4	9.0	100	584
学 历	初中及以下	21.8	32.2	30.4	15.6	100	339
	高中/中专/技校	22.4	39.0	23.8	14.8	100	1 435
	大专/高职	22.6	38.9	21.7	16.8	100	2 043
	本科及以上	23.2	36.7	24.4	15.7	100	708
职务职称	船长	22.3	45.2	24.4	8.1	100	628
	大副	22.9	35.7	24.2	17.2	100	625
	二副	19.4	36.4	24.7	19.5	100	665
	三副	28.2	37.2	20.6	14.0	100	301
	轮机长	21.4	41.7	22.3	14.6	100	542
	大管轮	22.4	35.0	25.4	17.2	100	531
	二管轮	20.6	36.0	22.4	21.0	100	491
	三管轮	28.9	33.8	23.0	14.3	100	204
工作航区	无限航区	26.4	37.5	20.3	15.8	100	2 187
	沿海航区	18.5	38.6	26.5	16.4	100	2 125
船舶类型	普通船舶	23.7	38.8	21.8	15.7	100	2 887
	特殊船舶	20.3	37.4	25.6	16.7	100	1 426
企业性质	国有企业	23.2	41.6	21.4	13.8	100	2 266
	合资企业	22.6	33.9	28.7	14.8	100	230
	民营企业	21.1	34.9	25.9	18.1	100	1 869
	外资企业	31.9	31.9	20.0	16.2	100	135
劳务合同	合同工	22.3	40.9	22.0	14.8	100	2 475
	派遣工	27.0	37.1	21.9	14.0	100	671
	个 体	19.0	34.0	27.5	19.5	100	1 307

五十九、亲子关系

		亲子关系			Total	
		融洽/%	较融洽/%	不融洽/%	合计/%	样本量
总 体		21.2	77.9	0.9	100	1 742
年 龄	30岁以下	21.1	76.9	2.0	100	199
	30~39岁	26.3	72.9	0.8	100	697
	40~49岁	18.3	81.3	0.4	100	536
	50岁及以上	10.4	88.2	1.4	100	221
学 历	初中及以下	10.6	85.6	3.8	100	160
	高中/中专/技校	20.8	79.0	0.2	100	562
	大专/高职	22.5	76.3	1.2	100	777
	本科及以上	25.1	74.9	0.0	100	223
职务职称	船长	20.0	78.7	1.3	100	230
	大副	19.4	80.2	0.4	100	247
	二副	20.3	78.2	1.5	100	261
	三副	21.7	75.9	2.4	100	83
	轮机长	18.5	80.5	1.0	100	205
	大管轮	22.5	76.6	0.9	100	213
	二管轮	23.9	75.6	0.5	100	205
	三管轮	21.5	78.5	0.0	100	65
工作航区	无限航区	26.4	73.1	0.5	100	711
	沿海航区	18.1	80.8	1.1	100	939
船舶类型	普通船舶	23.5	75.8	0.7	100	1 032
	特殊船舶	18.4	80.4	1.2	100	586
企业性质	国有企业	24.6	74.7	0.7	100	736
	合资企业	27.6	71.3	1.1	100	87
	民营企业	18.3	80.4	1.3	100	840
	外资企业	12.8	87.2	0.0	100	47
劳务合同	合同工	23.4	76.4	0.2	100	843
	派遣工	23.9	75.7	0.4	100	230
	个 体	17.8	80.2	2.0	100	635

六十、对孩子的爱

		您觉得您对孩子的爱有几分?											Total	
		0/%	1/%	2/%	3/%	4/%	5/%	6/%	7/%	8/%	9/%	10/%	合计/%	样本量
总体		2.2	7.8	4.0	0.8	0.4	5.7	4.3	4.4	14.5	7.8	48.1	100	4 047
年龄	30岁以下	5.8	8.3	3.3	1.2	1.0	6.4	4.6	2.7	8.9	6.9	50.9	100	438
	30~39岁	1.7	7.5	3.9	1.0	0.6	6.4	5.1	4.5	13.0	7.7	48.6	100	1 605
	40~49岁	1.7	8.2	4.5	0.5	0.2	4.6	3.4	5.3	17.7	8.4	45.5	100	1 292
	50岁及以上	1.4	7.8	3.3	0.4	0.0	5.3	3.7	3.1	17.1	7.6	50.3	100	510
学历	初中及以下	3.4	10.6	2.3	0.4	0.4	3.8	3.4	3.4	10.6	2.6	59.1	100	205
	高中/中专/技校	1.8	7.4	4.0	0.6	0.2	5.8	3.6	4.2	15.5	7.5	49.4	100	1 293
	大专/高职	2.4	8.3	4.2	1.0	0.5	5.7	4.3	4.6	14.0	8.5	46.5	100	1 848
	本科及以上	2.1	5.9	4.3	1.0	0.8	6.1	6.2	4.8	15.1	8.6	45.1	100	608
职务职称	船长	1.4	6.7	2.7	0.7	0.0	4.1	4.1	4.2	18.1	11.7	46.3	100	565
	大副	1.2	5.7	2.9	0.7	0.5	5.5	4.5	5.3	15.7	6.8	51.2	100	561
	二副	3.4	7.8	2.5	1.0	0.2	7.1	3.5	4.0	12.6	7.4	50.5	100	593
	三副	5.0	7.4	4.1	0.4	1.2	7.4	2.5	3.7	13.6	7.0	47.7	100	242

(续表)

您觉得您对孩子的爱有几分？

		0/%	1/%	2/%	3/%	4/%	5/%	6/%	7/%	8/%	9/%	10/%	合计/%	样本量 Total
职务职称	轮机长	1.2	8.0	5.1	1.0	0.4	4.7	4.9	5.5	16.7	8.4	44.1	100	490
	大管轮	2.1	6.5	2.3	0.6	1.3	6.5	4.8	5.7	15.3	6.3	48.6	100	476
	二管轮	2.5	7.8	7.1	0.9	0.2	6.8	3.9	2.5	12.3	6.2	49.8	100	438
	三管轮	3.6	12.4	4.1	0.6	0.0	4.1	5.3	5.9	10.7	7.1	46.2	100	169
工作航区	无限航区	2.0	8.3	3.9	0.8	0.6	6.0	5.0	4.3	14.2	8.8	46.1	100	1959
	沿海航区	2.3	6.9	4.1	1.0	0.3	5.3	3.6	4.3	14.9	7.0	50.3	100	1881
船舶类型	普通船舶	2.1	7.3	3.2	0.9	0.5	6.2	4.7	5.0	14.1	7.9	48.1	100	2620
	特殊船舶	2.6	8.8	5.7	0.7	0.2	4.9	3.2	3.5	14.9	7.5	48.0	100	1215
企业性质	国有企业	2.3	9.5	4.6	0.9	0.4	5.7	4.5	4.3	15.3	8.7	43.8	100	2048
	合资企业	3.9	4.5	2.8	0.6	0.6	5.6	2.8	3.4	13.5	9.0	53.3	100	178
	民营企业	2.1	6.5	2.8	1.0	0.4	5.9	4.2	4.7	13.2	6.4	52.8	100	1638
	外资企业	2.6	2.6	5.3	0.0	0.0	2.6	2.6	5.3	11.4	9.7	57.9	100	114
劳务合同	合同工	1.6	8.0	3.5	0.7	0.5	6.0	4.6	4.3	14.7	8.9	47.2	100	2251
	派遣工	4.7	9.5	6.2	1.0	0.0	6.2	3.8	3.5	12.8	8.0	44.3	100	578
	个体	2.4	5.7	2.9	1.0	0.5	4.9	4.2	5.0	14.8	5.8	52.8	100	1121

六十一、孩子对船舶技术人员的爱

您觉得孩子对您的爱有几分？

		0/%	1/%	2/%	3/%	4/%	5/%	6/%	7/%	8/%	9/%	10/%	合计/%	样本量
总体		2.9	15.0	6.3	2.8	0.8	7.7	5.7	5.7	13.2	5.3	34.6	100	2 040
年龄	30岁以下	6.0	17.7	6.5	2.6	0.4	12.1	3.4	4.7	10.3	4.4	31.9	100	232
	30~39岁	3.3	13.9	5.9	4.5	0.7	8.0	5.7	6.4	13.9	5.1	32.6	100	825
	40~49岁	1.7	15.8	6.7	1.7	1.1	6.4	6.6	5.2	15.5	6.1	33.2	100	639
	50岁及以上	1.9	14.9	5.7	1.1	0.8	6.5	3.8	6.9	9.6	5.9	42.9	100	261
学历	初中及以下	4.3	11.2	8.7	0.6	0.0	4.3	5.6	3.7	7.5	3.2	50.9	100	161
	高中/中专/技校	2.3	15.0	5.4	3.3	1.2	9.2	5.9	5.1	10.6	5.1	36.9	100	662
	大专/高职	2.8	16.3	6.3	2.9	0.5	7.6	5.4	6.0	14.8	5.7	31.7	100	932
	本科及以上	4.2	12.9	6.8	3.0	1.5	7.2	6.1	6.8	17.4	6.1	28.0	100	264
职务职称	船长	2.7	14.1	6.5	1.1	1.1	5.3	4.6	8.0	13.7	11.5	31.4	100	262
	大副	1.1	9.6	5.7	2.5	0.4	7.9	6.4	7.5	16.8	4.6	37.5	100	280
	二副	5.2	14.3	3.9	4.2	0.7	9.1	6.5	4.9	14.0	3.6	33.6	100	307
	三副	4.1	18.4	9.2	2.0	0.0	7.1	1.0	3.1	7.1	3.1	44.9	100	98

（续表）

		_	您觉得该子对您的爱有几分？										Total	
		0/%	1/%	2/%	3/%	4/%	5/%	6/%	7/%	8/%	9/%	10/%	合计/%	样本量
职务职称	轮机长	2.5	15.1	6.7	2.1	1.7	5.9	5.0	6.3	13.4	5.0	36.3	100	239
	大管轮	1.7	12.9	5.6	2.1	0.9	8.6	7.3	5.2	15.0	6.9	33.8	100	233
	二管轮	3.3	14.5	9.1	2.9	1.2	9.9	7.0	5.0	12.8	2.5	31.8	100	242
	三管轮	6.0	24.1	2.4	6.0	0.0	8.4	3.6	4.8	13.3	6.0	25.4	100	83
工作航区	无限航区	2.7	17.8	6.0	2.9	1.0	7.7	5.7	6.0	13.7	4.7	31.8	100	893
	沿海航区	2.8	12.3	6.3	2.8	0.8	7.9	5.7	5.5	13.0	6.3	36.6	100	1 030
船舶类型	普通船舶	3.1	14.5	5.7	3.1	0.9	8.5	5.4	6.3	13.6	5.5	33.4	100	1 240
	特殊船舶	2.8	16.0	7.7	2.2	0.7	6.2	5.9	5.0	13.1	5.2	35.2	100	6 745
企业性质	国有企业	2.0	20.1	7.1	3.0	1.0	6.8	4.5	5.1	14.5	5.5	30.4	100	957
	合资企业	7.9	9.0	6.7	0.0	0.0	6.7	5.6	1.1	10.1	5.6	47.3	100	89
	民营企业	3.2	11.1	5.0	3.0	0.8	8.5	6.5	6.8	11.8	5.6	37.7	100	899
	外资企业	3.8	7.7	7.7	1.9	0.0	11.5	5.8	1.9	11.5	1.9	46.3	100	52
劳务合同	合同工	2.5	15.7	6.3	2.9	0.8	7.2	4.0	6.0	14.4	6.3	33.9	100	1 049
	派遣工	3.4	19.6	7.6	5.2	1.0	6.5	6.5	3.8	11.3	5.5	29.6	100	291
	个体	3.3	9.6	4.7	1.9	0.9	9.6	8.0	6.6	12.7	4.2	38.5	100	637

六十二、夫妻间愉快经历的分享

		您和配偶之间有愉快的经历会相互分享吗?			Total	
		会/%	有时会/%	不会/%	合计/%	样本量
总 体		59.5	31.7	8.8	100	4 728
年 龄	30 岁以下	64.6	26.5	8.9	100	814
	30~39 岁	57.8	32.3	9.9	100	1 864
	40~49 岁	60.0	32.5	7.5	100	1 325
	50 岁及以上	58.0	33.5	8.5	100	531
学 历	初中及以下	51.3	39.2	9.5	100	306
	高中/中专/技校	60.9	31.4	7.7	100	1 412
	大专/高职	59.5	31.4	9.1	100	2 189
	本科及以上	60.1	30.0	9.9	100	784
职务职称	船长	61.5	31.4	7.1	100	602
	大副	60.6	32.7	6.7	100	624
	二副	55.8	34.6	9.6	100	738
	三副	59.7	31.5	8.8	100	390
	轮机长	56.5	32.7	10.8	100	513
	大管轮	56.7	32.6	10.7	100	506
	二管轮	62.5	29.4	8.1	100	538
	三管轮	70.0	19.8	10.2	100	253
工作航区	无限航区	61.7	29.2	9.1	100	2 352
	沿海航区	57.5	34.0	8.5	100	2 138
船舶类型	普通船舶	61.9	29.5	8.6	100	3 017
	特殊船舶	54.4	35.9	9.7	100	1 418
企业性质	国有企业	62.4	29.7	7.9	100	2 383
	合资企业	53.3	33.2	13.5	100	229
	民营企业	56.5	34.1	9.4	100	1 900
	外资企业	59.0	30.6	10.4	100	144
劳务合同	合同工	62.4	29.7	7.9	100	2 611
	派遣工	57.2	30.7	12.1	100	703
	个 体	54.7	36.3	9.0	100	1 299

六十三、夫妻关系满意度

		夫妻关系			Total	
		不满意/%	基本满意/%	满意/%	合计/%	样本量
总体		10.0	69.0	21.0	100	4 851
年龄	30岁以下	11.6	68.8	19.6	100	876
	30~39岁	7.8	70.3	21.9	100	1 913
	40~49岁	60.0	32.5	7.5	100	1 332
	50岁及以上	10.8	68.0	21.2	100	535
学历	初中及以下	12.7	69.4	17.9	100	314
	高中/中专/技校	10.7	66.9	22.4	100	1 421
	大专/高职	9.6	69.4	21.0	100	2 269
	本科及以上	8.9	71.7	19.4	100	809
职务职称	船长	9.0	71.6	19.4	100	603
	大副	7.6	69.3	23.1	100	635
	二副	10.3	67.7	22.0	100	749
	三副	11.3	72.4	16.3	100	416
	轮机长	9.9	68.4	21.7	100	513
	大管轮	9.2	68.1	22.7	100	520
	二管轮	7.6	71.5	20.9	100	565
	三管轮	11.0	71.3	17.7	100	272
工作航区	无限航区	9.6	70.7	19.7	100	2 435
	沿海航区	10.0	67.3	22.7	100	2 174
船舶类型	普通船舶	10.0	69.2	20.8	100	3 168
	特殊船舶	10.2	69.1	20.7	100	1 452
企业性质	国有企业	10.7	69.4	19.9	100	2 457
	合资企业	8.9	71.7	19.4	100	237
	民营企业	9.3	68.2	22.5	100	1 947
	外资企业	7.9	67.5	24.6	100	151
劳务合同	合同工	10.5	68.9	20.6	100	2 671
	派遣工	9.9	70.0	20.1	100	736
	个体	8.6	68.9	22.5	100	1 326

六十四、在船期间与家人的交流

		在有条件的情况下,您在船上会与家人交流吗?					Total	
		总是/%	经常/%	有时/%	很少/%	从未/%	合计/%	样本量
总 体		40.7	32.1	17.5	9.2	0.5	100	5 150
年 龄	30 岁以下	43.1	28.5	16.7	10.9	0.8	100	1 609
	30~39 岁	40.5	32.6	17.6	8.8	0.5	100	1 786
	40~49 岁	39.6	35.1	16.7	8.5	0.1	100	1 122
	50 岁及以上	38.5	34.0	20.1	6.4	1.0	100	418
学 历	初中及以下	35.6	37.0	20.8	5.5	1.1	100	284
	高中/中专/技校	43.1	30.4	16.8	9.3	0.4	100	1 328
	大专/高职	40.4	31.9	16.9	10.2	0.6	100	2 581
	本科及以上	39.2	33.3	19.5	7.6	0.4	100	916
职务职称	船长	40.8	34.7	14.9	9.0	0.6	100	544
	大副	39.4	31.1	20.4	8.3	0.8	100	578
	二副	38.0	35.1	17.6	9.2	0.1	100	769
	三副	44.4	26.4	17.5	10.3	1.4	100	692
	轮机长	36.0	35.3	20.2	8.2	0.3	100	431
	大管轮	37.8	35.2	19.7	7.0	0.3	100	458
	二管轮	40.0	33.6	16.4	9.6	0.4	100	550
	三管轮	41.3	29.3	17.8	11.3	0.3	100	467
工作航区	无限航区	44.0	30.5	15.4	9.7	0.4	100	2 702
	沿海航区	36.6	33.8	19.9	8.9	0.8	100	2 213
船舶类型	普通船舶	42.1	30.9	16.9	9.7	0.4	100	3 429
	特殊船舶	37.4	34.2	19.0	8.7	0.7	100	1 479
企业性质	国有企业	44.3	30.1	15.7	9.5	0.4	100	2 637
	合资企业	41.7	32.8	15.1	9.3	1.1	100	259
	民营企业	35.9	34.5	20.4	8.7	0.5	100	2 027
	外资企业	45.8	31.9	13.3	9.0	0.0	100	166
劳务合同	合同工	41.7	31.8	16.9	9.5	0.1	100	2 919
	派遣工	44.3	29.1	16.8	9.3	0.5	100	763
	个 体	36.6	34.5	19.3	8.6	1.0	100	1 346

六十五、船上信息受限带来的困扰

		船上信息受限,给您带来哪些困扰?					
		孤独/%	不了解时事/%	人际融入差/%	与亲人沟通难/%	其他/%	样本量
总体		73.6	41.2	32.0	16.0	2.4	2 419
年龄组	30岁以下	69.1	37.1	25.0	9.3	1.1	895
	30~39岁	72.1	35.1	22.1	8.0	1.2	1 020
	40~49岁	75.0	33.2	23.8	8.4	1.3	1 122
	50岁及以上	82.7	26.1	14.9	5.6	2.4	249
学历	初中及以下	91.5	18.9	14.0	7.9	0.6	164
	高中/中专/技校	75.7	32.5	21.6	8.3	1.0	782
	大专/高职	70.4	36.6	24.9	8.5	1.5	1 409
	本科及以上	71.5	37.2	20.0	7.9	1.2	519
职务职称	船长	74.3	33.1	22.0	7.1	2.2	323
	大副	74.3	39.2	24.1	8.7	1.3	311
	二副	73.0	31.6	24.9	9.0	0.7	433
	三副	72.8	34.8	20.3	8.1	1.2	408
	轮机长	74.2	32.8	17.9	4.8	1.3	229
	大管轮	72.9	32.2	22.0	9.0	0.8	255
	二管轮	70.4	36.6	24.8	8.9	1.9	314
	三管轮	64.7	39.5	24.0	8.5	1.2	258
工作航区	无限航区	71.6	35.2	21.7	8.1	1.0	1 569
	沿海航区	74.6	34.4	23.6	8.7	1.7	1 211
船舶类型	普通船舶	70.5	37.5	24.1	8.7	1.3	1 938
	特殊船舶	78.1	29.0	19.7	7.8	1.2	854
企业性质	国有企业	70.2	37.7	23.3	8.6	1.0	1 391
	合资企业	81.3	35.1	20.9	8.2	0.7	134
	民营企业	75.7	31.1	21.7	8.4	1.6	1 246
	外资企业	75.2	29.7	20.8	8.9	1.0	101
劳务合同	合同工	69.6	37.1	24.3	7.7	1.0	1 565
	派遣工	74.2	32.8	19.0	7.9	0.7	458
	个体	79.1	31.0	21.4	10.3	2.2	804

六十六、生活中存在的困难

		无/%	收入低/%	住房困难/%	户口问题/%	不能照顾家庭/%	找对象难/%	子女入学/%	看病就医难/%	夫妻分居两地/%	照顾老人困难/%	子女教育/%	其他/%	样本量
总体		14.5	46.4	24.3	14.2	67.0	22.2	19.8	21.7	44.9	49.2	31.4	2.0	3 391
年龄	30岁以下	34.2	48.2	20.2	43.3	50.1	22.7	12.3	25.0	38.5	28.3	9.2	1.3	2 012
	30~39岁	28.3	36.0	18.2	44.2	42.7	17.5	21.4	39.4	56.0	47.0	20.8	1.2	2 234
	40~49岁	25.5	30.7	12.5	40.9	39.9	15.8	20.1	35.7	53.8	52.4	22.7	1.1	1 422
	50岁及以上	26.7	29.3	8.9	36.0	35.3	10.5	16.5	33.2	45.4	40.5	12.5	1.6	570
学历	初中及以下	23.8	40.8	14.2	26.0	40.5	12.6	17.3	27.4	41.4	35.3	17.3	1.9	365
	高中/中专/技校	28.1	37.9	12.8	38.3	43.2	17.1	19.3	34.5	49.5	46.5	18.8	1.5	1 677
	大专/高职	29.9	38.2	18.5	43.9	45.3	18.9	17.6	33.1	49.1	40.3	16.7	1.2	3 222
	本科及以上	30.5	37.1	19.6	49.0	42.6	19.7	17.7	33.8	50.4	41.7	15.8	0.5	1 187
职务职称	船长	22.8	24.2	13.3	41.3	38.7	18.2	19.6	33.8	52.7	51.9	19.2	0.7	693
	大副	25.0	30.0	16.2	42.3	39.5	16.2	21.7	37.4	55.4	49.6	22.8	1.4	711
	二副	29.6	44.0	18.8	39.1	45.8	18.3	18.9	34.8	51.8	43.8	19.5	0.9	957
	三副	39.0	46.0	19.4	48.4	46.9	20.1	12.3	26.5	37.5	27.6	8.9	1.0	902

(续表)

		无/%	收入低/%	住房困难/%	户口问题/%	不能照顾家庭/%	找对象难/%	子女入学/%	看病就医难/%	夫妻分居两地/%	照顾老人困难/%	子女教育/%	其他/%	样本量
职务职称	轮机长	20.3	26.3	10.5	43.8	38.6	13.8	19.6	38.4	56.0	51.3	20.8	1.3	552
	大管轮	19.9	26.8	16.9	45.6	42.5	13.6	22.5	43.7	57.5	46.8	22.6	1.0	579
	二管轮	30.1	41.3	20.3	44.2	43.8	17.8	18.5	35.4	54.5	40.6	17.0	1.1	704
	三管轮	33.0	50.9	19.1	42.0	49.4	23.4	13.6	26.3	37.0	30.6	7.9	1.4	581
工作航区	无限航区	30.0	35.8	17.3	46.9	42.6	19.5	17.4	33.0	48.9	41.0	14.3	1.0	3 551
	沿海航区	28.1	41.0	16.8	37.1	46.7	16.6	18.8	34.4	50.1	44.0	20.9	1.5	2 651
船舶类型	普通船舶	31.0	37.1	16.2	45.4	43.2	18.9	16.8	33.6	49.5	41.8	15.4	1.0	4 318
	特殊船舶	25.6	39.6	18.8	36.8	45.7	17.1	20.3	32.9	47.8	41.3	20.5	1.6	1 898
企业性质	国有企业	34.3	37.3	17.5	47.5	42.2	19.9	17.5	32.6	49.8	40.7	15.5	1.1	3 333
	合资企业	28.1	43.9	23.9	37.6	42.1	15.2	19.1	31.3	38.2	43.6	15.2	0.9	335
	民营企业	22.7	39.0	15.9	35.8	47.5	17.1	18.9	34.3	49.8	44.2	19.9	1.3	2 523
	外资企业	23.9	37.8	18.5	45.8	39.9	15.5	18.5	37.4	47.5	40.3	15.1	1.3	238
劳务合同	合同工	31.5	36.4	16.8	45.8	43.6	18.4	15.7	31.4	49.7	42.3	15.8	1.1	3 687
	派遣工	26.7	37.7	18.6	44.3	40.0	20.9	22.4	35.2	44.7	37.7	15.3	0.8	1 036
	个体	25.2	41.4	16.3	33.2	48.0	14.9	19.5	36.1	50.9	44.8	21.8	1.4	1 622

六十七、目前生活水平与五年前的比较

		相比五年前,您觉得自己目前的生活水平						Total	
		好很多/%	好一些/%	没有变化/%	差一些/%	差很多/%	说不清/%	合计/%	样本量
总体		10.8	51.1	17.0	8.3	3.6	9.2	100	6 023
年龄	30岁以下	14.6	53.9	15.1	5.8	2.6	8.0	100	1 881
	30~39岁	9.4	53.4	17.9	8.1	3.4	7.8	100	2 056
	40~49岁	8.4	47.9	17.1	10.3	4.5	11.8	100	1 291
	50岁及以上	10.0	41.7	20.6	12.6	4.6	10.5	100	540
学历	初中及以下	14.8	44.2	16.9	10.1	4.2	9.8	100	337
	高中/中专/技校	10.9	46.8	19.0	9.3	3.7	10.3	100	1 529
	大专/高职	11.2	52.8	16.3	8.0	3.5	8.2	100	2 974
	本科及以上	8.6	54.6	16.7	7.2	3.6	9.3	100	1 131
职务职称	船长	12.0	48.2	17.5	10.7	4.1	7.5	100	664
	大副	9.5	49.6	17.6	8.6	3.4	11.3	100	671
	二副	7.7	53.4	17.2	8.6	4.0	9.1	100	892
	三副	16.5	53.1	12.9	5.4	2.8	9.1	100	859
	轮机长	7.3	46.4	19.0	10.1	5.3	11.9	100	504
	大管轮	9.1	56.6	15.3	7.5	3.5	8.0	100	549
	二管轮	9.0	52.7	19.2	8.0	3.8	7.3	100	636
	三管轮	13.8	51.9	17.9	8.2	1.5	6.7	100	536
工作航区	无限航区	12.3	54.8	15.5	6.8	2.8	7.8	100	3 297
	沿海航区	8.7	46.5	19.4	10.2	4.7	10.5	100	2 441
船舶类型	普通船舶	10.6	51.9	16.8	8.0	3.4	9.3	100	4 034
	特殊船舶	11.7	50.3	17.3	8.6	3.8	8.3	100	1 719
企业性质	国有企业	10.9	51.8	16.9	7.7	3.6	9.1	100	3 416
	合资企业	13.9	53.6	14.3	7.5	3.3	7.4	100	934
	民营企业	8.4	48.3	19.6	9.7	3.6	10.4	100	1 542
	外资企业	9.3	50.6	17.2	8.7	4.0	10.2	100	3 029
劳务合同	合同工	18.3	47.7	19.2	6.2	3.1	5.5	100	323
	派遣工	10.8	52.1	16.6	8.6	3.4	8.5	100	2 362
	个体	18.0	55.8	14.6	5.6	1.7	4.3	100	233

六十八、对自己生活水平在未来五年的展望

		展望未来五年,您认为自己生活水平会比现在						Total	
		好很多/%	好一些/%	没有变化/%	差一些/%	差很多/%	说不清/%	合计/%	样本量
总体		9.4	41.8	32.0	7.7	2.1	7.0	100	6 017
年龄	30岁以下	11.8	40.0	32.8	8.1	1.4	5.9	100	1 882
	30~39岁	8.4	44.7	31.1	7.8	2.1	5.9	100	2 053
	40~49岁	7.0	41.4	32.5	7.4	2.6	9.1	100	1 291
	50岁及以上	8.8	39.4	32.6	6.3	2.2	10.7	100	536
学历	初中及以下	12.2	37.8	27.4	8.9	2.1	11.6	100	336
	高中/中专/技校	10.4	40.8	30.5	7.6	1.5	9.2	100	1 532
	大专/高职	9.7	41.5	33.1	7.4	2.1	6.2	100	2 973
	本科及以上	6.0	45.1	32.6	8.1	3.2	5.0	100	1 125
职务职称	船长	11.0	42.7	32.7	5.6	1.5	6.5	100	661
	大副	8.0	43.7	33.4	6.1	2.7	6.1	100	671
	二副	8.5	42.0	29.8	8.4	2.4	8.9	100	890
	三副	11.8	42.9	32.5	7.2	1.3	4.3	100	858
	轮机长	5.9	42.4	30.9	8.5	2.8	9.5	100	505
	大管轮	8.2	41.2	33.3	7.1	1.8	8.4	100	546
	二管轮	7.1	42.9	30.8	9.1	3.2	6.9	100	634
	三管轮	11.0	39.1	35.3	7.7	1.1	5.8	100	535
工作航区	无限航区	10.4	43.9	32.7	6.8	1.6	4.6	100	3 295
	沿海航区	7.5	39.2	31.4	8.8	2.8	10.3	100	2 440
船舶类型	普通船舶	9.3	42.3	33.1	7.4	1.8	6.1	100	4 033
	特殊船舶	9.4	40.7	30.0	8.4	2.9	8.6	100	1 712
企业性质	国有企业	9.0	41.8	33.1	7.8	2.1	6.2	100	3 409
	合资企业	11.5	45.1	31.9	6.6	1.4	3.5	100	937
	民营企业	8.4	40.0	29.1	8.3	2.8	11.4	100	1 542
	外资企业	7.9	40.8	34.7	8.4	2.5	5.7	100	3 027
劳务合同	合同工	16.5	39.1	32.6	6.5	0.6	4.7	100	322
	派遣工	9.6	43.6	28.3	7.2	1.9	9.4	100	2 358
	个体	17.2	42.7	27.6	7.8	0.4	4.3	100	232

六十九、生活幸福度

		总体而言,你认为目前的生活幸福吗?					Total	
		很幸福/%	比较幸福/%	一般/%	不太幸福/%	不幸福/%	合计/%	样本量
总体		7.2	32.2	48.9	9.1	2.6	100	2 693
年龄	30岁以下	9.2	29.2	48.1	11.1	2.4	100	773
	30~39岁	6.9	33.2	49.1	8.1	2.7	100	924
	40~49岁	4.8	34.0	51.5	7.8	1.9	100	588
	50岁及以上	7.7	34.1	47.9	8.8	1.5	100	261
学历	初中及以下	9.8	33.0	50.0	5.1	2.1	100	194
	高中/中专/技校	9.3	31.1	50.3	8.1	1.2	100	731
	大专/高职	6.3	33.1	47.7	10.1	2.8	100	1 295
	本科及以上	5.2	30.2	50.8	9.9	3.9	100	443
职务职称	船长	10.5	36.5	46.3	6.0	0.7	100	285
	大副	8.6	38.7	46.3	4.5	1.9	100	313
	二副	5.5	26.8	50.2	12.8	4.7	100	436
	三副	8.6	33.4	46.0	9.6	2.4	100	302
	轮机长	3.4	36.6	51.5	6.4	2.1	100	235
	大管轮	3.2	32.1	53.0	9.2	2.5	100	249
	二管轮	7.0	31.6	44.9	13.7	2.8	100	285
	三管轮	8.8	26.5	52.2	10.6	1.9	100	226
工作航区	无限航区	8.2	34.9	46.0	8.6	2.3	100	1 272
	沿海航区	6.4	28.6	51.9	10.3	2.8	100	1 274
船舶类型	普通船舶	6.8	32.2	49.8	9.0	2.2	100	1 670
	特殊船舶	8.0	32.0	47.9	8.8	3.3	100	865
企业性质	国有企业	7.6	33.9	47.0	9.3	2.2	100	1 412
	合资企业	8.8	38.4	44.5	5.1	3.2	100	375
	民营企业	5.9	27.1	53.4	10.7	2.9	100	849
	外资企业	7.0	32.8	47.6	9.8	2.8	100	1 202
劳务合同	合同工	9.0	41.4	44.1	5.5	0.0	100	145
	派遣工	7.4	29.5	51.9	8.8	2.4	100	1 215
	个体	13.8	35.1	44.7	4.3	2.1	100	94

七十、对影响和谐社会建设主要因素的认识

您认为影响和谐社会建设的主要因素有哪些?

		收入分配不公/%	腐败现象严重/%	社会治安不好/%	民主法制不健全/%	缺乏道德诚信/%	社会保障差/%	监管不力/%	其他/%	样本量
总体		64.0	76.4	23.4	38.3	58.8	53.8	47.7	2.2	6949
年龄	30岁以下	62.3	73.7	25.1	37.6	55.3	51.6	45.5	2.9	2382
	30~39岁	64.5	78.8	34.3	40.5	58.6	57.3	49.5	1.8	2416
	40~49岁	66.1	77.0	20.7	37.3	64.6	54.2	47.3	1.8	1527
	50岁及以上	63.3	76.7	20.5	35.4	58.7	47.1	46.3	1.8	624
学历	初中及以下	52.7	66.4	22.9	24.9	39.9	49.6	32.9	2.2	410
	高中/中专/技校	65.2	76.3	21.5	33.4	58.8	55.2	45.3	2.2	1849
	大专/高职	63.3	77.0	24.4	40.1	59.6	54.8	48.4	2.2	3630
	本科及以上	67.3	77.3	23.3	43.8	62.0	50.7	51.4	2.2	1322
职务职称	船长	62.6	81.4	22.3	38.2	65.6	52.4	50.7	1.6	760
	大副	61.7	74.8	23.5	38.1	60.7	53.6	45.8	2.5	743
	二副	64.8	77.4	22.5	40.0	58.8	58.7	50.0	2.2	1026
	三副	63.6	73.7	24.0	35.6	51.1	48.1	44.2	2.2	1043

(续表)

		您认为影响和谐社会建设的主要因素有哪些?							
		收入分配不公/%	腐败现象严重/%	社会治安不好/%	民主法制不健全/%	缺乏道德诚信/%	社会保障差/%	监管不力/%	其他/%	样本量
职务职称	轮机长	63.9	77.4	23.1	42.0	65.6	54.9	51.0	1.7	561
	大管轮	62.4	77.8	23.0	38.1	62.4	54.1	44.7	2.3	595
	二管轮	67.7	77.4	26.0	41.6	59.9	58.4	48.8	1.6	745
	三管轮	62.3	71.5	24.0	38.8	54.6	54.8	46.5	2.7	646
工作航区	无限航区	62.3	77.0	23.4	39.7	60.1	51.8	48.0	2.1	4 002
	沿海航区	66.7	76.0	23.4	36.6	56.9	56.8	57.2	2.2	3 096
船舶类型	普通船舶	64.9	76.6	22.9	38.7	60.6	53.1	48.2	2.0	4 796
	特殊船舶	62.1	75.6	24.7	37.7	54.1	56.2	46.1	2.5	2 138
企业性质	国有企业	68.3	78.0	22.9	39.2	62.1	50.6	49.7	1.9	3 682
	合资企业	54.7	76.5	27.9	32.0	43.9	52.9	40.2	1.0	391
	民营企业	60.9	75.2	23.8	38.7	57.9	59.0	45.0	2.7	2 802
	外资企业	55.7	76.1	22.8	37.1	55.6	52.5	42.3	3.3	307
劳务合同	合同工	65.6	77.2	23.1	39.3	61.5	49.6	48.7	1.9	4 071
	派遣工	61.4	75.1	25.9	38.4	56.8	56.7	47.6	1.9	1 170
	个体	62.6	75.8	22.4	36.2	53.4	61.4	44.0	2.9	1 828

七十一、对社会主导价值观念的认识

		您认为当前社会人们的价值观念中处于主导地位的是什么?						
		爱国主义和集体主义/%	个人主义/%	追求物质享受、拜金主义/%	追求名利/%	没有思考过/%	其他/%	样本量
总体		11.8	19.4	45.4	12.1	10.9	0.4	6 084
年龄	30 岁以下	15.9	24.2	45.7	12.7	9.6	0.5	2 088
	30~39 岁	8.8	21.8	53.6	14.4	11.9	0.4	2 106
	40~49 岁	12.9	17.1	50.0	13.8	12.3	0.3	1 347
	50 岁及以上	16.4	16.4	45.5	8.3	18.0	0.2	543
学历	初中及以下	17.0	21.8	34.8	8.3	23.9	0.6	348
	高中/中专/技校	13.5	18.8	49.3	11.8	13.3	0.4	1 597
	大专/高职	12.7	21.9	49.6	14.2	10.6	0.5	3 180
	本科及以上	10.5	21.9	54.0	13.4	9.0	0.1	1 169
职务职称	船长	13.1	19.7	50.6	15.5	9.5	0	695
	大副	10.8	24.4	49.6	12.0	12.3	0.9	657
	二副	9.1	23.4	52.7	13.4	11.3	0.4	923
	三副	15.5	24.2	45.5	12.2	10.1	0.4	952
	轮机长	13.4	16.3	49.8	14.0	13.6	0	514
	大管轮	10.6	17.9	55.5	14.7	11.9	0.5	546
	二管轮	10.7	21.4	53.7	12.5	10.6	0.3	682
	三管轮	14.2	21.5	46.7	11.3	12.0	0.2	576
工作航区	无限航区	13.5	21.8	49.4	13.8	9.7	0.3	3 530
	沿海航区	11.6	19.9	50.0	12.3	14.5	0.4	2 663
船舶类型	普通船舶	12.7	21.0	49.3	13.4	11.4	0.3	4 255
	特殊船舶	12.6	21.4	50.2	12.2	12.0	0.5	1 823
企业性质	国有企业	14.0	18.0	51.7	13.8	9.8	0.2	3 237
	合资企业	18.9	30.9	33.3	10.8	14.4	0.6	333
	民营企业	10.4	23.8	49.4	12.3	13.2	0.7	2 450
	外资企业	14.4	32.7	43.3	13.7	6.8	0	263
劳务合同	合同工	13.7	19.5	50.9	13.6	10.3	0.4	3 604
	派遣工	12.5	25.2	49.9	13.1	9.6	0.2	1 010
	个体	10.4	21.6	47.1	12.2	16.4	0.4	1 571

七十二、对全社会倡导"自由、平等、公正、法治"的价值导向的认识

		您如何看待在全社会倡导"自由、平等、公正、法治"的价值导向?					Total	
		非常赞同/%	比较赞同/%	不太赞同/%	完全不赞同/%	不知道/%	合计/%	样本量
总体		45.8	39.4	7.6	2.2	5.0	100	6 710
年龄	30岁以下	44.4	41.2	8.0	2.1	4.3	100	2 303
	30~39岁	43.1	40.1	8.4	2.7	5.7	100	2 335
	40~49岁	49.0	37.7	6.4	1.7	5.2	100	1 474
	50岁及以上	53.3	33.9	5.9	1.5	5.4	100	598
学历	初中及以下	37.2	35.9	12.8	2.6	11.5	100	384
	高中/中专/技校	48.0	36.4	7.5	2.1	6.0	100	1 773
	大专/高职	44.9	40.8	7.6	2.1	4.6	100	3 503
	本科及以上	46.9	39.4	7.7	2.5	3.5	100	1 279
职务职称	船长	53.2	35.3	7.1	1.3	3.1	100	759
	大副	42.6	39.7	9.9	2.3	5.5	100	740
	二副	42.8	40.0	9.0	2.6	5.6	100	1 019
	三副	40.8	45.0	8.2	1.7	4.3	100	1 037
	轮机长	51.6	35.0	6.1	2.1	5.2	100	560
	大管轮	45.5	39.9	6.9	2.3	5.4	100	596
	二管轮	45.8	37.0	7.0	3.6	6.6	100	740
	三管轮	45.3	41.7	8.2	0.9	3.9	100	647
工作航区	无限航区	47.3	40.4	6.9	1.4	4.0	100	3 866
	沿海航区	43.7	37.7	8.9	3.1	6.6	100	2 953
船舶类型	普通船舶	47.5	38.7	7.5	1.8	4.5	100	4 655
	特殊船舶	41.3	41.0	8.5	3.1	6.1	100	2 034
企业性质	国有企业	50.2	38.3	5.8	1.9	3.8	100	3 561
	合资企业	34.0	42.2	15.1	2.1	6.6	100	377
	民营企业	42.3	39.7	9.3	2.6	6.1	100	2 705
	外资企业	39.2	42.4	10.6	3.5	4.3	100	283
劳务合同	合同工	48.8	38.7	6.5	1.7	4.3	100	3 942
	派遣工	43.5	41.0	9.0	1.9	4.6	100	1 139
	个体	39.5	39.4	10.3	3.3	7.5	100	1 738

七十三、对"把科学发展观贯彻到我国现代化建设全过程"的认识

		您如何看待"把科学发展观贯彻到我国现代化建设全过程"的要求?					Total	
		非常赞同/%	比较赞同/%	不太赞同/%	完全不赞同/%	不知道/%	合计/%	样本量
总体		41.3	43.5	4.1	1.3	9.8	100	6 686
年龄	30 岁以下	42.6	43.6	4.8	1.2	7.8	100	2 291
	30~39 岁	37.7	44.5	4.6	1.8	11.4	100	2 339
	40~49 岁	43.3	42.8	2.7	0.8	10.4	100	1 461
	50 岁及以上	45.2	40.0	3.0	0.5	11.3	100	595
学历	初中及以下	36.1	38.8	5.0	1.8	18.3	100	379
	高中/中专/技校	42.1	42.3	3.3	1.1	11.2	100	1 767
	大专/高职	41.3	44.1	4.4	1.2	9.0	100	3 497
	本科及以上	41.7	44.2	4.8	1.6	7.7	100	1 276
职务职称	船长	43.3	43.4	4.5	1.3	7.5	100	760
	大副	38.1	44.1	6.1	0.9	10.8	100	737
	二副	37.4	45.9	4.3	2.2	10.2	100	1 018
	三副	40.4	45.4	5.7	1.2	7.3	100	1 036
	轮机长	43.8	41.9	3.8	0.9	9.6	100	559
	大管轮	41.2	42.5	3.7	1.3	11.3	100	595
	二管轮	40.0	43.1	3.0	1.9	12.0	100	737
	三管轮	44.8	42.7	3.6	0.8	8.1	100	647
工作航区	无限航区	42.3	44.2	4.1	1.3	8.1	100	3 861
	沿海航区	40.0	42.5	4.3	1.2	12.0	100	2 939
船舶类型	普通船舶	43.2	42.7	3.6	1.3	9.2	100	4 643
	特殊船舶	36.7	45.5	5.7	1.5	10.6	100	2 031
企业性质	国有企业	44.0	43.7	3.0	1.2	8.1	100	3 550
	合资企业	32.0	44.4	11.6	2.2	9.8	100	372
	民营企业	38.7	43.5	4.6	1.6	11.6	100	2 702
	外资企业	38.7	42.6	6.7	3.2	8.8	100	282
劳务合同	合同工	43.9	43.2	3.5	1.2	8.2	100	3 927
	派遣工	39.4	45.4	4.9	1.1	9.2	100	1 137
	个体	36.1	43.3	5.2	1.7	13.7	100	1 736

七十四、对"实现中华民族伟大复兴的中国梦"的信心

		您对我国"实现中华民族伟大复兴的中国梦"(即国家富强、民族振兴、人民幸福)有信心吗?					Total	
		很有信心/%	比较有信心/%	不太有信心/%	完全没信心/%	不知道/%	合计/%	样本量
总体		34.6	42.7	14.0	2.6	6.1	100	6 719
年龄	30岁以下	37.2	42.2	13.1	2.3	5.2	100	2 303
	30~39岁	30.0	43.4	16.2	3.5	6.9	100	2 346
	40~49岁	35.3	43.3	13.4	1.8	6.2	100	1 475
	50岁及以上	41.0	40.8	10.6	1.7	5.9	100	595
学历	初中及以下	42.8	35.4	10.5	2.1	9.2	100	381
	高中/中专/技校	36.1	41.9	13.3	1.4	7.3	100	1 777
	大专/高职	33.5	43.3	14.5	2.8	5.9	100	3 510
	本科及以上	31.8	45.2	15.0	3.8	4.2	100	1 283
职务职称	船长	36.0	43.9	13.0	2.4	4.7	100	761
	大副	32.1	41.4	17.4	3.5	5.6	100	741
	二副	30.3	45.5	14.7	3.5	6.0	100	1 024
	三副	34.5	43.5	15.8	1.3	4.9	100	1 042
	轮机长	35.8	40.5	14.4	2.0	7.3	100	561
	大管轮	33.0	44.3	13.3	3.9	5.5	100	594
	二管轮	29.2	42.4	16.5	3.6	8.3	100	740
	三管轮	41.6	41.3	10.6	1.7	4.8	100	649
工作航区	无限航区	34.9	44.1	13.6	2.2	5.2	100	3 878
	沿海航区	33.6	41.4	14.7	3.1	7.2	100	2 958
船舶类型	普通船舶	35.2	42.8	13.8	2.4	5.8	100	4 666
	特殊船舶	32.5	43.1	14.8	3.2	6.4	100	2 037
企业性质	国有企业	35.9	43.9	13.2	2.5	4.5	100	3 571
	合资企业	30.7	42.3	18.4	2.4	6.2	100	381
	民营企业	32.1	42.0	15.1	2.9	7.9	100	2 710
	外资企业	35.8	38.3	14.2	4.3	7.4	100	282
劳务合同	合同工	35.8	43.3	13.4	2.5	5.0	100	3 945
	派遣工	34.0	43.2	14.8	2.0	6.0	100	1 140
	个体	31.4	41.4	15.4	3.1	8.7	100	1 750

七十五、对"在2020年全面建成小康社会"发展目标的信心

		您对我国"在2020年全面建成小康社会"的发展目标有信心吗?					Total	
		很有信心/%	比较有信心/%	不太有信心/%	完全没信心/%	不知道/%	合计/%	样本量
总体		25.8	40.1	21.9	5.2	7.0	100	6 708
年龄	30岁以下	30.1	39.1	19.3	5.7	5.8	100	2 296
	30~39岁	21.5	39.0	25.4	6.6	7.5	100	2 349
	40~49岁	24.6	42.3	22.6	3.5	7.0	100	1 471
	50岁及以上	29.6	42.9	16.4	2.2	8.9	100	592
学历	初中及以下	31.7	38.2	16.5	3.9	9.7	100	382
	高中/中专/技校	27.1	38.5	21.6	4.1	8.7	100	1 777
	大专/高职	25.5	39.8	22.5	5.7	6.5	100	3 503
	本科及以上	22.4	43.4	23.8	5.8	4.6	100	1 280
职务职称	船长	25.8	44.1	19.9	4.3	5.9	100	759
	大副	22.3	39.5	26.4	5.0	6.8	100	740
	二副	21.5	38.9	25.5	7.4	6.7	100	1 019
	三副	29.6	39.5	21.2	4.2	5.5	100	1 041
	轮机长	26.8	38.5	22.6	2.5	9.6	100	563
	大管轮	23.8	42.0	22.1	5.9	6.2	100	597
	二管轮	19.9	39.0	25.2	7.6	8.3	100	738
	三管轮	31.4	42.9	16.3	4.2	5.2	100	646
工作航区	无限航区	27.1	41.0	21.0	4.9	6.0	100	3 871
	沿海航区	23.4	39.2	23.8	5.7	7.9	100	2 953
船舶类型	普通船舶	26.4	40.5	21.5	5.0	6.6	100	4 657
	特殊船舶	23.1	39.3	24.2	5.9	7.5	100	2 037
企业性质	国有企业	26.2	42.0	21.4	4.9	5.5	100	2 563
	合资企业	25.1	42.1	20.4	5.3	7.1	100	378
	民营企业	23.9	37.8	24.5	5.5	8.3	100	2 706
	外资企业	29.6	36.6	19.0	7.0	7.8	100	284
劳务合同	合同工	26.8	41.2	21.2	5.1	5.7	100	3 938
	派遣工	24.9	41.6	22.9	4.1	6.5	100	1 141
	个体	22.9	37.2	24.2	6.0	9.7	100	1 743

七十六、对"2049 年建成富强民主文明和谐的社会主义现代化国家"的信心

		您对我国"在2049年建成富强、民主、文明、和谐的社会主义现代化国家"的发展目标有信心吗?					Total	
		很有信心/%	比较有信心/%	不太有信心/%	完全没信心/%	不知道/%	合计/%	样本量
总 体		28.3	42.3	17.0	4.0	8.4	100	6 709
年 龄	30岁以下	32.7	41.7	14.8	4.3	6.5	100	2 303
	30~39岁	23.6	41.8	21.2	4.6	8.8	100	2 346
	40~49岁	27.0	44.1	16.0	2.9	10.0	100	1 464
	50岁及以上	32.9	42.6	10.9	3.4	10.2	100	596
学 历	初中及以下	37.1	36.6	9.7	3.4	13.2	100	380
	高中/中专/技校	29.8	40.6	16.4	3.1	10.1	100	1 771
	大专/高职	27.8	42.5	17.3	4.3	8.1	100	3 509
	本科及以上	24.6	45.7	19.4	4.7	5.6	100	1 283
职务职称	船长	28.3	45.5	15.7	3.1	7.4	100	762
	大副	24.6	42.8	19.7	3.8	9.1	100	741
	二副	24.0	42.5	19.8	5.5	8.2	100	1 022
	三副	32.6	41.5	16.1	2.9	6.9	100	1 043
	轮机长	28.3	40.5	17.8	2.3	11.1	100	561
	大管轮	24.9	43.3	17.7	5.6	8.5	100	594
	二管轮	23.3	41.2	20.4	5.4	9.7	100	737
	三管轮	34.3	43.6	12.7	4.0	5.4	100	647
工作航区	无限航区	29.9	43.5	16.4	3.6	6.6	100	3 875
	沿海航区	25.6	41.3	18.0	4.7	10.4	100	2 952
船舶类型	普通船舶	29.1	42.6	16.7	3.8	7.8	100	4 658
	特殊船舶	25.5	41.7	18.5	4.6	9.7	100	2 040
企业性质	国有企业	28.9	45.0	15.8	3.7	6.6	100	3 565
	合资企业	28.9	40.7	17.1	4.7	8.6	100	381
	民营企业	26.3	39.7	19.3	4.2	10.5	100	2 708
	外资企业	31.7	35.2	18.3	4.9	9.9	100	284
劳务合同	合同工	29.3	43.2	16.3	3.9	7.3	100	3 936
	派遣工	27.7	43.9	18.1	3.3	7.0	100	1 141
	个 体	28.0	42.5	17.2	4.0	8.3	100	6 824

七十七、对"到 2020 年进入创新型国家行列"战略目标的信心

		您对我国实现"到 2020 年进入创新型国家行列"的战略目标有信心吗?					Total	
		很有信心/%	比较有信心/%	不太有信心/%	完全没信心/%	不知道/%	合计/%	样本量
总 体		26.6	42.0	18.9	4.3	8.2	100	6 712
年 龄	30 岁以下	30.9	40.3	17.7	4.3	6.8	100	2 304
	30~39 岁	22.3	41.5	21.9	5.4	8.9	100	2 345
	40~49 岁	24.5	45.0	18.1	3.1	9.3	100	1 467
	50 岁及以上	31.5	42.6	13.3	2.7	9.9	100	596
学 历	初中及以下	32.9	39.7	11.1	3.9	12.4	100	380
	高中/中专/技校	27.4	41.5	17.7	3.5	9.9	100	1 772
	大专/高职	26.8	41.3	20.0	4.2	7.7	100	3 514
	本科及以上	22.9	45.0	19.8	6.2	6.1	100	1 282
职务职称	船长	25.8	47.2	16.6	3.9	6.5	100	760
	大副	21.8	43.8	21.0	4.4	9.0	100	742
	二副	23.5	40.2	22.0	6.2	8.1	100	1 018
	三副	30.5	40.9	18.1	3.7	6.8	100	1 043
	轮机长	26.7	40.7	20.1	1.6	10.9	100	562
	大管轮	22.7	44.4	18.5	5.2	9.2	100	595
	二管轮	22.0	41.0	21.3	6.2	9.5	100	741
	三管轮	33.0	41.9	15.7	3.8	5.6	100	651
工作航区	无限航区	28.5	42.7	17.8	4.1	6.9	100	3 875
	沿海航区	23.7	41.5	20.1	4.8	9.9	100	2 958
船舶类型	普通船舶	27.3	42.2	18.5	4.3	7.7	100	4 663
	特殊船舶	24.3	41.7	20.2	4.7	9.1	100	2 040
企业性质	国有企业	27.3	44.1	17.9	4.2	6.5	100	3 568
	合资企业	25.2	41.7	19.9	5.2	8.0	100	381
	民营企业	24.7	39.3	21.0	4.7	10.3	100	2 706
	外资企业	31.6	36.5	16.8	4.9	10.2	100	285
劳务合同	合同工	27.6	43.4	17.7	4.5	6.8	100	3 943
	派遣工	26.9	42.2	19.9	3.8	7.2	100	1 143
	个 体	23.4	39.1	21.3	4.4	11.8	100	1 745

七十八、对"在2049年时成为世界科技强国"战略目标的信心

		您对我国实现"在2049年时成为世界科技强国"的战略目标有信心吗?					Total	
		很有信心/%	比较有信心/%	不太有信心/%	完全没信心/%	不知道/%	合计/%	样本量
总 体		28.8	42.9	15.3	4.2	8.8	100	6 718
年 龄	30岁以下	33.3	41.5	14.3	4.4	6.5	100	2 305
	30~39岁	23.8	43.4	17.7	5.1	10.0	100	2 348
	40~49岁	27.7	45.0	15.0	2.5	9.8	100	1 469
	50岁及以上	34.2	40.6	10.9	3.5	10.8	100	596
学 历	初中及以下	37.8	36.5	9.7	2.9	13.1	100	381
	高中/中专/技校	30.5	40.7	14.4	3.5	10.9	100	1 775
	大专/高职	28.3	43.5	15.9	4.2	8.1	100	3 515
	本科及以上	24.7	45.0	18.4	5.5	6.4	100	1 282
职务职称	船长	28.3	45.7	14.5	4.5	7.0	100	761
	大副	24.8	42.2	18.7	4.3	10.0	100	742
	二副	24.8	43.3	17.5	5.4	9.0	100	1 020
	三副	32.8	41.6	15.6	2.9	7.1	100	1 043
	轮机长	28.6	42.3	15.7	2.1	11.3	100	560
	大管轮	25.6	43.6	15.6	5.4	9.8	100	598
	二管轮	23.9	43.5	17.1	5.4	10.1	100	742
	三管轮	33.4	45.3	12.0	3.9	5.4	100	649
工作航区	无限航区	30.2	43.3	15.3	4.0	7.2	100	3 876
	沿海航区	26.4	42.4	16.0	4.6	10.6	100	2 959
船舶类型	普通船舶	29.5	42.8	15.1	4.2	8.4	100	4 663
	特殊船舶	26.3	42.9	17.0	4.5	9.3	100	2 043
企业性质	国有企业	27.8	40.8	16.2	4.8	10.4	100	3 450
	合资企业	28.9	37.6	17.6	8.2	7.7	100	380
	民营企业	26.7	41.2	16.4	4.6	11.1	100	2 712
	外资企业	32.0	33.5	18.3	7.0	9.2	100	284
劳务合同	合同工	29.3	44.2	14.9	3.9	7.7	100	3 945
	派遣工	28.4	43.0	17.5	3.8	7.3	100	1 143
	个 体	27.1	39.4	16.4	5.1	12.0	100	1 747

七十九、对共建"21世纪海上丝绸之路"与"新丝绸之路经济带"(一带一路)战略构想的认识

		您如何看待我国倡导共建"21世纪海上丝绸之路"与"新丝绸之路经济带"(一带一路)的战略构想?					Total	
		非常赞同/%	比较赞同/%	不太赞同/%	完全不赞同/%	不知道/%	合计/%	样本量
总体		40.1	43.5	4.5	1.0	10.9	100	6 710
年龄	30岁以下	40.1	45.2	5.0	1.3	8.4	100	2 301
	30~39岁	37.1	43.7	5.3	1.2	12.7	100	2 341
	40~49岁	42.1	43.1	3.1	0.7	11.0	100	1 471
	50岁及以上	47.2	37.0	3.0	0.7	12.1	100	597
学历	初中及以下	35.6	38.5	6.0	1.8	18.1	100	382
	高中/中专/技校	41.9	40.6	3.9	0.6	13.0	100	1 774
	大专/高职	39.4	44.6	5.0	1.1	9.9	100	3 508
	本科及以上	40.9	45.4	4.3	1.7	7.7	100	1 280
职务职称	船长	42.7	43.6	4.9	1.2	7.6	100	757
	大副	35.9	44.1	6.2	0.8	13.0	100	739
	二副	36.8	45.8	4.8	1.6	11.0	100	1 021
	三副	38.7	46.4	5.9	1.0	8.0	100	1 043
	轮机长	44.8	37.7	4.6	1.2	11.7	100	562
	大管轮	38.3	44.3	4.7	0.5	12.2	100	598
	二管轮	38.6	43.6	3.2	1.8	12.8	100	740
	三管轮	42.3	43.2	3.7	0.8	10.0	100	650
工作航区	无限航区	41.2	45.1	4.2	1.0	8.5	100	3 866
	沿海航区	38.6	41.6	5.0	1.3	13.5	100	2 961
船舶类型	普通船舶	42.3	43.3	3.7	1.1	9.6	100	4 659
	特殊船舶	35.2	44.0	6.7	1.3	12.8	100	2 039
企业性质	国有企业	43.5	43.8	3.4	1.0	8.3	100	3 568
	合资企业	28.5	48.9	10.4	1.1	11.1	100	376
	民营企业	36.6	43.0	5.6	1.3	13.5	100	2 704
	外资企业	39.9	39.9	8.8	3.2	8.2	100	283
劳务合同	合同工	43.0	43.6	3.8	1.0	8.6	100	3 945
	派遣工	38.6	46.0	5.2	0.8	9.4	100	1 140
	个体	34.5	41.5	6.3	1.6	16.1	100	1 741

八十、对"建设海运强国"战略目标的信心

		您对我国提出"建设海运强国"的战略目标有信心吗?					Total	
		很有信心/%	比较有信心/%	不太有信心/%	完全没信心/%	不知道/%	合计/%	样本量
总 体		26.9	41.1	19.0	5.8	7.2	100	6 718
年 龄	30岁以下	30.7	41.0	16.7	6.0	5.6	100	2 306
	30~39岁	23.0	41.0	21.4	6.6	8.0	100	2 349
	40~49岁	25.7	41.7	19.9	5.1	7.6	100	1 467
	50岁及以上	30.4	40.4	16.1	3.7	9.4	100	596
学 历	初中及以下	35.6	36.1	10.2	4.7	13.4	100	382
	高中/中专/技校	29.0	39.2	18.2	4.6	9.0	100	1 778
	大专/高职	26.1	41.5	20.0	5.8	6.6	100	3 508
	本科及以上	22.7	43.6	19.3	9.3	5.1	100	1 284
职务职称	船长	25.7	44.0	18.9	6.6	4.8	100	762
	大副	22.8	39.6	22.3	6.9	8.4	100	740
	二副	23.0	40.4	20.9	8.4	7.3	100	1 020
	三副	30.1	42.4	17.0	5.1	5.4	100	1 043
	轮机长	25.0	40.5	20.5	5.0	9.0	100	560
	大管轮	24.0	40.4	23.6	4.9	7.1	100	597
	二管轮	22.9	40.8	19.7	8.1	8.5	100	741
	三管轮	32.0	44.3	15.4	3.2	5.1	100	650
工作航区	无限航区	28.0	42.3	18.1	5.9	5.7	100	3 876
	沿海航区	24.6	39.6	20.3	6.4	9.1	100	2 958
船舶类型	普通船舶	27.5	40.8	19.5	5.6	6.6	100	4 667
	特殊船舶	24.3	42.0	17.9	7.6	8.2	100	2 039
企业性质	国有企业	26.8	41.9	19.6	6.2	5.5	100	3 569
	合资企业	28.6	37.8	18.6	6.8	8.2	100	381
	民营企业	25.5	40.4	19.0	5.9	9.2	100	2 711
	外资企业	30.3	37.3	14.4	9.2	8.8	100	284
劳务合同	合同工	27.1	41.8	19.5	5.7	5.9	100	3 943
	派遣工	27.4	44.1	16.4	5.6	6.5	100	1 143
	个 体	24.6	38.0	19.2	7.2	11.0	100	1 746

八十一、对新时期中国特色社会主义事业提出各项要求的看法

	您如何看待中央对新时期中国特色社会主义事业提出的各项要求？				Total	
	不重要/%	比较重要/%	非常重要/%	不知道/%	合计/%	样本量
坚持人民主体地位	4.2	28.6	60.7	6.5	100	6 962
坚持解放和发展社会生产力	3.2	30.6	59.6	6.6	100	6 945
坚持推进改革开放	3.2	27.7	63.0	6.1	100	6 941
坚持维护社会公平正义	2.7	22.4	69.4	5.5	100	6 950
坚持走共同致富道路	4.2	25.5	64.3	6.0	100	6 938
坚持促进社会和谐	2.9	23.6	68.1	5.4	100	6 945
坚持和平发展	4.1	25.4	65.0	5.5	100	6 955
坚持党的领导	6.1	25.8	61.0	7.1	100	6 947

八十二、对船舶技术人员"爱国，敬业，诚信，友善"的表现的评价

	从您和周围的船舶技术人员来看，当前船舶技术界在以下方面的总体表现如何？					Total	
	非常差/%	比较差/%	比较好/%	非常好/%	不知道/%	合计/%	样本量
爱 国	3.0	10.5	46.3	34.3	5.9	100	6 975
敬 业	2.3	13.2	50.5	29.6	4.4	100	6 975
诚 信	2.6	12.6	49.8	30.4	4.6	100	6 975
友 善	1.8	9.0	52.5	32.0	4.7	100	6 975

八十三、我国船舶技术人员整体水平与国外同行的比较

	与发达国家的船舶技术人员相比，您觉得我国船舶技术人员的整体水平如何？					Total	
	落后很多/%	有点落后/%	总体差不多/%	更好/%	不清楚/%	合计/%	样本量
专业技术水平	4.3	21.3	49.7	19.4	5.3	100	6 965
责任心	5.8	23.1	43.2	23.3	4.6	100	6 957
英语水平	17.8	45.6	23.9	7.6	5.1	100	6 952

八十四、评价海员是否优秀的标准

		获得同行认可/%	获得航运界认可/%	获得政府部门认可/%	船舶业务技术精湛/%	思想品德高尚/%	具有爱国奉献精神/%	有较高公众知名度/%	有团队合作精神/%	组织协调能力强/%	意志坚定不怕吃苦/%	良好的执行力/%	身体素质好/%	心胸宽广人际关系好/%	工作责任心强/%	家庭责任心强/%	样本量
总体		40.8	24.9	10.7	65.0	38.2	17.8	7.1	59.4	41.4	33.8	34.6	22.1	37.5	62.9	16.5	6 578
年龄	30岁以下	43.9	31.7	13.6	62.3	38.5	19.0	9.1	55.9	37.6	35.5	35.3	20.3	37.3	57.2	16.0	2 259
	30~39岁	38.8	23.6	9.5	64.0	37.2	15.0	6.6	61.0	43.2	34.4	35.6	20.8	38.2	63.2	17.3	2 313
	40~49岁	38.9	18.4	8.5	71.0	37.4	18.4	5.2	63.7	44.7	31.5	33.3	23.6	37.9	68.8	16.0	1 429
	50岁及以上	41.6	19.4	9.9	65.2	42.4	23.1	6.4	56.0	41.0	31.2	30.6	30.4	34.0	69.4	16.2	577
学历	初中及以下	43.0	24.0	18.0	55.1	40.9	22.4	8.9	48.3	31.5	36.5	24.6	33.7	36.7	58.8	18.2	358
	高中/中专/技校	42.3	23.7	10.2	63.9	38.4	19.0	7.1	61.0	42.5	35.2	32.8	23.2	39.0	63.9	17.5	1 721
	大专/高职	40.1	25.5	11.4	66.3	38.6	17.4	7.3	60.2	41.8	34.1	35.9	21.0	38.5	63.3	16.4	3 438
	本科及以上	40.8	26.0	7.9	66.7	36.3	16.3	5.6	57.4	41.5	29.6	35.8	19.8	32.7	61.0	15.0	1 263
职务职称	船长	39.1	24.2	11.2	71.8	39.7	18.5	7.2	60.4	47.4	31.6	38.0	25.8	33.8	67.7	15.6	739
	大副	37.5	24.6	10.5	62.4	38.7	19.7	6.3	60.3	44.5	29.8	30.5	23.0	33.0	63.7	18.6	736
	二副	38.6	26.4	9.2	63.0	37.2	14.3	6.6	57.6	41.1	32.7	36.9	21.8	39.2	61.6	17.6	998
	三副	41.7	34.9	14.6	63.0	39.3	20.7	9.0	56.0	36.2	32.3	35.1	18.9	34.2	54.8	14.0	1 021

(续表)

您认为评价一个船舶技术人员是否优秀的重要标准有哪些?

		获得同行认可/%	获得航运界认可/%	获得政府部门认可/%	船舶业务技术精湛/%	思想品德高尚/%	具有爱国奉献精神/%	有较高公众知名度/%	有团队合作精神/%	组织协调能力强/%	意志坚定不怕吃苦/%	良好的执行力/%	身体素质好/%	心胸宽广人际关系好/%	工作责任心强/%	家庭责任心强/%	样本量
职务职称	轮机长	41.5	17.5	9.5	70.4	37.2	19.1	6.4	62.3	47.2	33.7	35.5	21.5	34.1	72.3	16.4	548
	大管轮	40.2	18.6	8.1	63.8	36.8	13.7	4.3	63.1	43.6	31.5	32.8	20.2	41.7	68.5	16.6	585
	二管轮	40.7	18.7	8.2	65.5	32.3	14.4	6.5	62.8	42.4	39.6	34.9	24.3	43.1	65.1	19.0	734
	三管轮	45.5	27.0	11.9	64.3	37.8	18.4	8.2	57.2	37.6	36.6	33.0	20.3	38.2	60.4	12.9	637
工作航区	无限航区	41.2	26.4	11.0	64.4	37.0	17.5	7.8	58.3	41.2	33.8	36.4	20.6	36.6	60.5	15.8	3 786
	沿海航区	40.7	23.0	10.4	66.3	39.5	18.0	5.8	61.1	41.8	33.4	31.8	23.8	38.6	66.6	17.5	2 895
船舶类型	普通船舶	40.5	23.9	10.0	67.2	38.2	17.0	6.9	59.8	41.3	33.7	34.6	20.6	37.2	63.1	16.6	4 549
	特殊船舶	41.9	27.7	12.6	61.2	37.4	19.2	7.6	59.1	41.8	33.2	34.7	25.3	37.9	62.7	16.7	1 996
企业性质	国有企业	40.7	22.1	9.3	68.4	39.3	18.1	6.8	61.5	42.5	32.5	23.7	20.4	35.7	64.4	15.8	3 476
	合资企业	36.8	37.4	15.1	52.1	43.6	19.7	8.2	55.8	30.7	33.4	37.5	25.2	34.2	55.2	16.5	364
	民营企业	41.9	26.4	12.1	63.1	36.2	16.9	7.2	57.4	42.5	35.3	34.6	23.8	40.4	62.2	17.9	2 651
	外资企业	41.0	35.8	16.5	57.7	36.6	18.2	9.0	56.6	34.1	41.2	36.6	27.6	42.7	60.4	23.1	278
劳务合同	合同工	41.2	23.2	9.0	68.5	39.1	17.9	6.4	60.8	42.7	32.6	34.7	20.8	35.3	65.1	15.5	3 863
	派遣工	39.0	28.5	12.3	60.4	36.6	17.9	8.0	58.4	39.2	35.6	35.9	21.1	38.1	55.9	17.3	1 090
	个体	41.3	27.0	14.0	61.1	36.8	17.7	7.5	57.0	40.3	34.3	32.3	25.6	41.3	62.8	18.9	1 709

八十五、船舶技术人员队伍存在的问题

	您觉得我国船舶技术人员在下列方面存在的问题严重吗?					Total	
	非常严重/%	比较严重/%	不太严重/%	基本没有/%	不清楚/%	合计/%	样本量
不安心做本职工作	9.1	28.8	36.6	20.0	5.5	100	6 899
人才流失(转行、转业)	17.9	48.1	20.8	7.2	6.0	100	6 845
女性船舶技术人员不受重视	25.8	25.4	14.3	15.1	19.4	100	6 899
缺乏团队合作精神	5.2	24.8	45.3	20.2	4.5	100	6 893
专业技能水平不高	3.5	18.0	51.2	22.3	5.0	100	6 896
缺乏责任心	5.3	24.0	43.5	22.9	4.3	100	6 889
自我认可度低	8.7	26.6	39.2	20.0	5.5	100	6 885
缺乏归属感	15.6	34.8	29.6	14.4	5.6	100	6 887
与社会脱离	24.2	39.8	21.6	10.3	4.1	100	6 898
英语水平低	12.7	40.2	33.9	8.2	5.0	100	6 900

八十六、对船舶运输领域总体情况的评价

	您认为当前我国船舶运输领域在以下各个方面总体情况如何?					Total	
	很不好/%	较不好/%	较好/%	非常好/%	不清楚/%	合计/%	样本量
确立了企业技术创新的主体地位	7.9	22.0	46.4	9.3	14.4	100	6 889
海员的积极性、创造性得到了发挥	9.7	30.4	42.6	9.4	7.9	100	6 869
建立了有效的用工薪酬人事激励约束机制	13.5	28.2	39.6	10.9	7.8	100	6 881
船舶公司内部机构设置合理,人员安排恰当	10.2	25.1	44.2	11.3	9.2	100	6 886
船舶上拥有先进设备的支持	5.6	21.4	52.0	14.7	6.3	100	6 869
建立了鼓励海员从业的政策	13.8	30.0	36.6	11.5	8.1	100	6 869
注重船舶技术人才的培养	8.3	26.3	44.4	14.0	7.0	100	6 887
注重对船舶技术人才的保护	12.5	29.4	37.9	12.8	7.4	100	6 888
社会对海员的支持和尊重	23.0	29.9	29.7	10.7	6.7	100	6 892

八十七、对国家出台的政策方针的关注程度

		对于近年来国家出台的政策方针,您是否关注?					Total	
		非常关注/%	比较关注/%	不太关注/%	完全不关注/%	不知道/%	合计/%	样本量
总体		14.1	52.2	27.8	2.2	3.7	100	6 694
年龄	30 岁以下	13.8	49.0	30.6	2.5	4.1	100	2 297
	30~39 岁	12.4	50.9	30.4	2.6	3.7	100	2 340
	40~49 岁	16.2	57.0	22.9	1.2	2.7	100	1 464
	50 岁及以上	17.0	57.8	18.5	1.4	5.3	100	593
学历	初中及以下	13.1	45.3	31.7	2.4	7.5	100	382
	高中/中专/技校	15.0	53.0	26.1	1.2	4.7	100	1 768
	大专/高职	14.3	51.3	28.7	2.4	3.3	100	3 492
	本科及以上	12.5	53.4	27.4	3.8	2.9	100	1 278
职务职称	船长	18.8	55.7	22.1	0.9	2.5	100	750
	大副	11.6	55.3	27.1	3.0	3.0	100	734
	二副	13.1	48.5	30.7	4.4	3.3	100	1 015
	三副	15.0	51.1	28.6	2.3	3.0	100	1 044
	轮机长	16.3	59.0	19.5	1.4	3.8	100	564
	大管轮	15.0	53.0	25.6	2.0	4.4	100	593
	二管轮	10.0	49.0	33.2	2.2	5.6	100	743
	三管轮	14.4	46.8	34.5	1.9	2.4	100	647
工作航区	无限航区	15.3	52.5	27.1	2.1	3.0	100	3 859
	沿海航区	12.7	50.8	29.1	2.6	4.8	100	2 946
船舶类型	普通船舶	14.2	52.2	27.9	2.0	3.7	100	4 647
	特殊船舶	13.4	50.9	28.1	3.4	4.2	100	2 026
企业性质	国有企业	15.6	53.8	25.5	2.0	3.1	100	3 549
	合资企业	13.8	46.9	30.8	3.4	5.1	100	377
	民营企业	12.0	49.9	30.8	2.8	4.5	100	2 700
	外资企业	20.1	45.6	27.2	2.8	4.3	100	283
劳务合同	合同工	15.1	53.3	26.5	1.9	3.2	100	3 934
	派遣工	14.6	50.8	27.7	3.2	3.7	100	1 129
	个体	11.3	49.2	31.3	2.9	5.3	100	1 744

八十八、参与单位的公共事务管理的态度

		您愿意参与单位的公共事务管理吗?					Total	
		非常愿意/%	比较愿意/%	不太愿意/%	完全不愿意/%	不知道/%	合计/%	样本量
总体		14.2	53.4	20.7	1.9	9.8	100	6 679
年龄	30岁以下	17.5	53.7	19.6	2.2	7.0	100	2 293
	30~39岁	12.2	53.0	23.1	2.4	9.3	100	2 337
	40~49岁	13.4	53.1	20.2	1.0	12.3	100	1 459
	50岁及以上	11.4	54.4	16.6	1.2	16.4	100	590
学历	初中及以下	10.3	45.4	19.5	3.7	21.1	100	379
	高中/中专/技校	13.4	53.5	19.5	1.0	12.6	100	1 760
	大专/高职	15.1	52.3	22.2	2.0	8.4	100	3 487
	本科及以上	13.8	57.0	18.4	3.4	7.4	100	1 275
职务职称	船长	14.2	56.4	18.9	1.2	9.3	100	748
	大副	11.8	53.2	23.3	2.7	9.0	100	730
	二副	12.5	50.9	23.1	3.4	10.1	100	1 013
	三副	16.3	56.2	19.1	2.2	6.2	100	1 044
	轮机长	13.5	55.3	18.3	1.4	11.5	100	562
	大管轮	13.9	51.4	20.4	1.7	12.6	100	592
	二管轮	11.9	49.4	24.3	2.4	12.0	100	741
	三管轮	19.2	50.9	22.4	1.5	6.0	100	646
工作航区	无限航区	16.7	55.3	18.6	1.9	7.5	100	3 852
	沿海航区	10.8	50.1	23.8	2.2	13.1	100	2 934
船舶类型	普通船舶	14.9	53.7	20.4	2.0	9.0	100	4 637
	特殊船舶	12.5	51.8	21.6	2.3	11.8	100	2 017
企业性质	国有企业	15.8	54.9	19.3	1.9	8.1	100	3 541
	合资企业	16.6	48.1	23.3	3.2	8.8	100	374
	民营企业	11.4	52.1	22.7	2.4	11.4	100	2 693
	外资企业	17.7	51.6	19.8	3.2	7.7	100	283
劳务合同	合同工	15.9	54.3	19.5	1.8	8.5	100	3 924
	派遣工	14.8	53.2	22.3	2.4	7.3	100	1 123
	个体	9.8	50.4	22.3	2.6	14.9	100	1 739

八十九、当选各级人大代表或政协代表的情况

		您当选过各级人大代表或政协委员吗?				Total	
		没有/%	当选过人大代表/%	当选过政协委员/%	两者都当选过/%	合计/%	样本量
总体		94.0	2.9	1.8	1.3	100	6 639
年龄	30岁以下	91.5	4.3	2.8	1.4	100	2 281
	30~39岁	94.3	2.8	1.7	1.2	100	2 327
	40~49岁	96.5	1.9	0.6	1.0	100	1 449
	50岁及以上	96.4	1.2	1.0	1.4	100	582
学历	初中及以下	92.8	4.0	1.1	2.1	100	374
	高中/中专/技校	95.5	2.3	1.3	0.9	100	1 746
	大专/高职	93.4	3.3	2.2	1.1	100	3 474
	本科及以上	92.7	3.6	1.9	1.8	100	1 266
职务职称	船长	92.0	4.3	2.1	1.6	100	746
	大副	93.4	3.6	1.8	1.2	100	727
	二副	95.5	2.0	1.5	1.0	100	1 006
	三副	90.2	5.5	2.6	1.7	100	1 033
	轮机长	94.6	2.5	1.3	1.6	100	556
	大管轮	95.8	2.4	0.9	0.9	100	592
	二管轮	95.8	2.4	0.9	0.9	100	742
	三管轮	95.0	2.3	2.2	0.5	100	642
工作航区	无限航区	93.4	3.4	2.0	1.2	100	3 833
	沿海航区	94.5	2.6	1.7	1.2	100	2 916
船舶类型	普通船舶	94.8	2.7	1.5	1.0	100	4 619
	特殊船舶	91.5	3.9	2.8	1.8	100	2 004
企业性质	国有企业	94.9	2.6	1.3	1.2	100	3 529
	合资企业	81.0	9.2	7.9	1.9	100	368
	民营企业	94.1	2.6	2.0	1.3	100	2 675
	外资企业	85.4	8.9	2.5	3.2	100	280
劳务合同	合同工	95.1	2.5	1.3	1.1	100	3 908
	派遣工	90.1	4.7	3.4	1.8	100	1 116
	个体	93.3	3.2	2.3	1.2	100	1 724

九十、对参政议政或参与公共事务渠道通畅的评价

		您觉得目前参政议政或参与公共事务的渠道通畅吗?					Total	
		非常通畅/%	比较通畅/%	不太通畅/%	很缺乏/%	不清楚/%	合计/%	样本量
总 体		4.5	14.6	32.9	20.7	27.3	100	6 648
年 龄	30 岁以下	5.7	16.9	34.0	19.0	24.4	100	2 281
	30~39 岁	3.4	13.1	32.7	23.9	26.9	100	2 328
	40~49 岁	4.2	13.2	33.6	19.4	29.6	100	1 450
	50 岁及以上	5.1	14.6	27.3	17.0	36.0	100	589
学 历	初中及以下	4.9	17.5	21.8	12.4	43.4	100	371
	高中/中专/技校	5.4	12.5	30.2	19.1	32.8	100	1 745
	大专/高职	4.3	15.6	34.6	20.3	25.2	100	3 480
	本科及以上	3.2	13.4	34.5	26.4	22.5	100	1 272
职务职称	船长	4.3	17.0	35.3	20.1	23.3	100	746
	大副	3.8	14.3	33.4	21.6	26.9	100	728
	二副	3.4	14.2	30.5	25.0	26.9	100	1 008
	三副	6.7	19.1	35.5	17.1	21.6	100	1 035
	轮机长	4.1	12.3	31.8	22.0	29.8	100	560
	大管轮	3.6	11.9	33.4	21.7	29.4	100	590
	二管轮	3.5	11.9	29.9	24.7	30.0	100	737
	三管轮	5.7	14.6	34.6	18.1	27.0	100	645
工作航区	无限航区	5.5	15.4	34.0	20.8	24.3	100	3 839
	沿海航区	2.9	13.2	31.0	20.9	32.0	100	2 915
船舶类型	普通船舶	4.5	14.0	33.1	21.2	27.2	100	4 621
	特殊船舶	4.4	15.4	32.0	20.2	28.0	100	2 009
企业性质	国有企业	4.7	14.8	32.5	21.5	26.5	100	3 528
	合资企业	8.2	21.8	37.2	15.2	17.6	100	376
	民营企业	3.3	12.7	32.9	21.3	29.8	100	2 680
	外资企业	6.7	20.1	34.6	19.4	19.2	100	283
劳务合同	合同工	4.7	14.2	33.0	20.8	27.3	100	3 913
	派遣工	4.9	17.0	35.9	19.7	22.5	100	1 120
	个 体	3.5	13.4	30.2	21.5	31.4	100	1 724

九十一、对媒体上错误航运信息或报道的处理

		如果在媒体上看到了您认为明显错误的与航运有关的信息或报道,您一般会怎么办?						
		不予理睬/%	向相关管理部门反映/%	与该媒体联系,指出错误/%	通过媒体向公众澄清错误/%	运用QQ或微信向朋友圈澄清错误/%	其他/%	样本量
总体		50.2	21.8	10.9	4.9	30.8	2.8	6 561
年龄	30岁以下	45.5	24.4	14.3	6.2	34.3	2.9	2 256
	30~39岁	51.6	19.0	9.2	4.2	31.8	3.5	2 310
	40~49岁	53.5	19.6	9.1	4.1	29.0	3.0	1 429
	50岁及以上	54.5	28.7	9.2	4.8	16.8	3.0	566
学历	初中及以下	41.2	34.7	11.4	7.1	25.3	2.3	352
	高中/中专/技校	47.5	24.2	11.0	5.1	31.3	3.9	1 720
	大专/高职	50.6	21.1	11.1	4.9	31.5	2.7	3 442
	本科及以上	55.0	18.1	10.4	4.4	30.2	2.8	1 258
职务职称	船长	50.7	25.0	10.5	3.9	27.9	2.6	736
	大副	55.0	22.9	9.9	5.5	29.3	3.7	726
	二副	51.5	18.8	10.1	4.3	31.3	3.7	999
	三副	44.8	26.8	15.4	6.0	32.1	2.8	1 026
	轮机长	57.3	17.2	10.4	4.9	25.1	3.5	546
	大管轮	49.3	21.5	7.5	4.8	31.2	3.6	583
	二管轮	52.9	15.1	8.2	3.7	33.1	2.5	732
	三管轮	48.7	23.3	10.6	5.0	35.0	1.7	639
工作航区	无限航区	48.6	21.5	12.0	4.8	32.4	2.6	3 789
	沿海航区	52.6	22.2	9.6	5.0	28.9	3.6	2 875
船舶类型	普通船舶	51.0	20.0	10.6	4.4	31.1	3.0	4 566
	特殊船舶	49.1	25.7	11.7	6.4	30.6	3.0	1 990
企业性质	国有企业	53.8	19.4	9.9	4.4	28.6	2.7	3 479
	合资企业	35.7	39.5	22.3	10.9	34.1	3.0	367
	民营企业	47.8	23.0	10.6	5.0	34.7	3.3	2 653
	外资企业	46.6	31.9	21.5	11.2	32.0	1.8	279
劳务合同	合同工	52.4	19.8	10.9	4.6	30.7	2.5	3 848
	派遣工	45.3	27.5	13.2	6.6	31.6	2.5	1 111
	个体	48.9	23.4	11.2	4.9	30.5	4.3	1 703

九十二、参与各类公共事务管理的情况

	您是否参与过各类公共事务管理的活动?			Total	
	没有/%	有时/%	经常/%	合计/%	样本量
就单位的管理问题公开发表意见	66.6	31.2	2.2	100	6 878
向单位领导(部门)提建议/意见	56.5	40.0	3.5	100	6 879
向新闻媒体提建议/意见	86.8	11.4	1.8	100	6 865
向政府提建议/意见	87.5	10.6	1.9	100	6 861
参加上访/请愿	84.9	13.0	2.1	100	6 865
向周围人或在朋友圈发表意见	39.2	51.5	9.3	100	6 881

九十三、参与社会团体组织情况

		您目前是不是以下社会团体组织的会员?			
		工会会员/%	行业学会会员/%	行业学会下属各专业委员会会员/%	样本量
总体		19.5	5.8	6.8	6 503
年龄	30岁以下	14.6	8.1	9.1	2 245
	30~39岁	15.8	4.2	5.4	2 305
	40~49岁	28.4	4.4	5.0	1 410
	50岁及以上	31.9	6.3	7.2	543
学历	初中及以下	11.3	6.8	13.3	345
	高中/中专/技校	17.8	5.0	6.9	1 700
	大专/高职	19.0	6.4	6.9	3 413
	本科及以上	27.1	5.8	5.5	1 253
职务职称	船长	32.4	10.4	10.1	734
	大副	19.9	6.4	6.8	722
	二副	15.4	4.5	6.2	997
	三副	15.8	8.6	9.6	1 017
	轮机长	27.8	6.4	6.0	534
	大管轮	18.6	3.1	5.9	573
	二管轮	19.9	4.1	4.4	728
	三管轮	15.7	4.1	4.6	631
工作航区	无限航区	20.3	6.6	6.9	3 766
	沿海航区	19.1	5.2	7.0	2 846
船舶类型	普通船舶	20.3	4.9	5.7	4 533
	特殊船舶	18.5	8.4	9.7	1 961
企业性质	国有企业	30.5	5.6	5.7	3 434
	合资企业	13.9	15.4	17.8	370

(续表)

		您目前是不是以下社会团体组织的会员?			
		工会会员/%	行业学会会员/%	行业学会下属各专业委员会会员/%	样本量
	民营企业	7.6	5.1	7.1	2 636
	外资企业	16.8	18.3	19.9	277
劳务合同	合同工	28.1	5.3	6.0	3 803
	派遣工	12.2	7.9	8.0	1 109
	个 体	6.0	5.8	8.7	1 692

九十四、参与学术团体情况

		如果您是学术团体或基层学(协)会的会员,您经常参加该组织的活动吗?			Total	
		几乎不参加/%	偶尔/%	经常/%	合计/%	样本量
总 体		72.6	23.4	4.0	100	3 282
年 龄	30 岁以下	68.3	27.0	4.7	100	1 206
	30~39 岁	74.5	22.0	3.5	100	1 166
	40~49 岁	76.4	19.7	3.9	100	640
	50 岁及以上	74.8	21.9	3.3	100	270
学 历	初中及以下	77.8	18.8	3.4	100	208
	高中/中专/技校	75.4	21.8	2.8	100	882
	大专/高职	70.9	24.1	5.0	100	1 741
	本科及以上	71.1	25.6	3.3	100	575
职务职称	船长	64.5	30.4	5.1	100	352
	大副	74.8	21.2	4.0	100	354
	二副	76.4	19.9	3.7	100	534
	三副	68.6	27.0	4.4	100	566
	轮机长	71.7	24.3	4.0	100	247
	大管轮	78.7	17.9	3.4	100	290
	二管轮	78.2	18.2	3.6	100	335
	三管轮	71.8	23.8	4.4	100	315
工作航区	无限航区	71.4	24.6	4.0	100	1 897
	沿海航区	74.4	21.7	3.9	100	1 459
船舶类型	普通船舶	74.8	21.6	3.6	100	2 244
	特殊船舶	68.2	26.8	5.0	100	1 042
企业性质	国有企业	69.9	25.9	4.2	100	1 624
	合资企业	62.8	27.7	9.5	100	2 319
	民营企业	78.1	18.9	3.0	100	1 389
	外资企业	61.7	30.9	7.4	100	175
劳务合同	合同工	72.1	24.1	3.8	100	1 787
	派遣工	68.3	27.6	4.1	100	653
	个 体	72.5	23.6	3.9	100	906

九十五、参加学术团体或基层学(协)会组织活动情况

		您目前是否是以下学术团体(如学会、研究会等)的个人会员?						
		国际或海外学术团体/%	全国性学术团体/%	省级学术团体/%	地市级学术团体/%	区县级学术团体/%	其他学术团体/%	样本量
总 体		1.2	1.3	1.4	1.4	1.8	4.3	6 657
年 龄	30岁以下	2.0	2.0	2.2	2.0	2.7	5.0	2 222
	30~39岁	0.9	0.9	1.0	1.1	1.3	3.9	2 282
	40~49岁	1.1	1.1	1.1	1.4	1.8	4.7	1 412
	50岁及以上	0	0.2	0.2	0.2	0.4	2.4	552
学 历	初中及以下	1.1	1.1	1.1	1.4	1.4	2.5	350
	高中/中专/技校	0.5	0.4	0.5	0.7	1.0	3.9	1 634
	大专/高职	1.7	1.8	1.9	1.8	2.5	5.0	3 262
	本科及以上	1.8	1.9	1.9	2.0	2.2	4.2	1 204
职务职称	船长	3.4	3.7	3.7	3.7	3.9	5.6	710
	大副	1.4	1.3	1.3	1.3	1.7	3.9	698
	二副	1.5	1.7	1.6	1.7	1.9	4.3	955
	三副	1.4	1.5	1.9	1.6	2.1	5.1	978
	轮机长	0.9	0.7	0.7	0.9	1.6	3.4	511
	大管轮	1.2	1.4	1.4	1.6	1.8	3.2	557
	二管轮	0.4	0.4	0.4	0.6	0.9	2.4	699
	三管轮	0.6	0.6	0.6	0.9	1.6	3.5	613
工作航区	无限航区	1.6	1.7	1.8	1.8	2.1	4.4	3 707
	沿海航区	1.1	1.1	1.1	1.1	1.9	4.4	2 790
船舶类型	普通船舶	0.9	1.0	1.0	1.1	1.4	3.6	4 473
	特殊船舶	2.5	2.4	2.7	2.7	3.5	6.0	1 906
企业性质	国有企业	1.5	1.6	1.5	1.5	0.1	6.3	3 359
	合资企业	6.3	5.5	6.1	6.4	0	7.0	358
	民营企业	0.6	0.6	0.6	0.7	1.1	1.7	2 604
	外资企业	6.2	6.7	7.7	7.0	7.5	9.2	271
劳务合同	合同工	1.2	1.3	1.3	1.3	1.8	4.8	3 738
	派遣工	2.5	2.4	2.6	2.9	3.2	6.1	1 088
	个 体	1.1	1.1	1.1	1.1	1.8	2.7	1 661

九十六、对工会组织的了解程度

		您对工会的情况,了解程度如何?				Total	
		完全不了解/%	不太了解/%	比较了解/%	非常了解/%	合计/%	样本量
总体		33.6	49.5	15.6	1.3	100	6 259
年龄	30岁以下	34.8	51.4	12.2	1.6	100	2 183
	30~39岁	37.8	48.8	12.6	0.8	100	2 192
	40~49岁	26.6	50.7	21.4	1.3	100	1 352
	50岁及以上	29.1	42.3	26.5	2.1	100	532
学历	初中及以下	47.5	42.3	8.4	1.8	100	333
	高中/中专/技校	33.7	48.8	16.3	1.2	100	1 607
	大专/高职	32.6	50.4	15.5	1.5	100	3 311
	本科及以上	32.8	49.0	17.5	0.7	100	1 208
职务职称	船长	23.1	48.2	25.6	3.1	100	703
	大副	34.6	50.6	13.5	1.3	100	704
	二副	39.5	48.8	11.3	0.4	100	950
	三副	31.8	53.5	13.1	1.6	100	1 004
	轮机长	26.5	47.0	24.9	1.6	100	515
	大管轮	35.8	49.4	14.3	0.5	100	553
	二管轮	37.9	47.4	13.8	0.9	100	705
	三管轮	33.5	51.2	13.7	1.6	100	615
工作航区	无限航区	31.9	51.2	15.4	1.5	100	3 654
	沿海航区	36.4	46.7	15.9	1.0	100	2 719
船舶类型	普通船舶	32.5	50.2	16.2	1.1	100	4 376
	特殊船舶	36.3	47.0	14.8	1.9	100	1 883
企业性质	国有企业	26.8	51.2	20.3	1.7	100	3 290
	合资企业	34.5	51.4	12.1	2.0	100	354
	民营企业	27.4	51.5	19.4	1.7	100	3 746
	外资企业	35.4	46.7	13.5	4.4	100	274
劳务合同	合同工	28.3	50.9	19.4	1.4	100	3 667
	派遣工	36.4	50.7	11.6	1.3	100	1 071
	个体	43.5	45.3	10.5	0.7	100	1 622

九十七、对行业学会的了解程度

		您对行业学会的情况,了解程度如何?				Total	
		完全不了解/%	不太了解/%	比较了解/%	非常了解/%	合计/%	样本量
总 体		38.9	49.2	10.7	1.2	100	6 237
年 龄	30 岁以下	39.6	49.9	8.9	1.6	100	2 178
	30~39 岁	43.3	48.0	8.2	0.5	100	2 183
	40~49 岁	33.2	51.3	14.5	1.0	100	1 353
	50 岁及以上	33.5	45.9	18.5	2.1	100	523
学 历	初中及以下	44.0	43.1	10.8	2.1	100	334
	高中/中专/技校	38.7	49.6	10.7	1.0	100	1 601
	大专/高职	37.9	49.5	11.2	1.4	100	3 306
	本科及以上	41.5	48.8	9.1	0.6	100	1 193
职务职称	船长	26.2	50.0	21.1	2.7	100	700
	大副	38.7	49.6	10.4	1.3	100	702
	二副	42.3	50.1	7.1	0.5	100	946
	三副	34.7	52.4	11.1	1.8	100	513
	轮机长	33.2	50.3	14.6	1.9	100	513
	大管轮	45.8	45.7	8.0	0.5	100	552
	二管轮	46.3	44.9	8.4	0.4	100	702
	三管轮	40.0	51.4	7.3	1.3	100	615
工作航区	无限航区	37.5	50.1	11.4	1.0	100	3 646
	沿海航区	41.2	47.8	9.7	1.3	100	2 703
船舶类型	普通船舶	39.0	49.9	10.2	0.9	100	4 356
	特殊船舶	39.3	46.9	12.0	1.8	100	1 879
企业性质	国有企业	36.7	50.9	11.0	1.4	100	3 260
	合资企业	36.3	46.8	15.2	1.7	100	355
	民营企业	42.2	47.2	9.7	0.9	100	2 551
	外资企业	34.6	46.2	15.6	3.6	100	275
劳务合同	合同工	37.1	50.5	11.2	1.2	100	3 637
	派遣工	38.3	49.8	10.6	1.3	100	1 070
	个 体	43.5	45.8	9.8	0.9	100	1 629

九十八、对工会影响力的评价

		您认为工会所发挥的影响力如何?						Total	
		没有影响/%	影响较弱/%	一般/%	比较有影响/%	非常有影响/%	不清楚/%	合计/%	样本量
总体		26.4	23.7	27.6	9.1	2.6	10.6	100	6 320
年龄	30岁以下	23.2	23.0	27.1	11.3	3.0	12.4	100	2 192
	30~39岁	29.3	24.1	26.5	8.1	2.0	10.0	100	2 235
	40~49岁	26.6	24.5	30.5	7.2	2.8	8.4	100	1 366
	50岁及以上	26.8	23.3	26.8	9.7	3.2	10.2	100	527
学历	初中及以下	31.0	13.3	27.2	6.8	1.9	19.8	100	323
	高中/中专/技校	26.0	22.4	27.6	8.7	2.9	12.4	100	1 636
	大专/高职	26.1	24.2	27.7	9.9	2.5	9.6	100	3 331
	本科及以上	27.1	27.0	26.7	8.1	2.8	8.3	100	1 223
职务职称	船长	25.5	26.4	30.4	8.3	3.0	6.4	100	711
	大副	28.2	26.8	28.1	6.4	1.6	8.9	100	705
	二副	31.3	26.0	24.8	7.3	1.6	9.0	100	970
	三副	20.8	22.8	31.1	10.6	3.7	11.0	100	996
	轮机长	26.9	23.2	30.3	9.0	2.5	8.1	100	521
	大管轮	28.4	24.2	26.7	7.0	2.1	11.6	100	559
	二管轮	29.0	22.8	25.9	8.9	2.8	10.6	100	707
	三管轮	21.8	20.7	28.3	11.2	4.2	13.8	100	614
工作航区	无限航区	25.3	23.9	28.6	9.5	3.0	9.7	100	3 677
	沿海航区	28.1	23.6	26.1	8.4	2.0	11.8	100	2 748
船舶类型	普通船舶	25.6	24.3	28.1	9.2	2.7	10.1	100	4 407
	特殊船舶	28.1	22.4	26.2	9.2	2.4	11.7	100	1 901
企业性质	国有企业	26.2	24.7	29.7	9.2	2.8	7.4	100	3 360
	合资企业	23.6	19.6	30.7	9.9	3.4	12.8	100	352
	民营企业	27.0	23.5	24.5	8.6	2.3	14.1	100	2 538
	外资企业	22.6	22.6	30.3	10.6	3.3	10.6	100	274
劳务合同	合同工	24.8	25.0	29.4	10.1	3.2	7.5	100	3 719
	派遣工	28.9	21.1	26.1	9.6	2.2	12.1	100	1 076
	个体	28.5	23.1	24.6	6.4	1.5	15.9	100	1 621

九十九、对行业学会影响力的评价

		您认为行业学会所发挥的影响力如何？						Total	
		没有影响/%	影响较弱/%	一般/%	比较有影响/%	非常有影响/%	不清楚/%	合计/%	样本量
总体		23.6	22.8	27.4	11.0	2.5	12.7	100	6 308
年龄	30岁以下	20.3	23.1	27.0	12.4	3.1	14.1	100	2 191
	30~39岁	27.3	22.6	27.8	8.8	1.7	11.8	100	2 233
	40~49岁	22.5	23.5	28.5	11.1	2.5	11.9	100	1 360
	50岁及以上	25.0	20.8	24.8	14.5	3.1	11.8	100	524
学历	初中及以下	28.4	15.7	25.3	11.1	2.5	17.0	100	324
	高中/中专/技校	22.7	21.8	26.9	11.3	2.8	14.5	100	1 632
	大专/高职	23.4	22.8	28.2	11.4	2.5	11.7	100	3 323
	本科及以上	24.3	26.6	25.7	9.6	2.1	11.7	100	1 219
职务职称	船长	20.1	23.2	29.0	15.1	4.1	8.5	100	710
	大副	27.1	23.9	29.5	8.5	1.3	9.7	100	704
	二副	28.6	25.4	24.8	9.6	2.0	9.6	100	970
	三副	17.6	23.6	30.7	12.2	3.4	12.5	100	997
	轮机长	23.7	24.8	26.0	12.3	2.7	10.5	100	520
	大管轮	26.7	19.6	29.4	7.7	2.0	14.6	100	555
	二管轮	26.9	20.8	25.8	10.1	2.1	14.3	100	706
	三管轮	18.6	21.7	28.9	11.3	2.4	17.1	100	613
工作航区	无限航区	22.5	22.7	28.6	11.7	2.6	11.9	100	3 671
	沿海航区	25.2	23.1	25.7	9.9	2.2	13.9	100	2 737
船舶类型	普通船舶	22.8	23.5	27.7	11.1	2.1	12.8	100	4 401
	特殊船舶	24.9	21.8	26.6	10.7	3.2	12.8	100	1 892
企业性质	国有企业	22.8	24.8	28.0	11.1	2.1	11.2	100	3 344
	合资企业	20.4	18.1	30.3	13.0	5.9	12.3	100	353
	民营企业	24.9	21.6	25.8	10.5	2.7	14.5	100	2 537
	外资企业	19.4	20.9	32.2	13.9	2.9	10.7	100	273
劳务合同	合同工	21.6	24.5	28.5	11.6	2.7	11.1	100	3 701
	派遣工	25.4	21.9	26.5	10.6	2.7	12.9	100	1 078
	个体	27.0	20.4	25.7	9.7	1.9	15.3	100	1 621

一〇〇、对社会团体组织提供服务的期待

		您希望从社会团体组织中获得哪些帮助?										样本量
		信息,技术服务/%	政策咨询服务/%	就业服务/%	进修培训服务/%	职称评审/%	资助研究/%	解决生活困难/%	向政府反映意见/%	保障权益/%	提供与社会各界交流的机会/%	提供船舶技术交流的机会/%	其他/%	
总体		49.8	34.0	48.6	26.7	14.4	10.7	28.9	19.1	49.9	26.1	25.0	2.0	6 311
年龄	30岁以下	48.2	32.7	50.5	26.6	16.5	15.2	34.5	20.1	18.9	28.4	23.3	1.8	2 169
	30~39岁	47.3	35.6	50.0	27.5	14.2	10.0	27.8	19.7	50.3	28.1	25.8	2.2	2 228
	40~49岁	53.9	33.3	46.1	26.8	11.9	6.4	24.2	17.7	53.4	22.8	26.8	1.8	1 369
	50岁及以上	56.1	34.7	41.2	23.5	13.4	6.5	23.1	16.8	43.0	17.4	24.0	2.2	545
学历	初中及以下	45.6	32.3	56.5	26.5	8.6	6.7	31.8	13.9	41.6	19.4	18.3	2.3	355
	高中/中专/技校	47.8	32.0	51.9	26.0	11.3	8.6	30.7	16.2	50.0	22.4	22.2	2.4	1 638
	大专/高职	49.9	35.0	49.8	28.3	15.4	12.2	29.7	20.8	50.8	27.8	26.4	1.8	3 316
	本科及以上	53.6	36.8	39.5	25.0	18.1	11.5	24.6	20.1	49.3	28.8	26.7	2.6	1 209
职务职称	船长	61.0	41.2	40.9	24.6	14.3	11.7	22.3	20.7	49.2	26.3	30.0	1.4	718
	大副	51.5	38.5	48.5	25.4	10.8	9.4	23.1	18.8	46.8	27.4	23.3	3.1	709
	二副	42.3	35.7	52.6	27.0	12.2	10.7	29.9	21.9	51.7	24.8	20.8	2.0	976
	三副	47.2	33.2	53.5	28.5	17.4	14.7	35.4	19.1	48.1	26.9	20.9	1.6	992

(续表)

您希望从社会团体组织中获得哪些帮助？

		信息,技术服务/%	政策咨询服务/%	就业服务/%	进修培训服务/%	职称评审/%	资助研究/%	解决生活困难/%	向政府反映意见/%	保障权益/%	提供与社会各界交流的机会/%	提供船舶技术交流的机会/%	其他/%	样本量
职务职称	轮机长	62.2	34.1	38.8	27.6	13.9	6.2	20.3	17.4	47.1	26.6	35.4	1.9	526
	大管轮	50.4	32.6	49.6	26.6	11.1	8.6	23.8	19.0	53.2	26.2	26.2	2.1	560
	二管轮	47.8	36.1	52.8	27.7	14.3	9.3	29.1	20.8	56.7	25.9	26.2	1.6	706
	三管轮	51.7	31.8	48.6	26.6	18.1	11.9	34.3	19.1	47.4	25.8	23.3	2.2	603
工作航区	无限航区	50.1	34.3	44.5	27.4	16.0	12.3	28.5	19.2	49.8	28.5	25.4	1.9	3 638
	沿海航区	49.6	34.3	54.6	26.3	12.5	8.8	29.7	19.2	50.1	23.3	24.4	2.3	2 775
船舶类型	普通船舶	51.1	33.6	47.7	26.8	14.8	11.2	29.0	19.5	49.8	26.8	24.8	2.1	4 378
	特殊船舶	47.2	36.5	51.5	26.9	14.3	10.5	28.7	18.6	50.2	25.7	25.7	2.1	1 922
企业性质	国有企业	53.0	33.5	42.3	25.8	17.1	11.7	28.5	18.3	50.4	26.6	26.6	1.9	3 298
	合资企业	37.6	38.6	51.0	26.3	10.1	18.4	38.1	16.4	38.4	28.8	19.7	2.5	364
	民营企业	48.0	35.3	56.5	28.8	11.8	8.5	29.0	20.3	51.3	25.8	24.0	2.4	2 584
	外资企业	48.7	34.3	51.6	27.0	15.6	18.2	29.5	22.2	46.9	35.3	25.8	1.1	275
劳务合同	合同工	52.7	34.5	43.7	27.3	16.8	11.2	28.3	19.0	49.9	27.5	26.7	1.9	3 679
	派遣工	46.1	35.4	47.8	26.2	14.0	13.1	28.6	17.3	47.6	28.3	22.5	2.4	1 080
	个体	45.4	33.4	60.4	26.8	9.4	8.5	30.7	20.5	50.9	21.8	23.0	2.2	1 651

一〇一、海员当前遇到的困难

		您是否遇到过以下困难?								
		个税缴纳/%	社保缴费/%	看病报销/%	工伤救助/%	工伤索赔/%	养老问题/%	工资按时发放/%	其他/%	样本量
总体		26.3	34.9	38.5	14.7	13.2	23.7	42.4	9.0	5 859
年龄	30岁以下	27.6	38.0	42.2	17.7	14.0	21.3	38.2	10.3	1 979
	30~39岁	25.1	36.1	41.2	14.2	13.7	24.7	42.3	7.8	2 094
	40~49岁	27.7	32.0	31.9	11.9	12.4	24.9	46.6	9.2	1 280
	50岁及以上	22.3	24.7	29.1	11.9	9.9	25.5	48.4	8.1	506
学历	初中及以下	13.1	26.7	32.5	15.9	15.6	30.1	59.9	8.0	339
	高中/中专/技校	23.4	35.2	35.7	14.1	12.4	28.2	48.3	8.1	1 543
	大专/高职	26.9	37.2	40.1	15.7	14.4	23.6	42.6	9.1	3 072
	本科及以上	33.6	32.9	39.7	12.5	10.1	16.6	27.2	10.9	1 086
职务职称	船长	30.8	32.6	32.2	13.6	14.4	23.1	44.1	8.9	654
	大副	25.1	36.4	34.3	13.4	13.4	24.0	45.3	11.1	677
	二副	26.6	42.4	43.7	15.6	14.5	28.6	44.5	6.9	911
	三副	28.5	35.9	40.2	18.0	12.0	22.6	38.1	9.5	905
	轮机长	27.7	27.7	29.7	10.2	12.9	24.4	45.9	10.9	488
	大管轮	25.8	33.9	35.7	12.8	11.5	25.9	48.5	6.8	532
	二管轮	23.4	36.5	44.1	14.9	13.9	20.1	41.7	7.5	657
	三管轮	28.5	34.4	39.9	14.2	12.5	22.2	39.5	10.1	554
工作航区	无限航区	27.8	35.9	40.1	14.3	11.2	21.8	32.8	9.6	3 343
	沿海航区	24.5	34.4	36.4	15.3	15.3	26.6	54.5	8.1	2 607
船舶类型	普通船舶	26.2	34.8	37.8	13.9	12.3	23.3	39.4	9.7	4 020
	特殊船舶	27.2	36.3	39.7	16.6	14.7	24.5	47.6	7.7	1 826
企业性质	国有企业	35.7	30.6	37.9	12.6	10.5	19.3	28.6	10.7	2 960
	合资企业	19.5	46.4	37.8	17.2	14.0	30.7	45.3	10.0	349
	民营企业	17.5	39.3	38.6	17.1	16.7	29.0	58.8	7.0	2 488
	外资企业	22.6	42.1	46.7	21.1	13.4	34.1	36.4	6.5	261
劳务合同	合同工	34.3	30.9	36.9	12.6	10.1	18.7	31.2	10.8	3 322
	派遣工	18.4	41.7	45.7	16.6	15.3	27.6	38.3	7.5	1 016
	个体	15.3	39.3	37.2	18.2	18.1	31.5	67.5	6.3	1 611

一〇二、遇到困难后的解决方式

		不予理睬/%	诉诸法律/%	向媒体反映/%	向自己单位反映/%	向亲人反映/%	向同事、朋友反映/%	向学会组织反映/%	向工会组织反映/%	向地方海事法院反映/%	与侵害者交涉/%	其他/%	样本量
总体		12.5	17.9	8.7	48.7	21.7	35.3	5.7	8.5	14.5	15.2	4.9	5 756
年龄	30岁以下	12.3	22.1	11.4	49.8	22.0	38.0	7.9	9.0	17.6	14.1	3.5	1 990
	30~39岁	13.7	16.7	8.5	48.8	20.1	34.3	4.5	6.7	13.2	14.4	4.3	2 031
	40~49岁	12.2	13.8	5.5	47.8	23.6	32.7	3.7	10.2	11.6	18.1	4.7	1 241
	50岁及以上	10.0	16.4	6.2	45.8	22.8	35.2	6.7	9.7	15.4	15.2	4.9	494
学历	初中及以下	10.9	24.9	10.0	42.1	24.0	36.6	9.5	8.3	24.7	16.7	5.1	336
	高中/中专/技校	10.7	17.5	7.4	44.8	23.2	36.2	5.7	8.4	15.7	18.0	3.6	1 484
	大专/高职	12.7	18.6	9.9	50.2	21.3	36.0	5.7	8.5	14.5	15.0	3.9	3 032
	本科及以上	16.7	16.3	7.2	51.4	18.8	30.7	4.9	8.9	10.4	11.3	5.2	1 087
职务职称	船长	12.2	14.1	6.2	49.8	20.5	36.9	7.1	9.4	12.8	15.5	4.4	657
	大副	12.4	18.7	9.2	44.8	20.0	32.8	4.3	8.7	13.3	16.6	6.8	651
	二副	14.2	16.9	9.3	46.9	21.6	33.7	4.8	8.1	14.9	15.7	4.5	892
	三副	13.6	24.3	12.0	52.1	20.7	34.6	8.1	8.3	20.1	13.2	3.3	923

(续表)

		不予理睬/%	诉诸法律/%	向媒体反映/%	向自己单位反映/%	向亲人反映/%	向同事朋友反映/%	向学会组织反映/%	向工会组织反映/%	向地方海事法院反映/%	与侵害者交涉/%	其他/%	样本量
职务职称	轮机长	12.9	17.3	6.6	48.2	20.7	33.7	2.7	8.5	13.5	17.1	4.2	473
	大管轮	11.1	17.2	8.6	46.7	24.6	37.4	5.8	8.8	14.6	17.5	4.3	535
	二管轮	14.2	14.5	7.8	51.4	20.1	33.3	4.3	5.7	11.3	14.7	2.7	632
	三管轮	13.0	17.8	9.8	49.1	23.8	38.8	6.1	8.5	15.4	13.4	3.6	557
工作航区	无限航区	13.3	18.4	8.8	51.8	20.5	34.0	6.0	8.9	12.2	11.7	4.1	3 332
	沿海航区	12.1	17.9	8.6	44.8	22.9	36.7	5.3	7.8	17.5	19.5	4.1	2 543
船舶类型	普通船舶	12.9	17.6	8.0	49.6	21.2	34.3	5.1	8.3	12.4	14.3	4.2	4 017
	特殊船舶	12.7	19.5	9.9	47.5	22.1	36.9	7.2	8.7	19.7	17.1	3.8	1 765
企业性质	国有企业	14.9	15.3	7.4	50.9	19.9	31.9	4.5	11.1	9.4	11.0	4.7	2 881
	合资企业	9.0	30.8	19.0	48.6	24.6	42.8	13.6	9.2	22.8	17.1	2.0	346
	民营企业	10.7	19.8	9.0	45.9	24.0	39.2	6.0	6.1	19.5	20.2	3.8	2 522
	外资企业	18.0	28.9	11.3	53.0	21.1	32.4	12.2	6.8	17.9	17.5	1.5	262
劳务合同	合同工	13.5	15.5	7.6	53.7	19.4	33.6	5.1	10.6	10.8	11.6	4.1	3 283
	派遣工	12.3	21.9	10.6	49.2	23.3	35.1	7.0	7.6	14.5	14.3	3.5	993
	个体	11.6	20.9	10.1	37.7	25.1	38.0	6.4	4.7	22.9	22.7	4.6	1 565

一〇三、心理健康量表的阳性检出率（重点关注人群）

		总均分/%	心理健康量表的阳性检出率										样本量
			躯体化/%	焦虑/%	抑郁/%	性心理障碍/%	自卑/%	冲动/%	社交/%	空虚/%	精神病性/%	恐怖/%	强迫/%	
总体		4.6	4.6	4.5	4.3	4.6	4.1	4.5	4.7	5.2	6.3	5.1	4.8	4991
年龄	30岁以下	6.5	6.6	6.5	6.4	6.2	5.5	6.2	6.9	7.3	9.0	7.1	7.5	1555
	30~39岁	5.0	4.6	4.7	4.6	5.2	4.4	5.1	4.8	6.0	6.2	5.4	4.6	1722
	40~49岁	1.3	1.6	1.9	1.8	1.6	1.7	1.2	1.1	2.1	2.9	2.2	1.8	1087
	50岁及以上	1.7	1.7	2.4	1.9	1.4	1.2	1.0	1.7	1.7	2.9	1.4	2.4	419
学历	初中及以下	3.9	3.9	3.5	4.3	4.3	3.0	3.0	3.9	3.5	7.8	3.0	4.8	231
	高中/中专/技校	3.2	3.0	3.2	3.2	3.4	3.1	2.7	3.0	3.9	4.2	3.7	3.9	1239
	大专/高职	4.9	5.2	5.0	4.8	4.9	4.2	5.2	5.1	5.7	6.8	5.7	5.5	2548
	本科及以上	5.7	5.4	5.3	4.4	5.8	5.9	5.8	6.0	5.9	7.5	6.0	3.9	932
职务职称	船长	5.0	5.0	5.2	4.4	4.3	4.4	4.6	5.6	5.4	7.8	5.9	5.0	540
	大副	5.9	5.9	5.1	4.9	5.1	4.2	6.9	5.9	4.0	8.4	5.3	5.1	547
	二副	6.2	5.3	6.2	6.1	5.9	5.3	5.0	5.9	7.3	6.9	6.3	5.4	757
	三副	5.9	7.2	6.0	5.0	5.0	4.9	6.0	6.7	5.3	7.6	5.8	7.2	713
	轮机长	1.4	1.9	2.1	1.9	1.6	1.6	1.6	1.2	0.9	3.2	2.6	2.1	431

(续表)

		心理健康量表的阴性检出率											
		总均分/%	躯体化/%	焦虑/%	抑郁/%	性心理障碍/%	自卑/%	冲动/%	社交/%	空虚/%	精神病性/%	恐怖/%	强迫/%	样本量
职务职称	大管轮	2.5	2.9	2.5	2.7	4.1	3.2	2.7	1.8	5.9	3.4	3.6	2.5	442
	二管轮	3.6	3.1	3.8	4.0	4.0	4.1	3.4	3.6	6.5	5.4	4.5	4.7	556
	三管轮	4.0	3.7	4.4	3.5	4.9	3.7	3.7	3.7	4.9	7.0	5.6	5.8	430
工作航区	无限航区	5.5	5.3	5.3	4.6	5.3	4.7	5.3	5.6	5.5	7.5	5.8	5.3	2 678
	沿海航区	3.7	3.9	3.8	4.0	3.9	3.7	3.8	3.7	4.9	4.9	4.6	4.2	2 191
船舶类型	普通船舶	4.4	4.4	4.2	4.1	4.6	4.1	4.5	4.6	5.1	6.2	5.0	4.6	3 315
	特殊船舶	5.4	5.6	5.8	5.0	5.1	4.4	5.1	5.4	5.6	6.9	5.6	5.5	1 440
企业性质	国有企业	4.2	4.4	3.9	3.8	4.7	4.4	3.8	4.2	5.0	6.3	4.8	4.0	2 558
	合资企业	10.0	11.0	11.0	8.5	9.2	7.4	12.0	11.0	7.0	14.0	9.2	11.0	271
	民营企业	4.3	4.2	4.4	4.4	4.2	3.6	4.6	4.3	5.3	5.6	4.9	4.9	1 951
	外资企业	9.7	9.1	9.7	7.4	9.1	6.3	10.0	11.0	8.6	11.0	9.1	9.7	175
劳务合同	合同工	4.5	4.4	4.6	4.3	4.7	4.2	4.2	4.5	5.2	5.9	5.1	4.6	2 848
	派遣工	5.8	6.5	4.9	4.1	5.4	4.7	6.9	6.6	5.1	7.9	6.1	5.7	759
	个体	4.2	3.9	4.1	4.7	4.1	3.7	4.1	3.9	5.1	6.3	4.7	4.7	1 258

一〇四、心理健康量表的阳性检出率（一般关注人群）

		心理健康量表的阳性检出率										样本量
		总均分/%	躯体化/%	焦虑/%	抑郁/%	性心理障碍/%	自卑/%	冲动/%	社交/%	空虚/%	精神病性/%	恐怖/%	强迫/%	
总体		10.4	11.3	10.3	11.0	10.8	11.3	11.3	9.6	11.1	8.1	10.0	9.4	4 991
年龄	30岁以下	12.9	12.9	12.3	12.9	12.6	13.6	14.0	11.7	12.9	9.2	11.1	10.8	1 555
	30~39岁	10.4	11.4	9.9	10.7	12.1	12.1	11.0	9.4	10.7	8.8	10.7	9.7	1 722
	40~49岁	7.8	9.5	8.1	8.5	7.5	8.3	9.8	7.8	9.3	5.3	7.9	6.5	1 087
	50岁及以上	6.4	7.2	6.7	7.6	6.9	6.7	6.4	6.4	6.4	5.7	6.0	5.0	419
学历	初中及以下	8.7	7.8	9.1	9.1	10.0	6.1	9.5	9.5	8.7	9.1	11.3	9.5	231
	高中/中专/技校	8.8	9.7	9.0	9.4	9.7	10.7	9.5	9.0	9.8	7.9	8.1	8.2	1 239
	大专/高职	11.5	12.3	11.2	11.6	11.2	11.7	12.4	9.9	11.5	8.3	11.0	9.6	2 548
	本科及以上	9.8	11.4	9.3	11.9	11.1	11.9	10.9	9.1	12.0	7.5	9.1	10.2	932
职务职称	船长	11.5	12.4	10.9	12.8	11.3	10.6	12.0	10.7	11.1	8.0	9.3	8.3	540
	大副	13.2	14.6	12.8	14.3	13.2	13.5	13.9	10.8	14.4	9.1	13.3	13.7	547
	二副	11.4	12.9	11.4	13.1	11.9	12.3	13.7	10.8	11.6	9.8	11.4	10.8	757
	三副	10.0	9.5	10.1	10.4	10.7	11.8	11.9	8.8	12.1	8.7	10.1	9.1	713
	轮机长	6.3	7.9	7.0	7.7	6.7	6.5	7.9	7.2	9.0	4.9	5.3	5.1	431

（续表）

		总均分/%	躯体化/%	焦虑/%	抑郁/%	性心理障碍/%	自卑/%	冲动/%	社交/%	空虚/%	精神病性/%	恐怖/%	强迫/%	样本量
职务职称	大管轮	9.3	10.0	9.7	8.1	11.5	10.0	8.8	9.0	8.6	9.3	10.6	8.8	442
	二管轮	11.3	11.2	8.5	11.3	11.5	11.5	11.9	9.2	10.6	7.7	9.5	9.0	556
	三管轮	10.7	11.9	11.2	9.8	11.9	11.4	10.9	10.7	11.4	6.7	9.3	10.0	430
工作航区	无限航区	10.5	11.3	10.5	11.3	11.7	11.4	12.4	9.9	11.1	8.1	10.3	9.9	2 678
	沿海航区	10.2	11.2	9.8	10.6	9.6	10.9	10.0	9.1	10.8	8.1	9.5	8.8	2 191
船舶类型	普通船舶	10.5	11.0	10.3	10.9	10.7	11.3	11.3	9.5	10.9	7.4	9.9	9.4	3 315
	特殊船舶	10.3	11.9	9.8	11.2	11.2	11.0	11.4	9.7	11.5	9.4	10.1	9.4	1 440
企业性质	国有企业	9.0	10.0	8.7	10.5	9.3	10.8	10.8	8.4	10.5	5.7	8.8	8.8	2 558
	合资企业	15.9	17.0	13.7	16.6	15.5	13.7	12.9	13.7	13.3	11.8	16.2	12.9	271
	民营企业	11.6	12.6	11.7	10.9	12.3	11.9	12.0	10.6	11.5	10.2	11.2	9.7	1 951
	外资企业	14.3	13.1	12.0	13.1	11.4	12.6	9.1	13.1	13.7	10.3	9.1	12.6	175
劳务合同	合同工	9.3	10.1	9.1	10.0	9.4	10.6	10.3	8.5	10.0	6.7	8.8	8.6	2 848
	派遣工	12.4	13.8	12.0	14.2	12.3	12.6	13.6	10.9	12.4	11.2	12.0	10.3	759
	个体	11.4	12.4	11.7	11.1	13.0	11.7	11.7	10.9	12.5	9.3	11.2	10.3	1 258

一〇五、心理压力的主要来源

您的心理压力主要来源于哪些方面?

		工作任务重压力大/%	收入低/%	航海职业危险/%	工作环境封闭/%	职业无发展前景/%	生活不规律/%	人际关系不协调/%	跟亲人在一起时间少/%	饮食结构不合理/%	身体健康受影响/%	性生活不满意/%	与社会分离高/%	工作缺乏归属感/%	缺少文化环境/%	配偶有外遇/恋人移情别恋/%	应有权益得不到保障/%	样本量
总体		64.4	66.8	70.5	77.1	62.0	70.2	68.3	86.0	58.7	66.6	64.6	78.7	67.4	66.0	27.9	62.1	7 213
年龄	30岁以下	61.6	69.4	67.8	75.8	58.2	65.1	68.4	84.2	54.9	60.2	62.4	76.5	65.5	63.6	31.9	60.1	1 469
	30~39岁	66.3	68.3	71.8	79.6	66.2	72.6	70.9	88.3	60.4	69.8	68.7	82.8	71.6	68.1	27.9	64.5	1 603
	40~49岁	67.5	62.5	72.0	75.6	61.8	72.6	65.1	85.5	60.6	68.9	62.6	77.2	65.3	65.4	23.5	61.0	1 030
	50岁及以上	65.4	58.3	69.2	73.3	57.8	75.3	62.3	85.1	63.5	69.8	60.8	74.4	61.7	67.0	23.0	62.5	409
学历	初中及以下	50.7	59.8	65.0	68.9	58.8	62.6	63.3	76.7	56.0	60.2	57.1	63.2	54.2	58.8	31.6	58.9	208
	高中/中专/技校	60.8	67.4	69.6	75.1	60.4	70.0	67.0	86.4	57.1	65.7	64.5	78.4	65.4	65.0	26.1	61.8	1 125
	大专/高职	66.6	67.0	71.2	77.5	61.3	70.1	67.9	86.0	58.9	66.9	65.0	78.9	67.4	66.3	28.0	62.2	2 418
	本科及以上	68.2	67.7	70.8	80.4	66.5	73.0	72.3	88.3	61.2	68.4	65.6	82.8	73.6	68.6	28.9	62.8	902
职务职称	船长	71.7	52.1	74.1	76.0	62.0	71.6	64.8	84.0	60.8	68.3	62.4	77.4	65.3	65.3	24.7	60.6	573
	大副	72.6	62.6	72.9	78.9	64.1	77.4	68.6	87.7	64.4	70.7	64.1	79.3	68.2	66.7	28.9	63.0	556
	二副	66.4	77.2	73.5	79.7	67.9	73.9	73.0	88.2	64.1	71.8	69.7	81.1	74.6	70.9	29.0	69.3	702
	三副	59.9	68.6	65.8	74.7	58.6	63.6	66.0	83.4	54.7	56.1	58.8	74.4	63.2	61.7	31.3	59.8	650

(续表)

		工作任务重压力大/%	收入低/%	航海职业危险/%	工作环境封闭/%	职业无发展前景/%	生活不规律/%	人际关系不协调/%	跟亲人在一起时间少/%	饮食结构不合理/%	身体健康受影响/%	性生活不满意/%	与社会分离/%	工作缺乏归属感/%	缺少文化环境/%	配偶有外遇/恋人移情别恋/%	应有权益得不到保障/%	样本量
职务职称	轮机长	70.7	58.7	74.0	75.6	62.5	73.1	67.2	84.6	63.4	71.4	65.3	79.1	66.2	69.1	24.9	63.7	413
	大管轮	65.4	58.0	71.8	81.1	66.8	74.2	70.6	87.6	62.3	74.4	69.0	82.0	73.8	71.0	26.5	65.3	398
	二管轮	69.6	72.4	72.6	80.4	63.7	75.6	72.0	88.7	61.6	70.7	67.4	84.7	71.9	68.7	26.3	63.5	532
	三管轮	58.8	68.9	64.5	72.7	53.3	62.0	64.8	83.0	48.4	58.5	62.1	75.0	63.0	62.5	29.2	55.4	390
工作航区	无限航区	62.6	64.2	68.1	76.7	59.4	66.9	67.6	85.6	56.6	63.8	63.7	78.9	66.3	63.9	27.1	57.5	2 506
	沿海航区	68.1	70.9	73.9	77.9	65.9	75.0	69.7	86.9	61.6	70.5	66.4	78.9	69.1	69.2	29.1	68.5	2 091
船舶类型	普通船舶	65.0	67.8	70.5	77.7	62.2	70.1	68.9	86.8	57.9	66.7	64.5	80.0	67.8	66.1	27.2	60.9	3 123
	特殊船舶	64.6	64.4	69.8	75.3	61.6	70.5	66.7	84.4	60.3	65.6	65.0	76.0	66.6	65.9	29.4	64.6	1 359
企业性质	国有企业	66.5	69.9	70.9	78.5	65.2	71.7	69.2	87.7	58.1	68.2	65.2	81.2	69.3	65.8	26.0	59.9	2 450
	合资企业	59.7	60.9	67.1	72.4	54.9	62.7	64.9	79.1	53.7	57.5	61.6	67.8	62.5	62.6	35.9	55.3	234
	民营企业	64.8	65.2	72.3	77.3	60.8	70.8	69.6	85.8	61.1	67.2	65.2	77.8	66.8	68.3	29.9	66.7	1 816
	外资企业	59.6	54.8	65.6	70.8	56.4	64.0	65.2	80.4	56.7	59.2	65.8	73.8	66.0	64.4	35.1	61.6	183
劳务合同	合同工	68.3	68.4	70.2	78.5	62.2	71.3	68.6	87.9	58.3	67.4	64.1	80.5	68.3	65.9	26.0	59.5	2 781
	派遣工	54.9	59.8	66.7	74.6	57.9	63.0	64.9	81.1	54.8	61.5	61.3	74.8	63.6	62.2	30.7	57.3	642
	个体	63.5	68.2	74.0	75.8	65.4	73.4	69.9	85.2	62.3	68.3	68.3	77.4	68.2	69.2	31.0	71.3	1 161

一〇六、可以得到支持和帮助的朋友数量

		您有多少关系密切,可以得到支持和帮助的朋友?				Total	
		无/%	1~2个/%	3~5个/%	6个以上/%	合计/%	样本量
总 体		5.4	36.3	40.0	18.3	100	6 674
年 龄	30 岁以下	5.0	34.5	40.9	19.6	100	2 226
	30~39 岁	5.5	38.8	40.8	14.9	100	2 272
	40~49 岁	5.2	36.0	38.8	20.0	100	1 419
	50 岁及以上	5.8	33.2	38.2	22.8	100	539
学 历	初中及以下	7.3	35.1	34.8	22.8	100	342
	高中/中专/技校	5.4	35.6	39.5	19.5	100	1 690
	大专/高职	5.2	36.2	41.1	17.5	100	3 397
	本科及以上	5.3	38.2	39.2	17.3	100	1 245
职务职称	船长	3.4	33.9	40.5	22.2	100	729
	大副	5.8	39.2	39.8	15.2	100	711
	二副	5.8	39.0	40.5	14.7	100	989
	三副	5.2	33.7	41.6	19.5	100	1 011
	轮机长	4.3	38.9	35.9	20.9	100	535
	大管轮	7.1	38.0	41.7	13.2	100	576
	二管轮	6.3	38.9	39.9	14.9	100	717
	三管轮	5.6	33.4	42.3	18.7	100	626
工作航区	无限航区	4.7	35.5	41.2	18.6	100	3 737
	沿海航区	6.3	37.6	38.6	17.5	100	2 838
船舶类型	普通船舶	5.2	36.7	40.5	17.6	100	4 521
	特殊船舶	6.1	35.4	39.0	19.5	100	1 910
企业性质	国有企业	5.4	35.7	40.7	18.2	100	3 437
	合资企业	6.9	34.6	41.6	16.9	100	361
	民营企业	5.3	37.7	38.7	18.3	100	2 604
	外资企业	7.8	36.4	36.4	19.4	100	269
劳务合同	合同工	5.1	35.1	40.7	19.1	100	3 811
	派遣工	3.9	40.3	40.1	15.7	100	1 093
	个 体	6.9	37.0	38.7	17.4	100	1 663

一〇七、近一年来的居住情况

		近一年来的居住情况				Total	
		远离家人且独居一室/%	信息经常变动,多数时间和陌生人在一起/%	与同学、同事、朋友住在一起/%	和家人住在一起/%	合计/%	样本量
总 体		21.4	18.3	8.5	51.8	100	6 655
年 龄	30岁以下	23.2	19.8	10.6	46.4	100	2 227
	30~39岁	20.6	19.2	7.4	52.8	100	2 267
	40~49岁	19.0	16.3	7.9	56.8	100	1 404
	50岁及以上	23.7	12.8	5.4	58.1	100	541
学 历	初中及以下	31.7	18.3	8.1	41.9	100	334
	高中/中专/技校	20.6	18.9	7.5	53.0	100	1 696
	大专/高职	21.5	18.4	9.0	51.1	100	3 383
	本科及以上	18.8	17.5	8.7	55.0	100	1 242
职务职称	船长	18.8	15.9	8.3	57.0	100	719
	大副	20.8	19.8	6.7	52.7	100	706
	二副	22.6	19.2	7.8	50.4	100	985
	三副	24.9	19.6	9.9	45.6	100	1 008
	轮机长	18.1	14.1	8.3	59.5	100	540
	大管轮	21.2	19.8	6.6	52.4	100	572
	二管轮	23.6	18.0	8.5	49.9	100	717
	三管轮	20.9	20.9	9.7	48.5	100	627
工作航区	无限航区	18.4	17.3	8.6	55.7	100	3 731
	沿海航区	25.3	19.9	8.2	46.6	100	2 828
船舶类型	普通船舶	19.8	17.7	8.0	54.5	100	4 506
	特殊船舶	24.4	19.8	10.1	45.7	100	1 902
企业性质	国有企业	19.0	14.7	8.5	57.8	100	3 431
	合资企业	25.4	21.3	11.9	41.4	100	362
	民营企业	23.7	22.4	8.0	45.9	100	2 590
	外资企业	25.5	21.0	11.1	42.4	100	271
劳务合同	合同工	19.8	15.0	8.2	57.0	100	3 801
	派遣工	20.5	22.1	10.8	46.6	100	1 093
	个 体	25.5	23.5	7.5	43.5	100	1 652

一〇八、遇到问题的应对方式

		遇到问题的应对方式		Total	
		积极应对/%	消极应对/%	合计/%	样本量
总 体		45.1	54.9	100	
年 龄	30 岁以下	43.6	56.4	100	2 386
	30~39 岁	43.6	56.4	100	2 416
	40~49 岁	50.6	49.4	100	1 527
	50 岁及以上	46.3	53.7	100	625
城乡来源	城市	34.3	65.7	100	1 396
	乡镇	47.3	52.7	100	1 624
	农村	44.6	55.4	100	3 813
学 历	初中及以下	46.8	53.2	100	410
	高中/中专/技校	42.5	57.5	100	18 551
	大专/高职	42.2	57.8	100	3 630
	本科及以上	48.7	51.3	100	1 322
职务职称	船长	46.3	53.7	100	799
	大副	44.4	55.6	100	766
	二副	37.8	62.2	100	1 057
	三副	43.6	56.4	100	1 086
	轮机长	52.5	47.5	100	584
	大管轮	43.6	56.4	100	609
	二管轮	46.6	53.4	100	764
	三管轮	44.5	55.5	100	663
工作航区	无限航区	46.2	53.8	100	4 003
	沿海航区	43.7	56.3	100	3 068
船舶类型	普通船舶	46.3	53.7	100	4 801
	特殊船舶	42.6	57.4	100	2 104
企业性质	国有企业	48.5	51.5	100	3 684
	合资企业	32.7	67.3	100	392
	民营企业	43.5	56.5	100	2 803
	外资企业	33.1	66.9	100	307
劳务合同	合同工	47.8	52.2	100	4 073
	派遣工	42.2	57.8	100	1 170
	个 体	41.1	58.9	100	1 828

一〇九、邻里关系

		和邻居的关系				Total	
		相互之间从不关心,只是点头之交/%	遇到困难可能稍微关心/%	有些邻居很关心/%	大多数邻居都很关心/%	合计/%	样本量
总　体		25.2	28.9	19.1	26.8	100	6 486
年　龄	30岁以下	20.5	27.9	20.0	31.6	100	2 143
	30~39岁	28.3	31.1	18.7	21.9	100	2 219
	40~49岁	26.8	27.9	19.0	26.3	100	1 356
	50岁及以上	28.5	22.6	19.0	29.9	100	505
学　历	初中及以下	19.2	23.0	19.5	38.3	100	313
	高中/中专/技校	24.7	27.7	19.2	28.4	100	1 633
	大专/高职	23.9	29.7	19.2	27.2	100	3 275
	本科及以上	30.9	30.3	18.5	20.3	100	1 213
职务职称	船长	31.4	28.5	17.0	23.1	100	687
	大副	27.4	31.5	19.2	21.9	100	676
	二副	29.0	29.4	18.3	23.3	100	963
	三副	21.0	27.3	19.5	32.2	100	967
	轮机长	29.2	29.2	19.2	22.4	100	521
	大管轮	30.1	28.3	18.4	23.2	100	554
	二管轮	26.6	30.5	21.1	21.8	100	702
	三管轮	18.0	26.4	21.1	34.5	100	611
工作航区	无限航区	24.1	29.6	19.6	26.7	100	3 616
	沿海航区	27.0	28.2	18.2	26.6	100	2 716
船舶类型	普通船舶	24.5	29.2	19.3	27.0	100	4 401
	特殊船舶	27.6	28.5	18.7	25.2	100	1 806
企业性质	国有企业	25.2	28.6	20.1	26.1	100	3 333
	合资企业	24.0	31.6	17.8	26.6	100	342
	民营企业	26.7	29.3	16.6	27.4	100	2 500
	外资企业	25.6	25.2	22.0	27.2	100	254
劳务合同	合同工	25.7	29.1	19.4	25.8	100	3 715
	派遣工	21.6	31.0	19.2	28.2	100	1 044
	个体	27.0	27.9	18.0	27.1	100	1 565

一一〇、同事关系

		和同事的关系				Total	
		相互之间从不关心,只是点头之交/%	遇到困难可能稍微关心/%	有些同事很关心/%	大多数同事都很关心/%	合计/%	样本量
总 体		7.0	25.6	27.2	40.2	100	6 437
年 龄	30 岁以下	7.4	24.7	27.7	40.2	100	2 142
	30~39 岁	7.9	28.5	27.5	36.1	100	2 199
	40~49 岁	4.9	23.4	27.0	44.7	100	1 346
	50 岁及以上	5.9	23.3	26.0	44.8	100	493
学 历	初中及以下	8.6	21.1	24.0	46.3	100	304
	高中/中专/技校	6.9	23.6	25.8	43.7	100	1 622
	大专/高职	6.8	26.1	27.4	39.7	100	3 258
	本科及以上	7.2	28.3	29.2	35.3	100	1 202
职务职称	船长	4.8	22.4	29.5	43.3	100	682
	大副	6.4	30.8	25.9	36.9	100	668
	二副	10.0	28.2	28.0	33.8	100	951
	三副	7.8	25.2	29.8	37.2	100	965
	轮机长	6.1	24.4	26.4	43.1	100	512
	大管轮	8.2	27.5	24.4	39.9	100	549
	二管轮	7.0	27.0	25.6	40.4	100	700
	三管轮	6.6	20.8	25.6	47.0	100	606
工作航区	无限航区	6.8	25.9	27.0	40.3	100	3 591
	沿海航区	7.2	25.4	27.1	40.3	100	2 694
船舶类型	普通船舶	6.8	26.2	27.2	39.8	100	4 366
	特殊船舶	7.6	24.6	27.3	40.5	100	1 795
企业性质	国有企业	6.4	25.1	29.7	38.8	100	3 303
	合资企业	10.0	25.7	23.6	40.7	100	335
	民营企业	7.9	25.6	24.5	42.0	100	2 483
	外资企业	12.0	27.8	25.0	35.2	100	252
劳务合同	合同工	6.5	25.0	28.1	40.4	100	3 692
	派遣工	8.1	27.2	27.3	37.4	100	1 036
	个 体	7.2	26.2	24.9	41.7	100	1 548

一一一、家庭成员给予的支持和照顾

	家庭成员给予的支持和照顾如何?				
	配偶(恋人)/%	父母/%	儿女/%	兄弟姐妹/%	家庭其他成员/%
无支持	8.1	2.6	15.8	7.8	13.6
极少支持	4.7	5.1	7.3	8.9	12.4
一般支持	27.9	26.1	32.2	36.5	38.8
全力支持	59.2	66.3	44.8	46.8	35.3

一二、遇到急难情况时的帮助来源

		在您遇到急难情况时，曾经得到的帮助来源？									
		无/%	配偶/%	亲戚/%	同事/%	朋友/%	工作单位/%	党、团、工会组织/%	社会团体/%	宗教组织/%	其他/%	样本量
总体		8.8	50.3	73.5	32.8	57.6	11.3	3.3	2.7	1.3	1.1	7 296
年龄	30岁以下	9.6	34.7	72.5	33.8	59.9	10.6	3.7	4.0	4.0	1.6	2 386
	30~39岁	8.9	56.5	76.1	30.3	56.9	9.7	2.2	2.0	2.0	0.7	2 416
	40~49岁	7.7	62.5	75.2	34.7	56.8	12.6	3.7	1.9	1.9	0.6	1 527
	50岁及以上	7.0	58.0	69.0	37.6	56.7	18.0	5.3	1.9	1.9	1.2	625
学历	初中及以下	8.3	56.2	73.1	37.1	57.0	10.8	3.2	3.8	1.9	1.6	410
	高中/中专/技校	8.2	57.0	74.1	34.0	57.8	12.8	2.3	1.9	0.9	0.7	1 851
	大专/高职	9.1	47.8	74.1	32.4	58.5	11.0	3.7	3.1	1.4	1.1	3 630
	本科及以上	9.2	46.6	71.7	30.7	55.8	10.2	3.7	2.4	1.3	1.4	1 322
职务职称	船长	8.1	57.5	72.3	35.1	58.9	18.9	5.3	2.7	1.8	1.4	799
	大副	8.2	61.4	77.5	34.5	55.8	9.8	3.3	3.5	1.8	1.0	766
	二副	10.0	52.4	72.1	31.4	55.6	8.6	2.2	1.5	0.8	1.0	1 057
	三副	9.9	36.3	71.7	32.0	60.8	12.3	3.3	4.2	2.0	1.8	1 086
	轮机长	7.2	62.3	73.0	36.2	57.7	11.9	3.5	2.0	0.6	0.2	584

(续表)

		在您遇到急难情况时，曾经得到的帮助来源？								
		无/%	配偶/%	亲戚/%	同事/%	朋友/%	工作单位/%	党、团、工会组织/%	社会团体/%	宗教组织/%	其他/%	样本量
职务职称	大管轮	11.0	56.4	72.3	30.8	55.0	11.0	3.1	1.4	1.7	0.4	609
	二管轮	8.2	52.4	74.2	28.2	56.1	8.5	3.5	2.4	0.6	1.0	764
	三管轮	8.1	33.9	77.4	36.2	60.6	12.2	3.3	3.5	1.1	1.0	663
工作航区	无限航区	8.6	47.2	73.1	31.6	57.2	11.5	2.8	2.8	1.4	1.2	4003
	沿海航区	9.1	54.3	74.4	34.4	58.5	11.1	3.8	2.5	1.3	0.9	3070
船舶类型	普通船舶	9.1	49.3	73.4	31.7	57.3	11.1	3.1	2.3	1.2	1.0	4801
	特殊船舶	8.4	52.7	74.3	35.2	58.7	11.7	3.6	3.6	1.6	1.4	2104
企业性质	国有企业	9.2	49.3	72.1	31.0	56.4	10.5	3.9	2.2	1.1	1.2	3684
	合资企业	11.0	49.3	71.4	38.4	52.6	14.5	3.5	7.1	1.9	0.8	392
	民营企业	8.5	52.4	76.1	35.4	60.6	12.5	2.3	2.5	1.6	0.6	2803
	外资企业	12.0	52.7	73.1	34.5	51.5	13.6	4.9	5.7	3.8	3.0	307
劳务合同	合同工	8.7	49.8	73.9	31.2	57.4	12.1	3.8	2.5	1.1	1.2	4073
	派遣工	8.9	47.9	70.4	34.5	55.1	10.5	2.9	4.0	1.3	0.5	1170
	个体	9.2	53.6	74.9	35.1	60.0	10.0	2.2	2.3	1.8	1.2	1828

一一三、遇到烦恼时的倾诉方式

		遇到烦恼时的倾诉方式				Total	
		从不向任何人倾诉/%	只向关系极为密切的人倾诉/%	朋友主动询问时会倾诉/%	主动倾诉以获得支持和理解/%	合计/%	样本量
总体		10.2	63.6	7.4	18.8	100	6 639
年龄	30岁以下	10.4	61.1	8.0	20.5	100	2 174
	30~39岁	9.9	65.3	6.3	18.5	100	2 249
	40~49岁	8.2	66.2	7.6	18.0	100	1 391
	50岁及以上	12.3	62.4	9.1	16.2	100	551
学历	初中及以下	18.7	53.4	9.9	18.0	100	363
	高中/中专/技校	10.5	65.0	6.6	17.9	100	1 662
	大专/高职	8.4	64.3	7.9	19.4	100	3 324
	本科及以上	11.6	63.0	6.0	19.4	100	1 232
职务职称	船长	10.7	64.5	7.1	17.7	100	709
	大副	7.7	66.8	7.4	18.1	100	707
	二副	11.7	62.8	7.2	18.3	100	981
	三副	10.1	61.9	8.0	20.0	100	999
	轮机长	8.9	65.4	8.9	16.8	100	529
	大管轮	11.7	66.2	4.9	17.2	100	557
	二管轮	10.3	63.6	7.3	18.8	100	708
	三管轮	9.7	61.1	7.8	21.4	100	617
工作航区	无限航区	8.9	62.2	7.7	21.2	100	3 666
	沿海航区	11.6	65.6	7.1	15.7	100	2 810
船舶类型	普通船舶	9.7	63.2	7.7	19.4	100	4 422
	特殊船舶	11.0	65.4	6.3	17.3	100	1 902
企业性质	国有企业	10.2	63.1	7.3	19.4	100	3 367
	合资企业	10.3	59.9	9.5	20.3	100	359
	民营企业	10.3	63.8	7.2	18.7	100	2 584
	外资企业	12.2	66.2	6.1	15.5	100	263
劳务合同	合同工	9.4	64.2	7.7	18.7	100	3 733
	派遣工	9.2	62.8	6.8	21.2	100	1 074
	个体	12.0	64.4	6.9	16.7	100	1 658

一一四、遇到烦恼时的求助方式

		遇到烦恼时的求助方式				Total	
		只靠自己，不接受别人帮助/%	很少请求别人帮助/%	有时请求别人帮助/%	有困难时经常向亲人、亲友、组织求援/%	合计/%	样本量
总体		11.0	30.4	28.2	30.4	100	6 760
年龄	30岁以下	10.3	29.6	29.3	30.8	100	2 216
	30~39岁	10.5	30.7	27.8	31.0	100	2 292
	40~49岁	9.2	31.1	29.1	30.6	100	1 407
	50岁及以上	13.8	32.7	25.4	28.1	100	566
学历	初中及以下	17.9	30.6	22.0	29.5	100	369
	高中/中专/技校	10.7	29.4	27.4	32.5	100	1 699
	大专/高职	9.7	30.9	28.4	31.0	100	3 385
	本科及以上	12.7	30.0	30.9	26.4	100	1 248
职务职称	船长	10.6	31.9	29.7	27.8	100	725
	大副	10.7	33.3	25.9	30.1	100	721
	二副	13.6	29.8	29.9	26.7	100	1 000
	三副	10.9	29.2	29.2	30.7	100	1 012
	轮机长	12.1	30.0	28.7	29.2	100	537
	大管轮	11.8	30.6	26.2	31.4	100	569
	二管轮	10.3	31.7	27.6	30.4	100	720
	三管轮	8.7	29.9	27.8	33.6	100	629
工作航区	无限航区	9.7	29.5	29.8	31.0	100	3 734
	沿海航区	12.8	31.6	26.2	29.4	100	2 856
船舶类型	普通船舶	10.5	30.2	28.9	30.4	100	45 112
	特殊船舶	12.4	30.7	27.0	29.9	100	1 925
企业性质	国有企业	10.0	29.7	30.2	30.1	100	3 430
	合资企业	14.5	29.9	23.0	32.6	100	365
	民营企业	12.1	31.3	25.7	30.9	100	2 629
	外资企业	14.8	26.5	27.3	31.4	100	264
劳务合同	合同工	9.8	30.0	29.8	30.4	100	3 801
	派遣工	11.0	31.6	27.9	29.5	100	1 089
	个体	13.5	30.7	24.7	31.1	100	1 689

一一五、团体组织活动参与情况

		团体(如党组织、团组织、工会、社会团体、宗教组织等)组织的活动参与情况				Total	
		从不参加/%	偶尔参加/%	经常参加/%	主动参加并积极活动/%	合计/%	样本量
总体		35.3	48.6	10.7	5.4	100	6 695
年龄	30岁以下	32.6	50.0	11.5	5.9	100	2 200
	30~39岁	40.1	47.3	8.8	3.8	100	2 263
	40~49岁	32.7	50.1	11.5	5.7	100	1 398
	50岁及以上	32.4	45.0	14.2	8.4	100	555
学历	初中及以下	46.7	37.0	9.9	6.4	100	362
	高中/中专/技校	37.1	48.4	8.7	5.8	100	1 670
	大专/高职	34.4	48.7	11.6	5.3	100	3 361
	本科及以上	31.5	52.5	11.5	4.5	100	1 241
职务职称	船长	29.4	50.2	13.9	6.5	100	721
	大副	37.0	49.4	9.1	4.5	100	713
	二副	42.9	45.3	8.6	3.2	100	988
	三副	33.4	51.6	11.3	3.7	100	1 008
	轮机长	27.7	52.8	12.9	6.6	100	534
	大管轮	40.6	45.1	10.0	4.3	100	561
	二管轮	37.4	48.7	8.1	5.8	100	719
	三管轮	33.9	49.1	10.3	6.7	100	623
工作航区	无限航区	32.1	50.4	11.7	5.8	100	3 704
	沿海航区	39.8	46.6	9.2	4.4	100	2 819
船舶类型	普通船舶	34.7	49.3	10.4	5.6	100	4 474
	特殊船舶	36.4	48.1	11.1	4.4	100	1 907
企业性质	国有企业	28.7	53.0	12.0	6.3	100	3 406
	合资企业	34.2	45.9	14.6	5.3	100	357
	民营企业	44.2	43.1	8.5	4.2	100	2 602
	外资企业	35.2	48.5	11.4	4.9	100	264
劳务合同	合同工	30.1	52.0	11.9	6.0	100	3 764
	派遣工	36.6	47.3	11.4	4.7	100	1 090
	个体	46.4	42.4	7.3	3.9	100	1 662

一六、曾经获得的心理帮助

		您曾经获得哪些形式的心理帮助?								
		网络咨询/%	电话咨询/%	社区咨询/%	单位心理健康服务/%	医疗机构心理咨询/%	参加心理辅导/%	个别咨询/%	团体心理活动/%	其他/%	样本量
总体		34.8	20.6	10.7	10.6	7.9	6.3	18.5	4.8	15.6	5 982
年龄	30岁以下	36.4	21.1	12.7	12.9	7.3	9.3	20.0	6.4	12.9	1 994
	30~39岁	35.8	19.1	8.7	9.7	6.8	5.2	17.7	4.3	16.5	2 021
	40~49岁	33.6	20.3	9.7	7.9	9.2	3.3	18.3	4.1	18.1	1 223
	50岁及以上	27.9	26.5	12.8	10.7	13.7	4.8	15.2	2.3	16.7	476
学历	初中及以下	21.6	37.3	19.7	7.5	11.0	6.3	23.0	5.0	11.9	319
	高中/中专/技校	32.9	22.6	9.8	10.2	8.9	4.6	19.0	3.9	18.5	1 466
	大专/高职	36.7	19.5	10.6	10.7	7.5	7.4	18.5	5.2	14.6	3 007
	本科及以上	36.0	15.9	9.6	12.1	6.6	5.5	16.2	4.7	15.8	1 102
职务职称	船长	33.4	20.4	12.5	8.7	10.8	5.1	18.5	3.8	15.7	631
	大副	31.9	24.6	12.2	9.1	6.4	4.1	16.1	3.0	20.6	638
	二副	35.9	18.3	9.4	9.3	5.9	4.3	16.2	3.5	17.9	877
	三副	36.6	24.0	13.0	11.5	7.7	9.3	20.9	6.7	11.2	920

（续表）

		网络咨询/%	电话咨询/%	社区咨询/%	单位心理健康服务/%	医疗机构心理咨询/%	参加心理辅导/%	个别咨询/%	团体心理活动/%	其他/%	样本量
职务职称	轮机长	35.8	22.9	8.1	7.3	10.3	4.9	16.3	3.4	18.5	467
	大管轮	34.3	18.1	8.1	9.5	8.7	5.6	20.1	5.2	16.9	517
	二管轮	36.6	16.0	7.9	11.8	6.9	5.8	18.4	4.2	16.0	637
	三管轮	37.6	20.4	12.3	13.9	9.3	9.5	19.8	5.3	11.9	567
工作航区	无限航区	36.4	18.6	10.8	11.9	7.4	7.1	18.5	5.6	13.5	3 301
	沿海航区	32.8	22.9	10.9	8.9	8.5	5.1	18.5	3.7	18.1	2 497
船舶类型	普通船舶	35.9	18.8	9.7	10.3	7.7	6.0	18.4	4.6	15.8	3 985
	特殊船舶	32.8	23.1	12.7	10.9	8.2	7.0	19.0	5.3	14.8	1 697
企业性质	国有企业	37.3	16.4	9.2	11.4	7.2	6.0	17.4	5.6	15.2	2 919
	合资企业	27.8	30.9	20.6	14.4	12.1	12.0	18.4	6.9	11.3	345
	民营企业	33.6	24.2	10.8	8.7	8.2	6.1	20.4	3.7	16.6	2 393
	外资企业	31.9	28.0	15.9	14.6	8.8	9.7	18.9	7.1	12.1	239
劳务合同	合同工	35.9	18.1	9.1	11.5	7.2	6.3	17.8	5.5	16.2	302
	派遣工	37.7	21.1	14.6	12.0	9.4	8.9	17.2	4.8	12.2	986
	个体	30.4	26.1	12.1	7.85	8.5	4.8	20.5	3.6	16.9	1 499

一七、希望获得的心理帮助

您希望获得哪些形式的心理帮助？

		网络咨询/%	电话咨询/%	社区咨询/%	单位心理健康服务/%	医疗机构心理咨询/%	参加心理辅导/%	个别咨询/%	团体心理活动/%	其他/%	样本量
总体		28.0	23.7	14.6	23.3	24.9	20.8	20.2	12.1	7.4	7 296
年龄	30岁以下	30.1	24.5	15.7	25.3	25.0	25.3	21.2	15.0	6.3	2 386
	30~39岁	28.7	21.9	13.6	23.6	25.4	20.5	19.5	12.7	7.0	2 416
	40~49岁	27.5	22.5	13.9	22.5	24.8	16.6	20.3	8.8	8.8	1 527
	50岁及以上	21.4	30.4	16.3	17.4	23.3	13.4	18.8	6.2	9.8	625
学历	初中及以下	18.5	36.8	21.5	14.2	23.0	11.8	22.1	8.8	11.0	410
	高中/中专/技校	27.6	25.9	14.4	22.1	23.8	16.3	19.2	8.6	8.1	1 851
	大专/高职	28.6	22.9	14.9	25.3	25.2	22.6	20.3	13.8	7.4	3 630
	本科及以上	30.3	19.2	12.3	22.8	26.1	24.2	21.0	12.8	5.6	1 322
职务职称	船长	26.2	22.9	13.3	19.4	23.5	17.2	22.5	9.8	7.2	799
	大副	27.4	23.3	15.3	22.5	22.2	19.4	20.4	9.2	9.4	766
	二副	28.9	24.1	13.8	22.7	23.0	18.5	20.0	12.2	7.9	1 057
	三副	30.0	27.6	14.1	23.5	24.3	24.6	22.2	12.4	5.6	1 086

（续表）

		您希望获得哪些形式的心理帮助?							样本量
		网络咨询/%	电话咨询/%	社区咨询/%	单位心理健康服务/%	医疗机构心理咨询/%	参加心理辅导/%	个别咨询/%	团体心理活动/%	其他/%	
职务职称	轮机长	28.9	25.2	15.5	22.0	26.0	16.9	19.4	9.3	9.0	584
	大管轮	28.2	21.7	15.6	23.4	29.9	22.2	17.0	12.5	8.8	609
	二管轮	29.8	20.1	11.7	26.8	25.1	23.5	18.3	14.6	6.3	764
	三管轮	30.0	23.3	15.7	23.7	27.8	20.9	22.2	17.0	6.4	663
工作航区	无限航区	29.4	21.8	14.5	24.3	24.9	22.0	20.0	13.0	5.8	4 003
	沿海航区	26.9	25.9	14.6	22.3	25.1	19.4	20.5	10.9	9.3	3 070
船舶类型	普通船舶	29.3	22.8	13.5	23.0	25.1	21.1	19.7	12.1	6.9	4 801
	特殊船舶	25.8	25.1	17.1	24.4	24.4	20.3	21.6	12.4	8.4	2 104
企业性质	国有企业	28.4	19.3	14.4	25.6	25.4	22.7	19.6	12.6	6.7	3 684
	合资企业	26.5	37.2	20.1	24.1	22.1	18.7	18.4	13.6	6.7	392
	民营企业	28.3	27.8	14.7	21.4	25.6	18.6	21.7	11.8	7.8	2 803
	外资企业	26.4	31.1	14.0	21.3	24.4	24.8	21.3	11.6	5.9	307
劳务合同	合同工	28.2	21.6	13.5	26.0	25.4	22.3	19.7	13.2	7.0	4 073
	派遣工	29.3	23.8	16.9	22.6	26.2	23.8	21.0	11.7	5.8	1 170
	个体	27.4	28.4	15.8	18.2	22.9	15.2	21.2	9.6	9.1	1 828

我国海运业船舶技术人员状况调查报告

附　　录

附录一

中国科协调研课题

我国海运业船舶技术人员状况调查问卷

我国海运业船舶技术人员状况调查课题组 编制
2015 年 9 月

****

亲爱的朋友：

  您好！谢谢您在百忙之中协助调查研究，您的参与对于这项研究非常重要和珍贵。本调查的目的是全面、客观地了解目前船舶技术人员群体的基本情况，以及在工作、生活、观念态度、社会参与和心理健康等方面的状况和需求，反映船舶技术人员的意见、呼声，维护广大船舶技术人员的合法权益，为党和政府，及相关部门制定有关政策提供参考。

  问卷为不记名填写，我们承诺对您的个人信息予以严格保密，请按照您的实际情况和真实想法填答本问卷，答案没有"对""错"之分。

  十分感谢您的支持与合作！您可以通过以下方式与我们取得联系。

  联系人：施利承、缪绿青

  办公电话：0513－55003330、0513－55003332

  E-mail：hykt2015@163.com

我国海运业船舶技术人员状况调查课题组

2015.9.30

  ※注意：在填答前，请仔细阅读填答方法，按要求填答问卷，再次感谢您的合作！

****

第一部分 个人基本情况

A1. 您的性别是：1. 男　　　　　2. 女

A2. 您的出生年月：_____年____月

A3. 您的民族是：1. 汉族　　　2. 少数民族_____（请注明）

A4. 您的宗教信仰是：

  1. 无　　　　2. 佛教　　　　3. 道教　　　　4. 伊斯兰教　　5. 天主教

  6. 基督教　　7. 其他

A5. 从事海员工作前,您住在：_____省（市）_____市

A6. 从事海员工作前,您来自：1. 城市　　2. 乡镇　　　　3. 农村

A7. 您的政治面貌是：

  1. 中共党员,入党时间是 _____年　2. 共青团员

  3. 民主党派,入党时间是 _____年　4. 普通群众

A8. 您的最高学历是：

  1. 初中及以下　2. 高中/中专/技校　3. 大专/高职　4. 本科　　　5. 研究生

A9. 您的婚姻状况是：

  1. 未婚　　　2. 已婚　　　　3. 离异　　　　4. 丧偶

A10. 您有没有孩子？多大了？

  1. 没有孩子　　2. 一个孩子,年龄为____周岁

  3. 两个及以上孩子,最小的年龄为 ____周岁

A11. 您的职务职称是：

  1. 高级船长　　2. 船长　　　　3. 大副　　　　4. 二副　　　　5. 三副

  6. 高级轮机长　7. 轮机长　　　8. 大管轮　　　9. 二管轮　　　10. 三管轮

A12. 您所持的船员适任证书是：

  1. 无限航区　　2. 近洋航区　　3. 沿海航区　　4. 近岸航区

A13. 近三年,您主要工作的航区：

  1. 无限航区　　2. 近洋航区　　3. 沿海航区　　4. 近岸航区

A14. 您还持有以下哪些证书：【可多选】

  1. 无　　　　　2. 客滚轮证书　3. 油化证书　　4. 液化气船证书

A15. 您船员证书的注册地：_____省（市）_____市

A16. 您工作单位所属：_____省（市）_____市

A17. 您的工作企业性质是：【可多选】

  1. 国有(或国有控股)企业　　2. 合资企业　　3. 民营企业　　4. 外资企业

A18. 您的劳务合同属于：

  1. 劳动合同工　　　　　　2. 劳务派遣工　　3. 个体船员

第二部分　工作情况

B1. 您是哪一年初次上船工作？_____年【填写年份】

B2. 您主要出于什么原因选择现在这份工作？【最多选三项】
　　1. 服从组织分配/调动　　　2. 盲目选择　　　　　3. 收入高
　　4. 有职称、职务晋升机会　　5. 符合个人兴趣　　　6. 能发挥专业技能
　　7. 能解决户口　　　　　　　8. 工作设施条件好　　9. 工作稳定
　　10. 其他（请注明）_____

B3. 总体而言，您觉得自己的业务水平/能力如何？
　　1. 很强　　　　　　　　　　2. 较强　　　　　　　3. 一般
　　4. 较弱　　　　　　　　　　5. 很弱

B4. 您现有的专业知识和技能是否达到您个人的自身期望水平？
　　1. 超过个人期望水平　　　　2. 完全达到　　　　　3. 基本达到
　　4. 说不准　　　　　　　　　5. 没有达到

B5. 您在工作中是否遇到技术性难题？
　　1. 经常遇到　　　　　　　　2. 有时遇到　　　　　3. 极少遇到
　　4. 没有遇到

B6. 影响您工作积极性的主要因素有哪些？【最多选三项】
　　1. 工作压力大　　　　　　　2. 人际关系不和谐　　3. 与社会脱离
　　4. 职称/职务晋升难　　　　　5. 个人不受重视　　　6. 长期在外工作
　　7. 跟不上知识更新速度　　　8. 与家人沟通缺乏　　9. 其他（请注明）_____

B6z. 其中，最大的困扰是：_____【填入选项编号，只选一项】

B7. 您曾在_____个航运公司任职？

B8. 您觉得自己目前是否需要进修学习，培训提高？
　　1. 不需要　　　　　　　　　2. 不太需要　　　　　3. 一般
　　4. 比较需要　　　　　　　　5. 很需要

B9. 您参加的岗位业务/技术提高培训的累计时间是_____天/年。

B10. 您参加培训的费用由谁支出？
　　1. 单位　　　　　　　　　　2. 自己　　　　　　　3. 两者皆有

B11. 参加培训后，职业技能水平是否得到了提升？
　　1. 提升很大　　　　　　　　2. 有一定提升　　　　3. 没有提升，浪费时间

B12. 您对单位培训安排满意吗？
　　1. 很满意　　　　　　　　　2. 比较满意　　　　　3. 一般
　　4. 不太满意　　　　　　　　5. 很不满意

B13. 您对目前工作在以下方面的满意程度如何？在合适的数字上画"○"。

	很不满意 1	不太满意 2	一般 3	比较满意 4	很满意 5
职业社会声望	1	2	3	4	5
职称/职务晋升	1	2	3	4	5
个人发展空间	1	2	3	4	5
被认可度	1	2	3	4	5
工作设施条件	1	2	3	4	5
工作中的人际关系	1	2	3	4	5
工作节律	1	2	3	4	5
工资收入	1	2	3	4	5
工作稳定性	1	2	3	4	5
社会保障	1	2	3	4	5
企业安全文化	1	2	3	4	5
企业管理水平	1	2	3	4	5

若有不满意之处,请您举例给出原因:

B14. 请您根据自己的感受和体会,判断它们在您所在的单位或者您身上发生的频率,并在合适的数字上画"○"。

项目	从不 0	极少 1	有时 2	经常 3	频繁 4	很频繁 5	总是 6
工作让我感觉身心疲惫	0	1	2	3	4	5	6
下班的时候我感觉精疲力竭	0	1	2	3	4	5	6
早晨起床不得不去面对一天的工作时,我感觉非常累	0	1	2	3	4	5	6
整天工作对我来说确实压力很大	0	1	2	3	4	5	6
工作让我有快要崩溃的感觉	0	1	2	3	4	5	6
自从开始干这份工作,我对工作越来越不感兴趣	0	1	2	3	4	5	6
我对工作不像以前那样热心了	0	1	2	3	4	5	6
我怀疑自己所做工作的意义	0	1	2	3	4	5	6
我对自己所做工作是否有贡献越来越不关心	0	1	2	3	4	5	6
我能有效地解决工作中出现的问题	0	1	2	3	4	5	6
我觉得我在为公司作有用的贡献	0	1	2	3	4	5	6
我认为我完全能胜任本职工作	0	1	2	3	4	5	6
当完成工作任务时,我感到非常高兴	0	1	2	3	4	5	6
我认为我所做的工作很有价值	0	1	2	3	4	5	6
我自信自己能有效地完成各项工作	0	1	2	3	4	5	6

B15. 您是否曾经考虑过更换目前的职业或工作单位？
　　1. 没有考虑过　　　2. 想换单位　　　3. 想换职业　　　4. 单位和职业都想换

B16. 船舶技术人员是否存在"留不住"的情况？
　　1. 是　　　2. 否

B16z. 造成人员流动的主要原因有哪些？并按重要程度由高到低进行排序：（最多五项）
　　_____
　　1. 从业环境差　　　　　2. 劳动强度大　　　　　3. 工作枯燥
　　4. 承担风险高、责任大　 5. 收入待遇差　　　　　6. 不能发挥专业特长
　　7. 缺乏成就感　　　　　8. 职业发展受限　　　　9. 单位人际关系紧张
　　10. 不方便照顾家庭　　　11. 职业荣誉感低

B17. 您最希望在哪些方面能够改进？【可多选】
　　1. 工资福利　　　　　2. 社会保障　　　　　　　　　　3. 工作条件
　　4. 职称、职务晋升　　5. 船舶通信、网络设施的有限使用
　　6. 考证培训　　　　　7. 休假制度　　　　　　　　　　8. 税收政策
　　9. 其他（请注明）_____

B18. 如果您有孩子，您愿意让自己的孩子从事您现在的职业吗？
　　1. 愿意　　　　　　2. 不愿意　　　　　　3. 说不清

B19. 您的家人是否支持您从事船舶运输工作？
　　1. 支持　　　　　　2. 不支持　　　　　　3. 没有意见

B20. 与5年前相比，您觉得自己目前的事业发展和工作状况：
　　1. 好很多　　　　　2. 好一些　　　　　　3. 没有变化
　　4. 差一些　　　　　5. 差很多　　　　　　6. 说不清

B21. 展望未来5年，您认为自己的事业发展和工作状况会比现在：
　　1. 好很多　　　　　2. 好一些　　　　　　3. 没有变化
　　4. 差一些　　　　　5. 差很多　　　　　　6. 说不清

B22. 总体而言，您对目前的工作感到满意吗？
　　1. 很满意　　　　　2. 比较满意　　　　　3. 无所谓
　　4. 不太满意　　　　5. 很不满意

B23. 近三年来，你在学术期刊上发表的论文数_____篇，
　　其中作为第一作者或通讯作者发表_____篇。【没有请填0】

B24. 近三年来，在各种学术会议上宣读论文_____篇，被收录论文_____篇。
　　近三年来，提交内部研究报告（没公开发表）_____篇，
　　在媒体报刊等发表科普文章_____篇。【没有请填0】

B25. 近三年来，你是否从事过任何科研活动？
　　1. 从事过　　　　　2. 没有

B26. 近三年来，主持科研课题_____项，参与_____项。【没有请填0】
　　近三年来，你参加各类学术会议_____次。【没有请填0】

B27. 你认为影响你开展科研活动的主要原因是：

1. 工作忙没时间   2. 缺乏经费支持   3. 工作环境特殊
4. 研究水平有限   5. 缺少科研条件   6. 缺乏科技信息
7. 缺少合作伙伴   8. 其他（请注明）_____

第三部分　生活状况

C1. 总体而言，您觉得自己现在的身体健康状况如何？
    1. 健康   2. 比较健康   3. 一般   4. 不太健康
    5. 不健康

C2. 目前，您是否患有下列职业疾病或症状？【可多选】
    1. 心脏病   2. 脑血管病   3. 糖尿病   4. 高血脂症
    5. 肝病   6. 呼吸道疾病   7. 消化道疾病   8. 高血压
    9. 肾结石   10. 脂肪肝   11. 椎间盘疾病   12. 颈椎疾病
    13. 关节炎   14. 听力下降   15. 视力下降   16. 长期身体疲劳
    17. 长期腰背酸痛   18. 癌症   19. 没有上述疾病/症状   20. 其他_____

C3. 您的身体健康状况是否影响到日常工作和生活？
    1. 总是   2. 经常   3. 有时   4. 很少
    5. 从未出现

C4. 您每年花在健康上的主要费用包括：_____【可多选】
    1. 看病、买药   2. 购买健康器材   3. 购买绿色食品   4. 购买保健食品
    5. 检查身体   6. 健身   7. 其他_____

C5. 您每年用于看病和买药的费用约为_____元，其中自费_____元。

C6. 您的医疗费可以按实报销吗？
    1. 全额报销   2. 部分报销   3. 不能报销   4. 不知道

C7. 您的医疗费可以按时报销吗？
    1. 是   2. 不是   3. 不确定

C8. 您所在的船舶上设有专门的健身设施吗？
    1. 没有   2. 有（您对健身设施是否满意？   1. 满意   2. 不满意）

C9. 您在船期间参加体育锻炼吗？
    1. 一天一次   2. 两天一次   3. 一周两次   4. 每月两次
    5. 很少去   6. 从不

C10. 您在船期间服用营养保健品吗？
    1. 不服用   2. 服用，每月花费_____元

C11. 您在船期间服用慢性疾病（高血压、糖尿病等）药物吗？
    1. 不服用   2. 服用，每月花费_____元

C12. 除换证体检外，您是否定期健康体检？
    1. 从没体检   2. 半年一次   3. 一年一次   4. 两年一次
    5. 不定期

C13. 您的健康体检由谁安排?
　　1. 单位组织　　　　　2. 自费、自己安排　　　3. 不体检

C14. 您所在单位有没有指定的医疗服务机构?
　　1. 有　　　　　　　　2. 没有　　　　　　　　3. 不清楚

C15. 您所在单位有专门的健康保障制度和应急措施吗?
　　1. 有　　　　　　　　2. 没有　　　　　　　　3. 不清楚

C16. 近三年,您的平均年收入大约_____万元。

C17. 除了在船收入,您还有其他兼职收入吗?
　　1. 没有　　　　　　　2. 有(请填写来源_____)

C18. 您近三年的经济支出包括(多选,按高低顺序排列)_____?
　　1. 住房　　　　　　　2. 交通(车)　　　　　　3. 饮食
　　4. 衣着　　　　　　　5. 日用品　　　　　　　6. 通信
　　7. 医疗保健　　　　　8. 水电煤气费等日常开销　9. 人情往来
　　10. 家用电器、家具　　11. 文化、娱乐、旅游　　12. 子女教育
　　13. 接受教育培训　　　14. 赡养老人　　　　　　15. 其他_____

C19. 作为一名海运业船舶技术人员,您认为您处在社会的哪一层面?
　　1. 上层　　　　　　　2. 中上层　　　　　　　3. 中层
　　4. 中下层　　　　　　5. 下层　　　　　　　　6. 不知道

C20. 您对目前所处的社会阶层满意吗?
　　1. 很满意　　　　　　2. 比较满意　　　　　　3. 一般
　　4. 不太满意　　　　　5. 很不满意

C21. 在您的家里的重大事情由谁决策?
　　1. 自己　　　　　　　2. 配偶　　　　　　　　3. 父母
　　4. 与家人共同商量

C22. 您收到过单位给职工发放的节日或慰问礼品吗?
　　1. 有　　　　　　　　2. 没有　　　　　　　　3. 不知道

C23. 如果遇到困难,单位会通过哪些渠道为困难职工家庭提供帮助?【可多选】
　　1. 发放生活补助费　　2. 发放生活用品　　　　3. 减免医疗费用
　　4. 为子女提供教育服务　5. 情感关怀　　　　　6. 其他_____

C24. 您有以下哪些社会保险?【可多选】
　　1. 基本养老保险　　　2. 医疗保险　　　　　　3. 工伤保险
　　4. 失业保险　　　　　5. 生育保险　　　　　　6. 大病保险
　　7. 没有任何保险

C25. 您的保险如何缴纳?
　　1. 单位足额缴纳　　　2. 单位部分缴纳　　　　3. 自费缴纳
　　4. 没有缴纳

C26. 您有以下哪些形式的医疗保障?【可多选】
　　1. 社会城镇医疗保险　2. 新农村合作医疗保险　3. 企业补充医疗保险

4. 购买商业保险

C27. 您享受住房公积金吗?
  1. 是   2. 否   3. 不清楚

C28. 您目前居住的住房,其产权属于?
  1. 自己、配偶或家人(建筑面积_____ m²)   2. 单位或政府
  3. 其他个人   4. 其他形式(请注明)_____

C29. 您对于目前的居住条件满意吗?
  1. 很满意   2. 比较满意   3. 一般
  4. 不太满意   5. 很不满意

C30. 如果出现工伤不能继续在船工作的话,单位会做出怎样的安排?
  1. 离职   2. 重新安排新的岗位
  3. 不上报单位,自行解决受伤问题   4. 不清楚

C31. 对于工伤,单位会按政策处理,并给您赔偿吗?
  1. 会   2. 不会   3. 不清楚

C32. 您有心事会向家人透露吗?
  1. 总是   2. 经常   3. 有时
  4. 偶尔   5. 没有

C33. 休船期间,您与家人(父母、配偶、子女)吵架吗?
  1. 总是   2. 经常   3. 有时
  4. 偶尔   5. 没有

C34. 您的家庭氛围和谐一致吗?
  1. 总是   2. 经常   3. 有时
  4. 偶尔   5. 没有

C35. 您做事会考虑家人的意见和感受吗?
  1. 总是   2. 经常   3. 有时
  4. 偶尔   5. 没有

C36. 家人关心您工作上遇到的问题吗?
  1. 总是   2. 经常   3. 有时
  4. 偶尔   5. 没有

(若目前无子女,C37－C51 题无需作答)

C37. 您在休假期间会关注子女的哪些方面?【可多选】
  1. 学习成绩   2. 兴趣爱好   3. 弱点、缺点
  4. 人际交往状况   5. 身心健康   6. 其他(请注明)_____

C38. 您的子女对于船员职业是什么态度?
  1. 很骄傲   2. 很不屑   3. 无所谓
  4. 不知道

C39. 在家时,孩子有什么事愿意向您倾诉吗?

　　　　1. 是　　　　　　　　2. 不全是　　　　　　　3. 否

C40. 您对于孩子所犯的错误都会表示宽容吗？
　　　　1. 是　　　　　　　　2. 不全是　　　　　　　3. 否

C41. 您在家会原谅孩子的弱点缺点和失误吗？
　　　　1. 是　　　　　　　　2. 不全是　　　　　　　3. 否

C42. 孩子愿意告诉您他在学校的经历吗？
　　　　1. 是　　　　　　　　2. 不全是　　　　　　　3. 否

C43. 您在家时会去学校参加家长会吗？
　　　　1. 经常去　　　　　　2. 很少去　　　　　　　3. 从来不去

C44. 您指责孩子笨手笨脚吗？
　　　　1. 是　　　　　　　　2. 不全是　　　　　　　3. 否

C45. 您在家时会接送孩子上学吗？
　　　　1. 经常接送　　　　　2. 很少接送　　　　　　3. 从不接送

C46. 您会去学校向老师了解孩子在学校的各项表现吗？
　　　　1. 去　　　　　　　　2. 很少去　　　　　　　3. 从来不去

C47. 当孩子有委屈时,会在您面前申辩吗？
　　　　1. 会　　　　　　　　2. 有时会　　　　　　　3. 不会

C48. 您会按照自己的爱好和意志影响孩子的兴趣吗？
　　　　1. 是　　　　　　　　2. 不确定　　　　　　　3. 不是

C49. 您在家一有空就与孩子一起娱乐活动,而且玩起来无拘无束吗？
　　　　1. 是　　　　　　　　2. 有时如此　　　　　　3. 不是

C50. 您望子成龙、望女成凤吗？
　　　　1. 是　　　　　　　　2. 不确定　　　　　　　3. 不是

C51. 如果把"不爱"定为 0 分,"爱"定为 10 分,您觉得您对孩子的爱有_____分,孩子对您的爱有_____分,为什么_____。

（若目前未婚,C52－C63 题无需作答）

C52. 您认为自己和配偶之间的关系如何？
　　　　1. 很好　　　　　　　2. 一般　　　　　　　　3. 不太融洽,经常吵架
　　　　4. 很不好　　　　　　5. 无所谓

C53. 您和配偶之间有愉快的经历会相互分享吗？
　　　　1. 会　　　　　　　　2. 有时会　　　　　　　3. 不会

C54. 您完全满意配偶对您的感情。
　　　　1. 确实这样　　　　　2. 可能这样　　　　　　3. 不同意不反对
　　　　4. 可能不是这样　　　5. 确实不是这样

C55. 您担心配偶可能在性方面对您不感兴趣。
　　　　1. 确实这样　　　　　2. 可能这样　　　　　　3. 不同意不反对
　　　　4. 可能不是这样　　　5. 确实不是这样

C56. 在家,您对性方面的活动很感兴趣。
　　1. 确实这样　　　　　　2. 可能这样　　　　　　3. 不同意不反对
　　4. 可能不是这样　　　　 5. 确实不是这样

C57. 您很满意夫妻间的交流。
　　1. 确实这样　　　　　　2. 可能这样　　　　　　3. 不同意不反对
　　4. 可能不是这样　　　　 5. 确实不是这样

C58. 与配偶谈论性问题,对您来说是很容易和轻松的。
　　1. 确实这样　　　　　　2. 可能这样　　　　　　3. 不同意不反对
　　4. 可能不是这样　　　　 5. 确实不是这样

C59. 有时,您会担心配偶会有寻求婚外性关系的想法。
　　1. 确实这样　　　　　　2. 可能这样　　　　　　3. 不同意不反对
　　4. 可能不是这样　　　　 5. 确实不是这样

C60. 有时,您很想寻求婚外性关系。
　　1. 确实这样　　　　　　2. 可能这样　　　　　　3. 不同意不反对
　　4. 可能不是这样　　　　 5. 确实不是这样

C61. 对您来说,您和配偶之间的性关系是满意与完美的。
　　1. 确实这样　　　　　　2. 可能这样　　　　　　3. 不同意不反对
　　4. 可能不是这样　　　　 5. 确实不是这样

C62. 您不在意配偶与其他异性朋友在一起。
　　1. 确实这样　　　　　　2. 可能这样　　　　　　3. 不同意不反对
　　4. 可能不是这样　　　　 5. 确实不是这样

C63. 当您和配偶在一起时,您觉得任何人都不可能比你们幸福。
　　1. 确实这样　　　　　　2. 可能这样　　　　　　3. 不同意不反对
　　4. 可能不是这样　　　　 5. 确实不是这样

C64. 在有条件的情况下,您在船上会与家人交流吗?
　　1. 总是　　　　　　　　2. 经常　　　　　　　　3. 有时
　　4. 很少　　　　　　　　5. 从未

C65. 船上信息受限,给您带来哪些困扰?(请选择并按顺序排列)_____
　　1. 孤独　　　　　　　　2. 不了解时事　　　　　 3. 人际融入差
　　4. 与亲人沟通难　　　　5. 其他(请注明)_____

C66. 目前,您生活中存在哪些困难?【可多选】
　　1. 无　　　　　　　　　2. 收入低　　　　　　　 3. 住房困难
　　4. 户口问题　　　　　　5. 不能照顾家庭　　　　 6. 找对象难
　　7. 子女入学问题　　　　8. 看病就医难　　　　　 9. 夫妻分居两地
　　10. 照顾老人困难　　　 11. 子女教育　　　　　　12. 其他(请注明)_____

C66z. 其中,最大的困难是_____?【填入选项编号,只选一个】

C67. 相比五年前,您觉得自己目前的生活水平:

　　　　1. 好很多　　　　　2. 好一些　　　　　3. 没有变化
　　　　4. 差一些　　　　　5. 差很多　　　　　6. 说不清
C68. 展望未来五年,您认为自己生活水平会比现在:
　　　　1. 好很多　　　　　2. 好一些　　　　　3. 没有变化
　　　　4. 差一些　　　　　5. 差很多　　　　　6. 说不清
C69. 总体而言,您认为目前的生活幸福吗?
　　　　1. 很幸福　　　　　2. 比较幸福　　　　3. 一般
　　　　4. 不太幸福　　　　5. 很不幸福

第四部分　观念态度

D1. 您认为影响和谐社会建设的主要因素有哪些?【可多选】
　　　1. 收入分配不公　　　2. 腐败现象严重　　　3. 社会治安不好
　　　4. 民主法制不健全　　5. 缺乏道德诚信　　　6. 社会保障差
　　　7. 监管不力　　　　　8. 其他
D1z. 其中,您认为最主要的因素是:_____【填入选项编号,只选一个】
D2. 您认为当前社会人们的价值观念中处于主导地位的是:
　　　1. 爱国主义和集体主义　2. 个人主义　　　　　3. 追求物质享受、拜金主义
　　　4. 追求名利　　　　　5. 没有思考过　　　　6. 其他_____
D3. 您如何看待在全社会倡导"自由、平等、公正、法治"的价值导向?
　　　1. 非常赞同　　　　　2. 比较赞同　　　　　3. 不太赞同
　　　4. 完全不赞同　　　　5. 不知道
D4. 您如何看待我国倡导共建"21世纪海上丝绸之路"与"新丝绸之路经济带"(一带一路)的战略构想?
　　　1. 非常赞同　　　　　2. 比较赞同　　　　　3. 不太赞同
　　　4. 完全不赞同　　　　5. 不知道
D5. 您如何看待"把科学发展观贯彻到我国现代化建设全过程"的要求?
　　　1. 非常赞同　　　　　2. 比较赞同　　　　　3. 不太赞同
　　　4. 完全不赞同　　　　5. 不知道
D6. 您对我国"实现中华民族伟大复兴的中国梦"(即国家富强、民族振兴、人民幸福)有信心吗?
　　　1. 很有信心　　　　　2. 比较有信心　　　　3. 不太有信心
　　　4. 完全没信心　　　　5. 不知道
D7. 您对我国"在2020年全面建成小康社会"的发展目标有信心吗?
　　　1. 很有信心　　　　　2. 比较有信心　　　　3. 不太有信心
　　　4. 完全没信心　　　　5. 不知道
D8. 您对我国"在2049年建成富强、民主、文明、和谐的社会主义现代化国家"的发展目标有信心吗?

1. 很有信心　　　　　2. 比较有信心　　　　　3. 不太有信心
4. 完全没信心　　　　5. 不知道

D9. 您对我国实现"到 2020 年进入创新型国家行列"的战略目标有信心吗？
1. 很有信心　　　　　2. 比较有信心　　　　　3. 不太有信心
4. 完全没信心　　　　5. 不知道

D10. 您对我国实现"在 2049 年时成为世界科技强国"的战略目标有信心吗？
1. 很有信心　　　　　2. 比较有信心　　　　　3. 不太有信心
4. 完全没信心　　　　5. 不知道

D11. 您对我国提出"建设海运强国"的战略目标有信心吗？
1. 很有信心　　　　　2. 比较有信心　　　　　3. 不太有信心
4. 完全没信心　　　　5. 不知道

D12. 您如何看待中央对新时期中国特色社会主义事业提出的各项要求？
在合适的数字上画"○"。

项　　目	不重要 1	比较重要 2	非常重要 3	不知道 8
D1201. 坚持人民主体地位	1	2	3	8
D1202. 坚持解放和发展社会生产力	1	2	3	8
D1203. 坚持推进改革开放	1	2	3	8
D1204. 坚持维护社会公平正义	1	2	3	8
D1205. 坚持走共同致富道路	1	2	3	8
D1206. 坚持促进社会和谐	1	2	3	8
D1207. 坚持和平发展	1	2	3	8
D1208. 坚持党的领导	1	2	3	8

D13. 从您和周围的船舶技术人员来看，当前船舶技术界在以下方面的总体表现如何？在合适的数字上画"○"。

项　　目	非常差 1	比较差 2	比较好 3	非常好 4	不知道 8
D1301. 爱国	1	2	3	4	8
D1302. 敬业	1	2	3	4	8
D1303. 诚信	1	2	3	4	8
D1304. 友善	1	2	3	4	8

D14. 与发达国家的船舶技术人员相比，您觉得我国船舶技术人员的整体水平如何？在合适的数字上画"○"。

项　　目	落后很多 1	有点落后 2	总体差不多 3	更好 4	不清楚 8
D1401. 专业技能水平	1	2	3	4	8
D1402. 责任心	1	2	3	4	8
D1403. 英语水平	1	2	3	4	8

D15. 您认为,评价一个船舶技术人员是否优秀的重要标准有哪些?【最多选五项】

　　1. 获得同行认可　　　　2. 获得航运界认可　　　　3. 获得政府部门认可
　　4. 船舶业务技术精湛　　5. 思想品德高尚　　　　　6. 具有爱国奉献精神
　　7. 具有较高的公众知名度　8. 有团队合作精神　　　　9. 组织、协调能力强
　　10. 意志坚定,不怕吃苦　　11. 良好的执行力　　　　　12. 身体素质好
　　13. 心胸宽广,人际关系好　14. 工作责任心强　　　　　15. 家庭责任心强

D15z. 其中,最重要的标准是:_____【填入选项编号,只选一个】

D16. 您觉得我国船舶技术人员在下列方面存在的问题严重吗?在合适的数字上画"〇"。

项　　目	非常严重 1	比较严重 2	不太严重 3	基本没有 4	不清楚 8
D1601. 不安心做本职工作	1	2	3	4	8
D1602. 人才流失(转行、转业)	1	2	3	4	8
D1603. 女性船舶技术人员不受重视	1	2	3	4	8
D1604. 缺乏团队合作精神	1	2	3	4	8
D1605. 专业技能水平不高	1	2	3	4	8
D1606. 缺乏责任心	1	2	3	4	8
D1607. 自我认可度低	1	2	3	4	8
D1608. 缺乏归属感	1	2	3	4	8
D1609. 与社会脱离	1	2	3	4	8
D1610. 英语水平低	1	2	3	4	8

D17. 您认为当前我国船舶运输领域在以下各个方面总体情况如何?在合适的数字上画"〇"。

项　　目	很不好 1	较不好 2	较好 3	非常好 4	不清楚 8
D1701. 确立了企业技术创新的主体地位	1	2	3	4	8
D1702. 船员的积极性、创造性得到了发挥	1	2	3	4	8
D1703. 建立了有效的用工薪酬人事激励约束机制	1	2	3	4	8
D1704. 船舶公司机关结构设置合理,人员安排恰当	1	2	3	4	8

（续表）

项　　目	很不好 1	较不好 2	较好 3	非常好 4	不清楚 8
D1705. 船舶上拥有先进设备的支持	1	2	3	4	8
D1706. 建立了鼓励船员从业的政策	1	2	3	4	8
D1707. 注重船舶技术人才的培养	1	2	3	4	8
D1708. 注重对船舶技术人才的保护	1	2	3	4	8
D1709. 社会对船员的支持和尊重	1	2	3	4	8

第五部分　社会参与

E1. 对于近年来国家出台的政策方针，您是否关注？
　　1. 非常关注　　　　　　2. 比较关注　　　　　　3. 不太关注
　　4. 完全不关注　　　　　5. 不知道

E2. 您愿意参与单位的公共事务管理吗？
　　1. 非常愿意　　　　　　2. 比较愿意　　　　　　3. 不太愿意
　　4. 完全不愿意　　　　　5. 不知道

E3. 您当选过各级人大代表或政协委员吗？
　　1. 没有　　　　　　　　2. 当选过人大代表　　　3. 当选过政协委员
　　4. 两者都当选过

E4. 您觉得目前参政议政或参与公共事务的渠道通畅吗？
　　1. 非常通畅　　　　　　2. 比较通畅　　　　　　3. 不太通畅
　　4. 很缺乏　　　　　　　5. 不清楚

E5. 如果在媒体上看到了您认为明显错误的与航运有关的信息或报道，您一般会怎么办？
　　【可多选】
　　1. 不予理睬　　　　　　2. 向相关管理部分反映　　3. 与该媒体联系，指出错误
　　4. 通过媒体向公众澄清错误　　5. 运用QQ或微信向朋友圈澄清错误
　　6. 其他_____

E6. 您是否做过以下活动？在合适的数字上画"〇"。

项　　目	没有 0	有时 1	经常 2
E601. 就单位的管理问题公开发表意见	0	1	2
E602. 向单位领导（部门）提建议/意见	0	1	2
E603. 向新闻媒体提建议/意见	0	1	2
E604. 向政府提建议/意见	0	1	2
E605. 参加上访/请愿	0	1	2
E606. 向周围人或在朋友圈发表意见	0	1	2

E7. 您目前是不是以下社会团体组织的个人会员？在合适的数字上画"○"。

项目	1 不是	2 是
E701. 工会	1	2
E702. 行业学会	1	2
E703. 行业学会下属各专业委员会（包括船舶检验、船闸、航标、海运法规、集装箱运输、船舶机电、危险品货运运输、海洋船舶驾驶、通信导航、船舶防污染、航海心理学等）	1	2

E8. 您目前是否是以下学术团体（如学会、研究会等）的个人会员？如果是,您参加了几个这样的学术团体？在合适的数字上画"○"。

项目	1 不是	2 是,参加了____个
E801. 国际或海外学术团体	1	2 参加了____个
E802. 全国性学术团体	1	2 参加了____个
E803. 省级学术团体	1	2 参加了____个
E804. 地市级学术团体	1	2 参加了____个
E805. 区县级学术团体	1	2 参加了____个
E806. 其他学术团体	1	2 参加了____个

E9.【没有参加学术团体或基层学（协）会组织的人员不用回答此题】

如果您是学术团体或基层学（协）会的会员,您经常参加该组织的活动吗？【如参加过多个组织,回答最重要的那个】

1. 几乎不参加　　　　　　2. 偶尔　　　　　　　　3. 经常

E10. 除了上述学术团体或基层学（协）会,您是否还参加了其他社会团体或协会组织,如慈善组织、文体娱乐组织、校友会等？（包括正式登记或未正式登记的社会团体）

1. 参加了　　　　　　　　2. 没有参加

E11. 您对以下社会组织团体的情况,了解程度如何？在合适的数字上画"○"。

项目	完全不了解 1	不太了解 2	比较了解 3	非常了解 4
E1101. 工会	1	2	3	4
E1102. 行业学会	1	2	3	4
E1103. 行业学会下属各专业委员会（包括船舶检验、船闸、航标、海运法规、集装箱运输、船舶机电、危险品货运运输、海洋船舶驾驶、通信导航、船舶防污染、航海心理学等）	1	2	3	4

E12. 您认为以下社会组织团体所发挥的影响力如何？在合适的数字上画"○"。

项　目	没有影响 1	影响较弱 2	一般 3	比较有影响 4	非常有影响 5	不清楚 8
E1201. 工会	1	2	3	4	5	8
E1202. 行业学会	1	2	3	4	5	8
E1203. 行业学会下属各专业委员会（包括船舶检验、船闸、航标、海运法规、集装箱运输、船舶机电、危险品货运运输、海洋船舶驾驶、通信导航、船舶防污染、航海心理学等）	1	2	3	4	5	8

E13. 您希望从这些社会组织团体中获得哪些帮助？【可多选】
　　1. 信息、技术服务　　　　2. 政策咨询服务　　　　3. 就业服务
　　4. 进修培训服务　　　　5. 职称评审　　　　　　6. 资助研究
　　7. 解决生活困难　　　　8. 向政府反映意见　　　9. 保障权益
　　10. 提供与社会各界交流的机会
　　11. 提供科技人员技术交流的机会　　12. 其他（请注明）_____

E14. 您是否遇到过以下困难？【可多选】
　　1. 个税缴纳　　　　　　2. 社保缴费　　　　　　3. 看病报销
　　4. 工伤救助　　　　　　5. 工伤索赔　　　　　　6. 养老问题
　　7. 工资按时发放　　　　8. 其他（请注明）_____

E15. 碰到这些困难时，您一般怎么办？【可多选】
　　1. 不予理睬　　　　　　2. 诉诸法律　　　　　　3. 向媒体反映
　　4. 向自己单位反映　　　5. 向亲人反映　　　　　6. 向同事、朋友反映
　　7. 向学会组织反映　　　8. 向工会组织反映　　　9. 向地方海事法院反映
　　10. 与侵害者交涉　　　　11. 其他（请注明）_____

第六部分　心理健康状况

F1. 下面列出了一些人可能会出现的心理状态（共112条）。请您仔细阅读每一条，然后根据自己最近<u>两个月内</u>的实际感觉，选择一个最符合您情况的选项，并在合适的数字上画"〇"。其中，"0"表示"没有"，"1"表示"偶尔"，"2"表示"有时"，"3"表示"经常"，"4"表示"总是"。回答无对错之分。

序号	项　目	没有 0	偶尔 1	有时 2	经常 3	总是 4
F001. 头痛		0	1	2	3	4
F002. 感到孤独		0	1	2	3	4

(续表)

序号	项目	没有 0	偶尔 1	有时 2	经常 3	总是 4
F003.	感到要发生可怕或不幸的事情	0	1	2	3	4
F004.	感觉很多方面比不上人家	0	1	2	3	4
F005.	与人交往感到紧张	0	1	2	3	4
F006.	性方面的事情使我不能集中精力工作	0	1	2	3	4
F007.	生活枯燥乏味	0	1	2	3	4
F008.	无缘无故地感到害怕	0	1	2	3	4
F009.	力不从心的感觉	0	1	2	3	4
F010.	对讨厌的人进行攻击	0	1	2	3	4
F011.	感到任何事情都很困难	0	1	2	3	4
F012.	害怕航海工作中遭遇生命威胁	0	1	2	3	4
F013.	别人对我的批评让我耿耿于怀	0	1	2	3	4
F014.	头昏或晕倒	0	1	2	3	4
F015.	被人冷落	0	1	2	3	4
F016.	感到前途没有希望	0	1	2	3	4
F017.	感到自己的思想和行为被神秘的力量所控制	0	1	2	3	4
F018.	与别人谈论海员职业,会觉得不好意思	0	1	2	3	4
F019.	有想摔坏或破坏东西的冲动	0	1	2	3	4
F020.	想一些不必要的事情	0	1	2	3	4
F021.	每天多次洗手,仍觉得没洗干净	0	1	2	3	4
F022.	感到悲伤	0	1	2	3	4
F023.	看什么都不顺眼	0	1	2	3	4
F024.	感到别人能控制自己的思想	0	1	2	3	4
F025.	害怕一个人待在封闭的空间	0	1	2	3	4
F026.	对工作的兴趣和热情减退	0	1	2	3	4
F027.	感觉被这世界遗弃	0	1	2	3	4
F028.	消化不良	0	1	2	3	4
F029.	有莫名其妙的不满和气愤	0	1	2	3	4
F030.	自己是一个失败者	0	1	2	3	4
F031.	害怕单独出门	0	1	2	3	4
F032.	对事物不感兴趣	0	1	2	3	4
F033.	不知道如何安排空余时间	0	1	2	3	4
F034.	对自己的能力没有信心	0	1	2	3	4
F035.	感到很少有人理解自己	0	1	2	3	4
F036.	单独一人时感到紧张	0	1	2	3	4
F037.	难以做决定	0	1	2	3	4
F038.	现在所过的生活是令家人失望的	0	1	2	3	4

序号	项目	没有 0	偶尔 1	有时 2	经常 3	总是 4
F039.	有过自杀的念头	0	1	2	3	4
F040.	憎恨周围的人	0	1	2	3	4
F041.	肠胃不舒服	0	1	2	3	4
F042.	容易被激怒	0	1	2	3	4
F043.	害怕当众说话	0	1	2	3	4
F044.	感到别人在监视、谈论自己	0	1	2	3	4
F045.	关注和担忧别人对自己的看法	0	1	2	3	4
F046.	觉得自己是个没用的人	0	1	2	3	4
F047.	不愿服从安排	0	1	2	3	4
F048.	担忧自己的健康现状	0	1	2	3	4
F049.	听到别人听不到的声音	0	1	2	3	4
F050.	感到紧张或容易紧张	0	1	2	3	4
F051.	难以集中精力做事	0	1	2	3	4
F052.	一阵阵发冷或发热	0	1	2	3	4
F053.	有一些别人没有的想法或念头	0	1	2	3	4
F054.	与异性相处觉得不自然	0	1	2	3	4
F055.	坐立不安心神不定	0	1	2	3	4
F056.	无所事事	0	1	2	3	4
F057.	怕别人不理解自己	0	1	2	3	4
F058.	觉得自己可能将要发疯	0	1	2	3	4
F059.	感到自己的精力下降,活动减慢	0	1	2	3	4
F060.	呼吸困难	0	1	2	3	4
F061.	头脑中常常会冒出一些想法,怎么赶也赶不走	0	1	2	3	4
F062.	生活没有目标	0	1	2	3	4
F063.	想骂人	0	1	2	3	4
F064.	休息后仍感到疲倦	0	1	2	3	4
F065.	与人交往没有共同语言	0	1	2	3	4
F066.	在工作中的表现不如期望的好	0	1	2	3	4
F067.	因为害怕避开某些场合或活动	0	1	2	3	4
F068.	有一些不属于自己的想法	0	1	2	3	4
F069.	为一些有关"性"的想法而苦恼	0	1	2	3	4
F070.	胸痛	0	1	2	3	4
F071.	手脚发抖打颤	0	1	2	3	4
F072.	明知是小事也会发火	0	1	2	3	4
F073.	害怕空旷的大海	0	1	2	3	4
F074.	感到别人对自己怀有敌意	0	1	2	3	4

(续表)

序号 项目	没有 0	偶尔 1	有时 2	经常 3	总是 4
F075. 当别人取得成绩,很想打击一下	0	1	2	3	4
F076. 心慌	0	1	2	3	4
F077. 恶心呕吐	0	1	2	3	4
F078. 对一些无关紧要的事情感到忧虑	0	1	2	3	4
F079. 经常责怪自己	0	1	2	3	4
F080. 身体某一部分软弱无力	0	1	2	3	4
F081. 讨厌自己	0	1	2	3	4
F082. 不能控制地大发脾气	0	1	2	3	4
F083. 靠吸烟、喝酒或喝咖啡来支持自己	0	1	2	3	4
F084. 放纵自己发生过不正常的性行为	0	1	2	3	4
F085. 感到自己没有什么价值	0	1	2	3	4
F086. 肌肉酸痛	0	1	2	3	4
F087. 打心底里反对某些管理者的做法	0	1	2	3	4
F088. 感到自己的身体有严重问题	0	1	2	3	4
F089. 心境低落	0	1	2	3	4
F090. 因性需求长期得不到满足而痛苦	0	1	2	3	4
F091. 腰痛	0	1	2	3	4
F092. 有伤害他人或打人的冲动	0	1	2	3	4
F093. 一阵阵恐惧或惊恐	0	1	2	3	4
F094. 反复检查很多东西(如门窗、钱物、文件)	0	1	2	3	4
F095. 伤害令自己不满的人	0	1	2	3	4
F096. 比平常容易生气激动	0	1	2	3	4
F097. 与人争论不休	0	1	2	3	4
F098. 担心衣服是否整齐	0	1	2	3	4
F099. 感到自己的脑子有毛病	0	1	2	3	4
F100. 对自己没有太多的期望	0	1	2	3	4
F101. 性欲减退	0	1	2	3	4
F102. 睡眠不好	0	1	2	3	4
F103. 常常要小便	0	1	2	3	4
F104. 说话做事不加思考、不考虑后果	0	1	2	3	4
F105. 咳嗽、咳痰	0	1	2	3	4
F106. 心中不踏实	0	1	2	3	4

(续表)

序号	项 目	没有 0	偶尔 1	有时 2	经常 3	总是 4
F107. 不愿与人交流		0	1	2	3	4
F108. 遇到突如其来的海上情况,有心慌、呼吸困难、手脚无力等感觉		0	1	2	3	4
F109. 手淫		0	1	2	3	4
F110. 遇事能冷静沉着		0	1	2	3	4
F111. 工作生活忙碌而有意义		0	1	2	3	4
F112. 坐立不安、心神不宁		0	1	2	3	4

F2. 您的心理压力主要来源于哪些方面？请在下表中列出的条目后边的"是""否"下画"○"。

序号	项 目	是	否	序号	项 目	是	否
F01. 工作任务重、压力大				F09. 饮食结构不合理			
F02. 收入低				F10. 身体健康受影响			
F03. 航海职业危险				F11. 性生活不满意			
F04. 工作环境封闭				F12. 与社会分离			
F05. 职业无发展前景				F13. 工作缺乏归属感			
F06. 生活不规律				F14. 缺少文化环境			
F07. 缺少朋友、人际关系不协调				F15. 配偶有外遇/恋人移情别恋			
F08. 跟亲人在一起的时间少				F16. 应有权益得不到保障			

F3. 您有多少关系密切,可以得到支持和帮助的朋友？【只选一项】
　　1. 一个也没有　　　　　　2. 1~2 个　　　　　　3. 3~5 个
　　4. 6 个以上

F4. 近一年来,您:【只选一项】
　　1. 远离家人,且独居一室　　　　2. 信息经常变动,多数时间和陌生人在一起
　　3. 和同学、同事或朋友住在一起　　4. 和家人住在一起

F5. 下列条目描述的是当人们遇到问题时可能采用的解决问题的方法,请根据您自己的实际情况,判断每一方法您的使用频率。"1"表示"不采用","2"表示"偶尔采用","3"表示"有时采用","4"表示"经常采用"。请在合适的数字上画"○"。

序号	项 目	从不 0	偶尔 1	有时 2	经常 3
F01. 通过工作学习或一些其他活动解脱		0	1	2	3
F02. 与人交谈,倾诉内心烦恼		0	1	2	3
F03. 尽量看到事物好的一面		0	1	2	3

(续表)

序号	项目	从不 0	偶尔 1	有时 2	经常 3
F04.	改变自己的想法,重新发现生活中什么重要	0	1	2	3
F05.	不把问题看得太严重	0	1	2	3
F06.	坚持自己的立场,为自己想得到的斗争	0	1	2	3
F07.	找出几种不同的解决问题的方法	0	1	2	3
F08.	向亲戚朋友或同学寻求建议	0	1	2	3
F09.	改变原来的一些做法或自己的一些问题	0	1	2	3
F10.	借鉴他人处理类似困难情景的办法	0	1	2	3
F11.	寻求业余爱好,积极参加文体活动	0	1	2	3
F12.	尽量克制自己的失望、悔恨、悲伤和愤怒感情	0	1	2	3
F13.	试图休息或休假,暂时把问题(烦恼)抛开	0	1	2	3
F14.	通过吸烟、喝酒、服药和吃东西来解除烦恼	0	1	2	3
F15.	认为时间会改变现状,唯一要做的便是等待	0	1	2	3
F16.	试图忘记整个事情	0	1	2	3
F17.	依靠别人解决问题	0	1	2	3
F18.	接受现实,因为没有其他办法	0	1	2	3
F19.	幻想可能会发生某种奇迹改变现状	0	1	2	3
F20.	自己安慰自己	0	1	2	3

F6. 您和邻居:【只选一项】
  1. 相互之间从不关心,只是点头之交   2. 遇到困难可能稍微关心
  3. 有些邻居很关心您   4. 大多数邻居都很关心您

F7. 您和同事:【只选一项】
  1. 相互之间从不关心,只是点头之交   2. 遇到困难可能稍微关心
  3. 有些同事很关心您   4. 大多数同事都很关心您

F8. 家庭成员给予您的支持和照顾如何?在合适的框内画"○"。

	无	极少	一般	全力支持
A. 夫妻(恋人)				
B. 父母				
C. 儿女				
D. 兄弟姐妹				
E. 其他成员(如嫂子、叔侄)				

F9. 过去,在您遇到急难情况时,曾经得到的经济支持和解决实际问题的帮助的来源有:
  1. 无任何来源   2. 配偶   3. 亲戚

4. 同事   5. 朋友   6. 工作单位

7. 党、团、工会组织   8. 社会团体   9. 宗教组织

10. 其他(请列出)_____

F10. 您遇到烦恼时的倾诉方式：【只选一项】

1. 从不向任何人诉讼   2. 只向关系极为密切的人诉讼

3. 如果朋友主动询问您会说出来   4. 主动诉讼自己的烦恼，以获得支持和理解

F11. 您遇到烦恼时的求助方式：【只选一项】

1. 只靠自己，不接受别人帮助   2. 很少请求别人帮助

3. 有时请求别人帮助   4. 有困难时经常向家人、亲友、组织求援

F12. 对于团体(如党组织、团组织、工会、社会团体、宗教组织等)组织活动，您：【只选一项】

1. 从不参加   2. 偶尔参加   3. 经常参加

4. 主动参加并积极活动

F13. 您曾经获得哪些形式的心理帮助？【可多选】

1. 网络咨询   2. 电话咨询   3. 社区咨询

4. 单位心理健康服务   5. 医疗机构心理咨询   6. 参加心理辅导

7. 个别咨询   8. 团体心理活动

9. 其他形式(请列出)_____

F14. 您希望获得以下哪些形式的心理服务？【可多选】

1. 网络咨询   2. 电话咨询   3. 社区咨询

4. 单位心理健康服务   5. 医疗机构心理咨询   6. 参加心理辅导

7. 个别咨询   8. 团体心理活动

9. 其他形式(请列出)_____

****

调查到此结束了，谢谢您的支持。祝您工作顺利，生活愉快！

附录二

中国科协调研课题

我国海运业船舶技术人员状况调查问卷

指导手册

我国海运业船舶技术人员状况调查课题组 制
2015 年 10 月

一、编制目的

为保证问卷施测的规范性,实现调查结果的科学性、客观性,特编订此《指导手册》。

二、项目来源

中国科协调查课题——我国海运业船舶技术人员状况调查(课题编号 2015DCYJ04)。

三、调查目标

通过对我国海运业船舶技术人员大面积抽样调查研究,全面客观地反映海运业船舶技术人员的基本现状,深入剖析海运业船舶技术人员存在问题的深层原因,真实反映船舶技术人员的需求、意见和愿景,继而提出针对性的对策和建议,为政府部门制定相关政策提供参考依据。

四、调查对象

(一)调查对象的范围

我国海事部门登记注册并在职的船舶技术人员,即在海运业从事航海高科技技术应用的科技人员。截至 2013 年 12 月 31 日我国共有注册海运业船舶技术人员 203 797 人(数据来源:中国海事局)。调查对象涉及:

1. 按职称类型分:高级船长、船长、大副、二副、三副;高级轮机长、轮机长、大管轮、二管轮、三管轮;

2. 按持证类型分:无限航区、沿海航区、特殊类型船舶;

3. 按企业类型分:国有企业、合资企业、民营企业、外资企业。

(二)调查对象的数量

假定采用置信度$(1-\alpha)$为 99%,即对应 $Z=2.58$;可允许的抽样误差 se 设为 1.0%,p 取值为 1/2,则根据简单随机抽样所需的最小样本量 $n = Z^2 \times [p(1-P)]/se^2 = 3328$。由于本次调查采用的是多阶段抽样方法,需要根据设计效应因子调整样本量。根据经验,通常取设计效应因子 B 为 1.8 或 2.0,在此取 2.0,$n = 3328 \times 2 = 6656$。本课题将样本量界定在 5%,样本量为 10 190,符合调查所需的精度要求,所得样本能够很好地代表全国船舶技术人员的总体情况。

(三)调查对象的抽取

本次抽样调查工作将在全国 13 个省、市进行,由上述省、市的 13 个海事局(辖区海员注册单位)负责组织。被查人数按辖区注册海运业船舶技术人员总数的 5% 抽样,抽样方案采取如下三种方法相结合的形式：

1. 方法一：多阶段抽样：省海事局——企业——个人

（1）调查员至全国13个省、市的13个海事局收集尽可能完整的船舶技术人员的注册名单，形成供下一步抽样用的总名单。了解各职称类型、持证类型、所属企业类型以及外派船舶技术人员的比例。

（2）根据抽样方案，获得抽样名单后，在被调查者所属的企业了解其动态（在船、培训、休假），与被调查者联系进行调查。

2. 方法二：分层抽样

在各省（自治区、直辖市）抽取的样本比例与各省、市辖区注册人员的实际分布比例相一致；共抽取10 190名船舶技术人员样本，作为全国海运业船舶技术人员的代表接受问卷调查。具体抽样调查比例及样本人数见附表2-1。

附表2-1 抽样调查的样本数

地区	调查机构	船舶技术人员无限航区/人	船舶技术人员沿海航区/人	船舶技术人员总数/人	抽样比例	样本数/个
山东	山东海事局	24 326	8 128	32 454	5%	1 623
浙江	浙江海事局	2 397	25 262	27 659	5%	1 383
广东	广东海事局	15 121	12 420	27 541	5%	1 377
上海	上海海事局	27 850	4 985	32 835	5%	1 642
福建	福建海事局	11 027	10 759	21 786	5%	1 089
天津	天津海事局	20 304	3 023	23 327	5%	1 166
江苏	江苏海事局	10 961	5 926	16 887	5%	844
辽宁	辽宁海事局	14 105	3 943	18 048	5%	902
湖北	长江海事局	963	3 651	4 614	5%	231
河北	河北海事局	180	1 685	1 865	5%	93
广西	广西海事局	101	4 024	4 125	5%	206
海南	海南海事局	61	1 582	1 643	5%	82
广东	深圳海事局	3 134	1 428	4 562	5%	228
总计		130 530	86 816	217 346	5%	10 866

3. 方法三：等距抽样

等距抽样的步骤如下：

（1）整理所属海事局登记注册的船舶技术人员名单，按照注册编号进行排序，并编上序号，例如：$1, 2, 3, 4, \cdots, K-1, K$（见附表2-2示例）。

（2）计算抽样间距 $d = K/n$，比如从10 000人中抽取5%即500人，则 $d = 10\ 000/500 = 20$，即每隔20人抽取一个样本。

（3）选取一个小于 d 的随机数 x（抓阄或用随机数字表法产生），作为第一个被抽中的样本的编号，第一个被抽中的样本数即为编号为 x 的船舶技术人员，第二个是 $x + d$，第三个是 $x + 2d$，第四个是 $x + 3d, \cdots$，第 n 个样本的编号是 $x + (n-1)d$。

（4）在选中的样本编号前标上√作为选中标记。

附表 2-2 船舶技术人员名单列表示例

选中标记	序号	姓 名	职 务	所属单位	备 注
	1	王 某	大 副	中远公司	
√	2	张 某	轮机长	中远公司	
	…				
	20	赵 某	大管轮	中远公司	
	21	李 某	高级船长	中远公司	
√	22	孙 某	二管轮	中远公司	
	…				
√	42	吴 某	三 副	中远公司	
	…				
	K	蒋 某	船 长	中远公司	

五、调查内容

对我国海运业船舶技术人员状况的调查，包括六个方面：

一级维度	二级维度	一级维度	二级维度	一级维度	二级维度
基本情况	年龄	工作状况	入职情况	生活状况	健康自评
	职务、职称		工作适应		健康投资
	户籍所在地		工作满意度		健康服务
	证书类型		科技活动		经济收入
	宗教信仰		继续教育		社会地位
	文化程度		职业目标		社会福利
	婚姻情况		职业倦怠		社会保障
	所属单位类型		职业忠诚		亲子关系
	劳务性质		流动意愿		婚恋质量(性)

一级维度	二级维度	一级维度	二级维度	一级维度	二级维度
观念态度		社会参与		心理健康状况	心理健康自评
	国家政策		政策关注度		心理压力源
	发展目标		政策建议		人际信任
	创新环境		公共事务		应对方式
	行业群体		团体活动		幸福感
	个体发展		权益维护		社会支持
					心理需求
					获得的心理服务

六、调查方式

本次调查有两种方式:纸质问卷填答和网络填答。

1. 纸质问卷填答方式

(1) 由主试人员集中发放问卷,指导测试人员认真阅读指导语,根据指导语进行问卷填答。

(2) 整个填答过程大约需要 50 min 的时间。

(3) 填写完毕后,检查是否有漏答的选项,确认无误后回收问卷。

2. 网络填答方式

(1) 登录。进入问卷网络调查平台网站。

(网址 http://www.sojump.com/jq/6275061.aspx 密码:hykt)

在登录框输入个人的基本信息后,进入问卷填答界面。通过电脑或手机可在线填答并提交。

(2) 问卷填答大约需要 50 min 的时间,请根据网页提示耐心填答;填答问卷时请按照自己的真实情况和意愿作答,无需受别人暗示或影响。

(3) 填写完毕后请提交问卷。

七、注意事项

(1) 采用纸质问卷调查时,需要为施测人员预留大概 1 h 的集中时间用于填答问卷。

(2) 主试人员先发放问卷,待确定每个测试人员都拿到问卷后阅读指导语。

(3) 强调本次调查的目的在于了解船舶技术人员的现状,将为政府决策提供参考,调查不会透露个人信息,要求测试人员认真、如实作答。

(4) 提醒施测人员需每题都作答。

谢谢您的支持!

我国海运业船舶技术人员状况调查课题组

附录三 我国海运业船舶技术人员状况调查调研提纲

一、船舶管理人员调研提纲

一、海员权益保障情况
二、海员身体健康保障情况(体检、医疗、工伤处理等)
三、海员心理健康状况
四、海员社会保障情况(社会保险、薪酬福利、个人税收等)
五、海员管理状况
六、海员劳动合同的签订和执行
七、海员服务机构履行职责状况
八、海员工作满意度、归属感和职业稳定性
九、海员休假期及待遇
十、海员培训和继续教育
十一、制定了哪些关心船员的政策、规定和措施
十二、企业文化建设状况
十三、企业工会在维护船员权益中的作用
十四、航海学术团体的作用与影响
十五、目前海员及海员管理中存在的主要问题与解决建议

二、船舶技术人员调研提纲

一、海员常见的职业疾病、医疗费报销、体检、锻炼、船上伙食情况。
二、海员的社会保障情况。
三、单位是否有专门的医疗卫生服务机构?单位是否有专门的健康急救措施?
四、您觉得社会对海员的关注程度如何?会关注哪些方面?
五、您认为评价一名船员是否优秀的重要标准有哪些?
六、近几年,您是否曾就工作或生活方面,向有关部门或单位提出意见或建议?
七、海员容易受到哪些方面的权益侵害?如果您的权益受损,会从哪些渠道寻求帮助?
八、就海员这个群体来说,您觉得当前存在哪些方面的问题?
九、就船舶运输领域来说,您觉得当前存在哪些方面的问题?
十、休假期间的主要安排?参加的主要活动?是否参加一些社团组织?

十一、海员心理有哪些问题？曾获得哪些形式的心理服务？希望获得哪些帮助？

十二、当初出于什么原因选择这份工作？是否考虑更换职业或单位？原因是什么？

十三、工作中的主要困扰有哪些？希望获得哪些帮助？

十四、生活中的主要困难有哪些？希望获得哪些帮助？

十五、人的进修（学历、非学历）培训情况？

十六、对单位培训安排的满意程度？有何建议？

附录四 海运企业、海员服务公司、航海类高校船舶技术人员、管理人员访谈汇总

一、被调研访谈单位

大连海事大学海达船务公司、大连苏瑞船务有限公司、宁波龙盛航运有限公司、宁波翔云海事服务有限公司、中远航运股份有限公司、广州中海国际广州公司、中国远洋集团总公司、中国海运集团总公司、中国远洋海运集团有限公司、中国华阳海事中心、深圳远洋运输股份有限公司、江苏华隆海运有限公司、中国航海学会、中国海员建设工会、大连海事大学、青岛远洋船员学院、上海海事职业技术学院、南通航运职业技术学院。

二、船舶管理人员访谈汇总

（一）海员权益保障情况

（1）目前海员服务市场不规范。海员劳动纠纷（包括工伤纠纷）较多，海员属于弱势群体，一旦碰到纠纷，海员往往会考虑到后果，不敢申诉，担心失去工作。因此，有必要建立有效的海员权益维护与投诉机制。

（2）目前国家对海员没有具法律效应的统一的薪酬结构和工资标准，所以有些公司签假合同，表面提高工资待遇，通过各种方法应付国际劳工组织检查。

（3）海员在国外受到尊重，感到自豪和光荣，下船有车接送到海员俱乐部休息等；回国下船冷冷清清，还要受到各种检查，使自尊受损。

（4）不同性质的船舶企业、海员服务公司和海员，得到的社会保障不同。国有企业做得比较好，关键还要看企业经营状况。

（5）有的海员服务公司管理比较规范，为确保海员权益，与海员签订信誉协议，当船东付不出海员工资时，先代为垫付，保证海员工资收入不受影响。对海员劳动纠纷，公司通过劳动仲裁保护海员。

（6）一些企业对海员退休年龄有不同规定，有的规定 55 岁，有的规定 60 岁。海事局换证可以到 65 岁，部分船东希望上船海员年龄在 50 岁以下。现在船大、人少，对海员身体素质要求高，一般 50 岁以上的海员身体各方面机能下降，视力、听力、体力、反应速度都下降。希望退休年龄统一，55 岁比较合适。

（7）海员是国家海洋强国、航运强国的支撑，是国家经济建设、国防建设的重要力量。但是，海员社会地位、社会认同很低，流失率高，招聘海员时城市居民愿意上船的很少，海员家庭支持率低、子女不愿接班等。国家各种媒体很少宣传航海文化，春节联欢会也没提过海

员。国家要加大对海洋文化、航海文化的宣传，要从国家层面宣传，而不是行业内自娱自乐。央视、各国家主要媒体、报刊不但要有民警、教师、科技人员、军人的宣传，也要有海员的宣传。国家表彰奖励要有海员的身影，树立优秀海员典范，增强海员职业自豪感、荣誉感，使社会对海员职业认同。通过正能量的宣传，提高海员社会地位，使全社会都热爱海员、关心海员、支持海员。

（8）海洋强国、航运强国和一带一路战略，只靠硬件装备不够，更重要的是靠人。我们要有危机感，现在企业缺少高素质、高技术海员。有人认为中国缺海员，因而去国外如菲律宾去找，这是悲哀。关键是要稳定海员队伍，增强海员职业吸引力，回想过去我们在船上当船长、当海员很光荣，有优越感。

（9）边防、海关要尊重海员，尤其是当海员完成任务安全回归时，要有爱心，体现关心，给予方便。

（10）一些企业认为保障海员权益，关键是要有爱心。对海员要关心、理解和尊重，这样才能够真心为海员服务。要给海员创造好的发展环境，使海员有地位，有光荣感，能体面地工作。

（11）我国马上要履行《国际劳工公约》，各方面都要与该公约接轨，不能公约有的要求，我们自己原有的又不去改。按该公约规定，对船舶履行公约情况，要实行港口检查制度，按照公约要求内容对到港船舶进行检查，要有合格证书，这样做是为了保证各国船舶对公约的切实履行。

（12）目前贸易低迷，经济疲软，船东成本高，所以易拿海员做文章，对海员不尊重，不落实其社会福利，侵犯海员合法权益。

（13）《国际劳工公约》执行后，中国海员成为世界船员的一部分，世界航运企业同质化，有利于保障海员权益，提高海员素质。因此，我们要做好履约的各种准备，从我国国情出发，与国际对接。

（二）海员身体健康保障情况（体检、医疗、工伤处理等）

（1）健康体检。海员上船体检，有单位安排的，也有自行安排的，检查费用有的由单位报销（主要央企、国企），或部分报销，或全由自己缴纳。有的单位规定海员在该公司服务满2个合同期后，体检费由公司承担。

除上船体检外，有的单位还每年安排一次正常体检，体检海员健康，一般国企给予报销；有的单位安排体检，但费用海员自理；一般单位不安排体检，少数海员根据需要自己安排体检。

（2）健康证问题。船员上船要两张健康证：海事局每两年一次上船体检；出入境检验检疫局每年上船检查一次。检查内容有重复，也有区别，检查费要一千几百元。国外海员只有一张健康证。建议部门协商，归并成一张健康证，方便海员，减少支出，与国际接轨。

（3）工伤处理。工伤处理比较难，问题多，涉及面比较广，如船东、劳务公司、海员等。大部分正规劳务公司、船东，对海员工伤处理程序比较规范。

（4）医疗。地方国有企业一般设有医疗机构，有的还有远程医疗服务，为海员提供健康保障服务。

（5）一些企业有医疗费拖欠现象，私营企业较多。

（三）海员心理健康状况

（1）普遍反映，海员心理问题值得注意。海员心理问题多，矛盾多，处不好容易激化，引发自杀、伤人事件，影响航运安全。如有海员因家中矛盾，跳甲板自杀，近年来船上杀人、伤人事件也时有发生，海上航运事故大部分与海员心理问题和不良行为有关。我国对海员心理问题做过许多调查，企业也很重视，但是缺少解决问题的方法。

（2）要加强海员心理健康教育，使海员能够正确对待遇到的困惑和矛盾，对海员心理问题要重视，要关心，要正确指导和引导，不要等出了问题再重视，那就晚了。

（3）海员心理问题的产生主要与海员工作环境、工作压力、福利待遇、社会地位、家庭婚姻、子女教育、社会支持、文化环境等有关。要保障海员权益，解决实际问题，提高海员社会地位和职业荣誉感。

（4）海员中患抑郁症的人不少，极端事件时有发生，如船上海员自杀、伤人事件，人为因素引起的航运事故也有好几起。希望在海员培训内容中加入心理健康教育。

（四）海员社会保障情况（社会保险、薪酬福利、个人税收等）

（1）社会保险。不同单位缴纳保险的项目和比例不一样，船公司、船员管理公司、海员服务公司一般都会给自管船员缴纳各种保险，尤其是国企。单位有交"五险"的，也有交"三险"的，有的交得高，有的按当地最低标准缴纳。关于保险费缴纳，有的全部由单位承担，有的由单位和个人共同承担，有的则完全由个人自己承担。个体船员主要由自己交纳或发工资人负责。

一般公司自有海员在各方面有保障，保险由公司交，但除了央企，很少有交住房公积金的。非公司自有海员上船期间公司给交保险，下船不管。

（2）商业保险。海员上船时，一般船东都会给海员交商业保险，如团体意外险、意外伤害险、海员责任险等。根据需要平时有的船员会自己买一些保险。

（3）公积金。央企、有的地方国有企业单位会给海员交住房公积金，有的单位还会给缴纳个人年金。大多数企业反映没有住房公积金，或者交得较低，尤其是私营企业。外派机构劳务派遣也没有住房公积金。

（4）税收问题。普遍反映海员纳税比例较高，国外海员免交个人所得税，如在英国、菲律宾等国家，在船超过6个月就免税。这个问题多次反映但效果不大。社会上个税起征点已调了几次，海员个税起征点4 800元，却一直没动，应该相应做提升。海员在拿生命挣钱，应该关心。我国作为航运大国要加快与国际接轨，对海员税收应给予优惠政策。

一般海员签订的合同中的工资为税前工资，企业发税后工资，也有海员自己缴税或统一扣除的。

有人提出海员纳了税，但是没有享受到纳税人的权利，因为他们长年离岸，在船上、在海上。

另外，海运企业税收负担也很重，所以不少公司，一些大企业也有不少船到国外注册，挂方便旗，规避企业和个人税收。国家也应制定相关政策，鼓励更多的中国船回来挂中国旗。

提高海员待遇,挂方便旗船有的待遇,挂五星红旗的船也要有。要有国家意识,要增加挂五星红旗的中国船数量。

(5) 薪酬待遇。普遍反映这些年陆岸工资上涨较快,但海员工资上涨较慢,使"海陆差"缩小,而且过去海员出国有几大件免税商品,现在没有了,缺少了职业优越感,影响稳定性。应该使海陆工资保持一定的比例。

目前国家对海员还没有统一的最低工资指导价,所以各公司海员薪酬待遇不一致。现在航运不景气,海员上船较难,有的企业会压低工资,降级发给。有关部门要对海员薪酬待遇进行研究,建立企业可参照的统一的船员工资结构和工资基本标准。

这些年海员待遇提高有限,企业和海员需要社会关爱,需要国家优惠政策和落实政策(社会保险、工资、税收、培训)。

给国家提出对策建议要长期目标与近期目标相结合,要点面结合。要有增加海员体面劳动、职业优越感的内容,如提高工资待遇、税收优惠政策,还应包括大件免税商品(汽车)、开辟绿色通道等。

(五) 海员管理状况

(1) 管理理念。企业管理应该讲人性化,要有"以人为本"的管理理念,但是,难以做到。很多时候是上面说了算,缺少民主。

目前境外(如印度、菲律宾、新加坡等)一些航运企业管理比较完善,我国海运公司需要通过学习国外先进的管理经验和模式,不断提高自己的管理水平,更好地为海员服务。

(2) 管理模式。我国央企实行人、船分离的管理模式,船公司用人时由船员管理公司配置(派遣);有的公司人船统一管理;有的船务公司只有船,用人由公司与海员服务公司签合同派遣(船公司给管理费)。另外,除船员公司管海员外,还有部分海员由海员服务机构(海员劳务派遣机构)兼管;个体海员处于无人管理的自由状态。

现在招聘海员的大都是海员服务公司,而航运企业招人不多,央企要组建自己的国家队,关键时刻用得上,也能代表国家形象。

(3) 个体海员。个体海员越来越多,处于自由状态,没有管理,缺乏归属感和群体意识,而且问题比较多,如社会保障、教育培训、劳动争议申诉等。个体海员不签劳动合同,只签上船聘用合同,但对终生使用的个体海员就应该签劳动合同。要加强对个体船员的管理,保证信息沟通,建议由地方海员工会或船员服务协会来代管。

(4) 海员现状。普通海员出现老龄化,高级海员流失多,海员生源质量下降。

(5) 海员流动。随着航运国际化、市场化,哪里好海员就往哪里去,流动性大,忠诚度下降,要注意增强海员的归属感。海员去外国船或去方便旗船收入高而且免税,现在许多中国船都挂了方便旗,希望政府加强管理,制定优惠政策,使更多的挂外国国旗的中国船,回来挂中国自己的国旗。

(6) 重视管理。海员市场化后,央企和地方企业骨干海员的质量、海员的归属感与集体荣誉感的问题、思想教育问题、职业教育问题都要重视。个体船员的管理问题值得思考,要通过有效的管理途径解决问题,不能只讲改革,不讲管理,不讲效果。

（六）海员劳动合同的签订和执行

大部分船员管理公司、海员服务公司、国企船公司反映都能与海员签订劳动合同,并海员能认真执行合同规定。同时,也反映有一些海员服务公司,船东以利益为先,不能按规定履行合同,使海员合法权益得不到保障。

（七）海员服务机构履行职责状况

（1）服务市场。目前海员市场放开后,海员服务机构众多,鱼龙混杂,央企、国企比较规范,问题较少。但由于航运业不景气,使海员服务行业出现恶性竞争。个体劳务公司,尤其是一些非正规服务机构（黑中介）只考虑经济利益,以挣钱为主,搞非法派遣、进行违规收费等问题比较突出,还存在做假合同、假培训、发假证现象,致使海员劳动纠纷多,侵犯海员利益的现象时有发生。关键是海员服务市场有管理规章,但使缺乏有效管理和执行监督。建议政府要加强管控,加强各方联合监督,规范市场运行,做到诚信服务,切实保障海员权益。

（2）劳动纠纷申诉。正规的海员服务机构海员投诉渠道比较畅通,公司一般都会设立专门窗口,对各种劳务性质船员（包括个体船员）一视同仁。公司作为中介会协助海员与船东联系,进行协调,处理好纠纷。一部分个体（甚至黑中介）侵犯海员合法权益的事件较多,而且解决困难。

（3）海员服务市场较乱、海员劳动纠纷多,合法权益得不到保障。国家应该对海员劳务市场进行整顿。

（4）建议建立海员服务中心,及时公布各种信息,建立海员信息库,便于查询了解,有利于海员就业市场透明、公开。

（5）海员服务市场向社会放开后,要严格准入审核,加强对社会海员服务机构（中介公司）的监管,要规范市场,做到诚信服务,尤其是海员培训和质量问题,现在市场太乱,只讲赚钱,处处造假,严重影响上船海员质量,给航运带来安全隐患。现在海员服务公司招聘和培训海员越来越多,而航运企业直接招聘减少,所以如何保证海员质量对安全航运特别重要。

（6）加快成立国家、各省船员服务协会,通过社会组织协同对海员服务市场的监管,引导市场规范,建立评价机制,建立黑名单制度,促进诚信服务。

（八）海员工作满意度、归属感和职业稳定性

（1）海员职业社会认可度低,海员自身认可度也不高,工作满意度下降。

（2）过去海员大部分愿意上船,上船有一种荣誉感,现在海员不愿上船,原因与社会认可度低、海员地位不高有关。要采取措施解决海员实际问题。

（3）现在陆岸择业机会比较多,沿海地区招人困难,只好往偏远地区、山区招人,但是时间一长,这些地区的人也不稳定。关键是要找原因,解决问题。

（4）船员对船上设施满意度不太高,有的船条件差,娱乐、体育设施没地方放,生活条件有限,房间小,通信、网络不能方便使用,难以与家人联系。

（5）现在海员没有归属感,职业稳定性差,工作满意度低,职业得不到社会重视和尊重。国家要重视,做到政策留人、待遇留人。

(6) 海员在国外受到尊重,感到骄傲和自豪,在国内却没有感受到,满意度低。

(7) 一般来说海员对行业满意度较低,但对船公司的满意度关键要看公司的管理和服务。

(九) 海员休假期及待遇

(1) 休假时间。一般都会按有关规定休假。

(2) 休假期待遇。部分是按国家休假规定,下船休假在补休假期间可带薪。其余休假时间,有的公司会按公司所在地发给当地城市最低生活保障(每月几百到一千多不等),有的则没有。有的公司在海员上船时,按合同内容一次性发给。

(3) 船务公司在海员休假期不管,由船员公司管,休假期间有的有生活费,有的没有。

(十) 海员培训和继续教育

(1) 海员培训。海员培训分为合格证培训(包括海员适任培训、基本安全培训、海员专业技能培训、特定类型船舶考证培训等)以及岗位适任培训(包括船长、大副、二副、三副、轮机长、大管轮、二管轮、三管轮培训等)。

(2) 培训费缴纳。合同制海员由单位解决,劳务合同制海员由海员服务公司解决,个体海员一般自己解决,但是如果在一个单位服务时间长了可作为奖励给予报销培训费。外资公司都有自己的培训部门,培训费外资公司负责。一般公司自有海员培训费由公司承担。

(3) 培训方式。适任培训、特种类型船舶培训或专业技术培训,由学校、大企业自有培训机构、社会专业培训机构以及海员服务公司等负责,海员上船关于安全、质量保障、管理规章等培训由船东负责,现在学习形式多样化,比过去方便,如课堂学习以及手机APP、微信等都可以学习。

(4) 教育和培训质量。目前航海类大学生质量不如过去,学生的人文素质不高、职业思想不稳定、外语水平较低、专业技能跟不上发展要求。

培训机构太多,海员普遍认为培训质量不高,低质量培训、发假证的不少,尤其是社会培训机构和中介机构。现在海员数量越来越多,但质量越来越差;海员中有证的人越来越多,但符合要求的人越来越少。

现在船舶大型化、专业化、自动化程度高,因此对海员专业技术、职业素质、责任心要求很高,但是目前海员的技术和素质达不到上船要求。过去培训要求严、考证难,现在培训口子大、考证松。

海员培训太快太宽,考试只要背题库就行,不像过去要求严格。培训关键是要提升海员的质量,而不是数量。

沿海航区海员适任考证培训口子放得太大,培养的三副几乎不能用。无限航区海员适任培应严格,培养的二管轮、三管轮还可以,大管轮技能达不到要求,标准较低。目前水手、机工偏少。

(5) 培训管理。改革原有的海员培训、考试、发证管理规定,使权力下放,实行分级管理。现在培训机构太多,不规范,培训不认真、质量差,发证随意,商业化趋势明显,培训收费很高。现在普通水手、机工培训考证要7 000元,特中船舶考证培训费要翻番。"四小证"培训千元以上,适任培训万元以上,使企业和海员的负担很重。

海事管理部门要加强管理和监督,掌握海员市场需求和海员培训规划,保证培训质量,提高海员素质是长远的要求,不能只图眼前。

(6) 对口培养。现在海员培养层次多为本科、职业专科、独立学院、民办高校等,如何使专业层次对口,不能什么层次的人都可开同一条船。培养海员学历层次应该适应现代船舶要求。

(7) 教学保障。目前航海类本科、高职学校以及培养机构很多,但良莠不齐,办学条件、师资水平、教学质量相差很大,有的办学机构海员实验的基本设施很差,教师水平不高,缺少实践经验,教学与实际脱节,没有针对性,跟不上现代航运发展水平和要求,影响培养质量。

(8) 人文素质教育。现在海员的职业素质、人文素质不高,学校虽然也注意学生素质教育,但是缺乏针对性,缺少有效方法,所以效果不好。特别是外语教学要改进,学生从中学学到大学毕业,外语仍然是语言障碍,要向菲律宾等国家学习,提高学生外语水平。一些学校对职业道德教育、艰苦教育、心理健康教育、职业生涯教育、价值观人生观教育不够重视,一些学校不敢讲海员职业特点与职业艰苦性和高风险性,怕学生专业思想不稳定。

航海类高校培养航海人才要重视学生的思想建设和职业教育,提高海员的政治素质与职业道德修养,增强爱国主义和集体主义精神,增强国家意识和国防意识。树立为航海事业奋斗的信心和激发他们为促进航海事业发展的奉献精神。

有的单位提出推广师徒制,实行传帮带,提高海员技术水平和实践能力,通过师徒带教,使海员热爱自己的职业,做到爱岗敬业。

现在毕业的学生职业素质、专业素质、外语素质较差,与过去不好比,学校教育跟不上发展,船舶实践条件较差,学生学习积极性不高,高校要提高航海类学生教育质量,更新人才培养模式、方法、理念,改善实验实践条件,使之与当今海运业发展要求接轨,不能相分离,使培养的人才要用得上、留得住。

(9) 高校意见。目前报考航海类专业的学生少了,录取分数线低了,再加上这几年世界经济不景气,航运业也不行,波罗的海指数从1万多点下滑到300多点,过去航海类大学生供不应求,现在供大于求,本科高校就业形势下滑,而目前陆岸就业出路较多,上船工作没有优势和吸引人的地方,所以毕业生不愿上船,即使上船工作了几年,还会再想法调回岸上工作。

上海某央企自管的高职院校毕业生近两年公司几乎没要人,学校去年没有招生,2016年也不招,学校还有一届在校生,今后学校可能以搞培训为主了。调查还反映,现在有一些航海类大学生毕业,参加上船考试有意不通过,不是学生考不过,而是不想上船。现在毕业生上船考试通过率不高,即使通过了上船率也不高。有的本科院校学生愿意选择上船的学生中,驾驶专业的只有30%多,轮机专业的更少。因为轮机专业学生在陆上更容易就业。

高级海员中高学历的比例不高,中专生不少,海员专业技术水平与船舶现代化水平的要求不一致。现在学生自身却对航海职业不认同,在制定个人职业生涯规划时,有的认为现在先上船看看,混点资历,以后再说。

(10) 增加教学投入。海洋运输是一个特殊的行业,海员是一个特殊的职业,航海类专业是一个艰苦专业,也是一个培养符合国家战略、航运、经济和国防需要的特殊职业人才的过程,航海类专业人才培养要求高,投入大,因此希望国家教育部、财政部、交通运输部加大投入,给予更多的优惠政策,如企业将需要换新的旧船给高校学生实习使用,但是企业就拿不到国家拆船补贴(企业旧船换新,旧船需报废,上报中央财政部批准,可获得国家拆船补贴),希望国家能特批,仍给企业补贴,这对航海类高校来说可解决学生专业实践,对提高航海类学生质量十分重要。国家已出台了政策性文件,对航海类专业学生人头经费投入加倍,但是还没有完全到位,这与各省的经济状况有关。另外,有的高校还给航海专业学生减免部分学费,或免交学生公务用品(包括生活用品)费用。

准船员(大学生)的培养问题、国家优惠政策问题(如学费减免、考证优惠、规费下降,还有体检问题等)都要出台政策。国家还要增加对航海类专业教学的投入。

(十一)制定关心船员的政策、规定和措施

(1)大连海事大学海达船务公司建立了"爱心基金",解决海员困难,逢年过节还组织慰问海员家属。

(2)大连苏瑞船务公司设立"返船奖",海员在船工作累计满24个月,工资上涨5%,鼓励海员返回公司上船服务。

(3)宁波祥云海事服务有限公司规定海员在该公司服务满2个合同期后,体检费由公司承担,且工资提高10%。

(4)中远航运股份有限公司制定了一系列服务、方便海员的制度,并编制了船员服务手册。

(5)一些企业设立了各种奖项,对优秀船员给予表彰奖励,激发海员工作积极性。如对在船工作满一定年限的海员给予奖励,鼓励海员在船服务。

(6)央企将支部、工会建到船上,并在岸建立海员家属联络站等。

(十二)企业文化建设状况

(1)软件建设。加强人性化管理,对优秀海员和海员家属进行表彰奖励,建立爱心基金解决海员困难,组织走访海员家属,表示关心,逢年过节对海员家属进行慰问,发贺卡。但是现在带东西、送慰问品和慰问金不行了,对此,一些企业认为,对这些正常的、暖人心的事情不应该算是违规,应允许。另外,在船上组织各种文化活动,如娱乐活动、体育比赛、猜谜晚会、钓鱼比赛等。

几乎所有的企业都有自己的管理服务理念,如"服务满意、质量第一,诚实守信、尽心尽职""把心放在船员身上,把船员放在自己心中""尊重船员、关爱船员、服务船员"等。

中远航运股份提出了"爱国奉献、求实创新、精忠报国"的企业精神,还编制了"船员服务手册"和"安全黄金法则"发给每个船员。还将支部建在船上,获得中组部"党建教育特别奖"。对于企业文化建设,座谈中他们说,通过以人为本的管理,使企业精神在海员身上实现"内化于心,外化于行"。

(2)硬件建设。访谈中,目前企业都比较重视改善船舶设施,改善海员工作环境、生活环境、文体活动环境。化学品船、油轮、液化气特种船舶企业除了改善硬件环境外,还给离船的海员安排体检、缴纳费用(1 000元)。但是,有的私营企业用的船比较陈旧,保障条件与现代化船舶的要求相差很大,噪声、气味很大。对海员生存环境、身体健康不够注意,安全保障措施不到位。

有些船舶为改善船上信息闭塞的状况,定时开通网络,让海员通过邮箱与家人联系。

(十三) 企业工会在维护船员权益中的作用

(1) 企业海员工会服务。有的企业工会对在船工作5年以上或10年以上的海员进行慰问,并给予培训费一定比例的报销(8 000元);逢年过节慰问海员家属,中秋寄送月饼;定期召开茶话会,邀请老船长、高级船员参加。

组织对优秀海员和海员家属进行表彰,给老海员发荣誉勋章。

开展帮困助贫工作,关心在船海员家庭,比如遇上海员家中有亲人生病、子女上学等问题,工会都会派人上门帮助。

一些央企、国企在船上建有工会组织,在岸上建有海员家属联络站,建立爱心基金,关心海员、服务海员。

中远航运股份有限公司编印了《船舶工会工作指导手册》,制定了一系列服务海员、关爱海员的制度和措施。为了更好地发挥工会的作用,企业将工会组织建到船上,主要职责是民主管理、安全生产监督以及宣传和开展文化活动。工会负责人在船上通过海员选举产生。工会负责人有津贴(工会主席150元/月,其他负责人100元/月),工会活动经费每艘船8 000元/年。船上开通网络方便海员与家属进行邮件联系。在全国建立了83个海员家属联络站(每10~20户设一站,公司海员),2015年还召开了第八次海员家属联络站会议。公司岸基关心海员家属,帮助解决困难,让上船出航的海员安心工作,没有后顾之忧。

深圳远洋每年给每条船工会活动经费1万元,还建立了14个海员家属联络站。

访谈中,一些企业工会还帮助海员协调有关方面,处理好海员劳动纠纷。

(2) 中国海员建设工会认为工会组织的主要职责是维护海员合法权益、参与政府制定有关政策、健全工会组织建设、开展宣传表彰、组织职工培训、做好咨询服务、协调处理劳动纠纷投诉等。发挥党联系群众的桥梁纽带作用,做到维护核心(党的领导)、服务中心(海运业发展)、凝聚人心(海员之家)。近年来,中国海员建设工会注重海员服务,与有关方面协作开展了一系列的工作:一是建立了交通运输部、中国海员建设工会、中国船东协会三方海上劳动关系协调机制;二是中国海员建设工会与中国船东协会协商,共同签订了《中国船员集体协议》,并编制了劳动合作协议的范本,供海员知晓;三是参与政府关于《2006年海事劳工公约》在我国执行前的调研活动;四是通过"两会"提案提出海员呼声,如呼吁政府关注海员免税等问题;五是针对目前社会上对海运行业认识少、对蓝色文化宣传少、对海员了解少的状况,组织对优秀海员和海员家属的表彰活动,组织摄影展,树立先进人物形象;六是与海事局、航海学会共同举办"世界海员日"等文化活动,组织全国海员技能比赛等;七是开展海员职工帮扶活动,组织节日慰问,建立海员家属站。通过海员家属站形式,为海员家属服务,也使家属为海员服务,同时开展家属与家属之间的互助;八是加强海员劳动监督,协助处理海员劳动纠纷的投诉;九是积极参与国际劳工组织有关海事公约的会议。

但是,还有许多有待解的问题,例如:健全海员基层工会建设和发挥作用的问题;个体船员、外派船员权益保障问题;海员服务市场规范和监管问题;海员地位和尊重问题;港口、海关、边检海员服务环境问题;海员体面劳动的发展环境问题;国际海员俱乐部管理和发展问题;等等。

(3) 存在问题。有的航运公司反映,央企工会组织服务不错,但是不少工会组织发挥的作用不大,没有很好地维护海员权益。

(4) 海员俱乐部。海员俱乐部国内外都有,国外有的国家办得不错,如法国等。国内不是停业就是改行,海员俱乐部生存困难,企业性质、管理体制、经费来源等问题多、矛盾多。国际海员俱乐部对国内外海员服务很重要,中国海员建设工会应协商政府有关方面对此重视。有单位认为国际海员俱乐部具有公益性的属性,建议有关部门将其性质定为公益服务一类,要有体制保证。

(十四) 航海学术团体的作用与影响

(1) 行业性学会发挥作用不大,主要是负责评海员高级职称,每年组织"世界海员日"活动。其他不太知道

(2) 学会应该为海员多提供科技服务,如技术咨询、公布科技信息、技术培训、科技交流、召开学术会议等。行业内杂志要多宣传海洋文化、海员文化。

(3) 行业学会要在海员中加强宣传,不仅要组织岸上人员参加的科技活动,也要根据海员的工作特点,组织专门由海员参加的科技活动,多为海员提供科技信息、科技咨询、科普宣传和技术交流服务。

(十五) 目前海员及海员管理中存在的主要问题与建议

(1) 船上工作压力大、条件艰苦、风险大、长期离家,但是海员收入不高,与岸上工作人员相比差异不大,海陆差缩小,工作积极性受影响。过去海员很风光,工资比陆上人员高好几倍,出国有几大件免税商品带回来,娶媳妇方便,现在优越感没有了。

(2) 现在运输船舶越来越大、专业化程度越来越高,船上用人越来越少,对海员的要求越来越高。但是,企业招人困难,而毕业生绝大部分不愿上船,即使招来了很快又走了,留不住,尤其是高素质的海员缺乏。企业出现用工荒,尤其是特种船舶。越南、印度尼西亚、印度、菲律宾等国家劳动力成本低,船员外语好,一些公司引进国外海员,影响国内海员就业,有损我国海员大国形象。

(3) 个体海员问题。其特点是自由,没有归属,缺乏管理,个体海员虽然收入高,但工作没有连续性,稳定性也不好,保险缴纳、培训考证、健康体检等主要是自己安排和交纳费用。虽然,个体海员在船拿到手的钱比公司海员多,但是他们拿到钱后需要自己交各种保险,培训、体检等费用都要自己交纳,有的个体海员还不交保险。对个体船员的发展不能鼓励,毕竟问题不少,如管理问题、归属感问题、维权问题、继续教育问题、政治学习问题、信息沟通问题等。

目前海员从"公司人"向"市场人"转移,但是,要有好的机制体制、法律法规作保障。个体海员问题很多,海员要有根,要有管理、有归属、有保障,否则会有问题。国家要建设海运强国,需有一支强大的海员队伍,尤其是高级海员队伍,所以还得有一支海员国家队。

(4) 国家这些年各行各业都在高速发展,个人收入也在大幅增加,但是带来的是海员的优势在失去,使愿意上船的人减少,原来在船的人流失。

（5）央企等必须建立一支国家级高级海员队伍，这是国家战略的需要、国防的需要、经济发展的需要，关键的时候能够拉得出、上得去。

（6）由于一些不正规的中介培训机构搞假培训、发假证，使一些海员花钱买假证，影响上船海员的质量，带来航运安全隐患，万一出事故就是大事。建议管理部门一方面要严格上岗准入审核，另一方面要建立海员黑名单制度，确保合格人员上船。

（7）海员在船不稳定的主要是二副、二管轮以下的人，原因为：一是正好结婚生子；二是工资收入不高；三是海员吸引力下降；四是船上发展受限；五是年轻人对性生活的需要；六是工作艰苦，各方面压力大。

少数海员对航海职业不当回事，以自己的利益为重，离船、离职说走就走，甚至强行离职。职业道德水平下降，岗前培训已经参加了，但到船后又不干了。个别船员责任心、上进心不强，适应能力差。

（8）有人认为"一流海员为国外干，二流海员在岸上干，三流、四流海员为国家干"。应该是"先内后外，先海后岸"，要立足国内，把优秀的航运人才留在国企。

（9）有些海员有"职业临时性"观念，讲现实主义，上船赚点钱，盖个房、娶个媳妇，就转陆改行。

（10）法律体系变化很大，已经影响到了海员，国际海事劳工公约已在我国执行，一方面对维护海员权益有好处；另一方面现在海员压力增大，因为对海员知识技能和基本素质要求提高，适任要求高了，所以管理要跟上去，要适应发展。

（11）现在海员管理制度很多，但是监督不到位，所以制度与规范难落实，关键是监管，要重视全过程监管，从事前向事中和事后的转移，真正发挥监管作用。

（12）要加强国际交往，积极参与国际有关于航运、海员政策的制定活动，扩大我国作为海员大国的国际影响力，增强话语权，要从政策的执行者成为政策的制定者。

（13）海员培养成本很大，而且海员职业素质、专业技术、外语水平的要求都比较高，如有的在岸上就会有很好的发展，但是在船上却得不到重视和发展。因此要重视海员职业生涯规划，企业有责任对海员进行指导，使他们将个人职业发展目标与企业发展目标相结合，要体现以人为本的管理，关心海员个人成长，调动他们自觉在船服务的积极性。

（14）当问及"不少海员认为当前社会价值观是金钱主义、个人主义，而把爱国主义、奉献精神作为社会价值观的较少"，座谈时普遍认为，海员中持这种观点的人确实有，但是并不是海员群体的态度，而是海员对当前社会上人们的普遍认识来说的。他们认为，我们海员在海船上是一个群体，船就是国土，我们与船舶风雨同舟，爱国主义精神是很浓厚的，海员常年在国际航线上跑船，承担了国家90%以上的外贸运输任务，这体现了我们海员的爱国奉献精神。

三、船舶技术人员访谈汇总

（一）海员常见的职业疾病、体检频率及费用承担、健身设施及体育锻炼频率、在船伙食与营养

（1）健康状况。噪声导致的听力受损（尤其是甲板下的轮机人员）、胃病（船上四小时

一班的工作制度,使得船员不能准点吃饭,有时为了休息而顾不上吃饭,加上生物节律紊乱)、脂肪肝(因过多食用罐头食品等导致动物脂肪摄入过多)、结石(可能是船上饮用水质问题引起的)、沟通障碍(与社会隔离,无法融入的距离感)、疲劳、腰酸背疼(船上工作艰苦)、视力下降等。

(2)健康体检。船员反映目前船员上船要两张健康证:一张是海事局的,每年体检一次;另一张是出入境检验检疫局的,两年检查一次。检查内容有重复,也有差别,海员两次体检既不方便,还要重复收费,且收费价格高。国外海员只有一张健康证,海员强烈要求并成一张健康证,与国际接轨。

国企海员的体检费用一般由单位承担,个体船员体检费用自己承担,医药费经常拖欠。

(3)体育锻炼。远洋船上基本有健身设备,比如骑单车、仰卧起坐、乒乓球等,年代较长的旧船上会少些,甚至没有。海员锻炼主要看自己需要或看海上风浪情况,锻炼次数各不相同。

(4)伙食。缺少新鲜蔬菜,饮用水不新鲜。船舶靠岸时,会有补给。

(二)海员的社会保障情况

(1)社会保险。不同单位缴纳保险的项目和比例不一样,国企海员由单位负责交五险一金。如果出现工伤不能上船,单位会安排适当岗位(但如果伤害不严重,一般选择不上报,不然会扣除整条船海员的待遇)。有的单位按当地最低数缴纳。有的外派海员、个体船员保险由自己交。部分船员会选择在家庭所在地缴纳最低保险。但不少个体海员不缴纳各种保险,认为需花钱的地方较多,认为年纪轻、身体好暂时不考虑出现工伤、医疗等事故,但一旦出事海员自行负责并终止合同。上船时船东会买商业保险。社会保险很不平衡,希望国家对海员社会保险问题出台统一要求,必须缴纳五险一金。

(2)公积金、年金。央企海员反映单位会有,但多少不一。有的单位还会缴纳个人年金。大多数海员反映没有公积金,或者较低,尤其是私营企业。外派机构劳务派遣也没有公积金。

(三)单位是否有专门的医疗护理人员和卫生服务站?单位是否有专门的健康急救措施?

国企船员。有定点医院,或医疗诊所或门诊部,比如广州新海医院。
社会船员。换证的体检去指定医院,平时自己根据需要体检。

(四)您觉得社会对海员的关注程度如何?会关注哪些方面?

(1)社会对海员的关注度不高,对海员职业认同度低,海员职业不如从前有待遇的优势,工资比陆上人员高好几倍,还有几大件免税商品,那时海运企业能吸引海员就职,娶媳妇也比较方便,海员受到尊重,地位也较高。现在陆上人员工资、福利待遇都提高了,与海上工作人员差异不大,而且可以天天回家,工作不艰苦,还不要冒风险。海员收入相对变低,税收又高,海员缺乏职业"优越感"。希望国家重视对海员的宣传,给予更多的优惠政策。

（2）国外对海员比较尊重，靠港上岸有车接，但回国需接受有关等部门的各种检查，也没有车接，反差较大。海员在外体现了国家形象，但是在国内得不到尊重，所以比较自卑，思想不稳定，希望流动的人很多。

（3）社会媒体报刊极少宣传海员，逢年过节，春节联欢晚会也没有哪个讲海员的，国家表彰奖励也没有海员。对社会海员关注度很低，但是海员对国家经济发展、对维护国家海洋安全、对海运强国的贡献巨大。

（五）您认为评价一名海员是否优秀的重要标准有哪些？

能做好本职工作，专业技术水平高，有责任心，善于协调，善于营造氛围，宽容，心胸宽广。

优秀海员要热爱本职工作、业务强、外语好、责任心强、能与人相处。

现在我国海员虽然在学校学了很多年的外语，但是水平较低，不如菲律宾的海员，出去与人交流困难，竞争力都受影响。学校要改变传统的没实际作用的外语教育方法，提高学生外语水平。

现在航海类高校、培训机构很多，教学条件、师资都较差，跟不上发展需要，学生入学分数越来越低，学了又不想上船，所以培养的航海人才与发展脱节。

（六）近几年，您是否就工作或生活方面，向有关部门或单位提出意见或建议？

海员在座谈中反映，提意见较少或者从不向单位、领导反映或提意见。只是在家里或朋友之间说说，请求帮忙。

有的公司以人为本的管理较差，领导说了算，听不得群众意见，缺少民主管理。

应该说工会是海员的代表、也是海员的家，是为海员服务，维护我们海员权益的，但是不少基层工会，主要为岸上人员、为机关服务，并不真正能深入海员群体，替船员说话。

（七）海员容易受到哪些方面的权益侵害？如果您的权益受损，会从哪些渠道寻求帮助？

（1）税收问题。国企海员反映工资税收起征点低，税收比例太高，要与国外接轨，呼吁政府给予海员个税优惠政策。一些外派船员、方便旗船海员通过拿美金规避个税。

（2）海员工伤救助不及时，海员服务机构，个体海员服务机构，甚至黑中介在这方面问题最多，特别是个体船员的救治和报销存在困难。

（3）因航运业效益不好，工资比几年前少，有的公司会拖欠工资，面临工资追讨这一问题的主要是个体海员，最后甚至会诉求地方海事法院。

（4）目前世界经济不景气，航运业疲软，海员就业困难，中介机构压价给钱，有的海员说自己要养家糊口，没办法，只能接受，尤其是三副。

（5）国企海员的社会保险、福利待遇好，但工资不高；个体海员社会保险、福利待遇差，但工资较高。

（6）劳务市场比较乱，黑中介较多，介绍工作乱收费，培训造假，海员的权益保障得不到保障。

（7）在国外当海员,有纠纷时投诉渠道比较畅通,许多信息也比较公开,国内相对较难。感到处于弱势。

（八）就海员这个群体来说,您觉得当前存在哪些方面的问题?

（1）归属感缺乏、职业地位低、职业自我认可度低。

（2）人才流失严重、人才断层,40~50岁有经验、有水平的技术骨干很少。

（3）长期在船上与社会脱离,信息闭塞,下船后部分海员无法适应社会,与朋友沟通困难,融入不进,而选择继续海上工作模式,自称为坐"水牢"。

（4）技术与先进国家海员比有一定差距,但也不大,就是外语水平较差,与国外海员有差距,不易沟通。

（5）社会不重视,不了解,也不受尊重,几个月辛苦回来还受边防不礼貌的检查,船长也不例外。

（6）海员职业缺乏光荣感、自豪感,带来的结果是自愿报考航海类专业的人少了,愿意上船就业的人少了,下船登陆转行的人多了,国家要重视海员职业,加快海员立法,为海员创造良好的发展环境。

（7）提高海员待遇,实行税收优惠政策,减税或免税,保障海员合法权益。

（九）就船舶运输领域来说,您觉得当前存在哪些方面的问题?

（1）人才保护不够到位,机关人员冗余,尤其在船舶业不景气面临裁员的情况下,船员认为,应通过减少机关人员减少管理成本,确保海员就业,同时改善海员待遇;一般企业裁员先裁海员,无视海员在促进航运经济发展中的作用。

（2）管理不到位,一些船员反映公司管理缺乏以人为本,缺乏民主,个人说了算。管理要向国外学习,他们管理比较规范、比较尊重海员,办事按规矩、负责任。

（3）有的船公司设备支持不到位,船舶陈旧,设备落后,需要更新,以适应发展需要。

（4）现在船公司挂方便旗的船较多,国家要有优惠政策,使更多的自己船悬挂中国旗。

（5）管理上要向国外航海管理经验先进的国家学习。他们认为海员劳务外派在外籍船上时,管理比较规范,按章办事,海员技术提高较快。一个海员职业生涯发展的好坏,依赖于航运企业。一些外派海员在座谈中认为,外派挣钱多、收入高、提高快、贡献大,个人索求能实现。

（十）休假期间的主要安排?参加的主要活动?是否参加一些社团组织?

（1）休假期主要待在家陪家人、孩子。

（2）不参加行业学会及其下属社团活动,也不了解情况,也不知道做什么,能为我们解决什么问题,好像高级职称评审要找他们。

（3）因长期离岸在外,与社会脱节,加上船上信息闭塞,所以做海员时间越长,朋友越少,难以融入社会圈子。休假期间,朋友聚会由于信息脱节,交谈不上,融入不进。所以平时主要在家陪家属、孩子,照顾老人。

（十一）海员心理有哪些问题？曾获得哪些形式的心理服务？希望获得哪些帮助？

孤独、紧张、烦躁，甚至有抑郁、压力大等。主要原因是长期离家难以照顾家庭、不能关心孩子学习；待遇不高、工作压力大、海上环境艰苦、有风险，还要防海盗，船上生活枯燥、信息不畅；船上就20来人各有岗位，4小时值班，正常生活节律被打乱；船上人际关系24小时都是上下级关系，人际单一，难以平等。海员有心理问题，处理不好会影响安全航运。

有的船员反映，与过去相比，现在从公司到海员对心理问题都比较重视，但是心理有问题不知如何解决，过去因为心理问题船上海员自伤或伤人事件常有发生。海员有了心理问题要么就是放在心里、要么就是寻事发泄，很少找同事或找领导寻求帮助。

当问及需要获得哪些帮助时，海员几乎一致反映希望加强心理健康教育，让海员了解一些心理学基础知识，学会简单的调节情绪的方法。单位最好要有心理咨询专门人员为大家服务，还可以有电话咨询、网络咨询服务。

海员认为解决心理问题关键还是要解决实际问题，提高海员在船工作积极性，使他们安心在船工作，如改善海员待遇；岸基要关心海员家庭困难和孩子上学问题，解决他们的后顾之忧；船上适时开通网络让海员与家庭联系；要改善船舶海员工作生活设施和文体环境；要关心海员培训和升职，由公司缴纳费用；单位和领导要主动关心海员实际，维护海员的权益，使海员感到有依靠。

（十二）当初出于什么原因选择这份工作？是否考虑更换职业或单位？原因是什么？

主要是为待遇。现在待遇不行了，就想回岸上工作。目前学轮机专业的人好一点，在岸上比较容易找工作，但是学驾驶的因为专业受限，上岸后找工作并不容易，将从事跟专业无关的工作，必须从头开始。因此更换职业或单位也有顾虑。

上岸更换工作的主要原因是长期离家不能照顾家庭、待遇不高、孤独、与社会脱离、工作压力大，工作环境艰苦等。

（十三）工作中的主要困扰有哪些？希望获得哪些帮助？

国企海员：工资待遇、税收、职业发展。
个体海员：社会保险、工资拖欠、医疗费报销、培训与费用、休假期待遇。

（十四）生活中的主要困难有哪些？希望获得哪些帮助？

（1）没有正常的家庭生活、夫妻生活。

希望获得帮助：希望能有机会与家人联系，提供条件加强与家庭沟通。有海员说："能与家人哪怕只有一分钟的通话，也是对家人极大的安慰。"中国船舶装有卫星通信设备，可电话和发送邮件，但只能公用，不允许私人使用，现在也有公司规定时间让海员给家中发邮件。在外国船舶上可以提供个人在规定时间内的打电话，可以每天一小时的上网。船员认为中国船舶技术上完全可以做到，但是一般不允许海员使用，希望能够解决。

（2）船上信息闭塞，与社会脱节，休假后与家人、亲属、朋友沟通困难，也难以融入朋友圈与朋友沟通。

（3）海员工作与户籍并不一致，不能就地就医，否则医疗费用不好报销。

（十五）个人的进修（学历、非学历）培训情况

（1）海员升职升级发展需要通过各种适任培训，主要为各种考证、考级。还有上船前的培训，如安全培训等相关培训，由船公司或劳务公司组织。

（2）考证、考级培训，国企主要由单位安排；其他企业的安排不一致，单位和自己安排均有；个体海员由自己安排。

（3）培训费用交纳，有单位缴纳、单位和个人分担、鼓励在船工作奖励、个人承担等多种方式。国有企业合同工培训费由单位承担。

（十六）对单位培训安排的满意程度？有何建议？

对单位安排培训海员认为有必要，但是对学习内容、培训方式不怎么满意。认为培训的内容与实践相关度不高；海员的考证被要求集中培训，时间较长，又处在海员休假期，减少了与家人团聚时间。

建议培训方式除集中培训和考试外，也可以通过网络课堂进行学习和考试。甚至可以让海员自学然后参加考试。

个体船员反映，培训学习较长占了他们休假时间（甚至上船就业时间），他们休假期和不上船期间都是没有收入的，而且他们培训费用是自己交纳的，所以培训增加了经济负担。

（十七）企业工会在维护船员权益中的作用

（1）普遍反映工会组织在维护海员合法权益方面的作用不大，对海员没有什么影响力，甚至形同虚设。

（2）认为工会应该主要为海员服务，但目前主要服务在公司陆岸工作人员。

（3）有的海员反映不知道单位有工会组织，尤其是个体船员没有固定单位、没组织管理，对工会组织更不了解，也没寻求过帮助。

（4）央企工会组织比较好，船上也有工会组织，还有专门活动经费，岸上工会还成立了家属服务站，帮助家庭有困难的，过年过节还有慰问，还组织评奖。其他企业过节也有慰问海员及家属，并召开座谈会等。

附录五 参 考 文 献

柴文丽.2014.远洋船员亚健康状态和工作倦怠评价及其对心血管疾病的预警作用.福州:福建医科大学硕士学位论文.
陈东,吴梅平.2013.我国航海教育与培训模式面临的问题及对策分析——新加坡高级海员工会 Wavelink 培训模式的借鉴与启示.武汉交通职业学院学报,(3):27-30.
陈福仁.1998.世界性高级船员的短缺与国家的航海教育政策.航海教育研究,(1):9-12.
陈豪.2010.STCW78/10 修正案对我国航运行业的影响分析.南通航运职业技术学院学报,09(2):33-37.
陈继红,刘巽良,万征,等.2014.中国实施国际船舶登记制度的制约因素及未来的对策.未来与发展,(2):31-35.
陈坚文,张志锋.2003.论海事中介组织.中国水运,(5):21-22.
陈鹏.2009.浅析《船员条例》对国际劳工组织公约国内化的立法实践(上).中国海事,(11):30-35.
陈小玲.2011.对话广东省海员工会主席康盛忠 维护船员合法权益 海员工会责无旁贷.珠江水运,(22):26-29.
陈孝平.2013.规范中介服务 维护船员权益.交通运输部管理干部学院学报,(2):29-33.
陈小伍.2013.航海类专业人才流失的主要因素及对策研究.中国外资月刊,(7):284-285.
程新岩,崔虹.2010.先行先试免征海员个人所得税.水运管理,32(7):31-33.
崔志鹏.2007.海员工会法律问题研究.大连:大连海事大学硕士学位论文.
董新科.2012.航运企业船员流失问题研究.大连:大连海事大学硕士学位论文.
段煌.2015.我国外派海员权利保障相关法律问题研究.法制博览,(20):122-123.
段尊雷,印绍周.2011.海员获得使用岸上福利设施的思考.中国海事,(10):45-46.
范瑞波,瞿群臻,何岚.2012.我国高级船员流失问题研究.物流科技,(1):22-24.
冯仰平,秦毅.2011.院校培养高级海员职业素质的问题与对策.航海教育研究,28(3):84-86.
付松悦.2015.船员适任性影响因素的研究.大连:大连海事大学硕士学位论文.
高福,杨平,阎锐,等.2000.航行期间船员患病率与心理疲劳的关系.中华航海医学杂志,7(3):180-182.
高革人.2011.我国船员管理制度改革思考.大连:大连海事大学硕士学位论文.
高彦明.2016.免征国际海员个人所得税避免海员流失.航海教育研究,33(1):14.
顾博.2011-6-28.维护海员权益共谋海员发展——2011 年中国海员大会海员发展论坛观点荟萃.中国交通报,03.
顾剑文.2006.国际船员劳务市场及中国船员劳务外派.世界海运,29(1):16-18.
郭萍.2014.国际海事劳工公约带来的影响与应对.世界海运,37(3):20-35.
郭艳,张蔚蔚.2007.中国航运企业发展现状及对策研究.中国水运:学术版,7(1):204-206.
龚艳平.2000.调整思路大胆创新——评中国海员的外派方式.中国远洋航务,(9):60-61.
海心.2014.做海员温暖的大后方——中国海员建设工会服务海员工作纪实.工会信息,(21):10-11.
何建中.2011.《中华人民共和国海员外派管理规定》解读.中国海事,2011(8):21-25.
贺益雄.2009.中国海员行为对 SMS 影响及对策研究.武汉:武汉理工大学硕士学位论文.

洪志强,翁跃宗.2015.我国海船船员资源现状的数据分析.中国航海,38(4):68-71.
胡平,王慧玲,刘娟.2007.探讨远洋测量船健康船员远航作业期间发病情况的调查.医学理论与实践,20(11):1352-1353.
胡晓莉.2012.新时期下海员劳务服务思想政治工作中存在的症结与对策.商情,(26):71.
黄纯辉,李罗明.2005.国际船员立法趋势及对我国船员立法的思考.世界海运,28(3):1.
黄何.2002.国际船员立法趋势及我国立法对策之研究.大连:大连海事大学硕士学位论文.
黄西柳.2014.船员管理中的难题探讨.科技视界,(25):251.
黄耀.2015.我国航海教育的现状和思考.求知导刊,(18):84-85.
黄永奇.2013.我国船员市场监管研究.大连:大连海事大学硕士学位论文.
纪又文.2014.船员劳务市场建设中的政府作用研究.苏州:苏州大学硕士学位论文.
贾大山.2013.当今海运强国及其发展模式启示.中国水运,(6):10-11.
姜莉.2007.菲律宾海员法研究.大连:大连海事大学硕士学位论文.
姜园华,陈婷.2003.中国航海教育的国际化趋势及对策.高教发展与评估,(5):24-25.
蒋跃川.2000.船员劳动合同之基本法律问题研究.大连:大连海事大学硕士学位论文.
金兴赋.1998.中国海员的机遇与挑战.世界海运,20(6):13-16.
荆晓.2011.方便旗船中国籍船员保险保障现状及海事监管对策.中国海事,(3):44-46.
靳筱璐.2013.政府对外派海员劳务市场的服务和监管职能研究.上海:复旦大学硕士学位论文.
雷海.2011.谈船员基本权益的保障.中国海事,(8):42-44.
李大泽.2015.我国适用《2006年海事劳工公约》研究.大连:大连海事大学博士学位论文.
李大泽,于诗卉.2014.船员劳动关系和劳务关系的理论解读.中国海商法研究,25(1):43-49.
李道科.2010.论实施STCW78/10修正案对我国船员教育与培训的影响.中国水运月刊,10(11):59-60.
李靖宇,张晨瑶,任洨燕.2013.关于中国面向世界建设海洋强国的战略推进构想.经济研究参考,(20):10-21.
李可顺.2013.当前我国船员教育与培训存在的问题与建议.航海教育研究,(4):18-20.
李磊.2011.远洋海员高血压患病现状及影响因素分析.泰安:泰山医学院硕士学位论文.
李宁.2013.我国船员服务平台建设.水运管理,35(5):11-12.
李宁,廉清云.2012.我国远洋高级船员供求关系预测分析与对策.航海技术,(2):73-75.
李品芳,王有权,郑琳娜.2009.不同阶段船员的心理特征及调适.航海教育研究,26(4):103-105.
李涛.2011.D公司高级船员离职问题研究.大连:大连海事大学硕士学位论文.
李享.2007.中外船员立法之比较.天津航海,(2):46-48.
李学稳,勾一.2010.略论《劳动合同法》对船员权利的有力保障及所存在缺失.现代财经:天津财经大学学报,(11):67-70.
李勇.2003.中国涉外海员劳务及其法律问题研究.大连:大连海事大学硕士学位论文.
李桢.2011.海事劳工公约要求下的船旗国管理评析.中国海事,(1):30-33.
廖坤静,吴展嘉.2007.船员训练之心理因素探讨.航海教育研究,(3):28-29.
林志豪.2004.试论船员市场化进程中政府的缺位与补位.航海技术,(4):71-73.
刘刚.2010.我国高职类航海教育的困境与机遇.航海教育研究,27(1):33-35.
刘贺.2002.对我国海员心理健康状况的调查研究.健康心理学杂志,10(5):399-400.
刘俊.2016-7-18.中国海员何去何从?.中国水运报,01.
刘凯基,王海明,季红光,等.1997.远洋船员心身疾病与心理应激的关系.中华航海医学杂志,(4):87-89.
柳蕾.2014.中国海员权益保障机制研究——以中国履行《2006年海事劳工公约》为视角.法制与社会,

(17):176-178.

刘升友.2015.我国船员培训、考试和评估存在的问题及建议分析.上海:海事管理学术年会.

柳强.2007.外派船员权利保障研究.大连:大连海事大学硕士学位论文.

刘文,闫清,王盛龙,等.2001.船员远航期间 SCL-90 测试结果的变化趋势.实用医药杂志,21(10):919-920.

刘欣然.2013.服务型政府视野下的山东海员劳务市场管理研究.大连:大连海事大学硕士学位论文.

刘益迎.2014.航海类专业毕业生就业现状调查与对策.航海教育研究,(1):19-21.

刘益迎,赵帅.2012.航海人才流失现状与对策思考.航海教育研究,29(3):31-33.

刘正江,庞国斌,张世平,等.2003.中外航海教育若干政策比较.航海教育研究,(1):11-15.

刘正江,吴兆麟.2004.基于船舶碰撞事故调查报告的人的因素数据挖掘.中国航海,59(2):1-6.

刘正江,吴兆麟,李桢,等.2008.中国应对高素质船员可持续发展的对策.深圳:2008 深圳国际海事论坛.

楼昶.2005.船员法律保护若干问题研究.上海:上海海事大学硕士学位论文.

卢光威.2013.维护我国船员权益的研究.大连:辽宁师范大学硕士学位论文.

陆英祥.2012.关于船员社会地位的思考.中国远洋航务,(2):64-65.

卢晓芬.2015.对高职院校航海教育质量管理体系运行的思考——以福建船政交通职业学院为例.林区教学,(6):10-11.

罗楚江,李仁平,张仁平.2016.中国批准《2006 年海事劳工公约》的履约建议.世界海运,39(4):24-27.

罗林军,项登峰.2016.海员劳工工资标准问题分析.世界海运,39(7):7-11.

吕同舟.2014.全国政协委员、河北远洋运输股份有限公司董事长高彦明:再次建议免征我国国际海员在船工作收入个人所得税.中国远洋航务,(4):28-30.

吕雪.2011-6-27.让中国海员体面劳动写在首个世界海员日之际.中国水运报,03.

马姗.2007.船员权利保障研究.上海:上海海事大学硕士学位论文.

马希才.2016.航海类专业教育质量管理模式与借鉴价值探究.辽宁高职学报,(7):1-3.

马星.2007.提高中国海员国际竞争力之我见.中国海事,(1):36-40.

毛欣维.2010.《2006 年海事劳工公约》解读之八:健康保护、医疗、福利和社会保障(下).中国船检,(7):58-59.

毛欣维.2010.《2006 年海事劳工公约》解读之七:健康保护、医疗、福利和社会保障(上).中国船检,(5):58-59.

毛欣维.2010.《2006 年海事劳工公约》解读系列之五:海员起居舱室相关规定(上).中国船检,(2):88-91.

毛欣维.2009.《2006 年海事劳工公约》解读系列之一:《公约》制定背景及生效条件.中国船检,(9):98-101.

孟祥武.2010.STCW 公约马尼拉修正案对中国船员教育与培训的影响和对策.航海教育研究,27(3):3-5.

潘美宏,齐名.2006-6-2.海员俱乐部:衰落的娱乐场.北京经济时报,010.

潘晓生.2013.中国海员权益保障机制研究.厦门:厦门大学硕士学位论文.

汤晓峰.2009.中国船员社会保障法律制度研究.长春:吉林大学.

彭敏.2009.船员工资制度研究.大连:大连海事大学硕士学位论文.

彭宇,高德毅,肖英杰,等.2014.船员投诉维权途径现状及其效果分析.上海海事大学学报,35(2):58-63.

乔文达,唐明,毕希名,等.1999.79 名船员心理健康状况及其相关因素调查.中华航海医学杂志,6(1):46-47.

秦达达,艾明月.2008.关于我国船员权益保护的立法思考——《2006 年海事劳工公约》对我国船员权益的影响.深圳:2008 深圳国际海事论坛.

邱文毅,钱进,胡月珍,等.2011.食源性疾病现状及国际航行船舶食品卫生监管建议.口岸卫生控制,16(1):43-46.

邵帅,郭萍.2012.维护海员权益法律保障机制研究——从部分国家和地区履行《2006年海事劳工公约》的角度.中国海商法研究,(1):115-120.

沈洁,王沁妤,钱燕婷,等.2015.影响海员职业满意度的因素及建议探讨.商,(8):40-41.

申如栋,张丽敏.2009.我国海员的权益保障方面依然在"飘".世界海运,32(1):79.

沈晓波,王浩.2013.大连海事大学航海类专业招生现状分析与建议.航海教育研究,(3):33-35.

沈颖奇.2013.船员教育和培训质量管理体系中存在的问题与对策.企业导报,(8):216.

石爱国,蔡烽,侯建军.2008.现代船员教育体系与培训方法研究.哈尔滨:船舶安全管理与防治污染管理学术研讨会.

史春林,史凯册.2014.当前中国加强高级海员队伍建设意义及对策.中国海事,(11):22-26.

施利承,戴家隽,陈霄,杨连仁.2017.中国海员职业应激源量表的初步编制.中国心理卫生杂志,31(11):902-906.

施利承,戴家隽,李娜,等.2017.中国海员心理健康量表编制.中国职业医学,44(6):695-700.

施利承,李娜,李静,等.2013.中国近20年海员心理健康研究概况与展望.中国职业医学,40(2):169-171.

施利承,王华容,戴家隽.2012.海员心理健康保障机制的EAP支持.航海教育研究,1:96-98.

宋德星.2014.《国务院关于促进海运业健康发展的若干意见》解读.世界海运,37(9):1-3.

孙明霞.2013.提升航海职业教育质量 服务国家发展战略.航海教育研究,(2):23-25.

孙培廷,姚文兵.2013.我国航海教育环境变化与发展对策.航海教育研究,30(1):1-6.

孙仲奎.2010.《国际海事劳工公约》与《船员条例》的比较研究.中国水运,(4):56.

汤晓峰.2009.中国船员社会保障法律制度研究.长春:吉林大学硕士学位论文.

唐振研.2015.远洋船舶综合工时制的工资构成和工作时间安排.水运管理,37(6):3-5.

童丹英.2009.长三角内河船员调查报告.中国水运,2009,6:10-11.

王国华,孙誉清.2015.新加坡海事劳工立法及对我国的启示.上海海事大学学报,(2):89-94.

王国华,孙誉清.2013.《2006年海事劳工公约》国内适用问题研究.中国海商法研究,24(3):24-32.

王慧,王威,李传华,等.2013.我国船员外派市场状况分析.市场研究,(1):9-12.

王吉宣,徐刚.2011.切实保障海员权益促进海员体面劳动.中国海事,(8):11-14.

王佳婧.2014.现代大学制度下我国航海教育管理研究.大连:大连海事大学硕士学位论文.

王娇萍.2011.立法滞后保护不够,海员劳动难"体面"海员职业整体吸引力下降.工人日报,04-08(01).

王娇萍,郑莉.2010.让海员工作更体面.工人日报,03-14(02).

汪玲,钟铭.2005.我国航运合资企业发展模式与趋势.世界海运,28(4):35-36.

王楠,顾博.2011-6-14.外派海员:看上去很美.中国交通报,03.

王世诸,欧阳钦芬,吴荣泉,等.2015.远洋船员职业健康状况及对策.口岸卫生控制,(5):18-20.

王树江,常焕,董海涛,房玲.2011.船员职业态度的调查与应对.航海教育研究,2:87-89.

王婷.2011.航海类本科教育质量的问题与思考.航海教育研究,28(3):17-19.

王文进.2001.中国船员职业保障法律制度研究.大连:大连海事大学硕士学位论文.

王文凯.2011.我国船员社会保障存在问题及对策.水运管理,33(11):12-13.

王秀芬,朱玉柱.2005.论船员劳动的特点.大连海事大学学报(社会科学版),4(2):31-35.

王英.2010.加强海员工会建设切实增强履约能力.珠江水运,(4):68-69.

王莹.2013.黑龙江内河船舶船员适任性综合评价.大连:大连海事大学硕士学位论文.

汪正纲.2014.船舶操纵模拟器在航海教育中存在的问题.珠江水运,(10):47-49.

王志乐,黄镇.2013.某远洋测量船船员卫生知识和健康教育需求调查.职业与健康,29(8):931-933.

王祖温.2008.全球高级船员供需状况.中国远洋航务,(12):46-48.

危敬添.2010.《海员培训、发证和值班标准国际公约》2010年修正案.中国远洋航务,32(8):37-39.

魏薇.2011.从海员维权工作看新时期产业工会的建设与改革.工会信息,(18):16-17.

韦新红.2013.我国外派海员权益保护问题研究.泉州:华侨大学硕士学位论文.

翁跃宗.2011.建设"船员强国"下的海船高级船员资源分析.中国航海,34(2):78-80.

邬远和,张蓓.2005.船员职业心理适应能力的培养.航海教育研究,22(2):96-99.

吴红兵.2004.船员管理模式研究与开发.上海:上海海事大学硕士学位论文.

吴源敢.2011.中国船员服务机构法律地位研究.大连:大连海事大学硕士学位论文.

夏蕾蕾.2015.《2006年海事劳工公约》对我国船员整体权益保障的影响和对策研究.宁波:宁波大学.

冼艳.2011.船员社会保障法律制度研究.大连:大连海事大学硕士学位论文.

肖仙祥,胡小梅,管荣娟.2011.南海海域船员风湿病的流行病学调查.中国医药科学,1(5):97.

谢传坤.2014.我国船员社会保障权研究.广州:华南理工大学硕士学位论文.

谢春林,王春林,乐园.2014.我国大型国有航运企业改革的思考.水运管理,36(12):4-11.

谢鸣.2012.上海港出入境国际海员心理健康状况调查及其影响因素分析.上海:复旦大学硕士学位论文.

邢丹.2012.方便旗船回归的舍与得.中国船检,(6):41-44.

邢丹.2011.海运业应列为战略性服务产业.中国船检,(3):34.

徐东华.2009.我国高级海船船员现状分析与对策.航海技术,(s1):72-74.

徐刚.2013.外国船员教育和管理模式对我国的借鉴分析.大连:大连海事大学硕士学位论文.

许慧.2013.船员中介机构的规范与船员权益的保护.河北企业,(12):13-14.

旭莲,桑史良.2012.中国海员大会:聚焦海员素质提升与权益保护.航海,(4):38-39.

徐勤,袁绍宏,汪海浪,等.2005.从雪龙船的人力资源管理谈谈特定环境下的封闭式管理.水运管理,5:31-32.

徐元,程志友.2008.对海员职业环境改善的思考.中国水运,8(7):96-97.

严燚,姜世强,昌华平.2012.深圳地区远洋船员艾滋病知识、态度和行为的调查.中国性科学,21(7):66-68.

杨玲,谢保峰.2011.关于船员心理问题的探讨.广东交通职业技术学院学报,10(4):40-42.

杨帆.2006.当前航海教育存在的问题及改进措施.武汉船舶职业技术学院学报,5(4):16-18.

杨红岩.2011-7-19.交通运输部与海员工会磋商海员队伍建设等工作.中国交通报,01.

杨培举.2013.海洋强国呼唤船员立法.中国船检,(8):19-22.

杨千.2009.关于国际海员劳务的几点思考.中国海事,(7):46-48.

姚逸林.2013.船员外派机构法律地位研究.大连:大连海事大学硕士学位论文.

佚名.2016.不该忘却的海员故事……工会信息,(17):15-19.

佚名.2016.杨传堂:更大范围更深层次推进"放管服"改革工作.中国水运月刊,37(6):3.

佚名.2016.全国政协委员李绍德:建设海运强国,必须让海员有地位.航海教育研究,33(1):21.

佚名.2015.中国海员建设工会与船东续签《中国船员集体协议》.工会信息,(10):41.

佚名.2015.中华人民共和国海事局、中国海员建设工会全国委员会表彰2015年"全国优秀船员"和"全国优秀船员家属".航海技术,(4):34.

佚名.2013.如何捍卫海员权益我国海员权益保障渐与国际接轨.珠江水运,(14):75-76.

佚名.2012.中国海员建设工会航运联委会工作会议在哈尔滨召开.工会信息,(15):33.

佚名.2011."两会"代表/委员关注海员群体.航海技术,(3):28.

佚名.2011.切实提升海员的社会地位和福利待遇.世界海运,(4):49.

佚名.2011.中国海员工会举行成立90周年纪念座谈会.中国工运,(5):16.

佚名.2011.切实提升海员的社会地位和福利待遇.世界海运,(4):49.

佚名.2010.从国际立法角度看海员待遇.中国远洋航务,(4):47.

佚名.2009.服务大局 科学维权——记以维护职工合法权益为己任的广东省海员工会.珠江水运,(7):14-15.

佚名.2007.新海员时代.中国远洋航务,(4):42-43.

佚名.1984.国际海员俱乐部贯彻《中华人民共和国国境口岸卫生监督办法》的情况.中国国境卫生检疫杂志,(2):48-49.

于海东.2010.船员权益保障与培训教育应同举并重.世界海运,33(11):27-28.

于海东.2010.红旗漫卷万重浪——记中国海员工会.世界海运,33(1):79.

俞炜忠.2010.民营企业船员管理存在的问题及对策.商场现代化,(3):52-53.

俞文胜.2011.履约之际对我国船员教育和培训的思考.广州:福建省科协学术年会交通运输分会场.

袁军.2012.国际航行船舶中国船员职业健康状况和职业健康教育需求研究.杭州:浙江大学硕士学位论文.

云中.2007.我们的期待——访中国海员建设工会海员工作部部长魏薇.中国远洋航务,(4):46-47.

张爱丽.2009.外国船员法的研究及对我国的借鉴.青岛:中国海洋大学硕士学位论文.

张安富,吴先超.2012.认清形势采取措施 提高航海教育质量.航海教育研究,29(4):4-7.

张钢.2008.远洋船员的适任性内涵分析.航海教育研究,(4):13-15.

张洪铭.2015.海运强国战略下中资方便旗船舶回归问题研究.大连:大连海事大学硕士学位论文.

张静.2008.关于完善我国外派船员权益保障的若干建议.广州:广东海事高级论坛.

张丽.2009.船员社会保障问题研究.法学杂志,30(5):130-132.

张丽.2002.中国船员社会保障法之研究.中国海商法研究,13:318-329.

张丽.2001.我国海员社会保障法之研究.大连:大连海事大学硕士学位论文.

张丽,韩立新.2010.对海员特殊群体社会保障立法的几点思考——以《2006年海事劳工公约》为视角.学术论坛,33(2):161-165.

张丽,李爽.2001.浅议海员带薪休假制度.世界海运,24(1):36.

张丽敏.2010.论船员权利保障——从海事机构履行《海事劳工公约》角度分析.广东交通职业技术学院学报,9(3):120-123.

张敏.2008.船员中介机构的定位及规范.交通企业管理,23(4):48-49.

张念宏.2011.我国船员权益维护若干问题探究.上海工会管理干部学院学报:工会理论研究,(1):27-29.

张鹏飞.2013.《2006年海事劳工公约》生效对我国的不利影响.水运管理,35(4):32-33.

张松,刘贺,苏煜.2002.中国海员健康状况的调查研究.世界海运,25(1).

张晓,高玉德,周元丽,等.2005.中国远洋船员总体心理健康状况的研究.中国航海,64(3):72-77.

张晓,周元丽,张进.2005.远洋船员社会支持与心理健康的关系.中国行为医学科学,14(1):1101-1103.

张昕.2003.自由船员外派模式下船员服务合同性质之界定及其法律适用浅析.海大法律评论,(1):71-86.

张燕.2010.中国海员心理健康的调查研究.中国卫生统计,27(4):369-371.

张延华.2012.论航海教育的优先发展——写在《关于进一步提高航海教育质量若干意见》发布之际.航海教育研究,29(3):1-4.

张一鸣.2010.STCW公约2010修正案对海事类高职院校的影响.航海教育研究,27(4):22-24.

张英华.2015.我国航海教育存在的问题及对策研究.发展,(12):88-89.

张玉琴.2001.深化国有航运企业改革的思考.交通财会,(10):17-19.

张晓,周元丽,曹春景.2005.远洋船员SCL-90测试结果.中国心理卫生杂志,19(12):803.

赵庆涛,刘艳,倪承世.2009.中国海员教育规模扩大与质量提高的对策探析.航海教育研究,26(4):18-22.
赵晓颖.2014.广州航运工作者工作幸福感的相关研究.广州:暨南大学硕士学位论文.
郑金维.2010.浅谈如何规范船员服务市场.中国水运月刊,10(3):11-12.
郑荔峰,余鸿.2010.远航海员心理健康水平调查及干预.人民军医,53(6):431-432.
钟应坤,何宏康,张德荣.2011.谈加强高级船员考培的过程监管.航海教育研究,28(3):9-11.
周国东,王然,朱婧.2011-3-14.全国人大代表王祖温建议——提升海员社会地位和福利待遇.中国水运报.
周国华.2010.谈当前航海教育中的几个突出问题.航海教育研究,27(3):18-20.
周娟,顾鸿.2015.近十年国内有关海员心理健康研究综述.长春教育学院学报,(23):57-59.
周丽娟.2014.新加坡船员福利体系对我国船员社会保障制度的启示.中国海事,(1):56-57.
周秀玲.2006.聚焦《2006综合海事劳工公约》关注我国船员立法.中国海事,(4):8-11.
周永峰.2009.远离"黑中介"净化船员培训市场.世界海运,32(1):75.
朱国锋,何存道.2002.中国船员心理健康状况及其影响因素研究.中国航海,52(3):59-63.
朱慧.2008.15年来中国航运立法研究综述.航海教育研究,25(2):11-15.
朱庆智.2010.STCW 2010修正案主要修正内容介绍.世界海运,33(9):78-80.
朱宇馨.2015.国家船舶登记制度的法律问题研究.大连:大连海事大学硕士学位论文.
周作友,龚艳平.2013.关爱海员心理健康.中国远洋航务,(10):84-85.
Berdyshev V V. 1982. Individual features of autonomic regulation of bodily functions during adaptation of sailors to the tropics. Voenno-meditsinskiĭ Zhurnal,(7):48.
Wu B, Winchester N. 2005. Crew study of seafarers: a methodological approach to the global labour market for seafarers. Marine Policy, 29(4):323-330.
Carotenuto A, Molino I, Fasanaro A M, et al. 2012. Psychological stress in seafarers: a review. International Maritime Health, 63(4):188-194.
Iversen R T. 2012. The mental health of seafarers. Int Marit Health, 63(2):78-89.
Iversen R. 2011. The mental health of seafarers — good news and bad news. Ausmarine, 34(2):5.
Malinauskaite I, Bernotaite L. 2014. Mental health problems of seafarers. Occupational & Environmental Medicine, 71 (Suppl 1):A108.
Malinauskiene V. 2016. 0337 Sense of coherence and mental health among seafarers in relation to physical activity. Preprint to Be Distributed, 71 (Suppl 1):762-779.
Heath M R, Rasmussen J, Bailey M C, et al. 2012. Larval mortality rates and population dynamics of Lesser Sandeel (Ammodytes marinus) in the Northwestern North Sea. Journal of Marine Systems, 93:47-57.
Rao G J, Xing Y H, Msa L.2014. Analysis on the major revision of Seafarer's Training Management Regulation. China Maritime Safety.
Crilly R, Esteban A. 2013. Small versus large-scale, multi-fleet fisheries: the case for economic, social and environmental access criteria in European fisheries. Marine Policy, 37(1):20-27.
Sampson H, Thomas M. 2003. The social isolation of seafarers: causes, effects, and remedies. International Maritime Health, 54(1-4):58.
Roberts S E, Marlow P B. 2005. Traumatic work related mortality among seafarers employed in British merchant shipping, 1976-2002. Occupational & Environmental Medicine, 62(3):172-180.